Heiko Laß

Der Rhein

Burgen und Schlösser von Mainz bis Köln

Michael Imhof Verlag

Vorwort

Der Marburger Arbeitskreis für europäische Burgenforschung e. V. freut sich, mit diesem Buch den ersten Band einer Reihe von Führern zu Burgen- und Schlösserlandschaften in Mitteleuropa vorlegen zu können.

Der Marburger Arbeitskreis hat sich in seiner Satzung verpflichtet, nicht nur die Erforschung historischer Wehr- und Wohnbauten und ihres kulturhistorischen und geschichtlichen Umfeldes zu betreiben und zu fördern, sondern auch zur Verbreitung der Forschungsergebnisse beizutragen. Dieser Verpflichtung kommt er immer wieder voll Freude nach, etwa durch die Herausgabe eines Jahrbuchs oder die Veröffentlichung von Tagungsergebnissen.

Besonders glücklich sind wir über den vorliegenden Band. Die Idee, die hinter diesem wie auch den hoffentlich bald folgenden steht, war, dass Burgen und Schlösser oft nur in getrennten Reihen und Führern vorgestellt werden, obwohl sie doch eng zusammengehören und oft gar nicht zu unterscheiden sind. Burgenforschung ist im Gegensatz zur Erforschung von Schlössern, die klar Bestandteil der Kunstgeschichte ist, im Grenzbereich von Kunstgeschichte, Geschichte, Bauforschung und Mittelalterarchäologie gelegen. Interdisziplinarität ist hier unabdingbar. Und dies umso mehr, da auch die Festungen mit Burgen und Schlössern in engem Zusammenhang stehen. Die Gemeinsamkeiten aufzuzeigen und ein Verständnis für die gewählten Architekturformen zu wecken, soll das Hauptanliegen dieser neuen Reihe sein. Der Vorstand ist sehr froh, mit dem Michael Imhof Verlag einen kompetenten Partner gefunden zu haben, der diese Reihe verlegen will. Wir wünschen ihr viel Erfolg.

Der Vorstand

Einleitung

Sehr geehrte Leserin, sehr geehrter Leser,

in diesem Führer werden Ihnen ausgewählte Burgen und Schlösser am Mittelrhein vorgestellt, Objekte also, die im Allgemeinen mit dem Fluss in Sichtkontakt stehen oder doch einen starken Bezug zu ihm haben. Aus einer Fülle von mehr als 200 Objekten musste ausgewählt werden. Auch wenn es eine Freude war, diese Objekte aufzusuchen, war es doch eine schwere Entscheidung, vieles zuletzt beiseite lassen zu müssen oder nur als Verweis aufzunehmen. Alles, was man erforscht hat, erscheint einem wichtig. Die Burgen- und Schlösserlandschaft entlang des Rheins ist überreich und bietet vermutlich für jeden Interessierten etwas. Viele Bauten stammen aus dem hohen Mittelalter, doch ist das heutige Erscheinungsbild fast aller Anlagen tatsächlich entscheidend im 19. Jahrhundert geprägt worden. Und der Autor will auch gar nicht verhehlen, dass dieser Zeit sein Hauptaugenmerk gegolten hat. Die Bauten sind in ihrer Erscheinung noch immer überzeugend, man muss sie nur zu lesen wissen. Dieses Lesen zu erleichtern, war mein Hauptanliegen. So ist die getroffene Auswahl hier, wie letztendlich überall, eine subjektive, die sich aber um Objektivität bemüht hat.

Viele Kollegen und Freunde haben mir bei der Erstellung des Bandes geholfen. Hier sind zuerst Mitglieder aus dem Marburger Arbeitskreis für europäische Burgenforschung e.V. zu nennen, aber auch die zahlreichen Menschen, mit denen ich mich immer wieder unterhalten habe und die meine plötzlichen Gedankensprünge zu einer ihnen unbekannten Architektur am Mittelrhein mit Geduld ertragen haben. Sehr zu danken habe ich den Mitarbeiterinnen und Mitarbeitern des Europäischen Burgeninstituts in Braubach für ihre schnelle und unkomplizierte Hilfe und auch dem Marburger Arbeitskreis sowie dem Michael Imhof Verlag, die sich bereit erklärt haben, diese Sammlung an das Licht der Öffentlichkeit zu bringen. Besonders danken möchte ich aber Elmar Brohl, Markus Hecher, Stephan Hoppe, Heinrich Jung, Michael Losse, Christian Ottersbach, Ulrike Schütte und Olaf Wagener, die mich mit Material versahen, auf Exkursionen begleiteten bzw. mit mir diskutierten und bei der Korrektur halfen.

Heiko Laß

INHALT

IV. HAMMERSTEIN–BONN

V. ALFTER–KÖLN

BURGEN UND SCHLÖSSER – EINE EINLEITUNG

Die Burgen und Schlösser am Rhein sind ein Bilderbuch deutscher Geschichte. Aus allen Epochen haben sich Bauten erhalten, für alle Zeiten lässt sich etwas Herausragendes benennen. Dabei hat keine Burg und kein Schloss das ursprüngliche Aussehen bewahrt. Immer sind die Bauten Produkt einer langjährigen, oft Jahrhunderte währenden Entwicklung. Selten wurden die Anlagen aus einem Guss erbaut um sich dann unverändert zu erhalten. Die meisten Anlagen am Rhein haben ihr äußeres Erscheinungsbild sogar erst im 19. und 20. Jahrhundert erhalten. Wie für jede Architektur gibt es drei Möglichkeiten der Entwicklung: 1. Verfall, 2. Modernisierung, 3. Neubau. Je nachdem, welchen Interessenschwerpunkt man hat, wird man dem einen oder anderen Zustand mehr abgewinnen können. Eine Burgruine gibt selbstverständlich mehr Aufschluss über das ehemalige Objekt als der Neubau an seiner Stelle. Andererseits besagt der Neubau, dass das Gebäude weiterlebte und der gewählte Bauplatz sich bewährte. Die Ruine kündet immer auch vom Scheitern.

Dabei ist es gar nicht selbstverständlich, Ruinen einen Wert beizumessen, handelt es sich im Regelfall doch um Objekte ohne Nutzung. Sie sind zweckfrei, es sei denn, man will den Selbstzweck der Erhaltung, die Betrachtung des geschichtlichen Dokuments als Zweck anerkennen. Das fällt aber gerade heute in einer profitorientierten Epoche immer schwerer zu vermitteln.

Burgen sind im engeren Sinne die wehrhaften Wohnsitze des europäischen Adels im Mittelalter gewesen. Die ersten Burgen waren jedoch Großburgen (Ringwälle), und erst im 10. und 11. Jahrhundert entwickelten sich die adeligen Wohnburgen. Bis zu diesem Zeitpunkt lebte der Adel meist noch auf seinem Herrenhof. Ungefähr ab 1000 bildete sich der Adel als Herrscher über einen kleinen Besitz heraus, der direkt beherrscht wurde. Die Wohnsitze dieser neuen Schicht gewannen im 11. Jahrhundert eine monumentale und meist auch steinerne Form. Für die Entwicklung zur Burg sind ein gesteigertes Schutzbedürfnis und eine soziale Abgrenzungsbewegung verantwortlich zu machen. Wenn Berge vorhanden waren, setzte sich der Adel auch räumlich von der übrigen Bevölkerung ab und baute auf dem Gipfel. Aus den Holzbauten entwickelten sich Steintürme, meist quadratische Wohntürme. Gab es keine Berge, wurden diese Türme oft in künstlich aufgeschütteten Hügeln als Motten errichtet. Im 10. und 11. Jahrhundert war die Burg spätestens auch zum unverzichtbaren Ausweis des eigenen Standes geworden. Dabei waren die Burgen des Adels bedeutend kleiner als die Pfalzen des Königs, die zudem anfänglich nicht befestigt sein mussten. Im Burgenbau entstand die Aufteilung des Wohnturmes in einen Wohnbau und einen Bergfried. Eine Ausdifferenzierung der Baumassen, auch nach Funktionen, erfolgte. Um die Ringmauer konnte eine weitere Mauer als Zwinger gelegt werden. Da die Burgen zu einem der wichtigsten Machtmittel beim Landesausbau wurden, ist im 11. und 12. Jahrhundert geradezu ein Burgenbauboom festzustellen.

Im Früh- und Hochmittelalter beruhten Macht und Besitz auf einer Vielfalt von regional verstreuten und zersplitterten grundherrlichen, gräflichen, vogteilichen und lehnsherrlichen Rechten. Sie befanden sich fast immer in einer Gemengelage mit den Rechten anderer. Auch das Königtum war davon nicht ausgenommen. Seit dem 12. Jahrhundert ist jedoch das letztendlich erfolgreiche Bestreben der weltlichen und geistlichen Großen festzustellen, die verstreuten Besitzungen und zersplitterten Herrschaftsrechte räumlich abzurunden und zu verdichten. Die Entwicklung ging vom Personenverbandsstaat zum institutionalisierten Flächenstaat des Landesherrn. Und zur militärischen Absicherung benötigte der Landesherr Burgen. Auf diesen trat die Herrschaftsverwaltung in den Vordergrund. Spätestens um 1200 war der größte Teil Deutschlands herrschaftlich auf die Burgen hin orientiert. Frohnhöfe und Gerichtsstätten mussten aber nicht zu Burgen gehören. Immer mehr Verwaltungskompetenzen wurden auf Burgen verlagert.

Doch kam es hiermit endgültig zu einer Funktionsauffächerung. Burgen waren nun nicht mehr ausschließlich befestigte Wohnsitze des Adels. Die Landesherrschaft verfügte selbstverständlich nicht nur über eine, sondern über mehrere Burgen. Bevorzugte Anlagen hatten meist einen höheren Wohnkomfort. Hinzu kamen Räumlichkeiten für wichtige Verwaltungsorgane. Meist ballten sich diese Funktionen nur in einem Gebiet und nicht unbedingt in einer Anlage. So kam es etwa um Koblenz in der Mitte des 13. Jahrhunderts zu einer merklichen Häufung von Bauten mit der Stadtburg, dem Ehrenbreitstein, Stolzenfels und der Deuernburg. Im Gebiet von Mainz entstanden die Burgen Klopp

Historische Territorien um 1789, rote Grenzen geben die Staaten und preußischen Provinzen vor 1918 an

und Ehrenfels am Rhein. Und als der Kölner Erzbischof die Schlacht von Worringen 1288 verlor, kristallisierte sich als Mittelpunkt seiner Herrschaft der Raum um Brühl und Bonn heraus. Da die Städte zunehmend an Macht gewannen, mussten sich diese Zentralen aber nicht unbedingt in den Städten selbst finden. Oft lagen sie am Rand oder im Vorfeld der Kommunen.

Daneben gab es Burgen, die der Verwaltung dienten und von einem Amtmann bewohnt wurden. Dieser stammte meist aus dem niederen Adel und hatte auf der Burg einen zeitlich befristeten Sitz. Für die Verwaltungsaufgaben benötigte er Arbeitsräume und Lagermöglichkeiten.

Direkt an Landstraßen wie in Weißenthurm oder Stolzenfels, aber auch an oder gar in Flüssen wie dem Rhein mit dem Pfalzgrafenstein oder dem Mäuseturm wurden Zollburgen errichtet, deren Aufgabe es war, die Einnahme der Zollabgaben zu gewährleisten. Meist standen diese Anlagen in Verbindung mit einem Zollhaus.

Die adeligen Burgen waren hingegen die Stammsitze, nach denen sich der Adel auch benannte. Hier waren meist alle Funktionen vereint, da die Anlage häufig der einzige Wohnsitz war. Der Alltag auf einer Burg, die zwar aus heutiger Sicht über einen erschreckend geringen Komfort verfügte, den Zeitgenossen aber vollauf genügte, bestand nicht aus Krieg und Belagerung. Es gab Vorrichtungen für derartige Extremsituationen, so manche Burg ist aber niemals belagert worden. So unterschied sich die Anlage im Alltag kaum von den späteren Herrenhäusern. Doch waren die Bereiche des Adligen und seiner Diener, der Bereich der Wirtschaft und der des Wohnens schon allein aus Platzgründen noch nicht so weit ausdifferenziert wie in späteren Zeiten.

Kennzeichen der Burg jener Zeit ist oft eine erstaunliche Regelmäßigkeit im Grund- und Aufriss, wie sie vorbildlich an der Burg Gutenfels zu sehen ist. Es hat ein Wechsel von den rundlichen und polygonalen Anlagen, die sich dem Gelände anpassen, hin zu regelmäßig-geometrischen Formen stattgefunden. Im 13. Jahrhundert wurden die exponierten Höhen auch bereits wieder verlassen. Burgen entstanden nun an den Hängen ins Tal. Hier waren sie besser zugänglich und konnten gegen den Hang durch eine Schildmauer geschützt werden. Zudem konnte das Tal vom Hang aus besser überwacht und beherrscht werden als von einem fern gelegenen Gipfel. Allerdings dürften die Bauten auf der Höhe – man muss sich die Burgen angestrichen auf kahlen Berghängen vorstellen – bedeutend imposanter gewirkt haben als am Hang oder gar im Tal. Ein Eindruck früherer Wirkung vermittelt seit kurzer Zeit wieder die Rheinseite der Marksburg.

Diese stammt in ihrer äußeren Erscheinung bereits weitgehend aus der Gotik. In dieser Zeit setzt sich der Saalbau als Repräsentationsbau auf Burgen durch – jetzt oft getrennt vom Wohnbau. Aufgrund des Wandels der Kriegstechnik mussten die Anlagen immer wieder modernisiert werden, und bereits im 13. Jahrhundert kamen die mächtigen hohen Schildmauern auf. Auch wurde nun ein Zwinger üblich.

Seit dem 14. Jahrhundert begannen sich die Feuerwaffen langsam durchzusetzen. Die Burgen mussten irgendwann auf diese neue Waffe reagieren. Sie taten das im Allgemeinen mit großen vorgelegten Mauern und Wällen, so dass sich Wohn- und Wehrbau langsam auseinanderentwickelten. Nachdem der Landesausbau zu einem gewissen Abschluss gelangt war, stellte sich die Ferne der Burgen von den Wirtschaftszentren in den Städten zunehmend als Problem dar. Nun wurden viele Anlagen aufgegeben und die Verwaltungsfunktionen im Spätmittelalter auf Amtshöfe und in städtische Zentren verlagert. Hatte die Burg eine strategisch wichtige Lage, entwickelte sie sich oft zur Festung weiter.

Doch auch die neuen Wohnsitze, die nun meist als Schloss bezeichnet werden, wurden befestigt, lebte man doch in unsicheren Zeiten, was gerade im 17. und 18. Jahrhundert die Bewohner des Rheintals zu spüren bekamen, wurden sie doch immer wieder von fremden Truppen heimgesucht. Die meisten Burgen am Rhein sind erst in dieser Zeit zerstört worden.

Die Wohnsitze des Adels änderten sich kaum. Meist bestanden die nun als Herrenhäuser zu bezeichnenden Anlagen aus einem Hauptgebäude, der ehemaligen Kernburg, und einem Wirtschaftshof, der ehemaligen Vorburg. Im Rheintal sind diese Komplexe teilweise noch heute zwischen Bonn und Köln zu sehen. Noch immer stehen sie hinter Gräben und sind mit Türmen versehen. Neubauten wurden oft erst um die Wende zum 18. Jahrhundert errichtet.

Ganz anders entwickelten sich die landesherrlichen Bauten, die Schlösser und Festungen. Das Sicherheitsbedürfnis stieg und die Befestigungen nahmen einen immer größeren Platz ein. Dabei ist es ein weit verbreiteter Topos, dass die Schlösser nun im Gegensatz zu den Burgen des Mittelalters unbefestigt gewesen seien. Dem ist jedoch nicht so. Die Residenzschlösser in Bonn und Mainz befanden sich innerhalb der Stadtbefestigung, und die Residenz des Trierer Erzbischofs in Ehrenbreitstein erhielt eigene moderne Bastionen. Unbefestigt waren jedoch die kleinen Lust- und Jagdschlösser, die oft nur einem Aufenthalt von wenigen Stunden dienten.

Was sich jedoch stark gewandelt hatte, waren die funktionalen Anforderungen. Die Wohnkultur des Adels verlangte jetzt nach repräsentativen Raumfolgen von mehreren Zimmern. Männer und Frauen erhielten nun identische Appartements, die mindestens aus vier Räumen zu bestehen hatten: einem Vorzimmer, einem Hauptraum, einem Schlafzimmer und einer angrenzenden Garderobe. Verschiedene Kabinette am Ende der Zimmerreihe oder das Vorschalten mehrerer Vorzimmer erhöhten den Wohnkomfort und das Prestige. Die Räume der Dienerschaft waren nun deutlich von denen der Herrschaft getrennt, und es gab kaum mehr Überschneidungssphären. Einschneidendstes Ereignis war wohl die Aufgabe der gemeinsamen Tafel.

Auf den Schlössern war das Zusammentreffen der verschiedenen Personengruppen genau geregelt. Dies bezog sich jedoch nicht nur auf den Schlossherrn und seine Dienerschaft, sondern auch auf seine Gäste. Ein festgeschriebenes Zeremoniell regelte genau das Aufeinandertreffen von adeligen und fürstlichen Personen. Dabei wurde genau festgelegt, an welchen Stellen Begrüßungen und Aufwartungen zu erfolgen hatten. Es entwickelte sich so etwas wie ein ‚klassischer Zeremoniellweg' aus einem Treppenhaus, einem anschließenden Gardesaal und dem folgenden Appartement. Daher waren die Schlossherren bei der Errichtung ihrer Schlösser gewissen Zwängen unterworfen und kamen in der Abfolge der Zimmer zu ganz ähnlichen Lösungen.

Der Landesherr benötigte neben seinen Wohn- und Repräsentationsräumen zudem für den immer umfangreicher werdenden Verwaltungsapparat ganze Zimmerfluchten. Denn ein Residenzschloss musste nicht nur dem Landesherrn eines souveränen Staates und seinen Gästen eine angemessene Unterkunft bieten, sondern im Idealfall auch alle staatlichen Ministerien und Behörden aufnehmen. Nicht fehlen durften auch die notwendigen Räumlichkeiten zur Versorgung wie Speicher und Lagerräume, Küchen und Speiseräume, Bäckereien und Waschräume. Ferner gab es Räume für kulturelle Veranstaltungen und Bildung wie ein Theater, Gemälde- und Skulpturengalerien, Wunderkammern und Bibliotheken.

Und selbstverständlich konnte auf eine Kirche zur geistigen Erbauung nicht verzichtet werden. Kennzeichen der Schlösser ist, dass sie eine immer regelmäßigere und zunehmend symmetrische Struktur erhielten. Dies bezieht sich anfänglich nur auf einen einzelnen Baukörper und seine Gliederungselemente, später auch auf die Raumaufteilung, die Anordnung der Gebäude zueinander, ja sogar auf die Anlage ganzer Städte. Zur Gliederung der Fassaden dienten seit dem 17. Jahrhundert fast ausschließlich Säulenordnungen. Die Ordnungen waren auf die klassischen antiken Säulen Toskana, Dorika, Ionika, Korinthia und Komposita beschränkt. Da sie in einer Rangfolge standen, konnte man je nach der verwendeten Ordnung ein Gebäude oder ein Gebäudeteil als besonders wichtig oder eher nachgeordnet ausweisen.
Im 19. Jahrhundert verlor der Säulenkanon langsam seine Bedeutung. Mit der Wiederentdeckung der eigenen Geschichte und ihrer baulichen Überreste nahm man auch deren Bauformen wieder auf. Kenntnis und Anerkennung der Leistung der Vergangenheit gingen Hand in Hand, und die Zeitgenossen verstanden sich als die Vollender der historischen Baumeister und Leistungen. So entstanden erneut Burgen, die funktional aber nichts anderes als Schlösser und Herrenhäuser waren. Dabei wurden im 19. Jahrhundert im Gegensatz zu früheren Jahrhunderten die Schlösser fast immer zu einem Ende gebracht, und auch wenn nicht das ursprüngliche Konzept verwirklicht wurde, sind sie fast immer eine in sich abgeschlossenen Einheit. Der Rang des Bauwerks und seines Besitzers wurde nun durch bauliche Hinweise auf die Geschichte der Schlossarchitektur bekräftigt und nicht mehr durch Säulenordnungen. Die Raumstruktur wurde im 19. Jahrhundert beliebiger, die Abfolge von Appartements wie etwa in Stolzenfels zeigt aber, dass sich nur der Dekor der Bauten und Ausstattungen, nicht aber die Kultur und die an eine herrschaftliche Architektur gerichteten Ansprüche gewandelt hatten.
Neben Neubauten von Ruinen, die als Parkburgen bereits im 18. Jahrhundert errichtet worden waren, kam es auch vermehrt zum Wiederaufbau zerstörter Burgen. Das preußische Königshaus erwarb eine ganze Kette von Burgen wie den Stolzenfels durch den König selbst, Sooneck, Rheinstein und die Schönburg durch verschiedene Prinzen, die Godesburg, Stahleck und Rolandseck gelangten an weibliche Mitglieder des Hauses Preußen. Hiermit versuchten die Hohenzollern jedoch nicht nur, sich herrschaftliche Schlossbauten zu errichten oder malerische Ruinen zu erwerben, dies war auch der Versuch, sich im Rheinland und gegenüber Frankreich, zu dem

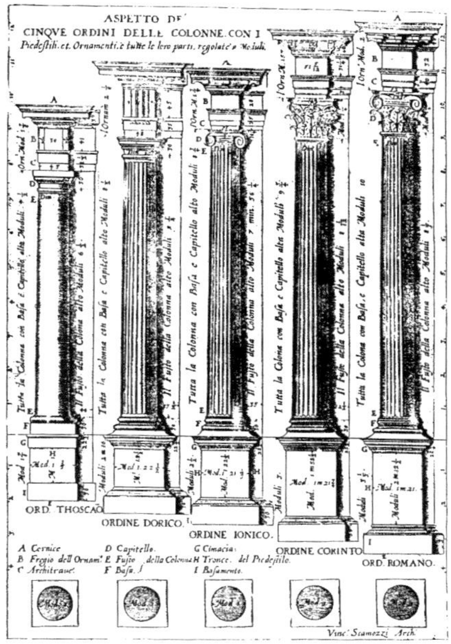

Vinceno Scamozzi: Die fünf Ordnungen, Holzschnitt aus der „Idea dell'Architettura Universale", Teil II, Buch VI, Kapitel I, S. 6 (1615)

das linke Rheinufer zuvor gehört hatte, zu etablieren.
Eine Aufweichung erfuhr der Begriff des Schlosses, der spätestens in der zweiten Hälfte des 19. Jahrhunderts nicht mehr nur dem Bau des Landesherrn, sondern jedem prächtigen Wohnhaus einer einflussreichen oder begüterten Persönlichkeit zugestanden wurde. Das Schloss wurde zu einer vornehmen Form des Einzelwohnhauses. Merkmale waren ein luxuriöser Lebensstil, der über das Notwendige hinausging und mittels Repräsenstationsräumen den gesellschaftlichen Rang des Besitzers offenbarte.
Die Anknüpfung an das Mittelalter und damit der Schloss- und Burgenbau fanden erst im 20. Jahrhundert ihr Ende. Der von Karl Schäfer geplante Wiederaufbau der Ruine des Heidelberger Schlosses war Auslöser für die Streitschriften des Kunsthistorikers Georg Dehio, in denen er sich gegen Restaurierungen und Denkmalerneuerer wandte. Das damals geprägte Schlagwort „Konservieren, nicht restaurieren" wurde zum Leitmotiv der Denkmalpflege des 20. Jahrhunderts. Die Bauaufgabe starb und wurde von einem lebenden Organismus, der sich wandeln konnte und sollte, zu einem konservierten Denkmal. Fast zeitgleich ging mit der Revolution 1918 auch die Monarchie mit ihren Adelsprivilegien unter. Jetzt gab es auch keinen Grund mehr Schlösser zu erbauen. Die Bauten waren tatsächlich zur toten Hülle geworden.

I. MAINZ – RÜDESHEIM
Land unter dem Krummstab.
Burgen und Adelssitze im Einflussbereich von Mainz

Das Rheintal von Mainz bis Bingen ist eine Landschaft der weiten Blicke und des Weins. Wald gibt es direkt am Wasser kaum. Das in mehreren Terrassen sanft ansteigende, rheinhessische Hügelland und der Rheingau begrenzen den breiten Strom zu beiden Seiten. Er umfließt viele Inseln, die hier Auen genannt werden, und ist bei Rüdesheim immer noch über 800 Meter breit. Erst dann verlässt er die Ebene um beim Binger Loch durch Felsen auf unter 300 Meter eingezwängt zu werden.

Hier findet sich ein erster Burgenriegel, wie er für das weitere Rheintal typisch wird. Mit Ehrenfels (➞ 26) in Rüdesheim, dem Mäuseturm mitten im Strom (➞ 28) und der Burg Klopp (➞ 29) in Bingen auf dem gegenüberliegenden Rheinufer hatten sich die Mainzer Erzbischöfe einen strategisch günstigen Ort gesichert, da die Felsenge des Binger Lochs ehemals dazu zwang, Waren auf kleine Boote umzuladen oder den Landweg über Niederwald in das Wispertal und nach Lorch zu nehmen. Erst im 19. Jahrhundert erfolgte die endgültige Entschärfung durch Sprengung der Felsen im Fluss.

Schon früh fanden die Mächtigen an der Region Gefallen. Mit der Pfalz in Ingelheim (➞ 17) stehen hier die Reste einer der neben Nimwegen, Aachen und Frankfurt größten karolingischen Anlagen. Spätestens seit dem Hochmittelalter wurde die Region vom Kurfürstentum Mainz bestimmt. Fast alle Burgen und Schlösser bis hinter Bingen stehen mit Mainz in Beziehung. Daneben gab es nördlich des Rheins die Herrschaftsgebiete der Grafen und späteren Herzöge von Nassau, die bei Biebrich (➞ 2) bis an den Rhein vorstoßen konnten, und die Kurpfalz, die sich um Ingelheim herum festsetzten konnte und so verhinderte, dass der Kurfürst und Erzbischof von Mainz eine geschlossene Landbrücke erwerben konnte. Erst nach dem Untergang des Kurstaates wurde der Rhein Grenze, und der nördlich des Rheins gelegene Rheingau orientierte sich mehr und mehr nach Wiesbaden.

Am Beginn dieses Kapitels stehen die Residenzen zweier Territorien, die exemplarisch für die Geschichte dieser Bauaufgabe in Deutschland stehen können: Mainz (➞ 1) und Wiesbaden (➞ 2, 4). Die Mainzer Bürger suchten sich im 13. Jahrhundert mit zunehmender Macht ihres Stadtherrn, des Erzbischofs von Mainz, zu entledigen. 1250 zerstörten sie die vor den Toren der Stadt gelegene Burg des Bischofs. Dieser residierte hinfort hauptsächlich in Aschaffenburg und Eltville (➞ 9). Im Gegensatz zu seinen Amtskollegen in Worms, Speyer oder Köln konnte er jedoch Ende des 15. Jahrhunderts in die Stadt zurückkehren und in der Folgezeit ein imposantes Schloss erbauen. Der Mainzer Erzbischof war zugleich Kurfürst und hatte unter allen Landesherren im Deutschen Reich den höchsten Rang. So entstand hier die Residenz des ranghöchsten Landesherrn im Reich. Erst mit dem Reichsdeputationshauptschluss verschwanden die geistlichen Landesherren in Deutschland von der Bühne der weltlichen Macht, und die Mainzer Residenz verlor ihre Funktion. Nur wenige Schlösser der bedeutenden Fürsten wurden aus einem Guss errichtet, im Allgemeinen wuchsen sie langsam mit den steigenden Ansprüchen. Hierfür ist Mainz ein Paradebeispiel.

Das andere Prinzip einer Residenz ist in Wiesbaden verwirklicht. Ihre Bauherren waren weltliche Herrscher, die einer dynastischen Tradition, nicht aber der eines Amtes verpflichtet waren wie der Mainzer Erzbischof. So wechselten in Wiesbaden und Biebrich immer wieder Residenzzeiten mit solchen, in denen der Landesherr von einem anderen Ort aus sein Land regierte, sei es, weil er nach dem Aussterben des alten Herrscherhauses das Land geerbt hatte und seine alte Residenz weiterhin benutzte, sei es, dass der alte Ort den neuen Ansprüchen nicht genügen konnte. Und während der Herrscher im 18. Jahrhundert auf das Land zog, um sich dort ungehindert von den Beschränkungen einer Stadt wie etwa in Biebrich eine Residenz zu errichten, wurde es im 19. Jahrhundert opportun, Bürgernähe zu zeigen. Nun zog der Landesherr in die Stadt zurück, in diesem Fall nach Wiesbaden. Im Gegensazu zu Mainz und Biebrich wurde das Schloss in Wiesbaden, ebenfalls ein Kennzeichen der Bauten des 19. Jahrhundert, aus einem Guss in kurzer Zeit vollendet.

Da die Landesherrschaft am Rhein stark war, gibt es zwischen Mainz und Rüdesheim nur wenige Burgen, die sich als eigenständige Adelssitze behaupten konnten. Meist saßen in den Anlagen abhängige Beamte, wie in Eltville (➞ 9), auf Scharfenstein (➞ 10), Ardeck (➞ 19), Ehrenfels (➞ 26)

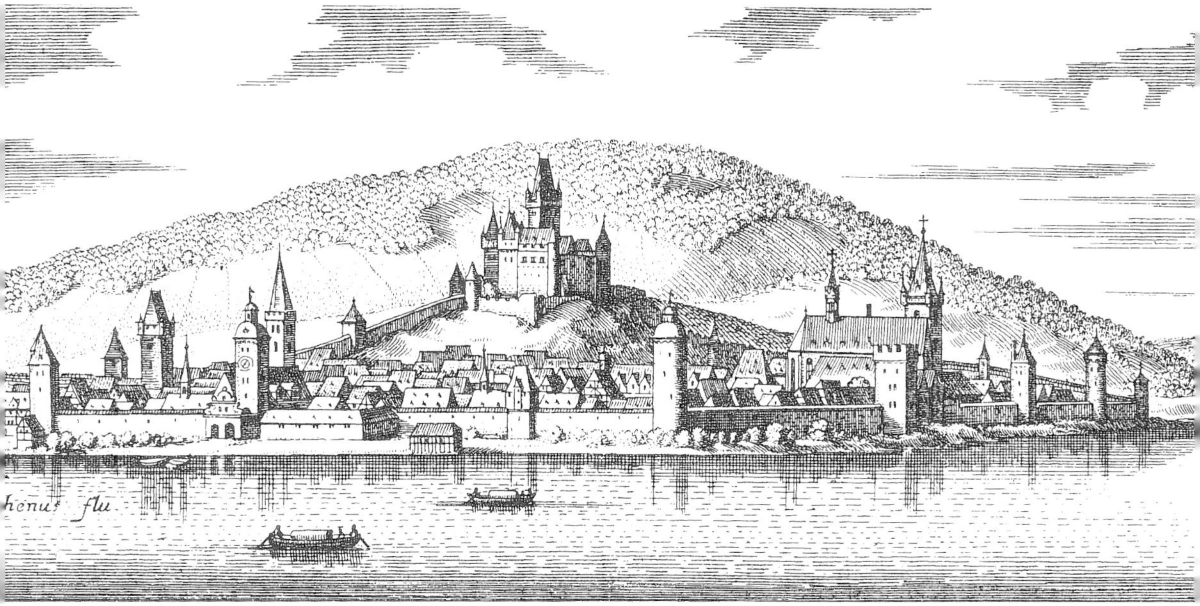

Bingen mit Burg Klopp, aus Merians Topographie, 1646

und Klopp (➠ 29). Andere Familien konnten sich etablieren und ihre Stammsitze zum Schloss ausbauen wie die Greiffenclau in Vollrads (➠ 15). Die meisten Adligen hatten ihre Sitze jedoch in den Städten, sowohl in der Residenz in Mainz als auch in den verschiedenen Orten des Rheingaus. Diese Entwicklung setzte im 17. Jahrhundert ein, als es wichtiger wurde, ein standesgemäßes Leben am Hofe zu führen und nicht fernab auf seinen Gütern zu leben. Bedeutende Adelshöfe in Mainz waren die Höfe der Dalberg, der Stadion, der Ostein oder der Schönborn. Zugleich war eine Nähe zu den reichen Gütern des Rheingaus aber unabdingbar. So hatte der Adel auch hier seine Sitze. In Eltville gehörte den Freiherren Langwerth von Simmern ein Hof, den sie durch Zukauf immer weiter vergrößerten, während ihre Burg in Hattenheim (➠ 13) zugleich verfiel. Die Ostein besaßen ein Landhaus in Geisenheim, die Probek in Winkel.

Die Burgen konnten in dieser Zeit kaum mehr bestehen. Neben Vollrads wurde nur Burg Crass (➠ 8) zu einem modernen Wohnsitz weiterentwickelt. Die Burgen in Niederwalluf (➠ 7), Frauenstein (➠ 5), Hattenheim (➠ 13) verfielen oder wurden im Laufe von Kriegshandlungen zerstört wie die Anlagen in Rüdesheim und Bingen. Dafür entstanden neue Schlösser wie in Reichardshausen (➠ 16) und Johannisberg (➠ 20), die jedoch beide eng mit dem im Rheingau so bedeutenden Weinanbau verbunden waren.

Erst das späte 18. und das 19. Jahrhundert widmete sich dem Wiederaufbau von Burgen wie bei der Brömserburg (➠ 25) oder bei Klopp (➠ 29). Es schuf ferner ganz neue Anlagen oder auch Kunstruinen, die zwar den Eindruck einer verfallen Burg erweckten, aber nur geschaffen worden waren, um genau diesen Eindruck hervorzurufen wie in Reichardshausen (➠ 16), Schwarzenstein (➠ 21) oder mit der Rossel (➠ 27). Ferner wurden alte Burgen zu Ruinen umgestaltet wie die Mosburg (➠ 3). Bald entstanden nun auch die burg- oder schlossartigen Villen wie mit Waldthausen (➠ 6) oder Hansenberg (➠ 22). Die Zeit der Burgen und Schlösser näherte sich ihrem Ende.

1. Mainz
Martinsburg und Residenzschloss

1478–81 Martinsburg erbaut
1555–57 Kanzlei südlich des Schlosses aufgeführt
1627/28 Beginn der Errichtung des Residenzschlosses
1687 Beginn des Nordbaus
1775/76 Vorläufige Vollendung des Nordflügels
1800/09 Martinsburg abgebrochen
1846 Zwischengeschoss in den Nordflügel eingefügt
1903–25 Wiederherstellungsarbeiten
1942 Schloss zerstört
1948–49 Wiederaufbau

Die Mainzer Erzbischöfe waren zugleich Kurfürsten und stets die ranghöchsten Fürsten des Reiches. Im Mittelalter gelang es den Bürgern, den Bischof aus ihren Mauern zu vertreiben, Ende des 15. Jahrhunderts kehrte der Landesherr jedoch zurück und Kurfürst Dieter von Isenburg ließ sich 1478–81 an der Nordostecke der Stadt durch Henne Moor eine Burg, die **Martinsburg**, errichten. Nach einer Zerstörung 1552 wurde sie anschließend unter Kurfürst Brendel von Homburg wieder aufgebaut. Es handelte sich um ein kompaktes, annähernd quadratisches Kastell mit Ecktürmen. Von dieser ehemaligen Wasserburg sind seit 1809 nur noch wenige Sandsteinblöcke vor dem Rheinflügel des Schlosses zu sehen.

Weil jedoch für die Verwaltung des Kurstaates der Raum in der Martinsburg nicht genügte, ließ sich Kurfürst Brendel von Homburg 1555–57 südlich der Burg neben der Hofkapelle nach Plänen des Niederländers Georg Robyn eine **Kanzlei** errichten. Auch dieser Bau wurde im 19. Jahrhundert niedergelegt.

Erhalten hat sich das **Schloss**. Unter Georg Friedrich von Greiffenclau begann 1627/28 ein Bau, der zunächst nur die Martinsburg und die Kanzlei verband. Aufgrund des Dreißigjährigen Krieges und der Kriege Ludwigs XIV. von Frankreich zog sich die Vollendung des Schlosses über 100 Jahre hin. Immer wieder flohen die Bauherren aus der von fremden Mächten besetzten Stadt. Langsam entstanden im Süden der Martinsburg zwei Flügel. Bedeutende Architekten wie Anselm Franz Freiherr von Ritter zu Grünstein (Nordflügel), Balthasar Neumann (Treppenhaus) und Antoine Peyre (Akademiesaal) wirkten mit. Erst Mitte des 18. Jahrhunderts konnte in das Schloss unter Kurfürst Johann Friedrich Carl von Erthal 1775/76 im Nordflügel im großen Akademiesaal ein Deckengemälde von Januarius Zick angebracht werden, das leider im Zweiten Weltkrieg zerstört wurde.

Schloss, Nordflügel

Martinsburg (rechts) mit dem Kurfürstlichen Schloss (Mitte) und der Kanzlei (links), Zustand 18. Jh.

Seit dem Abbruch der Martinsburg zu Beginn des 19. Jahrhunderts steht das Schloss frei. 1807 wurde durch die Errichtung der Steinhalle im Süden auch eine Dreiflügeligkeit erreicht. Inzwischen waren die Kurfürsten 1797 endgültig aus Mainz geflohen, das nun zu Frankreich gehörte. Das Schloss diente als Kaserne, Militärlazarett und Warenlager. Auch nach der Vertreibung der Franzosen wurde es nicht wieder Residenz. Im Zweiten Weltkrieg stark zerstört, konnte das Schloss 1948–49 zumindest im Außenbau wiederhergestellt werden.

Die lange Bauzeit ist am Gebäude nur bedingt abzulesen, ein Formenwandel kaum zu erkennen. Das Schloss setzt sich aus zwei im rechten Winkel aneinanderstoßenden Flügeln zusammen. An der Stelle des nie errichteten Nordflügels kam 1807 die so genannte Steinhalle von Eustache de St. Far hinzu. Der eingeschossige Arkadenbau wurde 1942 vernichtet und verändert wiederhergestellt. Der Rheinflügel im Osten zählt 16 Achsen, der Nordflügel von 17 Achsen springt zum Rhein hin risalitartig vor. Die drei gleich hohen Geschosse der zwei Flügel werden durch Gurtgesimse getrennt. Die Fenster haben gesprengte Giebel mit Pilastern in Superposition. Viel Bauschmuck des Rheinflügels stammt aus der zweiten Hälfte des 19. Jahrhunderts. Erst als zwischen 1903 und 1925 umfassende Wiederherstellungsarbeiten am Schloss durchgeführt wurden, kamen

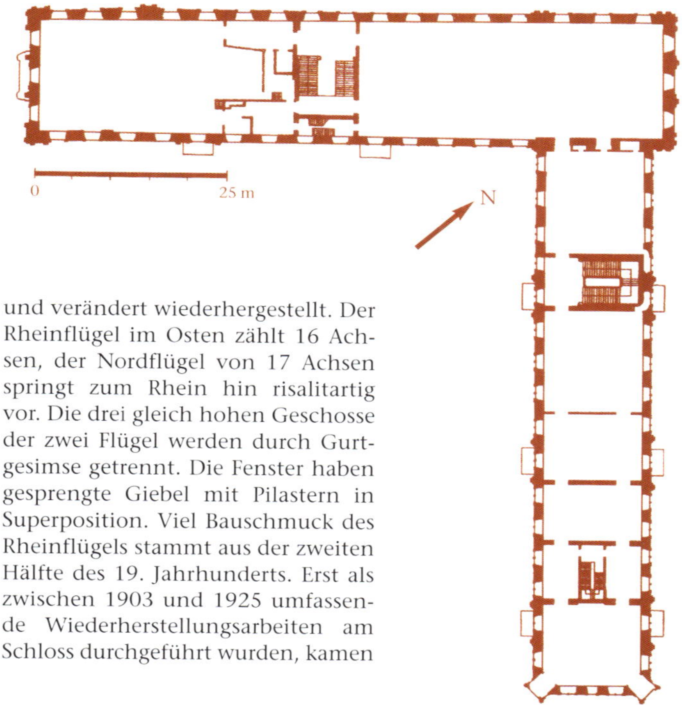

Schloss, Grundriss des 2. Obergeschosses

Schloss, Südflügel (links) und Portal am Südflügel (unten)

Altes Zeughaus, 1604–05

Schloss:
Dieter-von-Isenburg-Str. 4
Peter-Altmeier-Allee
Ernst-Ludwig-Platz 2

Museum:
Öffnungszeiten
Di.–So. 10.00–18.00 Uhr
Tel.: 06131/91240
www.rgzm.de

Altes Zeughaus:
Deutschhausplatz 8

Neues Zeughaus:
Peter-Altmeier-Allee 1

Goldene Ross Kaserne:
Große Bleiche 49–51

die Kurhüte in die gesprengten Giebel der Fenster und die vorhandenen Porträtbüsten wurden frei ergänzt. Besonders schön ist die südliche Schmalseite des Rheinflügels gestaltet, an deren Ecken je ein zweigeschossiger Erker mit Haubendach vorkragt. Der Nordflügel ist ähnlich dem Rheinflügel, an der Außenseite aber einfacher gestaltet. An den beiden Schmalseiten findet sich hingegen eine aufwändigere Instrumentierung mit Pilastern bzw. Doppelpilastern.
Heute wird das Schloss von verschiedenen Institutionen genutzt wie etwa vom **Congress-Centrum-Mainz** oder vom **Römisch-Germanischen Zentralmuseum**, das sich im Nordwestflügel befindet.
Im näheren Umfeld des Schlosses stehen noch heute – wenigstens im Außenbau – Bauten, die das Residenzschloss ehemals funktional ergänzten. Nicht alle benötigten Funktionen konnten nämlich im Schlossgebäude untergebracht werden. In Sichtweite im Osten steht an der Peter-Altmeier-Allee das **Neue Zeughaus**. Es entstand 1738–40 vermutlich nach einem Entwurf von Maximilian von Welsch für Kurfürst Philipp Karl von Eltz. Nachdem es 1945 ausgebrannt war, konnte es 1958–60 für eine neue Nutzung zumindest im Außenbau wiederhergestellt werden. Die palastartige Schauseite zum Rhein orientiert sich an der Fassade des benachbarten Deutschhauses. Ein dreiachsiger Mittelrisalit und schwächere Risalite über den seitlichen Tordurchfahrten gliedern die Fassade. Eine (1960 rekonstruierte) Figur des Kriegsgottes Mars von Burkhard Zamels auf dem Giebel weist auf die ehemalige Funktion als Waffenlager hin, der auch die großen Durchfahrten für Kanonen im Erdgeschoss geschuldet sind. Im Inneren befand sich ehemals in beiden Geschossen je ein ungeteilter Waffensaal.
Noch ein wenig weiter im Süden steht das 1604–05 erbaute **Alte Zeughaus**. Nach einem Brand 1723 musste es erneuert werden. 1945 ausgebrannt, erfolgte 1951–60 der Wiederaufbau für eine neue Nutzung mit geringen Veränderungen an den Fassaden, wie etwa an den Fenstern und den Bogenöffnungen des Nordflügels. Das Alte Zeughaus ist eine Dreiflügelanlage, die sich zum Rhein hin öffnet. Zwei Geschosse über hohem Sockel werden durch einen achteckigen Treppenturm in der Mitte der Hofseite verbunden. Die Kanten des verputzten

Neues Zeughaus

oben: Neues Zeughaus

Baus sind mit Haustein verstärkt. Das Portal in Formen der Renaissance stammt von 1910. Das Alte Zeughaus ist das älteste erhaltene kurfürstliche Gebäude in Mainz.

Im Westen des Schlosses liegt die **Goldene Ross Kaserne – der ehemalige kurfürstliche Marstall (heute Landesmuseum)**. Der Bau entstand in mehreren Abschnitten, brannte 1942 aus und wurde 1955–61 wieder aufgebaut. Ältester Teil ist der um 1750/60 errichtete dreigeschossige Wohnbau an der Ecke Große Bleiche/Bauhofstraße. Er flankiert mit seinem Pendant an der Ecke Schießgartenstraße den 1766/67 nach Entwürfen von Johann Jacob Schneider errichteten langgestreckten zweigeschossigen Marstall. Die Bauteile unterscheiden sich in den Dächern. Während der Marstall ein Satteldach erhielt, bekamen die dreigeschossigen Eckbauten Mansarddächer. Hier erhielten der Oberstallmeister sowie der Unterstallmeister ihre Dienstwohnung. Die Mitte des Marstalls ist mit einem giebelbekrönten Mittelrisalit mit einem auf dem Giebel stehenden goldenen Ross geschmückt. An der Rückseite des Innenhofes stand ehemals eine Reithalle von 1770/71.

unten rechts und links: Goldene Ross Kaserne, heute Landesmuseum

2. Wiesbaden, Biebrich Schloss

1700/02	*Errichtung von zwei Gartenpavillons*
Ab 1707	*Verbinden der Pavillons*
1734	*Verlegung der ständigen Residenz von Usingen nach Biebrich*
1734–37	*Ostflügel errichtet*
1742–44	*Westflügel aufgeführt*
Ab 1811	*Umgestaltung des Parks zum Landschaftsgarten*
1817/31	*Neuausstattung*
1837	*Verlegung der Residenz nach Wiesbaden*
1945	*Ostflügel brennt aus*
1981/84	*Wiederaufbau des Ostflügels*

Rheingaustraße
Verschiedene Vereine und Initiativen bieten Schloss- und Parkführungen an.

unten links: Rotunde, Parkansicht
unten rechts: Westflügel

Vorgänger des Schlosses war ein königliches Landgut, das Kaiser Otto III. 992 dem Kloster Sels im Elsass schenkte. Das heutige Schloss steht jedoch nicht auf den Mauern dieser Anlage. 1292 erwarb König Adolf von Nassau die Besitzungen, und damit gelangte der Platz in den Besitz des Hauses Nassau, in dem er bis 1934 verblieb.
Biebrich entstand ab 1700, als Fürst Georg August Samuel von Nassau-Idstein für seine Gemahlin einen Gartenpavillon errichten ließ. Bereits ab 1702 kam im Abstand von 86 Metern ein östliches Pendant hinzu. Mit der Verbindung der beiden Pavillons ab 1707 entstand ein Lustschloss. Genau in der Mitte zwischen den Pavillons wurde 1710–18 die Rotunde gesetzt und die Galerien erhielten in der Folge ein weiteres Geschoss. Einer der leitenden Architekten in Biebrich war Maximilian von Welsch. Der Bau blieb unvollendet liegen, als die Linie Nassau-Idstein 1721 ausstarb. Die Erben von Nassau-Usingen erwarben das Schloss erst 1728.
1734 verlegte Fürst Karl seine Residenz von Usingen nach Biebrich. Friedrich Joachim Stengel fügte 1734–37 den Ostflügel an das Schloss an. Ferner wurde der Park erweitert. 1742–44 folgte der Bau des Westflügels mit einer Unterkunft für das Fürstenpaar. Nun konnte das Schloss auch im Winter bewohnt werden.
Der immer wieder vergrößerte Garten wurde 1803–16 bedeutend erweitert und in der Folge durch Friedrich Ludwig von Sckell zum **Landschaftsgarten**

umgestaltet. Auch das Innere des Schlosses wurde dem Zeitgeschmack angepasst. Erst 1824 entstand die Freitreppe zum Rhein zu Ehren des Zaren Alexander. 1837 wurde die Residenz in das neu errichtete Stadtschloss nach Wiesbaden verlegt (➞ 4), bis zur Annexion Nassaus durch Preußen 1866 war Biebrich aber nach wie vor einer der Mittelpunkte höfischen Lebens in Nassau. Da das Schloss im Besitz des Herzogshauses verblieb, wurde es von den neuen Landesherren nicht genutzt. Erst 1934 verkaufte das Herzogshaus die Anlage an die preußische Regierung. Im Zweiten Weltkrieg brannte der Ostflügel aus und wurde anschließend niedergelegt. Erst 1981/84 erfolgte der Wiederaufbau. Bereits 1980 wurde auch das im Zuge der klassizistischen Modernisierung des 19. Jahrhunderts überstrichene Deckenfresko in der Rotunde wieder freigelegt.
Der einheitlich rot und weiß gestrichene Bau lagert sich parallel zum Rhein. Die kurzen Seitenflügel weisen nach dem Garten an der rheinabgewandten Seite. Das Schloss steht auf einer künstlich aufgeschütteten Böschung und hat daher zum Rhein ein Geschoss mehr als zum Garten. Die vielgliedrige Dreiflügelanlage wirkt heute, unterstützt durch die einheitliche Farbfassung, sehr homogen und wie nach einem Gesamtkonzept entwickelt, da sich die Architekten immer am Bestand orientierten und auf das Vorhandene auch formal Rücksicht nahmen. Dabei erkennt man in den Einzelformen aber durchaus Individuelles und Zeitgemäßes. Die Rheinfront wird durch die Rotunde mit den langen Galeriebauten geprägt. Diese Flügel zählen jeweils acht Achsen und werden von der Rotunde, die mit einer Attika abschließt, die die Kuppel im Inneren verdeckt, deutlich überragt. Auf der Attika sind paarweise Götterfiguren und Vasen angeordnet. Während die Galerien von dorischen Doppelpilastern gegliedert werden, ist ihnen die Rotunde mit ionischen, gekuppelten Kolossalpilastern klar übergeordnet.
Begleitet wird dieser Mittelteil von zwei Pavillons, den Ursprungsbauten des Schlosses. Sie haben fünf Achsen mit zurückgesetzten zweiachsigen Anne-

xen von 1707 an jeder Seite. Die mittleren drei Achsen bilden einen schwach vortretenden Mittelrisalit mit Dreiecksgiebel aus. Im Gegensatz zum breitgelagerten Mittelteil überwiegt hier die Vertikalgliederung mit den Staffelungen und gequaderten Ecklisenen.
Der erhaltene Westflügel und der diesem angepasste rekonstruierte Ostflügel sind eher langgestreckte Bauten, die wie die Pavillons, denen sie formal angeglichen sind, Mansarddächer haben. Die Mitte wird von einem dreiachsigen Pavillon mit einem zusätzlichen Geschoss gebildet.
Im Inneren ist die Rotunde als Hauptsaal ausgestaltet. Über kreisförmigem Grundriss tragen acht komposite Säulen eine Kuppel mit einem Deckengemälde. Dies sind zugleich die einzigen barocken Überreste des klassizistisch überformten Raums. Das Deckenfresko von Luca Andrea Colomba hat die Aufnahme des Aeneas in den Olymp zum Thema. Der ehemalige thematische Mittelpunkt der Szenerie fehlt heute: Zeus. Er hing als Skulptur auf einem Adler frei in den Raum hinab. Die umlaufenden Galerien schwangen ursprünglich um die Säulen herum, bis sie 1826 in der heutigen klassizistischen, strengeren Form hinter den Säulen angebracht wurden. Zugleich wurde der Marmorfußboden durch ein Parkett ersetzt. Die Galeriebauten nahmen übrigens ehemals auf das Thema des Hauptsaals Bezug. Hier wurden Szenen aus der Odyssee und der Aeneis dargestellt.
Im Westflügel befanden sich die landesherrlichen Gemächer, während der Ostflügel im Untergeschoss Raum für Pferde und in den oberen Geschossen Raum für Hofbeamte in Einzelzimmern bot. Die landesherrlichen Gemächer waren beiderseits einer Mittelachse von Vestibül und Speisesaal angeordnet. Der Fürstin stand dabei der wärmere Südteil zu, dem Fürsten der Nordbereich mit Blick auf den Garten. Die bescheidenen Raumfolgen setzten sich aus Vorzimmer, Audienzzimmer, Eckkabinett, Schlafzimmer und Garderobe zusammen. Im obersten Geschoss befanden sich Räume für die fürstlichen Kinder und den Hofstaat.

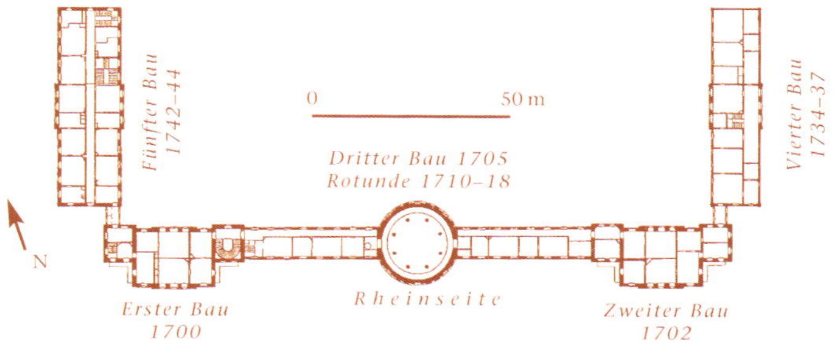

Hinter dem Schloss erstreckt sich der Schlosspark. Von den barocken Anlagen des Maximilian von Welsch und der 1714 errichteten Orangerie hat sich nichts erhalten. Heute befindet sich hier ein bezaubernder Landschaftspark von Ludwig Sckell, der 1846 von Carl Friedrich Thelemann umgestaltet wurde. In ihr steht die Mosburg (➟ 3).

oben: Rotunde
Mitte: Grundriss Obergeschoss
unten: Rheinansicht

3. Wiesbaden, Biebrich Mosburg

1568	*Burg ruinös*
1805/06	*umgebaut*
1909–45	*Heimatmuseum*
1945	*Bombentreffer*
1994	*Teileinsturz*
2001	*Instandsetzungs-maßnahmen*

Der Garten ist frei zugänglich, die Burg selbst kann nicht betreten werden.

Die Mosburg könnte – doch ist dies sehr unwahrscheinlich – auf die 874 genannte königliche „biburc“ zurückgehen. Jedoch steht die heutige Mosburg auf den Resten einer mittelalterlichen Burg (wohl 13. Jahrhundert). 991 waren eine Burg und das Dorf Mosbach von Kaiser Otto III. dem Kloster Sels im Elsass geschenkt worden. Nach Besitzerwechsel und wechselnden Vögten kaufte König Adolf von Nassau den Besitz 1296. Die Burg wurde von den Nassauer Grafen und Fürsten oft verlehnt, teilweise sogar an Bürgerliche. 1568 war die Burg bereits ruinös.

1804 kaufte das Herzogshaus die Burg erneut. Die umgebenden baufälligen Wirtschaftsgebäude wurden abgerissen und die Burg nach Plänen von Carl Florian Goetz für Friedrich August von Nassau-Usingen 1805–06 zur romantischen Parkburg umgebaut. 1817–23 bezog sie Friedrich Ludwig Sckell in den Landschaftsgarten des Schlosses Biebrich (➠ 2) mit ein. Bis 1866 diente sie als Rückzugsort des Fürsten, wurde aber auch für höfische Veranstaltungen und Feste genutzt und diente 1850 als Atelier für Emil Alexander Hopfgarten. Von 1909–45 befand sich hier das Biebricher Heimatmuseum. Nachdem die Burg 1945 durch eine Bombe getroffen worden war, wurde das Museum durch Plünderungen vernichtet. Seit 1968 gehört die Burg zur Verwaltung der Staatlichen Schlösser und Gärten Hessen. Nach einem Teileinsturz der Umfassungsmauer 1994 erfolgten 2001 Instandsetzungsmaßnahmen.

Die Burg ist von einem Zwinger umgeben, der zum großen Teil noch auf altem Mauerwerk basiert. Auch die alte Burg besaß vor dem Umbau derartig niedrige Zwingermauern. Bei einer Betrachtung des Grundrisses kann man klar die regelmäßigen Formen im Westen von 1805/06 und die mittelalterliche Ringmauer und ihre Schalentürme im Osten unterscheiden. Der Torturm und die steinerne Brücke sind Neuschöpfungen. Bis 1936 standen zu beiden Seiten des Eingangs Grabsteine aus dem Kloster Eberbach.

Das Hauptgebäude ist aus Bruchstein errichtet, teils mit schmalen roten Ziegeln. Große neugotische Fenster prägen die Ansicht zum Schlossgartenweiher von 1805/06. Ein rechteckiger Turm im Hauptbau wird nur von dem angefügten runden Treppenturm überragt. Die nachträglich in die Ecktürme eingebrochenen Spitzbogentüren dienten ehemals als Einlass für Damwild und Fasanen.

Das Innere der Burg wurde im Erdgeschoss von einem großen, von vier Säulen getragenen Saal bestimmt, um den sich einige kleine Räume gruppierten. Im Osten befand sich eine Kapelle. Die Gemächer waren mit kostbaren Holzvertäfelungen und Vergoldungen versehen.

Die Mosburg ist eines der wenigen, zumindest im Außenbau erhaltenen frühen Beispiele einer neugotischen Burganlage.

oben: Torturm mit den Grabmälern der von Katzenelnbogen, die 1936 ins Kloster Eberbach zurückkehrten.
unten: Gesamtansicht

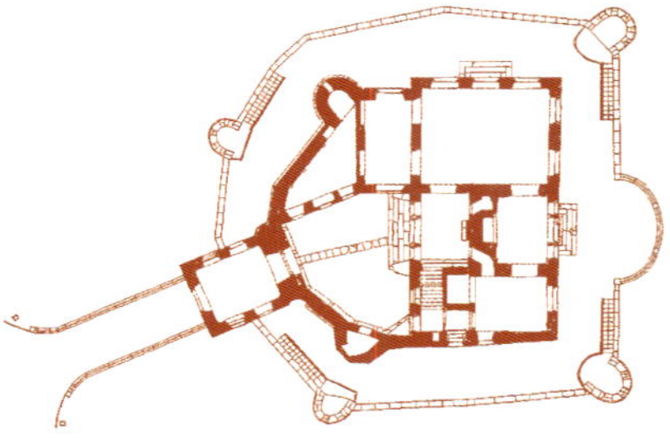

4. Wiesbaden Stadtschloss

ca. 1200 Burg
1503–05 Neuer Bau
1596 Neues Schloss
1837–43 Schlossneubau

Schlossplatz 1
Führungen: Gruppen nach Anmeldung sowie jeden 1. Samstag im Monat um 10.00 Uhr
Treffpunkt: Haupteingang Schlossplatz 1
Besucherdienst, Tel.: 0611/350294
www.hessischer-landtag.de

Bereits in karolingischer Zeit stand an der Stelle des heutigen Kavalierhauses eine Turmburg. Die Burg der Nassauer Grafen stammte wohl aus der Zeit um 1200 und wurde unter König Adolf von Nassau nach 1292 befestigt. Nachdem die Burg noch 1485 instand gesetzt worden war, wurde 1503–05 der so genannte Neue Bau errichtet. Auch dieser konnte den gestiegenen Ansprüchen nicht genügen, und deshalb entstand 1596 ein neues Schloss etwa an der Stelle der heutigen Marktkirche. Die alte Burg diente hinfort der Verwaltung.

Herzog Wilhelm von Nassau ließ sich an der Stelle der alten Burg durch Georg Moller 1837–43 das heute noch erhaltene Schloss errichten. Sein Nachfolger Herzog Adolph ließ das Gebäude um einige Gesellschaftsräume und einen Konzertsaal erweitern. Nachdem Nassau von Preußen annektiert worden war, diente es den preußischen Königen während ihrer Aufenthalte in Wiesbaden als Wohnsitz. Nach dem Ersten Weltkrieg von den Besatzungsmächten genutzt, gelangte das Schloss 1930 in Staatsbesitz. Im Zweiten Weltkrieg wurde der Flügel zur Marktkirche zerstört, die Fassade wiederhergestellt und das Innere den Bedürfnissen des nun im Schloss befindlichen Hessischen Landtags entsprechend eingerichtet. Für den Bau des Plenarsaals musste auch die alte Reithalle abgerissen werden.

Das Schloss steht auf einem Eckgrundstück am Marktplatz. Über einem Sockelgeschoss erhebt sich der dreigeschossige Bau. Sowohl das Sockelgeschoss als auch das Erdgeschoss sind rustiziert. Das erste Obergeschoss erhält eine Bevorzugung durch die

oben: Gelber Salon

unten: Fassade zum Markt

Musiksaal, Roter Salon und Rundes Balkonzimmer

Fensterverdachungen. Das darüberliegende Geschoss ist dagegen bedeutend niedriger. Über dem reich gegliederten Konsolgesims verbirgt sich ein Attikageschoss. In die Ecke des stumpfen Winkels ist eine Eingangsrotunde eingeschoben. Kannelierte toskanische Säulen tragen einen Balkon mit Balustrade über dem Eingang. Im zweiten Obergeschoss der Rotunde ist das nassauische Vollwappen angebracht. Zu beiden Seiten der Rotunde erstrecken sich neun Fensterachsen. Das Schloss ist direkt an die angrenzenden Bürgerhäuser der Stadt gebaut. Kein Zaun, Ehrenhof oder Park grenzen es ab.

Das im Norden anschließende Gebäude neben dem Schloss wurde 1826 anstelle des zum ehemaligen Schloss gehörenden Kontrollhofs errichtet und gelangte nach dem Bau des neuen Schlosses 1841 in herzoglichen Besitz, um als Kavalierhaus genutzt zu werden. Rückwärtig befand sich der ehemalige Marstallhof des Schlosses. Nach Zerstörung im Krieg wurde es 1952 um ein Geschoss erhöht wieder aufgebaut.

Auf den Eingang des Schlosses in der Rotunde ist die diagonale Hauptachse des Gebäudes mit Treppenhaus und Kuppelsaal ausgerichtet. Im Keller befanden sich ehemals Wirtschafts- und Lagerräume sowie Speiseräume für Bedienstete. Das Erdgeschoss nahm das Treppenhaus, Gästezimmer und Unterkünfte für gehobene Bedienstete auf. Ferner lagen hier die Diensträume des Herzogs und sein Appartement, bestehend aus Vorzimmer, Salon, Schreibzimmer, Schlafzimmer, Bad und Rauchzimmer.

Über das repräsentative Treppenhaus mit den Statuen von Ludwig von Schwantaler gelangte man durch ein Vestibül in das runde Balkonzimmer und von dort in die angrenzenden Prunkräume und das Appartement der Herzogin, das sich aus Empfangszimmer, Blauem Salon, Badezimmer, Ankleidezimmer, Garderobenzimmer und Schlafzimmer – das allerdings nicht auf den lauten Markt, sondern zum Hof lag – zusammensetzte. Zur Marktstraße hin befanden sich die Gesellschaftszimmer mit Rotem Salon, Gelbem Salon und kleinem Saal. Am Ende der Bogengalerie, gegenüber dem Treppenhaus und ursprünglich nicht von dort zu erreichen, liegt der Kuppelsaal, von wo aus man den erst 1840–42 für Herzog Adolf aufgeführten Teil des Schlosses mit einem großen Musiksaal erreicht und heute weiter zum Plenarsaal gelangt.

Das Innere des Schlosses ist ausgesprochen prunkvoll, aber nicht überladen eingerichtet. Für Parkett, Türen und Möbel wurden acht verschiedene Holzarten, Perlmutt und Messing verwendet, die Tapeten variieren die Malerei aus Pompeji, die Lüster waren vergoldet. Die Zimmer wurden überwiegend von den Brüdern Ludwig und Friedrich Wilhelm Pose ausgemalt.

Das Schloss ist eine Demonstration von Bürgernähe. Ursprünglich war die Residenz außerhalb der Altstadt am Luisenplatz geplant mit einem größeren Abstand zu den Bürgern. Dies erschien jedoch nach 1832 nicht mehr opportun. Und so konnte man das Schloss in Abwesenheit des Hofes auch besichtigen. Die komplizierte diagonale Erschließung von Repräsentations- und Wohnräumen über lange geschwungene Galerien und Treppen täuscht eine Weiträumigkeit vor, die tatsächlich nicht vorhanden ist. Tatsächlich war der Bau aber auch nicht zu bürgernah. Sein Schloss verließ der Herzog nicht zu Fuß über den Haupteingang, sondern über eine Treppe in den rückwärtigen Hof, wo er ungesehen eine Kutsche besteigen konnte.

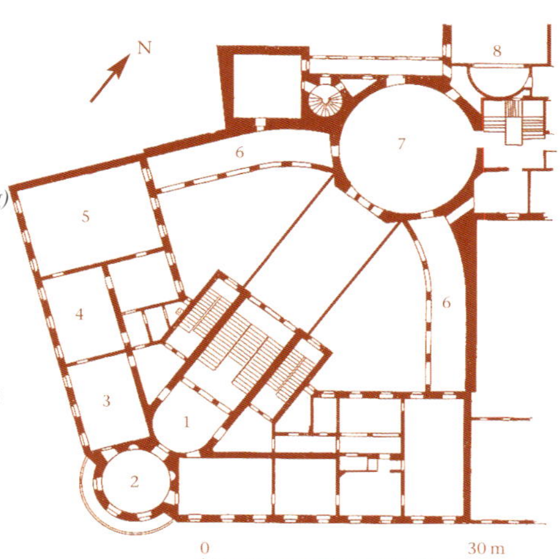

Grundriss 1. Obergeschoss:

1 Treppenhaus
2 Rundes Balkonzimmer (über dem Haupteingang)
3 Roter Salon
4 Gelber Salon
5 Kleiner Saal
6 Bogengalerie
7 Kuppelsaal
8 Musiksaal
Foyer mit angrenzendem Präsidenten- bzw. Kabinettzimmer

5. Wiesbaden, Frauenstein Burg

Burg Frauenstein wurde 1182 von einem Zweig der Herren von Schierstein errichtet, der sich nun von Frauenstein nannte. Bereits 1221 wird der Ministeriale Heinrich Bode von Frauenstein erwähnt. Die Frauensteiner standen sowohl in den Diensten von Mainz als auch in den Diensten der Grafen von Nassau. 1380 starb das verarmte Geschlecht aus. Bereits 1300 hatten Siegfried von Frauenstein und 1310 Johann von Limburg ihre Anteile an der Burg aber an das Erzbistum Mainz veräußert. 1319 war Mainz im vollständigen Besitz der Burg, die schon 1302 im Zollkrieg von König Albrecht zerstört, anschließend aber wieder aufgebaut worden war. Die Mainzer verlehnten oder verpfändeten die Burg oft in Teilen oder auch ganz. Bis zum Ende des 18. Jahrhunderts war sie bewohnt und wurde erst 1803 dem Verfall überlassen, als sie mit der Auflösung des Kurstaates an Nassau gelangte. Erst nachdem der Burgverein Frauenstein die Burg 1996 erworben hatte, erfolgte eine tiefgreifende Instandsetzung. 1999 konnte eine Stahltreppe für den Zugang angebracht werden. Von 2001 bis 2002 erfolgte der Innenausbau und die Wiederherstellung der Turmstube.

Die Burg erhebt sich auf einem ortsbeherrschenden Sporn über Frauenstein. Der Bergfried und Teile der Ringmauer haben sich erhalten. Ein tiefer Halsgraben trennt sie vom Hang. Oberhalb der Burg befand sich ein künstlicher Weiher, dessen Wasser im Verteidigungsfall in die Gräben um die Burg geleitet wurde. Ferner schützte eine mannshohe Hainbuchenhecke die Burg an der Bergseite. Der Bergfried mit seiner Grundfläche von 7 auf 7 Metern ist heute mit einem steilen Walmdach gedeckt. Der fünfeckige Turm misst bis zur Oberkante ca. 12 Meter und verfügt über einen Aborterker an der Südwestseite. Die bis zu 2 Meter starken Mauern sind aus Gneis aufgeführt und zeigen Reste vom Außenputz des 18. Jahrhunderts. Das Innere besitzt noch eine Grundfläche von 3 x 3 Metern. Die engen viereckigen Räume sind zum Teil tonnengewölbt. Die drei Geschosse wurden durch eine Wendeltreppe verbunden. Zwei Wohngeschosse hatten einen Kamin. Lichtschlitze erleuchteten die Räume, im Obergeschoss gibt es zudem ein Fenster.

1182	*Burg begründet*
1310/19	*an das Erzbistum Mainz*
1996	*vom Burgverein Frauenstein erworben*
2002	*Neueinweihung*

Ortsmitte, Burglindenstraße
Terminabsprachen:
Burgverein Frauenstein e.V.
1. Vorsitzender (2004)
Adolf Lipp
Tel.: 0611/421772

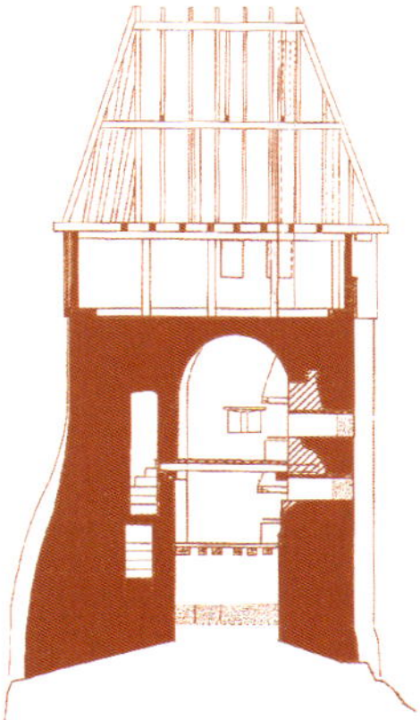

6. Budenheim Schloss Waldthausen

1908–10 errichtet
1941 an die NS-Volkswohlfahrt und Umbau
1956 in Bundesbesitz
1982 von der Stadt Mainz an die Sparkasse verkauft und innen gänzlich umgestaltet

Sparkassen-Akademie Schloss Waldthausen
Im Wald 1
55257 Budenheim

Das Objekt kann nur teilweise besichtigt werden.
Tel.: 06131/45-375

Das im Lennebergwald über Budenheim gelegene, so genannte Schloss Waldthausen wurde für Baron Martin Wilhelm von Waldthausen 1908–10 von Hans Bühling errichtet. Der Bauherr war Sohn einer begüterten Industriellenfamilie aus Essen. 1912 konnte er seine neue Villa beziehen. Jedoch erfreute er sich nur kurze Zeit seines neuen Besitzes, denn bereits mit Ausbruch des Ersten Weltkrieges 1914 verließ Waldthausen als Ausländer sein Anwesen, das seither häufig wechselnde Bewohner beherbergte.
1941 zog die NS-Volkswohlfahrt aus Berlin in das Haus, baute das Anwesen stark um und richtete hier unter anderem ein Müttererholungsheim ein. 1945 beschlagnahmten die Amerikaner das Objekt, überließen es dann aber den Franzosen, die es aufwändig instand setzten, aber auch stark veränderten. 1956 gelangte Waldthausen vom Land Rheinland-Pfalz an den Bund, der es der Bundeswehr zuwies. Später kaufte die Stadt Mainz den Komplex an. 1982 schließlich wurde das Anwesen an die Sparkasse verkauft, die hier ihre Sparkassen-Akademie einrichtete. Für die neue Nutzung wurde die Anlage im Innern völlig neu gestaltet, um nicht zu sagen entkernt. Kein historischer Raum hat sich erhalten. Erst 1991 wurde die Anlage mit Park und Waldlandschaft unter Schutz gestellt.
Die Villa erhebt sich auf einem der markantesten Geländepunkte des linken Rheinufers zwischen Mainz und Bingen. Vom Pförtnerhaus führte eine sehr breite Allee mit mittiger Rasenfläche zum Hauptgebäude. Der monumentale asymmetrische Bau in hauptsächlich neuromanischen Formen versucht sich formal an einen staufischen Palas anzunähern, nutzt aber auch Formen der Renaissance. Die Zugangsseite wird von einem viereckigen mächtigen bergfriedartigen Turm bestimmt. Er ist mit vier Ecktürmchen versehen, was den Burgcharakter an dieser Stelle verstärkt.
Das zweigeschossige, mehrflügelige Hauptgebäude nahm ehemals 40 Räume auf. Besonders bemerkenswert war der Festsaal mit 9,50 Metern Höhe und 16,50 Metern Länge sowie 11 Metern Breite. Im Erdgeschoss befanden sich zehn Wohnräume. Dazu gehörte ein großer Speisesaal mit einer Lichtkuppel. Es gab mehrere Nebenräume für Personal und Büroräume. Das Obergeschoss nahm weitere 14 Zimmer auf.

Gartenseite

Das Innere wurde bereits nach 1945 zugunsten einer neoklassizistischen Ausstattung umgestaltet. Heute sind die Innenräume gänzlich verloren. Doch werden im Foyer verschiedene historische Ansichten einiger Innenräume ausgestellt, die sich der Interessierte ansehen kann.
Die Villa ist in einem großen Waldpark gelegen. Nur im Norden befindet sich eine formal gestaltete terrassierte Fläche mit Brunnen, Fischweiher und zwei Skulpturen röhrender Hirsche von Hubertus Hiller. Im Park steht noch heute eine große Anzahl von Nebengebäuden. Zu diesen gehören neben dem Pförtnerhaus das ehemalige Maschinenhaus, ein Pferdestall mit Remise, ein Wohnhaus für Kutscher und Maschinisten und sogar ein kleines Elektrizitätswerk. Das Maschinenhaus beherbergt heute das Restaurant der Akademie mit einer angebauten neuen Aula.
Schloss Waldthausen ist ein typischer Vertreter für die Spätphase der Architektur des deutschen Kaiserreichs in seiner konservativen Stilhaltung. Die Bezüge auf Romanik, Renaissance und Romantik, also jene Epochen deutscher Geschichte, auf die man sich unter Wilhelm II. gerne berief, sind unübersehbar, auch wenn der Bauherr dem Kaiser kritisch gegenüberstand.

Eingangsfront

7. Walluf, Niederwalluf Burg Niederwalluf

Über die Turmburg in Niederwalluf ist kaum etwas bekannt. Der Ort wurde bereits früh besiedelt. Vermutlich im Zuge der Normanneneinfälle entstand um 900 die Turmburg in Niederwalluf. Um 1200 wurde sie wahrscheinlich wieder aufgegeben. Bemerkenswert ist die unmittelbare Nähe der Johanniskirche, die bis 1719 als Pfarrkirche für Niederwalluf diente. Die letzte Bauphase des Sakralbaus ist wohl auf die Zeit um 1500 zu datieren.
Nur wenige Reste der Burg sind heute noch zu sehen. Die Grundmauern des Turmes ragen noch 2–3 Meter auf. Der Stumpf hat eine Seitenlänge von 9,60 auf 11,60 Meter, der Innenraum misst bei einer Mauerstärke von 2,20 bis 2,30 Metern im Lichten 7,00 x 5,50 Meter. Die Mauern wurden in Zweischalentechnik aus weißem Kalkstein mit sauberen Fugenstrichen aufgeführt. Die Ecken des Turmes sind mit rotem Sandstein verblendet. Der ehemals umlaufende Graben ist noch zu erkennen. Grabungen haben nachgewiesen, dass ein Zwinger vorhanden war, an dessen Südwestseite ein romanisches Wohngebäude von einer Ausbauphase aus der zweiten Hälfte des 11. Jahrhunderts stand.
Um den Turm verlief in unterschiedlichem Abstand von ca. 2 Metern eine Wehrmauer. Die Mauerstärke wechselte und lag um 1 Meter. Teilweise näherte sich die Zwingermauer im Nordwesten dem Turm bis auf einen Meter, im Südwesten betrug der Abstand hingegen über drei Meter. Um diese Anlage führte ein Graben, auf dessen Sohle nochmals ein Spitzgraben verlief. Der Graben war 3,50 Meter tief und ca. 8 Meter breit.

770	*Erwähnung einer „Villa Waltaffa"*
ca. 900	*Begründung der Burg*
ca. 1200	*Ende der Burg*
1200	*Erste Erwähnung als Besitz von Kornelimünster*
1263	*Verkauf des Besitzes an Ritter Heinrich, genannt Frank von Wiesbaden*

Die Burg steht direkt am Ortsausgang von Walluf in Richtung Wiesbaden. Sie ist ausgeschildert und kann jederzeit besichtigt werden.

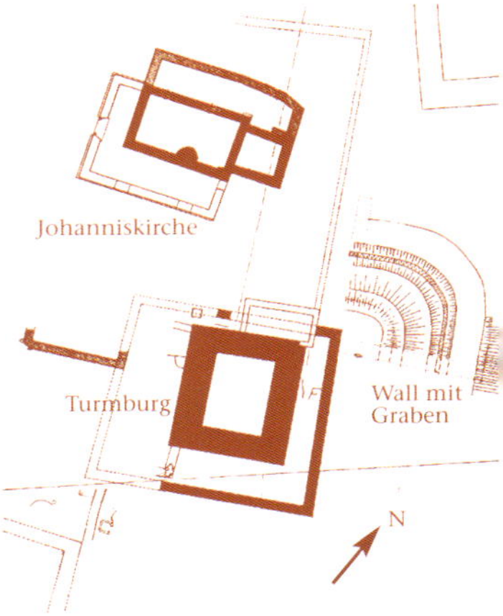

8. Eltville
Burg Craß

1096 *östliches Gebäude erbaut*
14. Jh. *umfassender Umbau*
1492 *an die Freiherren von Dehrn*
ca. 1840 *neugotisch umgestaltet*
1873 *an die Familie Craß*
1996 *Sanierung der Gebäude*

Restaurant und Hotel Burg Craß
Tel.: 06123/6906-0
www.kellerundkunst.de
Burg Craß kann nicht besichtigt werden.
Zufahrt von der Wallufer Straße

Die Bedeutung von Burg Craß wurde erst Ende des 20. Jahrhunderts erkannt, als der gesamte Bau in die Romanik datiert werden konnte. Er setzt sich aus zwei Teilen zusammen, deren östlicher dendrochronologisch auf 1096 datiert ist. Der Burgsitz gehörte den Jud von Eltville, die 1056 genannt werden. Im 14. Jahrhundert erfolgte eine umfassende Modernisierung des Gebäudes, bei der auch der Giebel des Westbaus um ca. 2,50 Meter erhöht wurde. Der Treppenturm entstand wohl Ende des 15. Jahrhunderts und wurde Ende des 16. Jahrhunderts erneuert.
Inzwischen war der Besitz an die Freiherren von Dehrn gelangt. 1706/07 kam im Süden ein Erweiterungsbau vor das Gebäude, das so genannte neue

Schlösschen. Fünf Jahre später folgte ein weiterer Bau am Ostbau. Im 19. Jahrhundert wurden diese Anbauten wieder abgetragen und der Freihof im Sinne der Burgenromantik neugotisch umgestaltet. 1840 erhöhte man den Treppenturm und zierte ihn mit einem Zinnenkranz. Der Ostbau wurde in formaler Anlehnung an den Westbau mit einem Treppengiebel versehen, und das ganze Haus erhielt spitzbogige Fenster. Ferner ersetzte man den barocken Küchenanbau im Norden durch eine Remise.
Nach häufigeren Besitzerwechseln erwarb 1873 die Familie Craß aus dem Rheingau das Anwesen. Hinfort wurde die Anlage bis auf wenige Unterbrechungen gastronomisch genutzt. Der dafür entstandene Gastraum im Osten wurde 1996 wieder abgetragen. Nachdem die Burg ab 1988 leer stand, gelangte das Objekt 1996 an die Sektkellerei Schloss Vaux. Der neue Pächter sanierte die Gebäude und schuf einen neuen verglasten Anbau für die Gastronomie.
Burg Craß steht vor der Stadtmauer von Eltville auf der etwas erhöhten Uferböschung und war ehemals von Wassergräben umgeben. Das Hauptgebäude setzt sich aus zwei mit der Längsseite auf den Rhein hin ausgerichteten Gebäudeteilen zusammen, von denen das östliche dreigeschossig, das westliche zweigeschossig ist. Beide werden durch einen runden Treppenturm mit Zinnenabschluss verbunden. Der östliche Bau misst 11,5 x 10,8 Meter. Aufgrund des nahezu quadrati-

links: Burg Craß, im Hintergrund der Wohnturm der Burg Eltville

schen Grundrisses kann ein Wohnturm zumindest vermutet werden. Der westliche Bau ist etwas nach Norden zurückgesetzt und misst 14,50 x 9 Meter. Die Mauern der Bauten sind bis zu einem Meter stark, lediglich der Treppenturm hat schwächere Wände. Auf den romanischen Ursprung der beiden Hausteile weist noch im Westgiebel eine Fensterarkade hin, ebenso das in Ausschnitten freigelegte Mauerwerk an der Nordseite. Auch haben sich Teile der alten Umfriedung erhalten, so im Westen zum Freigässchen. Im beheizbaren Ostbau befand sich ehemals vermutlich eine große repräsentative Halle, während der Westbau privaten Wohnzwecken gedient haben dürfte. Er hatte anfänglich keine Kaminanlage. Heute dient das Gebäude der gehobenen Gastronomie und als Hotel mit einem Blick auf den Rhein.

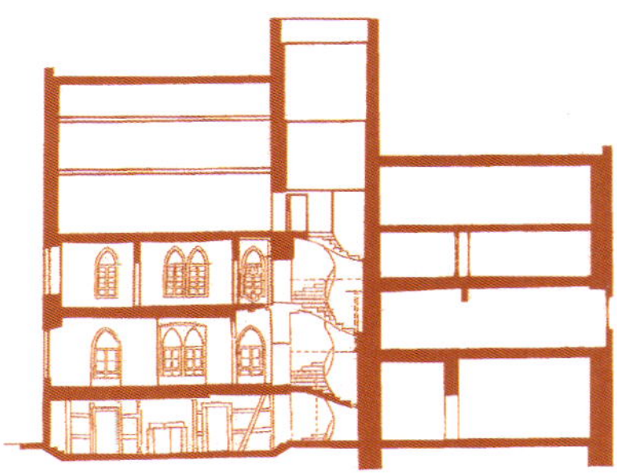

Schnitt und Grundriss (nach Blödorn)

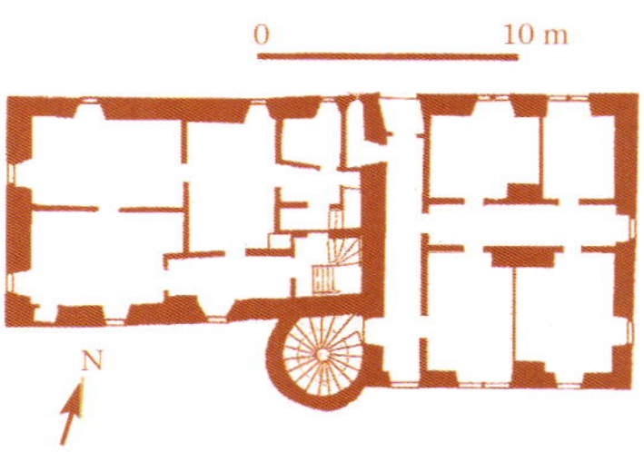

Freigelegtes Mauerwerk an der Nordseite

9. Eltville Burg

1301	*Vorgängerbau zerstört?*
1329/30	*Baubeginn*
1338–45	*Wohnturm*
1487	*Ausbau*
1635	*Teilzerstörung*
1682–83	*Wiederherstellung*
1922	*Niederlegung der Bauten von 1683*

Burgstraße 1
Außenanlage:
Mai–September, 9.30–19.00 Uhr
Oktober –April außer Montag 10.30–17.00 Uhr
Öffnungszeiten Burgturm:
April–Oktober, Sa, So und Feiertag 11.00–18.00 Uhr
Jeden Freitag 14.00–17.00 Uhr

Im 10. Jahrhundert kam der Königshof Eltville an Mainz. Ob eine Burg an der Stelle der heute bestehenden im Rheinischen Zollkrieg 1301 zerstört wurde, ist nicht gesichert. Jedenfalls begann Erzbischof Balduin von Trier im Streit mit Heinrich von Virneburg um den Mainzer Bischofsstuhl 1329/30 mit dem Bau einer Burg in Eltville an Stelle eines zerstörten Vorgängerbaus, der aber nicht eine Burg gewesen sein muss. Nachdem er den Kampf aufgegeben hatte, kam der angefangene Bau an seinen Konkurrenten, der zwischen 1338 und 1345 den Wohnturm erbauen ließ. Eltville wurde bevorzugte Residenz der aus Mainz vertriebenen Erzbischöfe. Unter Erzbischof Berthold von Henneberg wurde die Burg 1487 nochmals ausgebaut, obwohl bereits 1478–81 in Mainz die Martinsburg aufgeführt worden war. Als der Raum in Eltville Mitte des 16. Jahrhunderts nicht mehr genügte, wurden ein West- und ein Ostflügel an die Mauer gebaut. Beide Flügel sind im Dreißigjährigen Krieg 1635 zerstört worden. 1660/62 erfolgten erste Ausbesserungs- und Aufräumungsarbeiten sowie der Abbruch des zerstörten Westflügels. Mit dem Schutt wurde der Ostgraben aufgefüllt. 1682/83 konnte man den ehemals dreigeschossigen Ostflügel durch Giovanni Angelo Barella auf zwei Geschosse verkleinert und nach Norden verlängert wieder herstellen. 1922 wurden die Stallungen und Remisen von 1683 an der Westseite abgerissen. 1936 erwarb die Stadt die Burg, 1938 erfolgte eine Restaurierung durch Ernst Stahl.

Die Burg steht an der Südostecke der Stadt und hat einen annähernd quadratischen Grundriss. Nördlich und westlich ist ihr ein schmaler Zwinger hinter einem tiefen Graben vorgelagert. Ehemals lag auch an der Ostseite ein Graben. Zum Rhein gibt es einen breiten Zwinger. Der erhaltene Graben ist fünf Meter tief, 15 bis 17 Meter breit und annähernd rechtwinklig aufgemauert.

Wohnturm, 2. Obergeschoss, Grafenkammer

oben: Blick von der Burg über den Rhein auf die Königsklinger Aue mit der für Graf Adalbert Franken von Sierstorpff errichteten Villa mit Garten und eigenem Bootshafen. Der zugehörige Wirtschaftshof im Süden ist nicht zu sehen.

oben Mitte: Schnitt und Grundrisse 3. Obergeschoss und Wehrplatte
unten: Grundriss

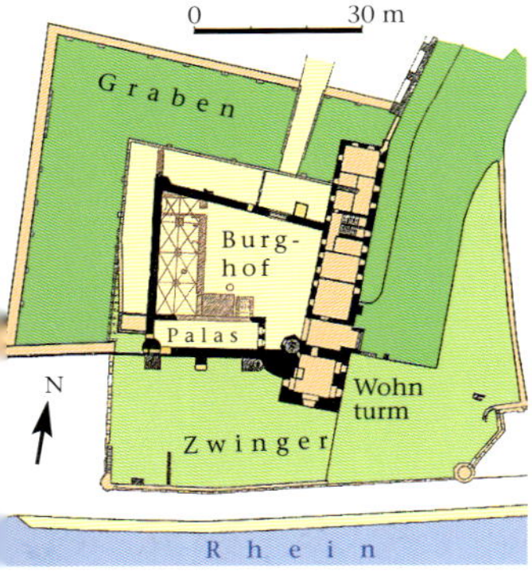

Das älteste erhaltene Bauwerk in der Burg ist der quadratische (10 x 10 m), 30 m hohe Wohnturm. Er wird durch einen Treppenturm an der Nordwestecke erschlossen. Das schmucklose Äußere wird nur durch die Fenster gegliedert und einen vorkragenden Kleeblattfries, auf dem das Wehrgeschoss ruht. Besonders sehenswert ist die so genannte Grafenkammer. Dieser Repräsentationsraum verfügt über zwei Wandschränke und einen großen Kamin an der Westwand. Er ist mit fünf Wappen geziert. Der Raum erhält Licht durch fünf große Fenster. Die 1904 aufgedeckten Malereien zeigen Papageien und Rankwerk aus Kirschen und Eichenblättern. Ferner sind zwei Vollwappen an die Wand gemalt. So ist fast jeder Erzbischof des Spätmittelalters über ein Wappen in der Malerei oder an der südlichen Außenwand und dem Kaminsturz im Turm vertreten.

Ansicht von Westen

An der Rheinseite der Burg stand der Südflügel. Er war 18 Meter breit und 5 Meter tief. Während im Erdgeschoss bis 1533 die Küche untergebracht war, befanden sich im Obergeschoss die Tafelstube und im zweiten Obergeschoss ein Saal und eine Kapelle.

Im Westflügel waren im 15. Jahrhundert die Küche und ein Bad untergebracht. Der Ostflügel, nördlich des Turms, nahm Arbeitszimmer von Beamten auf. Der alte Bau ist nicht mehr zu rekonstruieren. Er war kürzer als heute und reichte nicht bis in den Graben hinein. Ehemals hatte er jedenfalls ein Geschoss mehr als heute, das im Zuge des Wiederaufbaus der Burg 1683 abgebrochen wurde. Das Portal stammt von 1682.

10. Eltville, Kiedrich
Burg Scharfenstein

Die Burg oberhalb von Kiedrich wurde vermutlich zwischen 1160 und 1190 errichtet. 1192 wird ein Walter von Scharfenstein genannt. Bauherren waren wohl die mächtigen Ministerialen von Bolanden. Nach dem Tod Philipps II. von Bolanden ging die Burg zwischen 1187 und 1198 in den Besitz von Mainz über. Offenbar wurde die Burg nicht sogleich vollendet, da der Turmbau nach Errichtung des Sockels um 1160 für ca. 100 Jahre bis 1250 stagnierte. 1301 belagerte König Albrecht und 1318 Ludwig der Bayer vergeblich Scharfenstein.

Nach dem Ausbau von Eltville (➠ 9) verlor die Burg an Bedeutung und gelangte Ende des 14. Jahrhunderts an die Burggrafen von Scharfenstein. Gegen Ende des 16. Jahrhunderts war sie verfallen. Zuletzt nutzte nur noch ein Türmer den Burgturm, bis ein Sturm 1686 den Turm unbewohnbar machte. Im 19. Jahrhundert wurde der obere Teil des Turmes erneuert. 1992 fanden Bauuntersuchungen statt.

Burg Scharfenstein erhebt sich über der Ortschaft Kiedrich auf der anderen Seite des Kiedricher Bachs auf einem steil abfallenden Berg, der nur durch einen Rücken mit dem dahinter liegenden Höhenzug verbunden ist. Der Sporn hat eine ovale Fläche von ca. 30 x 50 Metern. Die oft vermutete Funktion als Straßenkontrollstelle ist wohl nicht zutreffend, da die Straße damals an einer anderen Stelle verlief. Jedenfalls weilten die Mainzer Erzbischöfe im 13. Jahrhundert oft auf der Burg. Vom Bergrücken ist die Burg durch zwei Halsgräben getrennt, deren einer an der Sohle annähernd 10 Meter breit und über 16 Meter tief ist.

Der knapp 32 Meter hohe Bergfried steht an der Angriffsseite 3 Meter hinter der Ringmauer. Sein Zugang befindet sich 7,20 Meter über dem aktuellen Bodenniveau. Die auf Konsolen vortretende Steinplatte, die noch 1902 beschrieben wurde, ist nicht mehr zu sehen. Der Bergfried hat einen Durchmesser von 10 Metern und eine Mauerstärke von über 3 Metern, sodass im Innern nur wenig Raum bleibt. Er ist aus Schieferbruchsteinmauerwerk errichtet, die Gewände sind jedoch von Sandstein. Im Untergeschoss befand sich ein tonnengewölbtes Verließ mit Lüftungsschacht. Der Erdgeschossraum ist rechteckig und wird nur durch Lichtschlitze erleuchtet. Hier gab es einen Kamin. Eine Treppe in der Mauer stellt die Verbindung zu den zwei Obergeschossen her. Während das erste ehemals eine Balkendecke aufwies, ist das zweite wieder gewölbt. Abgeschlossen wird der Turm von einer Plattform mit gerader Brüstung. Im Süden der Burg befinden sich Gebäudereste sowie ein Brunnenschacht. Der Wohnbau war zweigeschossig und im westlichen Teil unterkellert. Weitere Reste haben sich nicht erhalten.

1160–90	*vermutlich erbaut*
1192	*Walter von Scharfenstein genannt*
1187/1198	*an Kurmainz*
1301	*vergebliche Belagerung*
1686	*endgültig verlassen*

Hinter Scharfenstein über den Bergrücken in nordöstlicher Richtung auf dem Himmelsberg befinden sich die geringen Reste der Burg Neuhaus. Sie entstand zwischen 1200 und 1230, sicherte den Talausgang und diente vermutlich auch als erzbischöfliches Jagdschloss. Nach dem Bau der Burg Scharfenstein wurde sie wohl aufgegeben. Zu sehen sind zwei breite Gräben der zweigeteilten Burg und das Fundament eines Turms von ca. 5 Quadratmetern.

Von der Marktstraße in Kiedrich ausgehend, gelangt man durch die Weinberge zur Burg. Die Ruine kann jederzeit besucht werden.

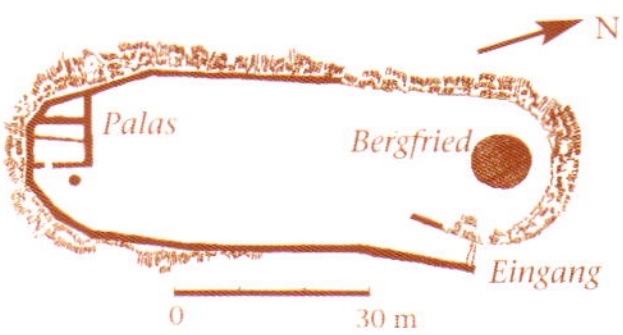

11. Eltville, Erbach
Schloss Reinhardshausen und Mariannenaue

1801	*Neubau eines Schlosses*
1855	*an Prinzessin Marianne von Preußen*
1860	*Galeriebau*
1958	*neuer Hotelflügel anstelle des Galeriebaus*
1999	*Luxushotel*

Hauptstraße 43
Hoteltel.: 06123/6760

Schloss Reinhardshausen ist erst im 18. Jahrhundert entstanden und aus drei Anlagen zusammengewachsen, die seit dem 14. und 15. Jahrhundert im Besitz von Adligen und Mainzer Patriziern nachweisbar sind. 1753 kaufte Christian Ludwig Langwerth von Simmern den Besitz, 1800 Graf Klemens August von Westphalen. Er begann 1801 mit dem Neubau eines Schlosses. 1855 wurde das Schlossgut an Prinzessin Marianne von Preußen, geb. Prinzessin der Niederlande, verkauft. Sie ließ das Gebäude um ein drittes Geschoss erhöhen. Nach ihrem Verwalter Reinhard erhielt das Schloss seinen heutigen Namen. Ferner kaufte sie ein im Osten gelegenes Grundstück hinzu. Zum Besitz gehörte auch eine vorgelagerte Rheinaue, die ihr zu Ehren 1902 in Mariannenaue umbenannt wurde.

Hier hatten bereits die Karolinger einen Jagdgarten unterhalten mit Jagdhütten in Form provisorischer Lauben und Mooshäuser sowie ein Jagdhaus mit einer vorübergehenden Sommerwohnung für den Kaiser. Graf Klemens August von Westphalen ließ hier einen Park anlegen. Das schmucklose Schloss selbst ist heute neben dem seit 1958 bestehenden Hotelflügel kaum mehr wahrzunehmen.

Der Hauptbau, der dreigeschossige „Herrenbau", steht mit der Schmalseite zur Straße versteckt hinter dem neuen Baukörper.

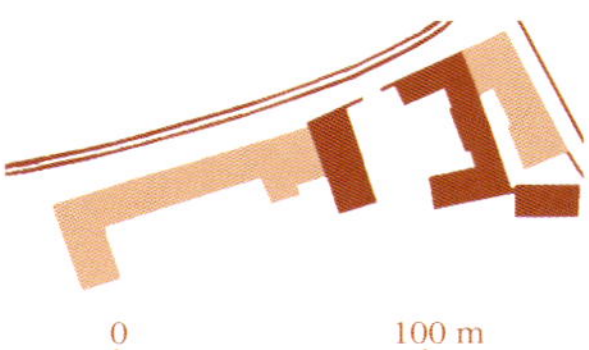

Gebäudeanlage mit klassizistischem Schlossbau (dunkel)

Hauptbau

Galeriebau, 1956 abgebrochen

Nebengebäude und Ehrenhof

12. Eltville, Hattenheim Turmburg

Die Burg ist von den 1118 erstmals genannten Herren von Hattenheim auf ihrem Allodialbesitz errichtet worden. Später gelangte sie an die Herren von Scharfenstein und noch später an die Cämmerer von Worms. 1472 kam sie in den Besitz der Langenwerth von Simmern, die sie 1482 ganz erwerben konnten. Als sie ihr Einlösungsrecht 1502 teilweise an die Gemeinde Hattenheim abtraten, legte diese die Burg partiell nieder. Im Dreißigjährigen Krieg wurde sie 1631 und 1644 geplündert, doch ließ Georg Christian Langenwerth von Simmern sie bald wieder herrichten. Nach 1711 verödete die Anlage aber. Heute gehört sie dem Burg- und Verschönerungsverein, der sie zum Bürgerhaus und Festgelände umgestalten ließ.

Man betritt die fast quadratische, ehemals von einem Wassergraben umgebene Burg durch einen rundbogigen Eingang mit einem kleinen Wappenschild im Scheitel. In der Nordwestecke steht ein großer rechteckiger Wohnturm. Ein weiterer kleiner quadratischer Turm befindet sich in der Südwestecke. Im Osten steht ein langgestrecktes Wirtschaftsgebäude. Die Grundfläche des Wohnturms beträgt 12,50 x 8,60 Meter. Der ca. 16 Meter hohe viergeschossige Bau aus Bruchsteinmauerwerk wird von einem steilen Walmdach gedeckt. Ein hoher Kaminaufbau mit Treppengiebel prägt gleich einem Zwerchhaus die Nordseite.

Im Innern des Turmes befinden sich über einem tonnengewölbten Keller vier Wohngeschosse. Das Erdgeschoss hat nur zum Innenhof Fenster, die feldseitigen Mauern bleiben ohne Öffnung. Ursprünglich erfolgte der Zugang von Süden. Auch das erste Obergeschoss war von Süden zugänglich. Im zweiten Obergeschoss gab es acht Fenster, ehemals mit Sitznischen, und einen Zugang zu einer Schachttoilette. Rauchabzüge lassen auf Kachelöfen schließen. In der Barockzeit wurde der Raum nochmals ausgemalt. Malereireste sind erhalten. Die Zugänge der vier Geschosse liegen alle übereinander. Hier ist ein hölzerner Treppenturm anzunehmen.

rechts: Schnitt mit Blick nach Norden und Grundriss des Ergeschosses

1118	*erstmals das Geschlecht der von Hattenheim genannt*
1482	*Erweiterung der Burg, Erneuerung des Wohnturms*
1502	*Burg teilweise niedergelegt. Nach 1711 verödet*
1979	*durch den Burg- und Verschönerungsverein übernommen*
1989	*Renovierung des Gesindehauses abgeschlossen*

Burggraben
Das Gelände kann betreten werden.

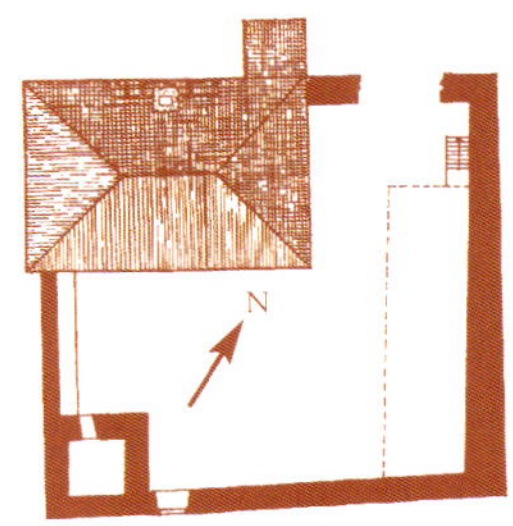

Grundriss 1965

13. Heidesheim
Burg Windeck (Wintereck)

1209 *Erwähnung*
1414 *Verkauf eines Drittels von Heidesheim an Mainz, später auch des Restes*
1626 *weiter verkauft*
ca. 1630 *Gebäude in der Ringmauer errichtet*
1993 *Besitz der Gemeinde Heidesheim*

Bahnhofstr. 18
Nicht zu besichtigen

1209 errichtete Herdegen von Winternheim die kleine Wasserburg widerrechtlich. 1414 konnte Mainz ein Drittel der Burg erwerben, später auch die übrigen zwei Drittel. Bereits damals war die Burg sehr baufällig. 1626 erwarb der Oberkeller in Mainz, Samuel Beck, die Burg und ließ die Gebäude völlig erneuern. In der Folge wechselte Windeck oft die Besitzer. 1934 wurde eine Wirtschaft in der Burg eingerichtet. Nachdem die Gemeinde Heidesheim 1993 die Burg erworben hat, wird sie zur Zeit saniert.

Die Burg bestand aus einem Wohnturm von 18,50 Metern Höhe aus Kalkstein. Der Turm war von einer annähernd quadratisch geführten Ringmauer mit abgerundeten Ecken umgeben. In weitem Abstand umgab eine weitere Wehrmauer, die den so genannten Zingel einfasste, die Burg. Hinzu kam ein Wassergraben. Der Wohnturm aus dem 12. Jahrhundert ist gut erhalten. Über einem tonnengewölbten Raum befinden sich heute nur noch Treppen, die das tonnengewölbte Obergeschoss erschließen. Ehemals lag der Eingang in den Turm in etwa 8 Metern Höhe an der Südseite. Den Abschluss bildet eine Wehrplattform mit Schießscharten. Ein Teil des inneren Berings ist noch in der Außenmauer des im 16. Jahrhundert angefügten, im Kern immer noch gotischen Wohnhauses erhalten. Für dieses Haus wurde der Raum zwischen Turm und Ringmauer im Osten einfach überbaut.

Burg Windeck ist eine typische Turmburg des frühen Hochmittelalters wie etwa die Boosenburg in Rüdesheim (➠ 24), die später ähnlich erweitert wurde.

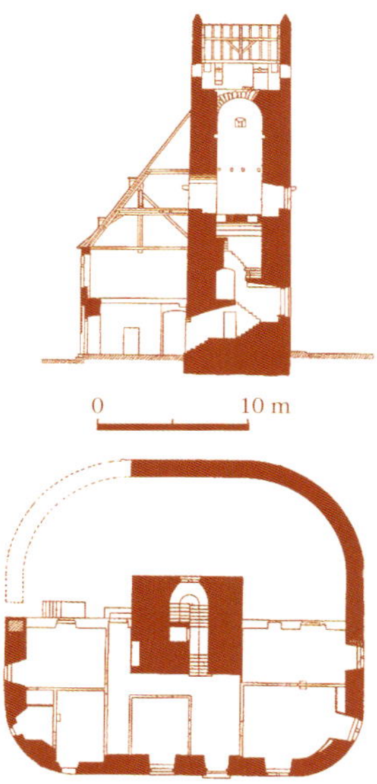

Schnitt und Grundriss, um 1936

Ansicht von Süden

Ansicht von Osten

14. Oestrich-Winkel, Winkel Graues Haus

Das Graue Haus ist zwar eines der ältesten Häuser Hessens, doch nicht ganz so alt, wie teilweise vermutet wurde. Ältere Bauteile des 9. und 10. Jahrhunderts stammen von der Pfalz in Ingelheim und wurden als Spolien eingebaut. Das Graue Haus war Sitz der Herren von Winkel gen. von Greiffenclau und wurde wohl von diesen 1075/78 erbaut. Sie waren bis in das 20. Jahrhundert Eigentümer der Anlage, nutzten sie jedoch nach Errichtung ihres Wohnturms in Vollrads (➠ 15) 1330 nur noch als Witwensitz.

Als es 1964 zu einem Brand im Grauen Haus kam, wurde bei diesem Anlass die Bedeutung des Gebäudes erkannt und daraufhin eine Rekonstruktion in den ursprünglichen Formen auf Grundlage der erhaltenen Spuren vorgenommen. Den steilen gotischen Schildgiebel hat man jedoch belassen.

Das Graue Haus steht in exponierter Lage am Rheinufer. Der rechteckige Baukörper misst 13,50 auf 11,00 Meter und ist mit Bruchsteinquadern aus Taunusquarzit aufgeführt. Die Gliederungselemente sind überwiegend von Sandstein.

Man betritt das kellerartige Erdgeschoss durch ein breites Rundbogenportal. Das Obergeschoss nahm den eigentlichen Wohnraum auf. Ihm wurde ein Vorraum vorgeschaltet, der sich nach Süden zum Rhein hin öffnet. Hier gibt es sechs Rundbogenarkaden, die nach dem Vorbild einer einzigen erhaltenen Arkade nachgebildet wurden. Es erfolgt ein Wechsel von Säule und Pfeiler, der zuverlässig überliefert ist. Ebenso ist der Wechsel der roten und grauen Kehlsteine in den Bögen nachgewiesen. Die altertümlichen Kapitelle, die ehemals zu einer Datierung in das 9. Jahrhundert veranlassten, stammen vermutlich aus der Königspfalz von Ingelheim (➠ 17) und wurden hier zweitverwendet. Eine kleine Kapelle schließt an den Wohnraum an.

Es gibt mehrere derartiger kleiner Herrensitze im Rheingau. Das Graue Haus steht hier stellvertretend für den Typ eines unbefestigten steinernen Herrensitzes.

1075/78 *Errichtung*
1191 *Herren von Winkel, gen. von Greiffenclau, nachweisbar*
14. Jh. *nur noch als Witwensitz genutzt*
1964 *Brand*
1978–80 *restauriert*

Graugasse 8
Zur Zeit geschlossen

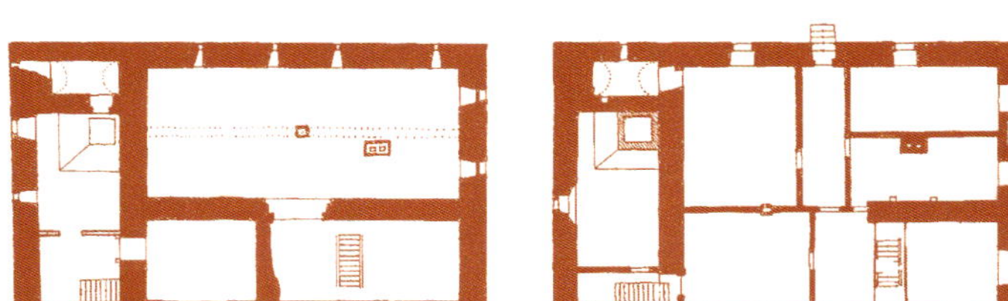

Grundrisse des Erd- und Obergeschosses, Zustand bis 1963

15. Oestrich-Winkel, Winkel
Schloss Vollrads

1330 Wohnturm vollendet
1471 zweiter Wohnturm
1650 Kavaliershaus erbaut
1680–84 Schloss erbaut
1710/12 zweiter Wohnturm abgerissen

Vollradser Allee
Das Schloss ist nicht zu besichtigen, doch kann der Hof betreten werden.
Auskünfte zu Weinproben im Schloss und zur Gastronomie:
Tel.: 06723/66–20
Tel.: 06723/5270
www.schlossvollrads.de

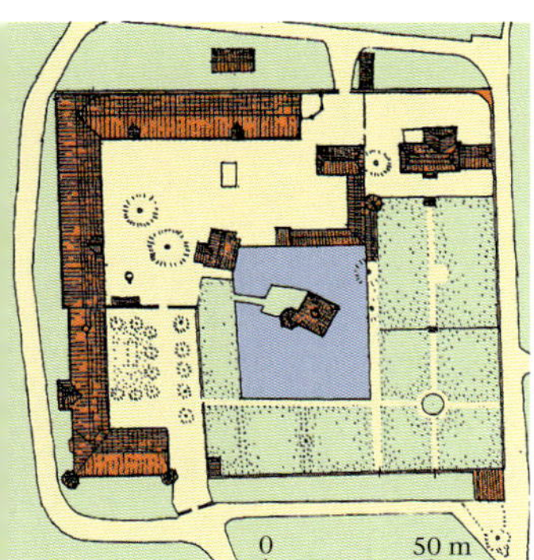

Der älteste erhaltene Teil von Schloss Vollrads ist der Wohnturm. Er wurde bis 1330 errichtet, nachdem die Herren von Vollrads den Besitz des Geschlechtes von Greiffenclau geerbt und auch gleich deren Namen übernommen hatten. Der alte Wohnsitz, das Graue Haus, diente hinfort nur noch als Witwensitz. Die neue Burg wurde erstmals 1332 genannt. 1471 kam ein zweiter Wohnturm hinzu, der erstmals 1506 erwähnt wurde. Bereits 1710/12 trug man ihn wieder ab. Erst 1680–84 wurde das zweiflügelige Schloss errichtet. Im 19. Jahrhundert erhöhte man den verbliebenen Wohnturm. Auf das zusätzliche Geschoss kam das Dach des 18. Jahrhunderts. Auch der Erker von 1627 wurde aufgestockt.

Die Bauherrendynastie gehörte in der Frühen Neuzeit zu einer der bedeutendsten Familien im Reich. Familienmitglieder wurden Erzbischöfe und Kurfürsten in Trier und Mainz, und zweimal konnte der Bischofsstuhl in Würzburg besetzt werden. Als die Familie 1860 ausstarb, übernahmen die schlesischen Grafen von Matuschka, in deren Familie eine Tochter aus dem Geschlecht der Greiffenclau eingeheiratet hatte, den Besitz. Die Grafen nennen sich durch königliches Privileg seit 1862 Matuschka-Greiffenclau.

Das Schlossareal hat annähernd die Form eines Quadrats und ist von einer hohen Mauer umgeben. In der Mitte steht auf einer Insel der erhaltene Wohnturm. Im Süden zum Rhein hin erstreckt sich das Schloss, während sich ein großer Wirtschaftshof im Norden befindet. Der Osten wird von Gärten eingenommen.

Der quadratische fünfgeschossige Turm wird von einem geschwungenen Dach mit Laterne gedeckt. Nach Süden ist ein zweigeschossiger Erker angefügt, an der Westseite steht ein Treppenturm. Hier schloss sich ehemals der zweite Wohnturm an. Das Untergeschoss des aus Bruchsteinmauerwerk aufgeführten Turmes ist separat zugänglich. Das erste Geschoss nimmt drei Räume auf und wird über die Wendeltreppe erschlossen. Die oberen Geschosse waren ehemals über den Treppenturm mit dem abgegangenen zweiten Wohnturm verbunden.

Das Schloss im Süden ist ein dreigeschossiger Zweiflügelbau unter hohem Walmdach, der zur Rheinseite mit dreigeschossigen Ecktürmen mit welschen Hauben eingefasst wird. Die hofseitigen Kolonnaden und der Balkon stammen aus dem 20. Jahrhundert. Das Innere betritt man durch eine zweigeschossige Empfangshalle. Der Südflügel beherbergt einen Speisesaal. Stuckdecken und Ledertapete sind sehenswert. Im Westflügel ist eine Kapelle untergebracht.

Im Norden des Schlossareals nahe am Eingang steht das zweigeschossige Kavaliershaus. Der Bau von sieben Achsen hat ein schönes Kielbogendach. Im Innern finden sich Stuckdecken Carlo Maria Pozzis von 1714. Im Osten ist eine kleine Orangerie angebaut.

links: Grundriss 1965
rechts: Wohnturm

16. Oestrich-Winkel, Oestrich Schloss Reichardshausen

Reichardshausen wird erstmals 1152 genannt. Es gehörte Kloster Eberbach, dessen Abt Hermann Hungrichhausen 1738–42 das Schloss erbauen ließ. Nach der Säkularisierung schenkte Fürst Friedrich August von Nassau-Usingen den Hof 1807 seiner Gemahlin Luise von Waldeck, unter der die klassizistischen Wachhäuschen an der Straße errichtet wurden. Nach ihrem Tod 1816 kaufte es 1817 Graf Erwein von Schönborn. Er erweiterte das Gebäude und unterhielt hier eine Sammlung neuerer Gemälde und Skulpturen. Nach 1850 erfolgte die Umwandlung in eine Weinhandlung. 1873 verkauften die Schönborn das Schloss, dessen Besitzer seither mehrmals wechselten.
Der Weinhändler August Wilhelmj ließ 1894 im Norden des Schlosses eine burgartige Kunstruine erbauen, um die dahinter liegenden Wirtschaftsbauten zu kaschieren. Ferner wurde der Hof überwölbt, um Raum für einen Weinkeller zu gewinnen. 1925 wurden alle Stuckdecken im Schloss vernichtet. Ab 1969 erfolgte eine Restaurierung, in deren Rahmen der Weinkeller im Hof wieder abgebrochen wurde. 1980 bezog die European Business School das Schloss.
Es ist durchaus möglich, dass Reichardshausen als Nebenresidenz des Erbacher Abtes konzipiert wurde. Der Hauptflügel nahm repräsentative Räume und eine Hauskapelle auf, über die konkrete Funktion lässt sich aber keine gesicherte Aussage machen. Die Seitenflügel dienten wirtschaftlichen Interessen. Das außen sehr schlichte zweigeschossige Schloss ist eine breit gelagerte Dreiflügelanlage. Mittelflügel und Seitenflügel haben je 18 Achsen und werden von einem Walmdach abgeschlossen. Die Tiefe der Flügel beträgt nur drei Achsen. Die schwach vortretenden Eckrisalite umfassen fünf Achsen.
Nördlich des Schlosses erhebt sich die imposante Kunstruine mit den dahinter befindlichen Wirtschaftsbauten. Sie wurde aus Taunusquarzit mit Werkstücken aus rotem Sandstein aufgeführt und ist unverputzt. Der Aufbau besteht aus „Palaswand" mit Giebel und dreifach gekuppeltem Fenster und einem hohem Rundturm mit einer weiteren, daran anschließenden Wand mit Giebel. Diese Art der Kaschierung war im 18. Jahrhundert weit verbreitet.

1738–42	*Schloss erbaut*
1803–16	*Besitz der Herzogin Luise von Nassau*
1817	*an Graf Erwein von Schönborn*
1850	*Umwandlung in eine Weinhandlung*
1894	*Kunstruine erbaut*
1980	*European Business School*

Rheingaustraße
Das Schloss ist nicht zu besichtigen.
Tel. der Hochschule: 06723/69-0
www.ebs.de

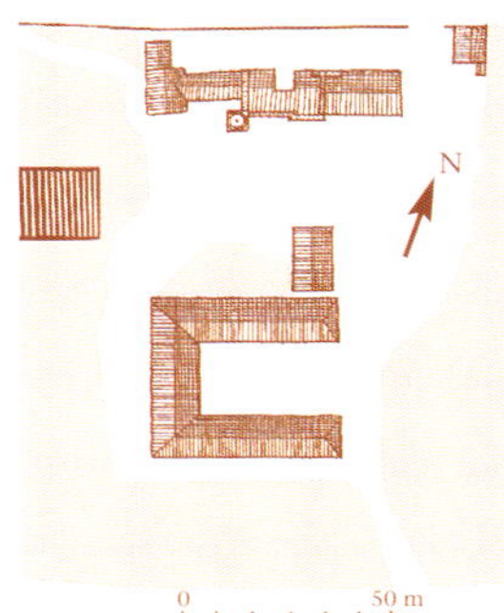

Westflügel des Schlosses

17. Ingelheim, Ingelheim Mitte
Königspfalz

774	*Karl der Große erstmals in Ingelheim*
807	*Palatium genannt*
948	*Synode Ottos I. d. Gr.*
1156	*durch Friedrich Barbarossa restauriert*
1247	*durch Wilhelm von Holland belagert und erobert*
1375	*Verpfändung*
1402	*ehemaliger Bereich der Pfalz endgültig zur Besiedelung freigegeben*
1962/63	*Renovierung und Rekonstruktion der Saalkirche*

Stadtplan
1 Vor der Stele, 2 Mauerverlauf im Straßenbelag, 3 Aula regia, 4 Saalkirche, 5 Saalbrunnen, 6 Nordtrakt, 7 Sog. Karlsbad, 8 Heidesheimer Tor, 9 Halbkreisbau, 10 Gesundheitsbrunnen, 11 Befestigung, 12 Zuckerbergtor, 13 Bolander Wehrturm, 14 Archäologischer Schutzbau, 15 Portal der ehem. Schaffnerei, 16 Friedhof Todtenhof im Saal, 17 Saalmühle, 18 Wärmeleitung

Bereits die Römer siedelten in Ingelheim, und es ist durchaus möglich, dass an Stelle der Pfalz ursprünglich eine römische Villa stand, die dann fränkisches und später karolingisches Königsgut wurde. König Pippin III. empfing hier Abt Lul von Hersfeld und später den Erzbischof von Mainz. Karl der Große weilte erstmals 774 in Ingelheim. Er begründete auch das 807 erstmals genannte Palatium, das erst unter seinem Sohn Ludwig dem Frommen vollendet wurde. In der Folgezeit fanden in Ingelheim viele Reichsversammlungen statt, vor allem unter Ludwig dem Frommen und Otto I. dem Großen. Dann ging die Bedeutung zurück. Zuletzt suchten die Salier Ingelheim als Wohnsitz auf. Nach der erzwungenen Abdankung Heinrichs IV. 1105 durch seinen Sohn verlor Ingelheim seine Funktion als königlicher Aufenthaltsort. Heinrich V. begann, die Pfalz zu befestigen, und Friedrich Barbarossa setzte diese Arbeiten fort. Von dem damaligen Mauerring haben sich noch eindrucksvolle Reste erhalten. Ingelheim war zu einem wehrhaften Stützpunkt der Königsmacht im Reich geworden. 1247 belagerte und eroberte König Wilhelm von Holland die Feste, und 1254 wurde die Zollfeste Werner von Bolandens durch den Rheinischen Bund zerstört.

Pfalz, Rekonstruktion des Zustandes um 1000 an einer Häuserwand gegenüber der Saalkirche

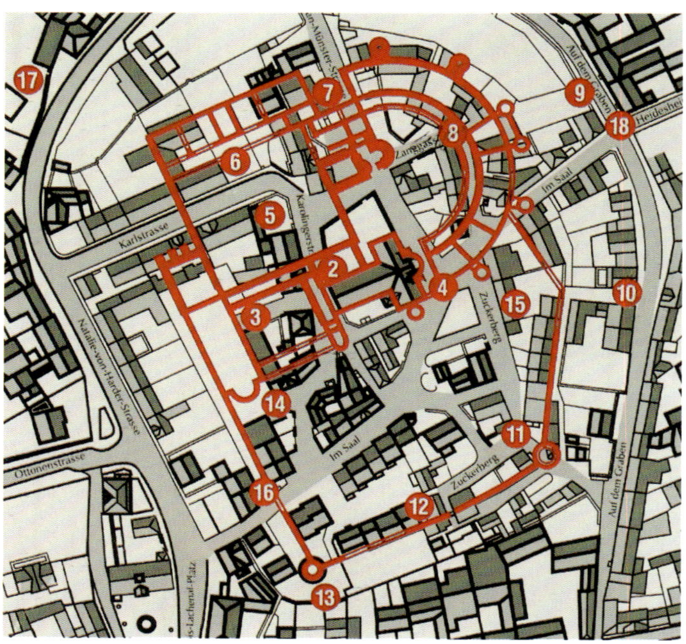

1346 war die Besiedelung des Pfalzbereichs bereits so weit fortgeschritten, dass in der Kapelle St. Peter für die Bewohner ein Altar aufgestellt wurde. Kaiser Karl IV. gab dann endgültig die Königswohnung auf, in die 1354 ein Augustiner-Chorherrenstift aus Prag einzog. 1375 verpfändete er das bereits sehr verkleinerte Reichsgebiet endgültig an die Kurpfalz. So wurde ein geschlossenes Territorium von Kurmainz am Mittelrhein verhindert. Ingelheim sank zum Dorf ab. 1402 gab König Ruprecht den ehemaligen Bereich der Pfalz endgültig zur Besiedelung frei.

Ingelheim lag für die Karolinger günstig inmitten von Jagdgründen nahe des Rheins und nahe von Mainz. Seit der Befestigung war die ganze Pfalzanlage mit einer 270 Meter langen Mauer umgeben, die in ihren Ursprüngen wohl auf Friedrich Barbarossa zurückgeht, ihr heutiges Aussehen aber dem Spätmittelalter verdankt. Die Mauer wurde von vielen Türmen unterbrochen. Die ehemals 10,50 Meter hohe Mauer ist noch an vielen Punkten im Stadtgebiet sichtbar. Kennzeichen sind der an der Innenseite verstärkte Mauerfuß und die Entlastungsbögen. Vor der Mauer lag ein Graben, dessen

Reste noch am Heidesheimer Tor zu sehen sind. In der Karolingerstraße 5 ist ein Stück der Wehrmauer begehbar. Ehemals waren die Wehrgänge wohl überdacht. Das Heidesheimer Tor wird von zwei kreisrunden Tortürmen flankiert und war ursprünglich der repräsentative Hauptzugang zur Pfalz.

Beeindruckend sind auch die Reste der Aula regia östlich der Saalkirche. Die Aula regia dürfte noch auf karolingische Zeit zurückgehen. Zwei ehemalige Fenster der Apsis sind noch im Mauerwerk zu erkennen. Die Langseiten des etwa 30 Meter langen Saales hatten je sieben Fenster. Unter dem mittleren war jeweils ein Portal. Der östliche Ausgang liegt in einer Achse mit der Saalkirche. Die Halle war im Innern ausgemalt.

Nördlich der Aula regia steht die Kapelle **St. Peter (Saalkirche)**. Sie stammt aus ottonischer Zeit, wurde 997 erstmals erwähnt und um 1160 erneuert. 1576–1705 war sie profaniert. 1707 erfolgte der Wiederaufbau für die reformierte Gemeinde mit verkürztem Langhaus. Ihr heutiges Aussehen erhielt der Bau erst 1963–64 mit dem Wiederaufbau des Langhauses in ursprünglicher Länge sowie der Wiederherstellung des alten Bodenniveaus. Nur das Mauerwerk des Querhauses und ein Teil des nördlichen Schiffes stammen aus der Zeit des Mittelalters. Die Gliederung der Apsis mit Lisenen, Rundbogenfries und kräftigem Gesims mit Röllchenfries stammt aus der Zeit um 1160 (Friedrich Barbarossa). Im Innern stammen die Kämpfer der Arkaden der Vierung aus der Zeit dieser Erneuerung. Das weit ausladende Querschiff schließt unmittelbar an die Apsis an. Der halbrunde Bau wird an beiden Seiten von zwei kleinen Türmchen flankiert. Der neuromanische Glockenturm stammt jedoch erst von 1861. Es kann vermutet werden, dass sich im Westen ehemals eine Empore für den König befand.

Die Pfalz in Ingelheim gehört neben Nimwegen, Aachen und Frankfurt zu den größten karolingischen Anlagen. Die Aula regia ist dabei eines der wenigen, baulich überlieferten Großbauten der Karolinger nördlich der Alpen.

oben links: Saalkirche
oben rechts und unten rechts: Aula regia

Besucherzentrum Kaiserpfalz Ingelheim:
François-Lachenal-Platz 5
Tel.: 06132/714701
Öffnungszeiten: April–Oktober Di.–So. 10.00–12.30 Uhr und 13.30–17.00 Uhr
November–März: Di.–So. 10.00–16.00 Uhr
Aula regia Öffnungszeiten: Mo.–Fr. 7.30–17.00 Uhr, Sa.–So. 10.00–17.00 Uhr
www.kaiserpfalz-ingelheim.de

18. Ingelheim, Ingelheim Süd
Wehrkirche

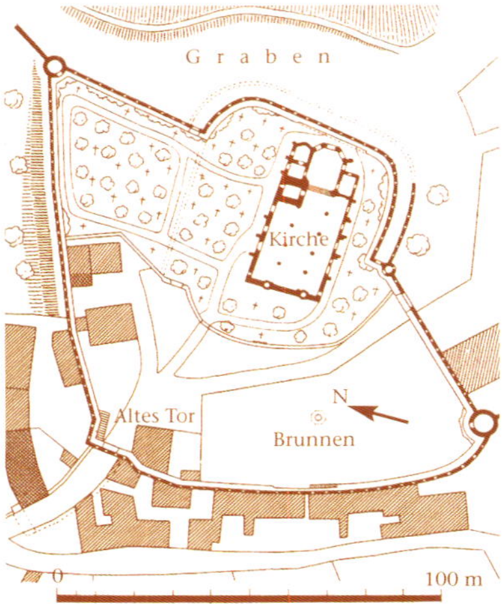

15. Jh. *zur Fluchtburg ausgebaut*

Östlich der Ortsmitte von Oberingelheim
Parkmöglichkeit: An der Burgkirche

Frei zugänglich

oben rechts: Grundriss 1934

unten rechts: Feldseite mit doppelter Mauer und Tor des 19. Jahrhunderts

unten und rechts: Altes Tor

Der Wehrkirchhof um die spätgotische Burgkirche mit einem romanischen Turm ist Bestandteil der Ortsbefestigung, der im 15. Jahrhundert zur Fluchtburg ausgebaut wurde. Im Gegensatz zu Ingelheim war Ingelheim Süd damals die bei weitem bedeutendere Ansiedlung. Die Befestigung wurde vermutlich aufgrund von Konflikten mit Mainz um Frei-Weinheim, den Rheinhafen von Ingelheim, errichtet. Auch zur Siedlung Oberingelheim erhielt die Kirche eine hohe Mauer mit einer niedrigeren zweiten Zwingermauer und einem vorgelagerten Graben. An der Feldseite ist sogar noch ein kurzes Stück der zweiten Mauer erhalten.

Die Mauern haben bemerkenswerte, spitz zulaufende Zinnen, die aufgrund ihrer Form auch Bischofsmützen genannt werden. Die Mauer umfängt die Kirche im Osten bogenförmig. Zwei Rundtürme im Süden und Norden flankieren die Anlage zumindest teilweise. Sie stehen am Übergang zur Ortsbefestigung. Im Osten ist der Anlage ein 5 Meter breiter und 4 Meter tiefer Graben vorgelegt. Dass er sich auch im Westen befand, deutet der Name Grabenstraße an. Ehemals befand sich übrigens nur an der Ortsseite ein Tor, und zwar mit Barbakane, das äußere Tor stammt aus dem 19. Jahrhundert.

19. Gau-Algesheim Schloss Ardeck

Von Schloss Ardeck hat sich kaum etwas erhalten. Die Anlage wurde 1444 für den Mainzer Erzbischof Dietrich von Erbach erbaut. Anfänglich befand sich im Schloss der Amtssitz, nach 1527 wohnte aber nur noch der Steuereintreiber im Schloss. Im Dreißigjährigen Krieg wurde es dann fast vollständig zerstört. In der Franzosenzeit wurden 1803 die wehrhaften Teile des Schlosses durch die Stadt niedergelegt. Im selben Jahr erwarb die Familie Sala durch Ersteigerung das Schloss.

Im 19. Jahrhundert wechselten die Besitzer dann häufig, bis die Stadt Gau Algesheim das Gebäude 1924 erwarb. 1927 kam ein Anbau hinzu. Das Schloss diente als Landwirtschaftsschule und nach dem Krieg auch als Volksschule und Jugendgefängnis. 1969 zog die Stadtverwaltung in das Schloss. 1972 mietete die Verbandsgemeinde das Schloss an. Nun wurde der flache Anbau von 1927 erhöht und dem Schloss angeglichen. Nachdem die Verbandsgemeinde 1994 aus dem Schloss ausgezogen war, wurde der alte Baukörper entkernt und im Innern völlig umgestaltet. 2002 waren die Maßnahmen abgeschlossen, und in der Remise wurde ein Fahrradmuseum eröffnet.

Die ehemalige erzbischöfliche Wasserburg stand in Verbindung mit der Ortsbefestigung. Von der annähernd kreisförmigen Anlage mit Bergfried und zwei Tortürmen hat sich nur ein langgestreckter Wohnbau mit Stufengiebeln und zwei runden Ecktürmen aus dem 16. Jahrhundert erhalten. Die Fenster stammen wie der Torbogen aus dem 18. und 19. Jahrhundert.

1444	*erbaut*
16. Jh.	*weitgehend zerstört*
1803	*wehrhafte Teile niedergelegt*
1994–2002	*Baukörper entkernt*

Schlossgasse 12
Fahrradmuseum
Öffnungszeiten:
Ostern bis 2. Oktober-Sonntag:
Sonn- und Feiertage
11.00–17.00 Uhr
Tel.: 06131/72221
Tel.: 06725/3151
www.fahrradmuseum-rheinhessen.de

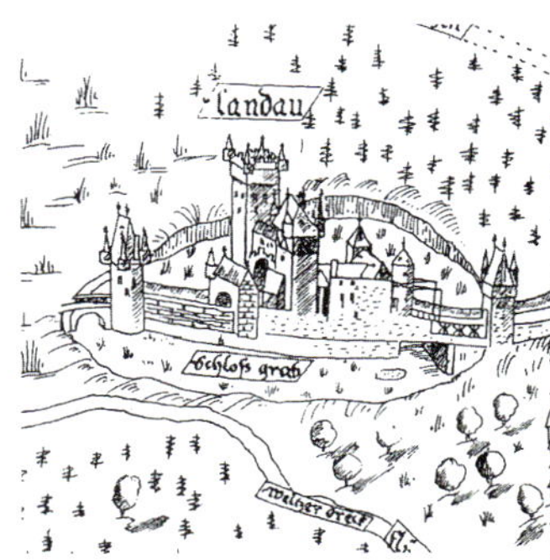

Ausschnitt des Plans von Mascopp 1577

20. Geisenheim, Johannisberg Schloss Johannisberg

1130	*Kloster geweiht*
1563	*aufgelöst*
1716	*an den Fuldaer Fürstabt Konstantin von Buttlar*
1718–25/30	*Schloss erbaut*
1816	*an Clemens Wenzel von Metternich-Winneburg*
1826–35	*Umbau*
1942	*schwere Zerstörungen*
1954–65	*Wiederaufbau*

Zufahrt über Schlossallee
Das Schloss ist nicht zu besichtigen.

Weinbau-Domäne Schloss Johannisberg
Tel.: 06722/70090
www.schloss-johannisberg.de

Schloss Johannisberg geht auf ein 1130 Johannes dem Täufer geweihtes Kloster zurück, das 1563 aufgelöst wurde. Nach Verpfändungen erwarb die Anlage 1716 der Fuldaer Fürstabt Konstantin von Buttlar. Er ließ die Klostergebäude bis auf die Klosterkirche niederlegen und 1718–1725 ein fürstäbtliches Schloss durch Johann Kaspar Herwarthel aufführen. Pläne lieferten vermutlich Johann Dientzenhofer und Alexander Rossini. Erst 1730 war das neue Schloss ganz vollendet. Mit der Auflösung der geistlichen Staaten gelangte Fulda und damit auch Johannisberg 1803 an den Prinzen von Oranien. 1806 wurde dessen Herrschaft von Napoleon konfisziert und Johannisberg ging an Marschall Kellermann, Herzog von Valmy.

1813 gelangte das Schloss an die Alliierten, die es auf dem Wiener Kongress Kaiser Franz I. von Österreich zum Geschenk machten. Dieser schenkte es 1816 Clemens Wenzel von Metternich-Winneburg. Metternich ließ das Schloss 1826–35 durch Georg Moller zeitgemäß zu einem modernen klassizistischen Schloss umwandeln. 1942 wurde es bei einem Bombenangriff stark zerstört, seit 1954 aber vereinfacht wieder aufgebaut.

Das **Schloss** erhebt sich frei auf einem Bergrücken über dem Rhein. Es setzt sich aus drei Bereichen zusammen: einer zweigeschossigen Dreiflügelanlage mit Ehrenhof und vorgeschobenen Wachhäusern, der wieder aufgebauten Klosterkirche im Westen und dem ehemaligen Wirtschaftshof im Osten. Zum Rhein misst der Mittelfügel imponierende 51 Meter. Der kräftige fünfachsige Mittelpavillon mit Mezzaningeschoss nimmt zum Ehrenhof hin fast die ganze Hofseite ein – zu beiden Seiten bleibt jeweils nur eine Achse. Ehemals war er giebelbekrönt und hatte ein Mansarddach. Ein Git-

ter schließt den inneren Ehrenhof ab, wie auch der äußere durch ein Gitter begrenzt wird. Die Seitenflügel sind 48 Meter lang. Gurtgesimse gliedern das Schloss horizontal und vereinheitlichen es ebenso wie die Walmdächer.

Die **Kirche** im Westen erhielt unter Konstantin von Buttlar eine barocke Ausstattung, die 1942 verloren ging. Der aktuelle Bau wurde von Rudolf Schwarz in vermeintlich mittelalterlicher Monumentalität neu errichtet und zusätzlich mit einem Vierungsturm versehen, der genauso wenig original ist wie die Flachdecke im Innern.

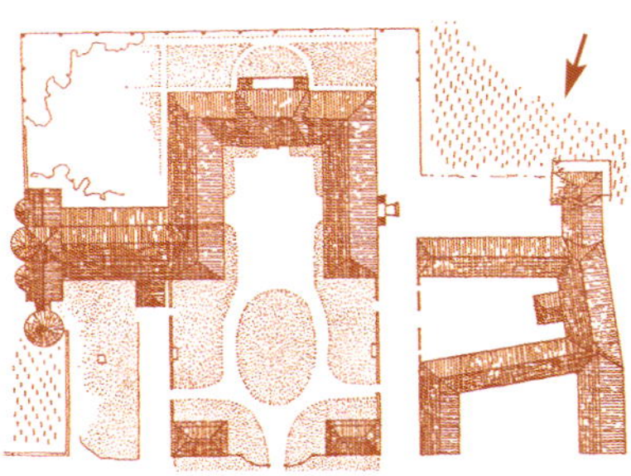

21. Geisenheim, Johannisberg Burg Schwarzenstein

1874 errichtet als Sommer- und Gartenhaus
1986 um ein Hotel erweitert

Die nördlich oberhalb von Johannisberg gelegene Burg Schwarzenstein wurde nach Plänen des Architekten F. Schaedel für Hermann Mumm errichtet. Die Familie Mumm hatte sich bereits 1823 in der Otzensang östlich des Oberdorfs an der Straße nach Winkel ein Landhaus durch den Architekten Scheibler errichten lassen. Bauherr war der Weinhändler und Bankier Peter Arnold Mumm. Von W. A. Schmidt wurde 1873 eine weitere Villa für Jakob Mumm „im Flecken 47/48" errichtet. Am 31. März 1873 gelang es der Familie Jakob Mumms zudem, ihren alten klevischen Adel von Preußen erneuern zu lassen.

Diese Adelserneuerung galt auch für die Familie des dänischen Generalkonsuls Hermann Mumm, den Bauherrn von Schwarzenstein, der hiermit seinem neuen Stand gemäß aktiv wurde. 1957 ging die Burg mit dem zugehörigen Weingut an R. A. Oetker über. Er baute die Burg zu einer Gaststätte um. 1977 kauften Georg und Magdalena Stark Schwarzenstein, das 1986 um ein Hotel erweitert wurde.

Die gesamte Anlage ist fast ausschließlich Kulisse. Sie bestand ursprünglich nur aus dem Rundturm mit einer an ihn anschließenden langgestreckten Mauer, die teilweise als Palaswand mit Giebel ausgebildet wurde. Davor entstand eine Loggia in Renaissance-Formen. Torbogen, Zinnen, Spitzbogenfenster und Maßwerk geben der Anlage ein romantisch-mittelalterliches Aussehen. Das Innere erhielt einen Salon mit langer Veranda. Die Wirtschaftsräume wurden im Keller untergebracht.

Burg – Hotel Schwarzenstein
Rosengasse 32
Tel.: 06722/9950-0
www.burg-schwarzenstein.de

Lageplan nach Struck 1977

22. Geisenheim, Johannisberg Haus Hansenberg

ab 1824	*erbaut*
1871	*Mittelbau erweitert und Ecktürme errichtet*
1962	*an die Bundesrepublik verkauft*
2003	*Oberstufeninternat Schloss Hansenberg*

Hansenbergallee 11
Das Haus ist nicht zu besichtigen.

Internatsschule Schloss Hansenberg
Tel.: 06722/496-0
www.hansenberg.de

Der Bau des Hauses wurde 1824 für Johannes de Laspée, einen Schüler Pestalozzis, begonnen, um hier ein Waisenhaus einzurichten. Bei seinem Tode 1825 blieb der Rohbau unvollendet liegen. Das Anwesen wechselte häufiger den Besitzer, ohne dass das Objekt beendet wurde. 1861 ging es an Salomon Marix aus Eltville. Sein in Paris wohnender Sohn Julius Marix gab dem Bau seine heutige Gestalt. 1865 an die Craß in Eltville veräußert, erwarb er das Haus 1871 zurück und ließ noch 1871 den Mittelbau erweitern und die beiden markanten Ecktürme aufführen. Hinzu kamen Stall- und Wirtschaftsbauten. Doch schon Ende 1872 ging es an Konsul Ludwig Bauer, der den Bau nochmals vergrößerte und verschönerte.

Anfang 1930 erwarben die Familien Weitlauf und Reus das Haus, um hier eine Weinhandlung und ein Hotel-Restaurant zu betreiben. 1962 gelangte Hansenberg an die Finanzverwaltung der Bundesrepublik. 1972 zog der Katastrophenschutz Hessen in das Gebäude, später eine Zweigstelle der Landesfeuerwehrschule. 2003 gründete das Land Hessen das Oberstufeninternat Schloss Hansenberg mit der Zielsetzung der Heranbildung einer zukünftigen Elite. Aus dieser Zeit stammen die Wohnhäuser und weitere Nebengebäude.

Die eigentliche Villa auf etwa quadratischem Grundriss ist zweigeschossig und hat ein Walmdach. Auf den Ecken der Talseite stehen zwei Rundtürme mit spitzen Kegeldächern. Das ehemalige Zwerchhaus in der Mitte ist verschwunden. Ein Gurtgesims trennt die Geschosse. Das Gebäude zeigt zum Tal hin fünf Achsen und an der Eingangsseite sieben Achsen. Architektonisch hervorgehoben ist lediglich der über eine Treppe zu erreichende Eingang. Das Gebäude erhebt sich auf einer im Süden vorgelegten Terrasse mit drei runden Bastionen. Der Wirtschaftshof erhielt gotisierende Gebäude.

23. Rüdesheim
Vorderburg (Marktburg)

Die in der Nähe des Marktes gelegene Vorderburg ist vermutlich im 12. Jahrhundert begründet worden. 1189 wird ein Adelsgeschlecht „de foro", vom Markt, genannt. Der Bau selbst stammt aber wohl aus der zweiten Hälfte des 14. Jahrhunderts. Es ist unbekannt, wann die Burg zerstört wurde, vermutlich aber beim Abzug der Franzosen 1640. 1663 wurde ein Wohnhaus angebaut.

Der quadratische, ungegliederte Turm wurde aus Taunusquarzit aufgeführt. Die Seitenlänge beträgt ca. 9,40 Meter, die Höhe etwa 15,00 Meter. Vermutlich war er ähnlich mit einer Mauer umgeben wie die Burg Windeck (➠ 13) oder die Boosenburg (➠ 24). Die vorhandenen Öffnungen sind sämtlich spätere Einbrüche.

1189 urkundliche Erwähnung eines Adelsgeschlechts vom Markt
1640 zerstört?
1663 Anbau eines Wohnhauses

Die Burg kann nicht besichtigt werden.

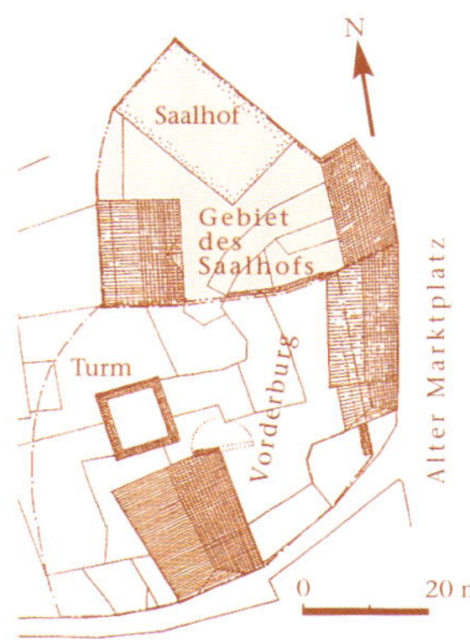

24. Rüdesheim
Boosenburg (Oberburg)

12./13. Jh. — *Turmburg errichtet*
15./16. Jh. — *Wohngebäude erbaut*
1836–40 — *Abbruch bis auf den Turm*
1872/73 — *Villa erbaut*
1980er Jahre — *Restaurierung*

Die Burg ist nicht zu besichtigen.

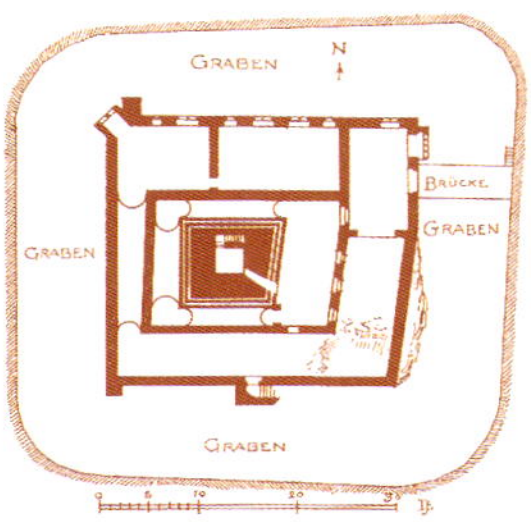

Die so genannte Boosenburg stammt aus dem 12./13. Jahrhundert. Sie war mainzisches Lehen der von Rüdesheim mit dem Flügelwappen. Vom 15. Jahrhundert bis 1830 waren die Bos von Waldeck Burgherren. Sie überbauten im 15. und 16. Jahrhundert den Raum zwischen Turm und Ringmauer mit Wohngebäuden. 1830 erwarb Graf Franz Erwein von Schönborn die Burg und ließ zwischen 1836 und 1840 die baufälligen Gebäude bis auf den Turm abreißen und einen Neubau nach Plänen Georg Mollers anfangen, der aber nur bis zu den Grundmauern gedieh. Der Turm wurde mit einer Wendeltreppe zugänglich gemacht und an der Spitze erhöht. 1868 verkauften die Grafen von Schönborn die Ruine an die Weinhandlung Johann Baptist Sturm. Sturm ließ die Gräben an drei Seiten überwölben und nutzte sie hinfort als Lagerräume für Wein. Der Architekt war Franz Schädel. 1872/73 wurde für die Nachkommen Sturms durch Schädel die heute noch vorhandene Villa errichtet, die den erhaltenen Turm mit einbezog.

Die alte Turmburg verfügte ehemals über einen etwa quadratischen Bering von 30 auf 33 Meter mit einem 9 Meter breiten Graben mit einer gänzlich gemauerten Contrescarpe. Nahezu in der Mitte des Berings stand der schlanke Turm aus Taunusquarzit. Er misst 38 Meter und hat am Fuß eine Seitenlänge von 9,40 Metern. Er ist zweifach abgesetzt und verjüngt sich nach oben. Sein Zugang liegt an der Westseite. Später war der Turm an drei Seiten ummantelt, an der vierten Seite befand sich ein kleiner Hof, der noch später mit Wohn- und Wirtschaftsgebäuden überbaut wurde. An drei Seiten lehnten sich schmale Wohn- und Wirtschaftsbauten an. An der Oststeite lag der Wohnbau, der etwas größer und ebenfalls zweigeschossig war. Die Bauten an den anderen Seiten hatten eine geringere Tiefe. Vom Dachgeschoss des Wohnbaus wurde der Eingang in den Turm in 14 m Höhe erreicht. Nur noch die Terrasse, auf der sich die heutige Anlage erhebt, gibt teilweise den ehemaligen Umfang der Burg an.

links oben: Grundriss um 1860/70
unten rechts: Zustand vor 1870
links: heutiger Zustand

25. Rüdesheim
Brömserburg (Niederburg)

Die Brömserburg war bereits im 13. Jahrhundert Mainzisches Lehen und gehörte den Ministerialen von Rüdesheim mit dem Lilienwappen, die in ihrer Hauptlinie 1736 ausstarben. Die frühe Baugeschichte ist noch immer weitgehend ungeklärt. Es ist durchaus möglich, dass die Burg auf eine Anlage des 9./10. Jahrhunderts zurückgeht. Im 12. Jahrhundert war die Brömserburg Mainzer Zollstätte und erhielt nach 1183 Wohnbauten an der Nord- und Ostseite des heutigen Berings. Es entstand der Bergfried mit dem anstoßenden Nord- und Ostflügel. Die Burg wurde immer weiter aus- und zugebaut. Man ergänzte die Ringmauer auf die annähernd doppelte Mauerstärke und Höhe, weitere Wohn- und Wirtschaftsbauten folgten. 1638 gelangte die Burg durch Heirat an die Freiherren von Metternich und wurde 1640 zum Teil von den Franzosen zerstört. Im 18. Jahrhundert wurde der trockene Graben um die Burg weitgehend verfüllt.

1812 kauften die Grafen von Ingelheim die Burg, ließen sie nach Plänen von Georg Moller restaurieren, wohnlich ausbauen und einrichten. Insbesondere die Obergeschosse des Südflügels waren von den Maßnahmen betroffen, in deren Zuge Zwischendecken eingezogen, die Fenster vergrößert und ein Balkon angebaut wurde. 1941 kaufte die Stadt Rüdesheim die Anlage. Bei den Restaurierungen 1950 wurden einige der Einbauten von 1812 wieder entfernt. 1961 wurde die von den Franzosen 1640 zerstörte Südostecke teilweise erneuert. Heute beherbergt die Burg das Rheingau-Museum für die Geschichte des Weines in der Brömserburg e. V.

Die ehemals dicht am Rhein gelegene Burg war von einem trockenen Graben umgeben. Der heutige Umriss des annähernd quadratischen Blocks von 21 auf 33 Metern entspricht dem ehemaligen Bering. Bis zum Ausbau standen im Innern nur eingeschossige Bauten. Damals war die Mauer noch zinnenbekrönt und verfügte über einen Wehrgang. Der Zugang befand sich an der Westseite und wurde von einem quadratischen Turm an der Nordwestecke geschützt. Der quadratische Bergfried stand ehemals frei in der Nordostecke des Hofes. Im überbauten Zwischenraum entstanden Wirtschafts- und Lagerflächen. An der Westseite und zum Rhein wurden die Gebäude auf drei Geschosse aufgestockt. Zuletzt blieb nur ein schachtartiger Innenhof übrig. Bemerkenswerterweise sind alle drei Geschosse steingewölbt. Damit ist die Brömserburg das einzige der hier betrachteten profanen Bauwerke der Zeit um 1183, in dem alle Geschosse gewölbt sind. Bis zur Errichtung der Burg Ehrenfels (➠ 26) war die Brömserburg eine wichtige Zollstation. Dann trat die Funktion der Rheinüberwachung in den Hintergrund.

12. Jh.	*Zollstätte*
12. Jh.	*Ausbau oder Neubau*
1183	*Anfügung Wohnbauten*
1640	*Teilzerstörung*
1812	*Ausbau*
1950	*Restaurierung*

Rheinstr. 2
Rheingau-Museum für die Geschichte des Weines in der Brömserburg e.V.
Öffnungszeiten: Mitte März bis Oktober: 9.00–18.00 Uhr, letzter Einlass 17.15 Uhr
Tel.: 06722/2348
www.rheingauer-weinmuseum.de

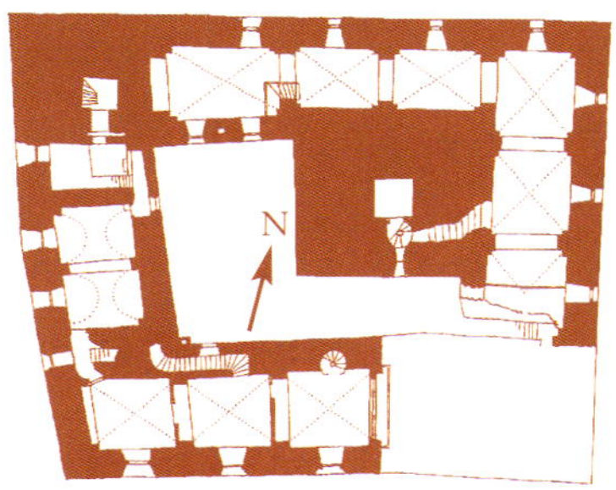

oben: Grundriss, 1. Obergeschoss

26. Rüdesheim
Burg Ehrenfels

1150 — *Ritter Widerscholl in der Burg*
ca. 1210 — *Burgbau im Auftrag von Mainz*
1301 — *von Albrecht von Österreich erobert*
ca. 1353 — *repräsentativ ausgebaut*
1356 — *von Mainz besetzt und weiter ausgebaut*
1377 — *Burg an das Mainzer Domkapitel verpfändet*
1689 — *zerstört*
1990–95 — *Sicherung und Wiederherstellung*

unten rechts: Burg Ehrenfels 1646

Nach neueren Forschungen wurde die Burg nicht erst um 1210 von Philipp von Bolanden begonnen, sondern bestand bereits im 10. Jahrhundert als Turmburg. 1150 bewohnte der Ritter Widerscholl die Burg. Zu Beginn des 13. Jahrhunderts wurde dann in einer zweiten Phase im Auftrag des Mainzer Erzbischofs die heute noch erhaltene Burg Ehrenfels begründet. 1222 musste die Witwe Philipps von Bolanden zugunsten von Mainz auf die Burg verzichten. Nun erhielt die Burg einen zweiten Turm. 1353 wurde Ehrenfels an Kuno von Falkenstein verpfändet, der die Burg repräsentativ ausgestaltete und im Außenpalas eine kleine Kapelle einrichten ließ. Die oberen Geschosse und der Saal wurden ausgebaut, die Turmkronen erhöht. Durch List gelang es Mainz, die Anlage 1356 zu besetzen. Nun erfolgte ein weiterer Ausbau zum kurfürstlichen Hoflager. Sie wurde ein beliebter Aufenthaltsort der Kurfürsten, die 1374 auf Ehrenfels auch den Mainzer Domschatz in Sicherheit brachten.

Bereits 1377 verpfändete der Erzbischof Ehrenfels jedoch an das Mainzer Domkapitel. Im Dreißigjährigen Krieg wurde die Burg mehrfach belagert und erobert. 1626 gingen endgültig alle Rechte an das Domkapitel, das neben dem Erzbischof sozusagen souverän agierte und auch über das auf der anderen Rheinseite gelegene Bingen (➠ 29) verfügte. Zu dieser Zeit war die Burg noch intakt. Sie wurde erst 1689 im Pfälzischen Erbfolgekrieg von französischen Truppen zerstört. Doch war der Bereich der östlichen Vorburg um 1830 immer noch weitgehend erhalten und wurde erst später abgetragen. Bis 1987 setzte sich der stetige Verfall fort, dann gelangte die Burg an die Verwaltung der Staatlichen Schlösser und Gärten Hessen. Von 1990–95 erfolgte eine Sicherung und Wiederherstellung der Ruine.

Burg Ehrenfels ist auf drei Seiten gegen eine Belagerung natürlich geschützt. Die dritte Seite sichert eine mächtige, 4,60 Meter starke Schildmauer von 20 Metern Höhe und Breite, die von zwei runden, 30 Meter hohen Ecktürmen flankiert wird. Dahinter befindet sich die fast quadratische Kernburg. Im Osten lag eine Vorburg mit Kapelle, Wirtschaftsräumen und Zwinger. Burggräben gab es im Osten, Westen und Norden. Der Halsgraben wurde erst in der zweiten Hälfte des 20. Jahrhunderts fast 9 Meter hoch ausgefüllt.

Die Schildmauer ist gegen den steil ansteigenden Hang gerichtet und ohne Fenster. In der Höhe des ersten Wehrgangs gibt es zwei Nischen für Armbrust- und Bogenschützen. Entlang des Wehrgangs sind Gusslöcher. Bekrönt wird die Mauer von einem oberen Gang. In der Mauer sind Gänge und

Räume. Der Ostturm erhebt sich über einem eckigen Fuß, um dann rund und oben achteckig zu werden. Im alten Putz sind um die Scharte noch Kugeleinschläge zu erkennen. Der Westturm hat ein viereckiges Fundament. Die Türme treten im oberen Bereich leicht hervor und überragen die Schildmauer. Sie haben einen Durchmesser von ca. 7 Metern und sind ungefähr 33 Meter hoch.

Die hinter der Schildmauer gelegene Hauptburg ist nur über ein 1 Meter breites Tor zu betreten. Hier gab es eine Zisterne mit den zugehörigen Einlaufbauwerken. An der Innenseite der Schildmauer standen Bauten für Personal und Wirtschaft, an der Rheinseite erhob sich ein repräsentativer Wohnbau von drei Geschossen mit breiten Fenstern und einem Balkon. Im Innern befand sich ein Saal von wohl 17 Metern Länge und 6,5 Metern Breite. In der Mitte des 19. Jahrhunderts wurden hier noch Reste der alten Ausmalung beobachtet. In den Obergeschossen dürften sich Privatgemächer und Gästezimmer befunden haben.

Die Vorburg erstreckte sich im Osten und war der Hauptzugang. Sie wurde von einem zweifachen Burggraben mit Zugbrücken verwahrt. Der ca. 25 x 12 Meter große Vorburg-Vorplatz war von dreigeschossigen Bauten umstanden. Im Eingangstor befand sich die Kapelle.

Die Hangburg Ehrenfels bewachte den Rhein am Eingang des Binger Lochs. Sie ist auf den Strom und das gegenüberliegende Nahetal ausgerichtet und sicherte die am Rhein gelegene Zollstation. Zusammen mit dem Mäuseturm im Fluss und dem gegenüberliegenden Bingen mit Burg Klopp (➠ 29) bestand hier ein wirkungsvoller Riegel. Bis auf wenige Ausnahmen saßen auf der Burg keine Adligen, sondern sie war immer der direkten Verwaltung des Erzbistums bzw. des Domkapitels unterstellt.

Burg Ehrenfels ist nur von außen zu besichtigen. Fußweg von Rüdesheim oder Niederwald ca. 30 Minuten.

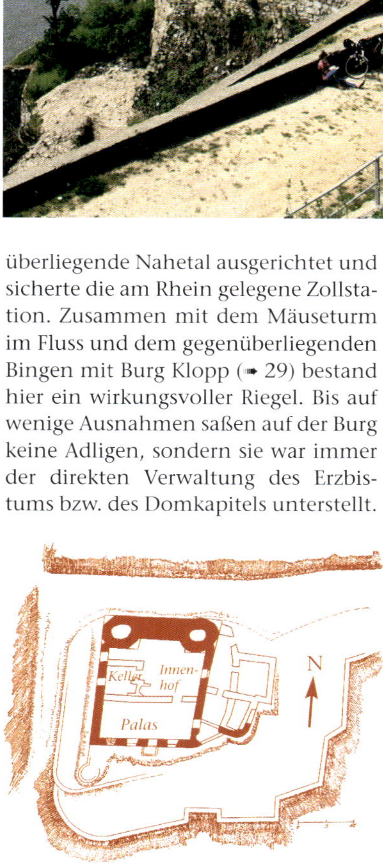

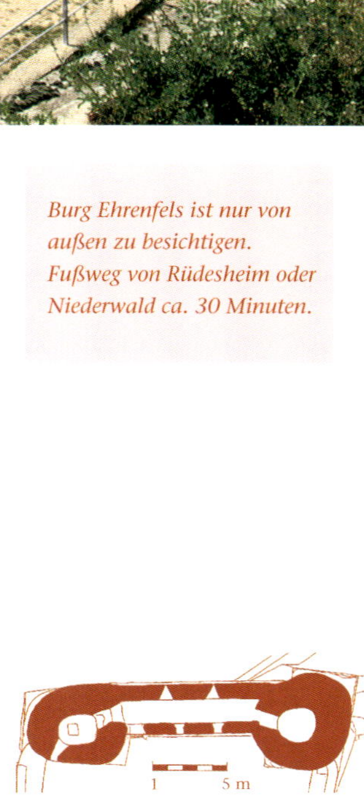

oben: Schnitt durch die Türme
links: Grundriss Gesamtanlage

27. Rüdesheim
Jagdschloss Niederwald und Kunstruine Rossel

1763–66 Jagdschloss erbaut
1774–91 Waldhäuser errichtet
1778 Wald parkartig umgestaltet
1877–83 Niederwalddenkmal
1926 Schloss abgebrannt
1927–29 veränderter Wiederaufbau

Der Wald kann jederzeit besichtigt werden.

Am Niederwald 1
Das Jagdschloss ist Hotel mit Restaurant und Café.
Tel.: 06722/7106
www.niederwald.de

Jagdschloss Niederwald von Süden

Das Jagdschloss Niederwald entstand als Sommersitz der gräflichen Familie Ostein. Der Niederwald gehörte zur Burg Ehrenfels. Seit 1693 gab es im Wald ein Hofgut, das Johann Franz Sebastian von Ostein 1705 erwarb. 1763–66 ließ Karl Maximilian von Ostein ein Jagdschloss erbauen und begann damit, den Wald in einen Park umzugestalten. So wurde etwa eine große Allee angelegt und kleinere Bauwerke entstanden wie eine Eremitage, ein Bauernhaus, ein Monopteros u. ä. Karl Maximilian war seit 1766 der letzte weltliche männliche Vertreter seines Geschlechts und von einer wahren Bauwut gepackt, wohl um sich und seiner Familie ein bleibendes Denkmal zu schaffen. Die Waldhäuschen entstanden in zwei Phasen zwischen 1774 und 1777 sowie zwischen 1787 und 1791. In der ersten Phase wurden kleine verspielte Häuschen, vorwiegend aus Holz, errichtet, in der zweiten Phase traten dann Steinbauten in den Vordergrund. Für diese ist als Baumeister der Franzose François Ignace Mangin verantwortlich. Unter seiner Leitung wurde seit 1787 auch der Wald parkartig umgestaltet.
1805 gelangte der Niederwald im Erbgang an die Grafen von Bassenheim. 1835 erwarb ihn der Herzog von Nassau, der ihn 1853 an den nassauischen Domänenfiskus verkaufte. Seither ist der Niederwald in Staatsbesitz. 1876 musste der so genannte Rittersaal im Wald niedergelegt werden. 1926 brannte das alte Jagdschloss nieder, wurde aber 1927–1929 als Hotel verändert und vergrößert wieder aufgebaut. Im Zweiten Weltkrieg wurde der Rundtempel im Wald bis auf die Plattform zerstört.
Das **Jagdschloss** war ein schlichter rechteckiger Bau mit schiefergedecktem Krüppelwalmdach von 7 Achsen. Die Mittelachse wurde durch einen Dreiecksgiebel betont. Seit dem Wiederaufbau stellt sich die vergößerte Anlage mit einem Mittelteil von 9 Achsen dar. Der zweigeschossige Bau wird von zweigeschossigen Neubauten und einem dreiseitig vorspringenden Treppenturm begleitet. Zum Hof hin wird die Mittelachse von einem

Dreiecksgiebel bekrönt. Das Dach ist an dieser Stelle von einem Dachreiter markiert. Axial dem Schloss gegenüber steht ein Kavaliershaus und an der Westseite zwischen beiden ein großer Wirtschaftsbau.

Die im Wald verteilten Parkbauten sind sämtlich ausgeschildert und auf gut gebahnten Wegen zu erreichen. Vom Schloss aus gelangt man zur **„Zauberhöhle“**. Sie wurde 1790 begonnen und setzt sich aus einem gemauerten, gewundenen Gang von etwa 60 Metern Länge und einem kleinen Rundtempel zusammen. Der Gang ist gänzlich ohne Belichtung und innen mit Spiegelglas und Kiesel verkleidet. Ehemals war er überwachsen, sodass der anschließende Rundbau nicht gesehen werden konnte. Gäste des Grafen mussten sich durch den Gang in den Rundtempel tasten. Dieser ist außen schmucklos. Innen hat er ein Kuppelgewölbe mit gemaltem Wolkenhimmel. Waren die Gäste angekommen, wurden nacheinander die drei großen Fenster geöffnet, die den Blick freigaben in das Rheintal mit der Clemensaue und Kapelle, auf die Burgen Rheinstein (→ 30) und Reichenstein (→ 31) sowie dem in der Nähe gelegenen Rittersaal. Ehemals scheinen auch in der Rotunde Spiegel angebracht gewesen zu sein. 1791 wurde von Pfaff (wohl Johann Sebastian Pfaff aus Mainz) die Figur eines sitzenden Zauberers mit Bart und Zauberstab für die Rotunde geschaffen.

Der nahe gelegene, 1791 errichtete „Rittersaal“ ist heute verschwunden. Es handelte sich um einen quadratischen Steinbau mit Zeltdach, Spitzbogentür und spitzbogigen Fenstern. Erhalten hat sich nur das auf der letzten stromabwärts befindlichen Klippe des Parkes gelegene Fundament.

Stromaufwärts gelangt man zur 1774–87 erbauten **Kunstruine „Rossel“**. Sie erhebt sich wie der ehemalige Rittersaal auf senkrechtem Felsabfall über dem Rheintal. Das aus Bruchsteinmauerwerk aufgeführte, unverputzte Gebäude besteht eigentlich nur aus einem rechteckigen zweigeschossigen Bau mit angefügtem, etwas höherem Rundturm mit Spitzbogenfenster. Ein umlaufender Bogenfries fasst beide zusammen. Seitlich gibt es einen kleinen ummauerten Hof. Man hat von hier einen guten Blick auf das 265 Meter tiefer liegende Binger Loch mit den Burgen Ehrenfels (→ 26), Mäuseturm (→ 28) und Klopp (→ 29).

Nahe dem Niederwalddenkmal stand bis in den Zweiten Weltkrieg hinein ein 1788 begonnener „Griechischer Tempel“. Acht Sandsteinsäulen trugen eine innen ausgemalte Kuppel aus Holz. Heute sind nur noch die Plattform und einige Säulenstümpfe erhalten. Von den aus Holz errichteten Bauten hat sich gar nichts erhalten wie die „Eremitage“ von 1774 und der so genannte Kohelhaufen von 1776 oder ein strohgedecktes „Bauernhaus“ (1787) sowie ein „Zerfallenes Haus“. Die Bauten waren für das gesellige Beisammensein gedacht und verfügten mindestens über einen Tisch und 8–12 Stühle sowie Geschirr. Der Park war im 19. Jahrhundert berühmt und wurde oft besucht.

oben links: Eingang zur Zauberhöhle
oben rechts: Rundtempel der Zauberhöhle

Kunstruine Rossel

oben und links: Kunstruine Rossel

28. Bingen Mäuseturm

10. Jh.	*angeblich aufgeführt*
Anf. 14. Jh.	*errichtet*
1689	*zerstört*
1739	*bereits wieder Wachstelle*
1856–58	*in heutiger Form wieder aufgebaut*
1972	*Rekonstruktion der mittelalterlichen Farbgebung*

Die Burg im Rhein ist nicht zu besichtigen.

Der so genannte Mäuseturm in Bingen soll vom Mainzer Erzbischof Hatto II., der von 968–970 regierte, errichtet worden sein. Aufgrund seiner Hartherzigkeit gegenüber den Armen soll er von Mäusen bis in den Turm verfolgt worden und dort gestorben sein. Tatsächlich entstand der Turm Anfang des 14. Jahrhunderts. Wie so viele Burgen am Rhein wurde er 1689 zerstört, diente aber 1739 bereits wieder als Wachstelle. In der zweiten Hälfte des 18. Jahrhunderts verfiel der Turm. Erst 1856–58 wurde er auf Veranlassung des preußischen Königshauses in seiner heutigen Form mit dem Zinnenaufbau durch Ernst Friedrich Zwirner wiederhergestellt und diente nun als Signalturm für die Schifffahrt. 1972 erhielt der Turm nach Befund seinen ockergelben Putz mit den sandsteinroten Werksteingliedern.

Der Turm steht auf einer Felsklippe im Rhein. Auf quadratischem Grundriss erheben sich vier Geschosse, die ein sechseckiger Treppenturm an der Ostseite miteinander verbindet. Er steht

auf einem dreieckig vorkragenden Eisbrecher. Der Eingang in das Untergeschoss liegt auf der sicheren Westseite. Bei den Darstellungen von Merian und Meisner hat der Turm einen auskragenden Zinnenkranz und vier Ecktürmchen. Er ist mit einem steilen Walmdach gedeckt. Auf einer Ansicht von 1739 zeigt sich der Turm verändert: Zinnenaufsatz und Ecktürme sind verschwunden und ein kleines Pyramidendach ist an ihre Stelle als Abschluss getreten. Die neugotischen Zinnen und zinnenbekrönten Ecktürmchen stammen wie die erhöhte Spitze des Treppenturms vom Wiederaufbau des 19. Jahrhunderts.

Vermutlich ist der Mäuseturm als Wachturm für Burg Ehrenfels (➠ 26) entstanden. Vom Turm ging eine Kette zur unterhalb der Burg gelegenen Zollstation. Diese Zollsperre war eine wichtige Einnahmequelle von Kurmainz.

oben: Burg Ehrenfels mit dem Zollhaus, dem Mäuseturm und der Stadt Bingen, Kupferstich von Matthäus Merian, 1646
unten links: Burg Ehrenfels und Mäuseturm
unten rechts: der Mäuseturm

29. Bingen
Burg Klopp

Bereits 983 kam Mainz in den alleinigen Besitz Bingens. Die Stadt bemühte sich im 13. Jahrhundert vergeblich, die Mainzer Herrschaft abzustreifen. Eventuell ist die Burg als eine Gegenmaßnahme gegen die städtischen Unabhängigkeitsbestrebungen zu sehen. Sie wurde vermutlich um 1240 errichtet und 1277 erstmals genannt. Bereits 1282 taucht auch der heute noch gebräuchliche Name Klopp auf. 1438 überließ der Bischof den Mainzer Domherren Stadt und Burg, nachdem er ihnen bereits 1424 eine Hälfte übergeben hatte. 1301 belagerte König Albrecht die Burg im Rheinischen Zollkrieg und eroberte sie. Im Pfälzischen Erbfolgekrieg zerstörten französische Truppen 1689 auch Burg Klopp. 1713 sprengte dann die mainzische Besatzung die Burg vollständig, damit sie dem Gegner nicht in die Hand falle.

Nach der Auflösung des Kurstaates und der Inbesitznahme des linken Rheinufers durch Frankreich wurde die Ruine zum Nationaleigentum erklärt und 1812 an Hermann Faber verkauft. Dieser ließ einen Garten anlegen und an die Ruine des Bergfrieds eine Treppe anbauen sowie im oberen Geschoss ein Besucherzimmer einrichten. 1853 wurden vom neuen Besitzer Ludwig Maria Cron einige Neubauten aufgeführt wie die Brücke über den Graben und das Torhaus mit dem Wappen. Der Bergfried erhielt einen neuen Wehrgang und Ecktürmchen mit Zinnen. 1875–79 entstand das neogotische Herrenhaus unter Eberhard Soherr. Auch Bergfried und Ringmauer wurden ergänzt. Seit 1896/97 gehört die Burg der Stadt Bingen, die hier ihre Bürgermeisterei untergebracht hat.

Alter Bestand der Burg, die sich in beherrschender Lage über der Stadt Bingen erhebt, sind nur noch die unteren Geschosse des Bergfrieds. Der Rest stammt aus dem 19. Jahrhundert. Alle Bauten sind heute unverputzt. Das Herrenhaus zeichnet sich durch seine dicht und regelmäßig gesetzten Sprossenfenster aus. Es wird von einem Walmdach mit steilem Giebel abgeschlossen. Vorspringende Erker, Balkone und Maßwerk sowie eine Art Turm, dessen Spitze ein wenig über das Dach hinausragt, sollen dem Gebäude ein romantisch-mittelalterliches Aussehen geben.

ca. 1240	*errichtet*
1277	*erstmals genannt*
1301	*von König Albrecht belagert*
1424/38	*an das Mainzer Domkapitel*
1689	*zerstört*
1711	*gesprengt*
1875–79	*Hauptgebäude errichtet*
1896/97	*an die Stadt Bingen*

Zufahrt über Maria-Hilf-Straße
Das Burggelände ist frei zugänglich.
Heimatmuseum im Bergfried
Öffnungszeiten: ab der Karwoche bis Ende Oktober Di.–So. 11.00–17.00 Uhr.
Tel.: 06721/184-110

II. TRECHTINGSHAUSEN – LAHNSTEIN

Alle 3000 Meter eine Burg im UNESCO-Welterbe Kulturlandschaft oberer Mittelrhein

Nach der Weite des Rheingaus umfangen den Rhein ab Bingen die steilen Hänge des Rheinischen Schiefergebirges. Die Berge und damit auch die Burgen rücken eng an den Strom. Unter den Ruinen liegen kleine Fachwerkstädtchen mit spitztürmigen Kirchenbauten.

2002 hat die UNESCO die Kulturlandschaft Oberes Mittelrheintal zwischen Bingen, Rüdesheim und Koblenz zur Welterbestätte erklärt. Hiermit trug sie der Einzigartigkeit der Landschaft Rechnung, die nicht nur durch Burgen geprägt ist, auch wenn die weltweit höchste Burgendichte als Ausweis der historischen Bedeutung des Gebietes eine Rolle gespielt hat. Ebenso wichtig war die Funktion des Rheintals als zentrale Verkehrs- und Wirtschaftsachse Europas, der 1000 Jahre alte landschaftsprägende Steillagenweinbau, die durch das spezielle Klima besondere Tier- und Pflanzenwelt und der Begriff der Rheinromantik, in dem sich der mythologisch-geistesgeschichtliche Überbau verdichtet hat.

Die hohen Felsabhänge ermöglichen es hier, dass Höhen- und Hangburgen errichtet wurden. Dass die Burgen derart dicht nebeneinander erbaut wurden, lag an den ergiebigen Einnahmen durch die am Rhein erhoben Zölle. Während es Ende des 12. Jahrhunderts nur 19 Zollstellen gegeben hatte, waren es Mitte des 13. Jahrhunderts bereits 32. Sie mussten mit Burgen gesichert werden.

Im Mittelalter war der obere Rheinabschnitt weitgehend in der Hand von Kurmainz. Wichtige Mainzer Burgen waren neben der Martinsburg in Mainz selbst (➞ 1) die Burg in Eltville (➞ 9), Burg Klopp (➞ 29) und Burg Ehrenfels (➞ 26) am Binger Loch, Rheinstein (➞ 30) und Reichenstein (➞ 31), Sooneck (➞ 32), die Heimburg (➞ 33) und die Martinsburg in Lahnstein (➞ 52). Andere Mächte konnten zwischen diesen Anlagen ihre eigenen Burgen errichten, so die Pfalzgrafen mit Fürstenberg (➞ 34), Stahleck (➞ 36), Gutenfels (➞ 37) und dem Pfalzgrafenstein (➞ 38). Die Grafen von Katzenelnbogen und ihre Erben, die Landgrafen von Hessen, saßen in St. Goar (➞ 41) und St. Goarshausen (➞ 42) zu beiden Seiten des Rheins und weiter stromabwärts in Braubach (➞ 49). Hier begann auch bereits der Trierer Erzbischof mit der Errichtung von Burgen, und zwar in Wellmich (➞ 43) in unmittelbarer Nähe zu St. Goarshausen und in Boppard (➞ 46) sowie außerhalb des hier betrachteten Abschnitts gegenüber der Martinsburg in Kapellen (➞ 53).

Das waren jedoch nicht alle Zollstellen. Und nicht alle Zollstellen entstanden legal. So wurde schon im 13. Jahrhundert versucht, gegen die Zollerhebungen und die Burgen vorzugehen. Bereits 1254 entstand der Rheinische (Städte-) Bund, ein Zusammenschluss der rheinischen Städte von Zürich bis Duisburg, erweitert durch andere Städte und einige Fürsten und Ritter. Die Burgen Reichenstein und Sooneck wurden wegen widerrechtlich erhobener Zölle noch 1254 durch den Bund zerstört. Da die Burgen wieder aufgebaut wurden, belagerte sie 1274 König Rudolf I. von Habsburg und konnte neben Reichenstein und Sooneck auch Rheinstein einnehmen. Vor der Burg Rheinfels (➞ 41) scheiterte er allerdings.

Im Gegensatz zu vielen anderen Regionen Deutschlands stehen am Rhein zwischen Trechtingshausen und Lahnstein kaum Ruinen. Das hat einen einfachen Grund: Es gibt wohl kaum einen Landstrich in Deutschland, in dem auf so engem Raum derart viele im 19. und 20. Jahrhundert wiederaufgebaute oder gar neu erbaute Burgen stehen wie hier. Den Beginn machte das Preußische Königshaus 1825 mit Rheinstein, dann folgten Stolzenfels und Sooneck. Dem Vorbild eiferte bald der übrige Adel nach, aber auch Industrielle und das aufstrebende Bürgertum. An Burg Stahleck (➟ 36) wurde noch 1965 gebaut, auf Burg Sterrenberg (➟ 44) 1978, die Schönburg (➟ 39) erhielt erst 1982 neue Türme und Bauten. Die Ausbauten des 20. Jahrhunderts erfolgten jedoch meistens für Gastronomiezwecke. Die Baumaßnahmen im 19. Jahrhundert waren dagegen durchaus politisch begründet. Nachdem der Rhein immer ein verbindender Fluss gewesen war, war er infolge der Revolutionskriege Ende des 18. Jahrhunderts zur Grenze Frankreichs geworden. Erst 1815 war dieser Abschnitt an Preußen gefallen. Die neuen Herrscher errichteten mit ihren Burgen, die alle auf dem linken, ehemals französischen Ufer standen, eine symbolische und teilweise sogar reale Landwehr und nahmen von ihrem neuen Territorium physisch Besitz. Ihr Wiederaufbau war so zum einen gegen den damals so genannten „Erbfeind“ Frankreich gerichtet und zugleich Teil der preußischen Kulturpolitik am Rhein, mit der das protestantische Herrscherhaus seine neuen katholischen Untertanen gewinnen wollte. Die Burgen waren das einigende Band, und zwar nicht nur in Preußen, sondern in ganz Deutschland. Sie standen für das frühere und vermeintlich unter einem Kaiser einige Reich und dessen Größe.

Dies konnte nur in einer Epoche geschehen, die sich der Geschichte noch zugehörig fühlte und das eigene Handeln nicht als Anknüpfen an eine abgeschlossene Vergangenheit, sondern als Fortentwickeln einer aus der Vergangenheit entstandenen Gegenwart verstand. So wurde nicht in bewusstem Kontrast zum Bestand gebaut, sondern mit Achtung vor dem Objekt und mit Respekt vor dem ursprünglichen Entwurf und Material. Dies bedeutete aber auch, den Bestand so weit wie möglich zu erhalten. Und zumindest auf Rheinstein und Sooneck geschah dies auch. Es wurde so wenig Originalsubstanz wie möglich zerstört. Die harmonisch hinzugefügten Ergänzungen sind aber dennoch vom Originalbestand unterscheidbar. Das Alte blieb sichtbar, ihm wurde aber mit dem Neuen ein eindeutiger Stempel aufgesetzt.

Später folgten Adel und aufsteigendes Bürgertum sowie Industrielle mit ihren Bauten. Bürgerliche Burgen sind die wiederhergestellten Anlagen von Reichenstein (➟ 31), Heimburg (➟ 33) oder Lahneck (➟ 51), um nur einige zu nennen.

So ist dieser Rheinabschnitt ein Paradebeispiel für den Burgenbau des 19. Jahrhunderts und zumindest teilweise auch für die großbürgerliche Wohnkultur jener Zeit. Wer eine unverfälscht mittelalterliche Burg mit wenigen frühneuzeitlichen Ausbauten sucht, muss nach Rheindiebach fahren, wo die Ruine Fürstenberg steht, deren Restaurierung – nicht Wiederaufbau – erst vor wenigen Jahren begonnen hat.

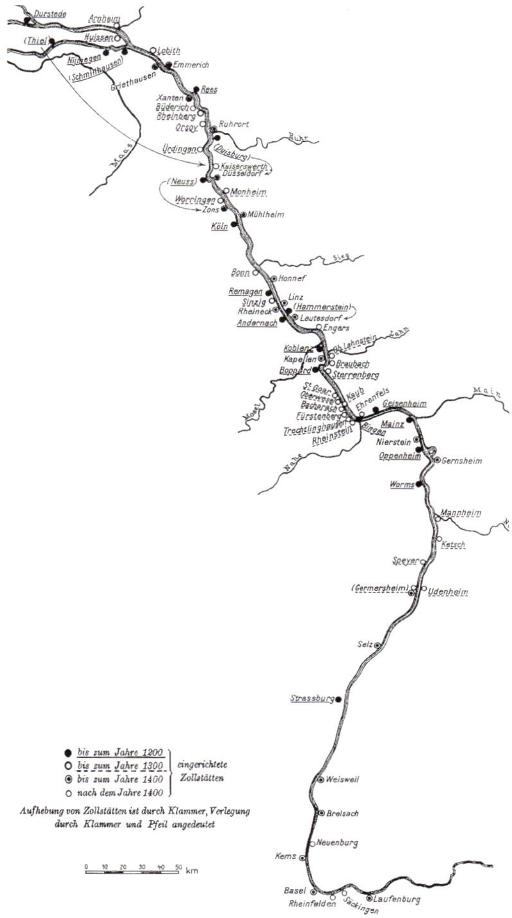

oben: Zollstätten am Rhein bis zum ausgehenden Mittelalter

S. 50: Burg Pfalzgrafenstein und Burg Gutenfels

unten: Burg Fürstenberg

30. Trechtingshausen Rheinstein

Anf. 14. Jh. *errichtet*
1825 *an Prinz Friedrich von Preußen*
1825–29 *Wiederaufbau*
1842 *Kapelle hinzugefügt*
1842–44 *Schweizer Haus*
1976–98 *restauriert*

Die Burg kann besichtigt werden.
Öffnungszeiten: Mitte März bis Mitte November:
tägl. 9.30–17.30 Uhr.
Mitte November bis Mitte März: Mo.–Do. 14.00–17.00 Uhr, So. 10.00–17.00 Uhr
Fr. und Sa. geschlossen
Tel.: 06721/6348
www.burg-rheinstein.de
Gasthaus Schweizerhaus:
Tel.: 06721/6122

Inzwischen ist zweifelsfrei erwiesen, dass Burg Rheinstein als Fatzberg (Fazberg, Vautzberg, Vogtsburg) für den Mainzer Erzbischof Peter von Aspelt als Trutzburg gegen Reichenstein (➠ 31) 1316/17 errichtet wurde und nicht schon aus dem 13. Jahrhundert stammt. 1323 wird die Burg erstmals als Mainzer Besitz genannt. Sie blieb es unter verschiedenen Besitzern bis zur Franzosenzeit. Nachdem die Pfalz 1344 auf Reichenstein und Sooneck (➠ 32) verzichtet hatte, hatte Fatzberg Ende des 16. Jahrhunderts bereits jegliche Bedeutung eingebüßt. Der Verfall des gotischen Wohnturms und der Befestigungen setzte ein. Die Burg kam mit den dazugehörigen Gütern als kurmainzisches Mannlehen an die Familie von Wiltberg. Sie verkaufte sie 1779 an den kurtrierischen Geheimen Rat von Eyß. Die Burggüter wurden Anfang des 19. Jahrhunderts von der Familie verkauft, die Burgruine ging 1822 an den Regierungsrat von Coll, der sie mit Gewinn 1825 an Prinz Friedrich Ludwig von Preußen veräußerte. Dieser ließ die Burg 1825–29

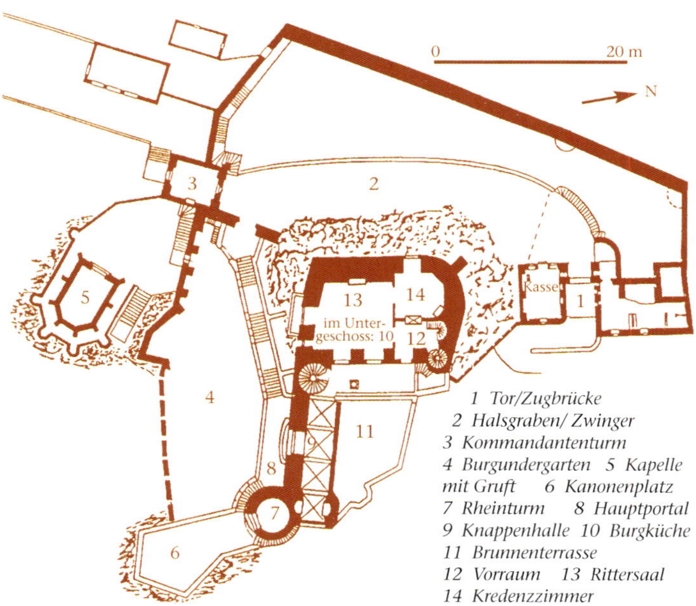

1 Tor/Zugbrücke 2 Halsgraben/ Zwinger 3 Kommandantenturm 4 Burgundergarten 5 Kapelle mit Gruft 6 Kanonenplatz 7 Rheinturm 8 Hauptportal 9 Knappenhalle 10 Burgküche 11 Brunnenterrasse 12 Vorraum 13 Rittersaal 14 Kredenzzimmer

wieder aufbauen (Pläne: Johann Claudius Lassaulx, Karl Friedrich Schinkel, Wilhelm Kuhn) und gab ihr den Namen Rheinstein. Neu hinzu kam der so genannte Rheinturm und 1842 die Kapelle von Philipp Hoffmann. Da in der Burg wenig Platz für Gäste war, wurde ferner in geringer Entfernung 1842–44 das „Schweizer Haus“ aufgeführt. Der heruntergekommene Besitz wurde 1975 an den Opernsänger Hermann Hechner veräußert, der die Burg ab 1976 restaurieren ließ.

Burg Rheinstein erhebt sich 90 Meter über dem Rhein auf einem Felssporn. Es handelt sich um eine ehemals gotische Wohnturmanlage mit schildmau-

erartiger (bis zu einer Stärke von 5,60 Metern) Abrundung und Verstärkung zum Berg hinter einem tiefen Halsgraben. Die Mischung aus Schildmauer, Palas und Wohnturm führt zu einer gänzlich unterschiedlichen Ansicht von Berg- und Talseite. Zur Angriffsseite zeigte sich Fatzberg wehrhaft mit fast fensterlosen Mauern, zum Rhein aber präsentierte sich die Schauseite mit zwei höheren Flankentürmen, die funktional auf die Bergseite gehört hätten. Hier ging es offensichtlich um symbolische Wehrhaftigkeit.
Heute erreicht man die Burg durch den Halsgraben. An der Südseite oberhalb der Kapelle mit der Gruft für Prinz Friedrich, seine Frau Louise und Prinz Wilhelm gelangt man zum grünen „Burgundergarten" mit seinem kleinen Brunnen. Er wird gegen den Rhein von der Kanonenplattform begrenzt. Der alte Wohnturm ist heute zu einem viergeschossigen Wohnbau erhöht. Der Zinnenkranz verbirgt das Dach. Im Erdgeschoss befinden sich der „Rittersaal" und das „Kredenzzimmer". Im Rittersaal sind bedeutende Glasfenster aus Kölner Kirchen (von Prinz Friedrich ersteigert und so gerettet) aus dem Mittelalter zu sehen. Sonst ist die gesamte Innenausstattung verloren und wurde nach 1976 mit Hilfe des Vereins der Freunde der Burg Rheinstein wieder zurückgekauft oder neu ausgestattet. Erhalten haben sich darüber hinaus die Ausmalungen der Wohnräume von Ludwig Pose mit illusionistischen Maßwerkornamenten.
Das Schweizer Haus steht einige 100 Meter oberhalb der Burg und wurde nahe einem Turnierplatz erbaut.
Rheinstein ist der erste Wiederaufbau einer Rheinburg. Dabei wurde das moderne Ziel verfolgt, so wenig Originalsubstanz wie möglich zu zerstören und die Ergänzungen harmonisch einzufügen, die neuen Teile aber dennoch vom Originalbestand unterscheidbar zu halten. Dies ist gelungen.

oben rechts: Ansicht vom Rhein
oben links: Schweizerhaus
S. 53: Rittersaal, Blauer Salon, Schlafzimmer der Prinzessin

31. Trechtingshausen
Reichenstein

1214 erstmals genannt
1253 zerstört
1282 zerstört
1689 gesprengt
1900 Aus- und Neubau

Zufahrt über Burgweg
Öffnungszeiten: März – Nov.
täglich 9.00–18.00 Uhr
Burgverwaltung Burg Reichenstein
Tel.: 06721/ 6117
www.burg-reichenstein.de
Restaurant und Hotel Burg Reichenstein:
Tel.: 06721/6101

Nachdem Ludwig der Fromme dem Kloster Kornelimünster bei Aachen den Besitz am Rhein geschenkt hatte, suchten die Äbte diesen im 11. Jahrhundert durch Burgen zu schützen. Auf Reichenstein wurden die Herren von Bolanden Vögte und später die Herren von Hohenfels, die sich jedoch bald verselbständigten und massiv den Handel auf dem Rhein behinderten. Daher ging der Rheinische Bund bereits 1253 gegen die Burgen Philipps von Hohenfels vor und zerstörte sie. Philipp ließ die Burg bald wieder aufbauen und die Äbte von Kornelimünster verkauften ihren Besitz am Rhein 1270 zu gleichen Teilen an den Erzbischof, das Domstift und das Mariagredenstift in Mainz. 1282 wurde die Burg von König Rudolph von Habsburg ein zweites Mal zerstört und der Wiederaufbau verboten. 1344 wurde die Anlage Sitz eines Amtmanns und verfiel im 16. Jahrhundert endgültig. Die Reste wurden 1689 von französischen Truppen sicherheitshalber gesprengt. 1834 erwarb General von Barfuß die Ruine und ließ das erhaltene Torgewölbe zur Wohnung ausbauen. Nach mehrfachem Besitzerwechsel gelangte Reichenstein 1899 an die Familie Kirsch-Puricelli, eine Industriellenfamilie aus dem Hunsrück. Unter Leitung des Regensburger Architekten Streel wurde sie ab 1900 im neugotischen Stil neu aufgebaut.
Die steinsichtige Hangburg wird über eine bequeme, moderne Zufahrt er-

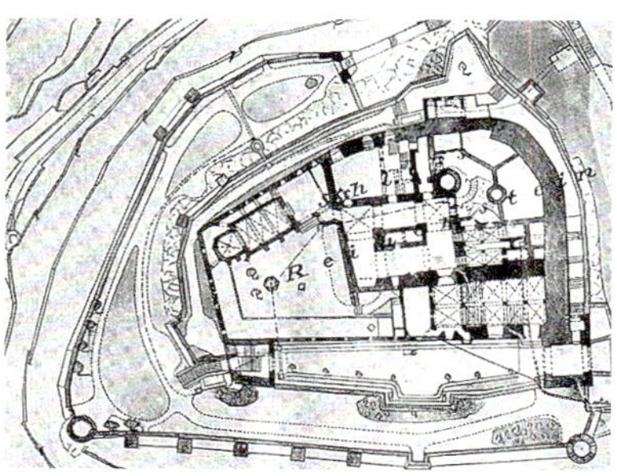

rechte Spalte: Kapelle, Flur mit Trophäensammlung, Musikzimmer und Rittersaal

Grundriss, 1. Hälfte 20. Jh.

reicht. Malerisch türmen sich verschiedene Baumassen übereinander. Auf nahezu jede Ecke wurde ein Türmchen mit Zinnen gesetzt. Vereinheitlichend wirken die regelmäßig angeordneten Kreuzstockfenster und der obere Abschluss aller Gebäude: ein Rundbogenfries mit Zinnenkranz. Das, was heute zu sehen ist, stammt aus dem 20. Jahrhundert und hat kaum etwas mit der historischen Burg zu tun. Gänzlich neu sind die Vorburg und die Remise, das Torgebäude und die Kapelle. Die bis zu 8 Meter dicke und 16 Meter hohe Schildmauer an der Nordseite ist teilweise erhalten und stammt aus der Zeit um 1300. Die Hauptburg umfing ehemals einen Binnenhof, an dessen Südostecke ein Wohnturm eingebaut war. Heute ist der Hof bis auf einen kleinen Freiraum zugebaut.

Die Ausstattung zeichnete sich durch eine große Sammlung von gusseisernen Öfen, Ofenplatten und dazugehörigen Holzmodellen aus und verweist damit auf die Herkunft des Reichtums des Bauherrn. Eine große Trophäensammlung dokumentiert den sozialen Aufstieg der Familie Kirsch-Puricelli. Reichenstein kann ein eindrucksvolles Bild von der großbürgerlichen Wohnkultur der so genannten Industriebarone im 19. und frühen 20. Jahrhundert vermitteln.

32. Niederheimbach Sooneck

1254	*zerstört*
1282	*zerstört*
1344	*Bauverbot aufgehoben*
1689	*zerstört*
1834	*an Kronprinz Friedrich Wilhelm und seine Brüder*
1842–61	*Wiederherstellung*

Zufahrt über Soonecker Straße in Niederheimbach
Öffnungszeiten (auch für Burgschänke):
April–September:
10.00–18.00 Uhr
Oktober–März:
10.00–17.00 Uhr
Im Dezember und am ersten Werktag in der Woche geschlossen
Tel.: 06743/6064
06721/685050 (Burgschänke)
www.burgen-rlp.de

Rittersaal (oben) und Schreibzimmer des Königs (unten)

Die frühe Geschichte von der Burg Sooneck gleicht der von Reichenstein (➟ 31). Auch hier konnten die Vögte der Abtei Kornelimünster weitgehend unabhängig agieren, sodass die Abtei ihren Besitz 1270 an Mainz verkaufte. König Rudolph von Habsburg zerstörte auch diese Burg der Hohenfelser 1282 und ließ die Landfriedensstörer henken.
Trotz intensiver Bemühungen gelang es Kurpfalz nicht, die Anlage zu erhalten, und Kurmainz konnte sie 1344 erwerben, womit 1349 auch das verhängte Bauverbot aufgehoben wurde. Kurfürst Heinrich III. von Mainz belehnte 1346 den Ritter Johann Marschall zu Waldeck mit dem Haus Sooneck. Dieser baute die Burg um 1350 wieder auf. 1689 wurde Sooneck von französischen Truppen zerstört. Die Außenmauern blieben zum großen Teil erhalten. Daraufhin trat das Mainzer Domkapitel die Ruine 1774 an vier Einwohner aus Trechtingshausen ab. 1834 wurde die Ruine vom preußischen Kronprinzen Friedrich Wilhelm und seinen Brüdern erworben. Nach langer Bedenkzeit wurde Sooneck 1842–61 nach Plänen des Koblenzer Festungsbaumeisters und Ingenieurmajors Karl Schnitzler als Jagdburg wieder aufgebaut. Als Jagdschloss wurde Sooneck jedoch nie genutzt, und obwohl Prinz Carl recht regelmäßig auf Sooneck weilte, kam die übrige königliche Familie sehr selten.
Wie in Rheinstein (➟ 30) blieb auch von der mittelalterlichen Burg Sooneck beim Wiederaufbau viel Substanz erhalten. Der Eingang erfolgt über eine Zugbrücke. Der Hof ist als Garten gestaltet. Der Talturm nahm im 19. Jahrhundert Pferdeställe auf. Die Treppe zur Kernburg stammt von 1860/61. Sie steht auf dem höchsten Punkt der Anlage und ist annähernd rechteckig. In der rheinseitigen Osthälfte, die besser geschützt ist, befand sich der Wohnbau. Die Angriffsseite im Westen schützte ein mächtiger quadratischer Bergfried. Beide Bauteile waren durch eine Holzbrücke miteinander verbunden. Die Fensterfront ist heute symmetrisch, das Mauerwerk unverputzt. Dies geschah aus einer konservatorischen Haltung heraus und nicht etwa wegen der Ruinenromantik wie im benachbarten Rheinstein. So kann man

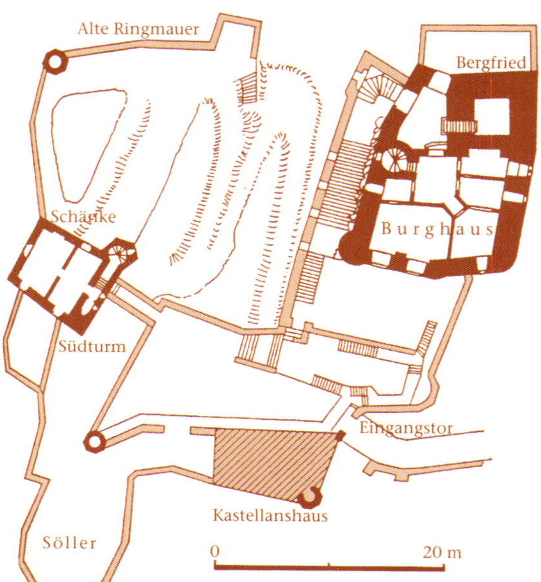

Gesamtansicht (oben) und Speisesaal im 1. Geschoss des Burghauses mit Porträt König Friedrich Wilhelms IV. und Gemälde der Schlacht bei Königgrätz von Fritz Schulz, um 1870 (unten)

heute noch am Turmputz erkennen, dass er unvermittelt in einer geraden Linie an der Südseite aufhört. Man verputzte damals von oben nach unten, und es ist durchaus möglich, dass Kriegsgefahr zum raschen Abschlagen der Gerüste zwang und die weitere Verputzung später unterblieb. Die Rüstlöcher mit Hölzern sind noch heute zu sehen. Vom kleinen Hof sind der Turm und der Wohnbau zugänglich. Ein kleiner Vorraum erschließt in jedem Geschoss die wenigen Wohnräume, die neben Wohn- und Speisezimmer sowie dem „Rittersaal" Platz finden müssen. Ihres historischen Inventars wurde Sooneck nach dem Zweiten Weltkrieg beraubt. Die heute gezeigte Ausstattung stammt nicht von hier.

33. Niederheimbach Heimburg

1294–1305 erbaut
16. Jh. beginnender Verfall
1689 zerstört
1920 Ausbau

Die Heimburg kann nicht besichtigt werden.

Da die Kurpfalz auf Burg Reichenstein (➠ 31) saß, gründete das Erzbistum Mainz die Heimburg. Sie wurde 1294–1305 als Gegenburg erbaut, um ein Ausgreifen der Kurpfalz und eine Verbindung nach Bacharach und Kaub zu verhindern. Nachdem Reichenstein 1344 an Mainz gefallen war, wurde die Heimburg bedeutungslos. Im 16. Jahrhundert begann der Verfall, der abrupt durch die Zerstörung der Burg durch französische Truppen 1689 vollendet wurde. Nach häufigem Besitzerwechsel im 19. Jahrhundert und geringfügigen Ausbauten durch General Franz Wilhelm Barfuß, Baron Wackerbarth und Eduart Rabeneck erwarb Hugo Stinnes die Heimburg und ließ sie ab 1920 in historischen Formen ausbauen.

Die annähernd quadratische Anlage liegt auf niedrigem Bergvorsprung dicht über der Ortschaft. Zwei verschieden hohe Rundtürme fassen die sich vorwölbende Schildmauer ein. Im Süden erhebt sich ein alter Bergfried, ein kleiner Wohnturm steht im Westen der Burg. Der Wohntrakt im Südosten und der Torbau sind neu. Die zusätzlichen Fensteröffnungen und ein Zinnenkranz sind ebenfalls moderne Zutaten.

34. Oberdiebach, Rheindiebach Fürstenberg

Im 11. Jahrhundert kam das so genannte Viertälergebiet mit Fürstenberg, Bacharach und Steeg vom Reich an das Kölner Erzbistum. 1219 wurde Burg Fürstenberg im Auftrag des Kölner Kurfürsten Engelbert I. zum Schutz des Kölner Besitzes um Bacharach herum und den Kölner Zoll vollendet. Doch schon 1243 belehnten die Kölner die Wittelsbacher, die seit 1215 im Besitz der Pfalzgrafschaft waren, mit Fürstenberg. 1410 wurde die Burg endgültig pfälzisch. Ludwig IV. ist oft auf Fürstenberg gewesen. Auch Kurfürst Ottheinrich lebte zeitweise auf der Burg. Im Dreißigjährigen Krieg wurde sie mehrfach erobert und im Pfälzischen Erbfolgekrieg 1689 durch französische Truppen zerstört. 1801 gelangte Fürstenberg aus französischem Staatsbesitz in private Hände. Versuche des preußischen Königshauses in den 40er Jahren des 19. Jahrhunderts, die Burgruine zu erwerben, scheiterten anfänglich. Die 1849/50 für Prinzessin Luise und ihren Gatten Prinz Friedrich der Niederlande durch C. de Jong angefertigten Ausbaupläne für ein neugotisches Schloss wurden nicht verwirklicht. Die nie veränderte Burg wird seit 1996 saniert.

Fürstenberg steht auf einem schmalem Bergsporn zwischen Gailbach und Rhein oberhalb von Rheindiebach. Sie ist aus Schieferbruchstein aufgeführt. Die Mauern sind durchgeschichtet, es handelt sich nicht um Schalenmauerwerk. Reparaturen und spätere Arbeiten wurden auch in Ziegel ausgeführt. Die Konsolen sind von Werkstein. Ein tiefer Halsgraben trennt die Hangburg vom ansteigenden Berg. Das annähernd dreieckige Burgplateau misst an den kurzen Seiten ungefähr 50 bzw. 80 Meter. Auf dem höchsten Punkt dieses Plateaus steht der Bergfried. Um ihn gruppiert sich die kompakte Burganlage in zwei Ringen. Eventuell führte ehemals eine Sicherungsmauer von der Burg zur Ortschaft. Die Schauseite ist mit Bergfried und einem runden Flankenturm in der verstärkten Schildmauer auf den Hang ausgerichtet. Der Zugang erfolgt über eine Brücke durch ein kleines Torhaus in den Torzwinger. Nach Norden schließt sich der Nordwestzwinger an, nach Osten zum Rhein hin ein äußerer Burghof. Die Kernburg wird gegen den Hang von der bereits erwähnten Schildmauer

1219	*vollendet*
1689	*zerstört*
1996	*Beginn der Sanierungsmaßnahmen*

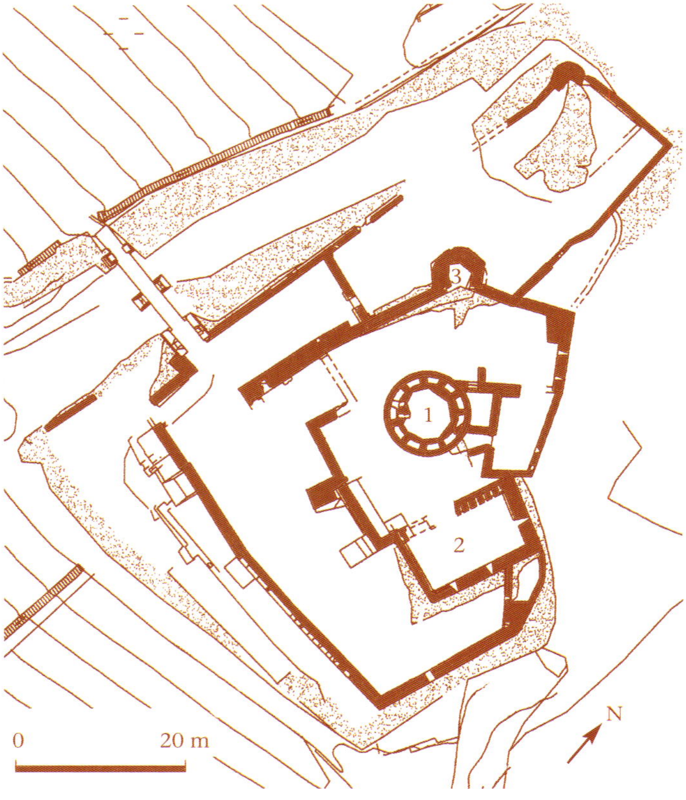

mit dem flankierenden Schalenturm geschützt. Sie ist bis zu 16 Meter hoch und bis zu 2 Meter stark. Ehemals wies sie große Zinnen mit Schlitzscharten auf. Der Turm hat Schießscharten und Schießkammern zur Hauptangriffsseite und war ehemals nach innen mit Fachwerk geschlossen. Im Osten an der Rheinseite finden sich die Reste eines Wohnbaus von 11 x 15 Metern, der deutlich aus der Kernburg vorspringt. Nördlich des Bergfrieds und im Süden der Kernburg stehen die Reste von zwei weiteren Gebäuden. In der Mitte steht der sich nach oben verjüngende, 25 Meter hohe Bergfried, der mit einem Zinnenkranz abschließt, um den außen ehemals eine hölzerne Brustwehr führte. Der alte Zugang ist an der Ostseite in 12 Metern Höhe gelegen.

Fürstenberg ist die einzige nicht ausgebaute und nie restaurierte Burg am oberen Mittelrhein. Die Bausubstanz ist in beträchtlicher Höhe erhalten und die laufenden Sanierungsmaßnahmen versprechen wichtige Erkenntnisse für den mittelrheinischen Burgenbau zu erbringen.

Die Burg wird restauriert und ist gegenwärtig nicht zu besichtigen.

oben: Grundriss
1 Bergfried
2 Wohnbau
3 Schalenturm

35. Lorch
Stadtturm Nollig

ca. 1300 erbaut
1939 moderner Ausbau

Die Burg ist nicht zu besichtigen, das Gelände eingezäunt.

Die so genannte „Burg" Nollig wurde um 1300 zunächst als dreigeschossiger Fachwerkturm errichtet. Die Erwähnung um 1110 ist sehr zweifelhaft. Später in Stein ausgebaut, verfiel die Anlage zuletzt und wurde 1939 durch Fritz Wild wohnlich ausgebaut.

Der Nollig steht auf einem Felsen 125 Meter über dem Rheintal. Es handelt sich nicht um eine Burg, sondern um einen vorgeschobenen Stadtmauerturm. Er sicherte den überhöhten Hang im Nordwesten der Stadt. 1567 kam im Tal der so genannte Strunk hinzu, der ebenfalls ein Wachturm war. Interessant ist, dass der Nollig ursprünglich ein dreigeschossiger Fachwerkturm war, der später einfach mit Bruchsteinmauerwerk ummantelt wurde. Bis zum Innenausbau 1939 waren die Balkenaussparungen im Mauerwerk noch deutlich zu sehen. Der Fachwerkturm hatte eine Seitenlänge von 7,20 Metern. Sein Fundament saß in der Nordostecke direkt auf dem Felsen auf. Es gibt keinen Hinweis auf eine Ausmauerung der Gefache. Der Bau war 13,80 Meter hoch und hatte ein Satteldach. Über die Nordwand kragte ein Wehrgang vor.

Die Ummantelung erfolgte mit Schieferbruchstein. Dem quadratischen Wohnturm wurde an der Nordseite eine Schildmauer mit runden Türmen an den Ecken vorgelegt. Die Mauer hat keine Öffnung. Im Nordwestturm wurde eine Wendeltreppe eingebaut. Der ehemalige Wehrgang ist heute verloren. Am Nordostturm ist eine Verzahnungsstelle für eine geplante Verbindungsmauer zur Stadt erhalten. Erd- und Obergeschoss verfügten jeweils über einen Kamin. Der untere Raum mit einem offenen Ausguss diente wohl als Lagerraum oder Küche und war nur spärlich beleuchtet. Im Obergeschoss gab es mehrere Fenster und in der Südwestecke einen holzgetäfelten Raum mit Wandschrank. Die heute sichtbaren Tür- und Fensteröffnungen sind nicht ursprünglich. Vor der Schildmauer lag ein halbkreisförmiger Halsgraben.

In Lorch mündet die Wisper in den Rhein, die kurz davor die Sauer aufnimmt. In diesen Tälern stehen einige äußerst sehenswerte Burgen, die jedoch zum Teil schwer oder gar nicht zugänglich sind. Im einzelnen handelt es sich um Rheinberg, Kammerburg, Lauksburg, Geroldstein und Haneck im Wispertal sowie um Sauerburg und Waldeck im Sauertal.

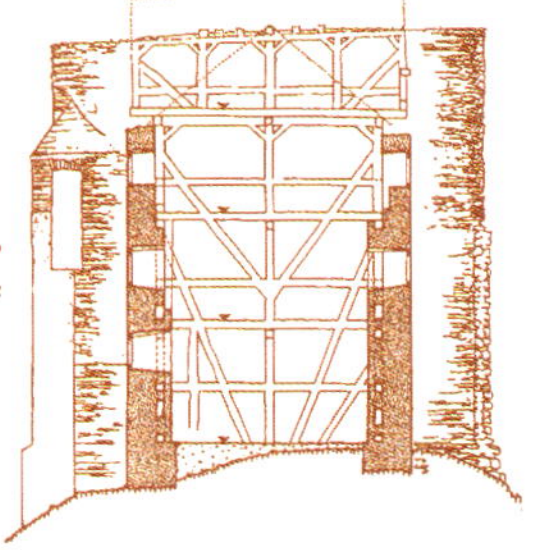

Querschnitt mit Blick nach Norden (oben) und Grundriss des 1. Obergeschosses (unten) (aus: Herchenröder, 1965)

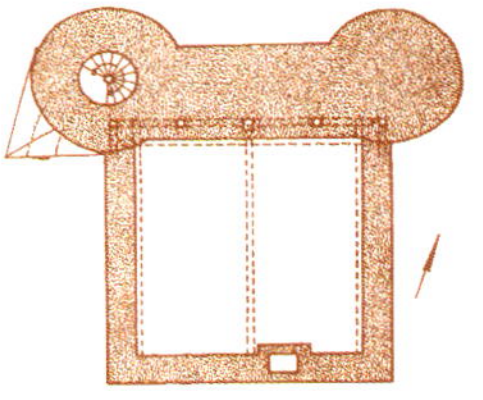

36. Bacharach
Stahleck und Stahlberg

1135 Stahleck genannt
1689 zerstört
1828 von Kronprinz Friedrich Wilhelm von Preußen erworben
1829 Elisabeth von Bayern geschenkt
1925–27 neu aufgebaut
1965–67 Bergfried hochgezogen

Nach Stahleck gelangt man über Steeg oder Neurath. In der Burg befindet sich eine Jugendherberge. Tel.: 06743/1266

Um 1000 war Bacharach im Besitz des Erzbischofs von Köln. Die vom Erzbischof als Gerichtsherren belehnten Vögte drängten das Erzbistum zurück. Als erster Lehensträger ist 1135 Gosewin von Stahleck genannt. Sein Sohn Hermann war mit einer Tochter Konrads III. verheiratet und wurde von diesem 1142 zum Pfalzgrafen erhoben. Friedrich Barbarossa fügte seinem Nachfolger Konrad von Hohenstaufen salisch-staufischen Besitz am Mittelrhein hinzu und schuf so das Gebiet „Pfalz bei Rhein" mit der Residenz Bacharach. Die wachsende Macht der Pfalzgrafen führte zum repräsentativen Ausbau von Burg Stahleck im 12. Jahrhundert. 1194 fand auf Stahleck die heimliche Vermählung der Staufertochter Agnes mit dem Sohn Heinrichs des Löwen, Heinrich dem Welfen, statt, der nach Konrads Tod als Pfalzgraf folgte. Nach dem frühen Tod Heinrichs wurde Otto von Wittelsbach 1214 mit der Pfalzgrafschaft belehnt. Bis zum Ende des Alten Reiches 1806 verblieb sie hinfort bei diesem Haus. 1243 erhielten die Pfalzgrafen auch die Burgen Stahleck und Fürstenberg (➠ 34) zu Lehen. Die Wittelsbacher verlegten ihren Hauptsitz jedoch nach Heidelberg und verpfändeten 1342–45 Stahleck, Steeg und Fürstenberg an König Johann von Böhmen und Kurfürst Balduin von Trier. Im 14. Jahrhundert wurde die Wehrhaftigkeit der Schildmauer verbessert. Zwei neue Ecktürmchen ermöglichten nun eine Flankensicherung mittels hoher schmaler Schießscharten. Im Dreißigjährigen Krieg wechselte Bacharach achtmal den Besitzer und erlitt Belagerung, Plünderung und Brand. Im Pfälzischen Erbfolgekrieg wurde Stahleck 1689 schließlich von französischen Truppen in die Luft gesprengt wie auch Fürstenberg und Stahlberg.

1828 erwarb der preußische Kronprinz Friedrich Wilhelm die Ruine für seine Gemahlin Elisabeth von Bayern und

schenkte sie ihr 1829. Elisabeth hatte jedoch kein Interesse am Sitz ihrer Vorfahren. Noch im 19. Jahrhundert wurden sogar Teile der Ruine eingeebnet. 1909 gingen die Reste an den Rheinischen Verein für Denkmalpflege und Heimatschutz, der sie seit 1925 durch Ernst Stahl als Jugendherberge aufbauen ließ. Dabei orientierte sich Stahl in Bezug auf den Außenbau und die Bauvolumina so genau wie möglich am Bestand und aktuellen Grabungsergebnissen.

Die Spornburg **Stahleck** erhebt sich am Eingang des Steeger Tals über der Stadt Bacharach am Rhein. Sie war in den annähernd halbkreisförmigen Bering der Stadt mit einbezogen und war damit höchster Punkt der Ortsbefestigung. An der sturmfreien Seite zum Rhein hin steht der Wohnbau. Im engen Hof sind an die Ringmauer einige Bauten angelehnt. In der Mitte des Hofes steht der runde Bergfried frei auf einem Felssockel. Das Haupttor ist zum Berg hin gelegen. Hier schützt eine hohe Schildmauer gegen das überhöhte Gelände mit einem mit Wasser gefüllten Graben die Burg. Der Torzwinger an der Nordwestseite lässt nur einen schmalen Durchlass, der von einem Gusserker geschützt wird. Nach Einführung der Feuerwaffen kam vor die Burg eine Geschützplattform, um den Zuweg zu sichern. Ihre genaue Entstehungszeit ist jedoch unbekannt.

Wenig an dieser imposanten Burg ist mittelalterlich. Der langgestreckte Torzwinger und ein Großteil der

S. 62 und 63 Burg Stahleck

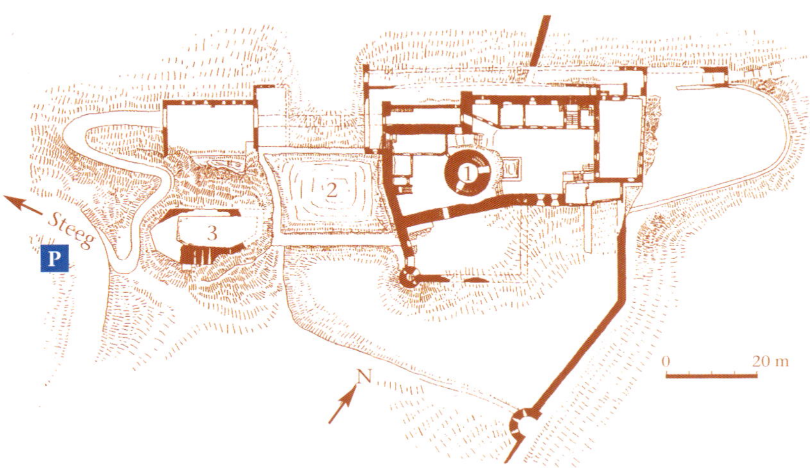

Grundriss nach Ernst Stahl, 1926
1 Bergfried
2 Graben
3 Geschützplattform

oben und unten: Burg Stahlberg

Schildmauer mit zwei polygonalen Ecktürmchen und dem überdachten Wehrgang sind rekonstruiert. Dennoch ist die fast regelmäßig rechteckige Anlage ein gutes Beispiel für die Burgenbaukunst des 12. Jahrhunderts. Typisch sind die klare Gliederung und die Staffelung von Schildmauer, Bergfried und Palas.

Ein lohnenswerter Abstecher führt in den Stadtteil **Steeg** zur **Burg Stahlberg**. Sie wurde 1219 vom Kölner Erzbischof Engelbert I. errichtet wie auch Fürstenberg und gelangte 1243 als Kölner Lehen in pfälzische Hand. Zusammen mit Fürstenberg und Stahleck wurde Stahlberg 1689 von französischen Truppen zerstört. Wie Stahleck gehört die Anlage heute dem Rheinischen Verein für Denkmalpflege und Heimatschutz, wird aber nur gesichert und nicht neu aufgebaut.
Die Anlage steht auf einem Bergsporn nordwestlich von Steeg. Die langgestreckte Anlage wird an der Schmalseite hinter einem Quergraben mit Schildmauer und rundbogigem Tor betreten. Dicht hinter der Schildmauer steht neben dem Tor ein erhöht gelegener Rundturm. Im höher gelegenen hinteren Teil der Burg haben sich die Reste eines rechteckigen Bergfrieds auf einem Felsklotz erhalten. Sonst sind nur geringe Bebauungsreste auszumachen. Die Ringmauer ist teilweise erneuert.

Burg Gutenfels wurde seit 1220 von den Reichsministerialen von Falkenstein errichtet. 1252 belagerte König Wilhelm von Holland die Burg erfolglos. 1257/61 gelangte der Kauber Zoll in den Besitz der Falkensteiner. 1277 und 1289 verkauften sie ihre Rechte an dem entfernt gelegenen Besitz jedoch an die Pfalzgrafen bei Rhein. 1504 belagerte Landgraf Wilhelm von Hessen die Burg Kaub 39 Tage vergeblich, was ihr den Namen Gutenfels eintrug. Bis 1508 wurden die entstandenen Schäden beseitigt. Im Dreißigjährigen Krieg konnte Gutenfels aber nicht mehr standhalten und wurde mehrfach von den verschiedenen Kriegsparteien besetzt. Nach 1648 diente die Burg nur noch als Invalidenstation. Seit 1807 wurde die Burg auf Abbruch versteigert, 1833 aber von dem Wiesbadener

Archivar Friedrich Habel gekauft, der den Abbruch stoppte. 1889–1892 wurde die Burg von ihrem neuen Besitzer, dem Kölner Architekten Gustav Wähler, ausgebaut und bewohnbar gemacht. Der Palas bekam ein Treppenhaus, und in den Hof wurde eine umlaufende Holzgalerie gestellt. Der Rüstbau bekam zusätzlich ein drittes Geschoss. 1952–54 wurden Kriegsschäden beseitigt und im Rahmen der Sanierung alle vier Fenster des Palas wiederhergestellt.
Die Frontturmburg steht auf einem Sporn 110 Meter über dem Rhein. Von außen erscheint die Kernburg als kompakter Baukörper, den Hof erahnt man nicht, nur Turm und Wohnbau werden wahrgenommen. Die Kernburg ist klar aufgeteilt in einen quadratischen, 35 Meter hohen

37. Kaub Gutenfels

1220	*Baubeginn*
1252	*erfolglos belagert*
1504	*erfolglos belagert*
1889–92	*wieder aufgebaut*

links: Ansicht Mitte 20. Jh.

unten: Burg Gutenfels (im Hintergrund) und Pfalzgrafenstein (vorne)

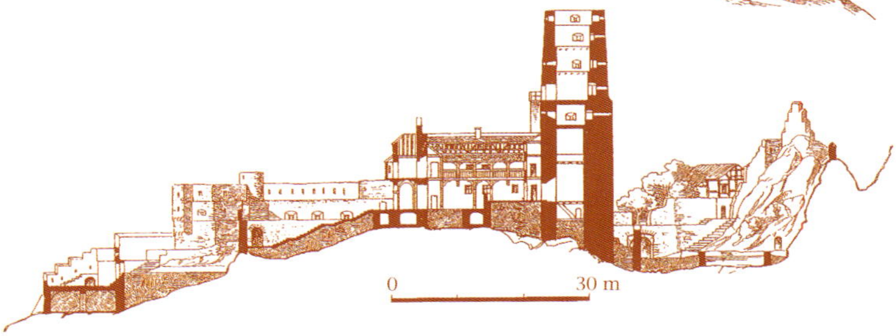

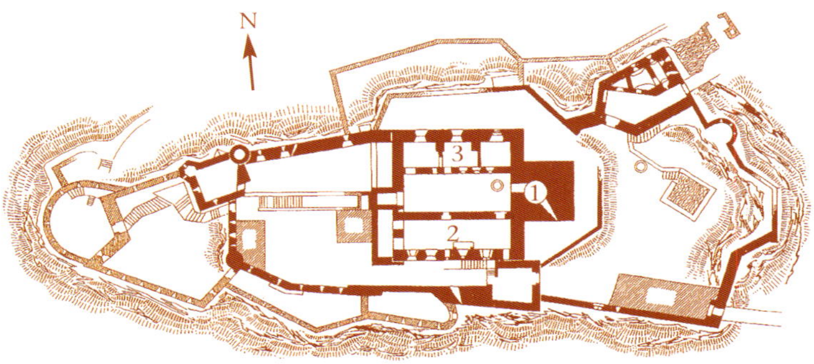

Gutenfels wird als Hotel und Restaurant genutzt.
Tel.: 06774/220
Nur Hotelgästen zugänglich
Zugang über Blücherstraße

Grundriss
1 Bergfried
2 Wohnbau
3 Rüstbau

Bergfried und einen quadratischen zentralen Burgbereich von 21,60 auf 21,10 Metern. Er setzt sich aus zwei parallel laufenden Rechteckbauten beiderseits eines rechteckigen Hofes zusammen. Dieser war im Westen ursprünglich 2,70 Meter, im Osten sogar 3,80 Meter tiefer als heute, sodass die Keller vom Hof aus zugänglich waren. Die umlaufenden Holzgalerien stammen von 1890 und wurden 1953 verändert. An der Südseite des Hofes steht der ehemalige Wohnbau, im Norden der so genannte Rüstbau. Die Bauten sind flach gedeckt, was den kubischen Eindruck der Anlage unterstreicht. Der Rüstbau war ehemals der Wirtschafts- und Lagertrakt der Burg. Sein Inneres nahm in jedem Geschoss drei Räume auf. Ursprünglich war er ein Geschoss niedriger. Der Wohnbau hatte auch vor den Ausbauten des 19. Jahrhunderts drei Geschosse. Er ist fast 22 Meter lang und 8 Meter breit. Die Hauptfront weist nach Süden zum Tal. Hier zeigt er in zwei Geschossen je vier gekuppelte, von Blendbögen überfangene Fenster. In jedem Geschoss gab es einen großen flachgedeckten Saal. Eventuell befanden sich an Stelle des unteren Saals ehemals aber auch zwei große Räume, wofür die beiden Kamine sprechen. Der östliche ist bis zum Rauchfang romanisch, der westliche wurde 1890 rekonstruiert.

Die Kernburg wird von einem langgestreckten Bering umschlossen, der auch eine Vorburg im Westen mit einem Kapellenbau einbezieht. Die Anlagen und Befestigungen entstanden seit dem 14. Jahrhundert zur zusätzlichen Sicherung bis in das 16. und 17. Jahrhundert wie etwa ein unterkellertes barockes Rondell zum Rhein oder ein gotischer Torbau im Osten. Die Kernburg ist ein Paradebeispiel für die Regelmäßigkeit einer stauferzeitlichen Adelsburg und zugleich ein frühes Beispiel für einen exponierten Bergfried.

38. Kaub
Pfalzgrafenstein

1327	*Bau des Pfalzgrafensteins*
1338–42	*Ausbau*
1605–07	*Verstärkung der Stromseite*
1714	*achteckige Turmhaube mit Laterne*
1970/71	*rekonstruierte Farbfassung*

1277/89 erwarben die Pfalzgrafen Kaub mit der Burg und dem zugehörigen Zoll von den Herren von Münzenberg-Falkenstein. Ludwig der Bayer, seit 1328 König, begründete 1327 die Zollburg im Rhein. Zuerst stand hier nur ein fünfeckiger Turm, 1338–42 entstand aber bei weiteren Bauarbeiten die sechseckige Wehrmauer. Aufgrund der Zollerhebung und der neuen Burg wurde Ludwig vom Papst gebannt, und auch die benachbarten Erzbischöfe von Köln, Mainz und Trier erklärten sich gegen den Zoll – vergeblich! Die 1339 erstmals Pfalzgrafenstein genannte Anlage wurde beständig ausgebaut. 1605–07 musste die Burg an der Stromseite verstärkt werden und erhielt 1606/07 an Südspitze einen modernen Bastionsvorbau. 1658 kamen vier hölzerne Erker hinzu, und 1714 erhielt der Turm seine achteckige Haube mit Laterne. Erst 1866 kam das Ende der Schifffahrtssteuer. 1969–75 wurde der Pfalzgrafenstein umfassend restauriert und erhielt 1970/71 seine historische Farbfassung zurück.

Die Burg auf der Felsklippe Falkenau wird an der Nordostseite durch einen hochgelegenen Eingang mit Fallgatter betreten. Der sechseckige Bering ist mit seiner verstärkten Südspitze gegen die Strömung des Wassers gerichtet und misst 51 Meter in der Länge und 21 Meter in der Breite. Die 2,60 Meter starken Mauern sind 12 Meter hoch. Im Innern befinden sich Schießkammern mit sekundären Schießluken für den Geschützkampf. Im 2. Obergeschoss verläuft ein Wehrgang über einem Rundbogenfries. Auf fünf Ecken sitzen kleine Türmchen, die sechste Ecke, die Südspitze, nimmt der Batterievorbau mit zwei Pulverkammern

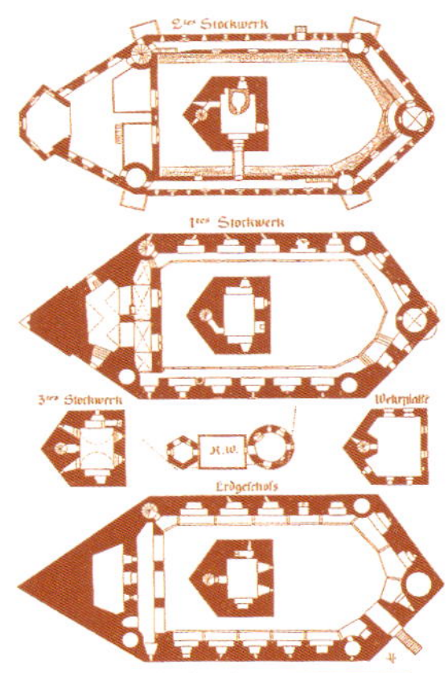

Der Pfalzgrafenstein steht auf einer Insel im Rhein. Er ist nur mit dem Schiff von Kaub aus zu erreichen. Die Fahrt mit der Fähre kostet extra.
Öffnungszeiten:
April–September:
10.00–13.00 Uhr und
14.00–18.00 Uhr
Oktober–März:
10.00–13.00 Uhr und
14.00–17.00 Uhr
Im Dezember und am ersten Werktag der Woche geschlossen.
Tel.: 0172/2622800

und einem geräumigen Geschützstand ein. Außen ist ein Löwe mit dem Pfälzer Wappen angebracht. Vor vier der Holztürmchen befinden sich an der Außenseite hölzerne Erker, deren lose Fußbretter entfernt werden konnten, um anlegende Schiffe zu bekämpfen. Während die Quartiere der Zöllner in der Südspitze lagen, hatte der Kommandant des Pfalzgrafensteins seine Wohnung im Norden über dem Eingang.

In der Mitte der Burg steht der fünfeckige Turm, der Ursprungsbau. Wie ein Eisbrecher ist auch seine Spitze nach Süden gegen die Strömung gerichtet. Von den sechs Geschossen sind das dritte und fünfte tonnengewölbt. Der Eingang befand sich ursprünglich im dritten Geschoss. Das fünfte trug ehemals eine Wehrplatte.

Der wohlerhaltene Pfalzgrafenstein ist eine der wenigen unzerstörten Burgen am Rhein. Er gehörte in ein System pfälzischer Burgen am Rhein mit Stahleck (➟ 36) und Gutenfels (➟ 37), deren vorgeschobenes Werk er war, und diente der Zollerhebung. Schiffe konnten nur die östliche Seite zwischen Pfalzgrafenstein und Gutenfels befahren. Funktional ist das System der mainzischen Rheinsperre mit der Burg Ehrenfels (➟ 26), dem Mäuseturm (➟ 28) und der Burg Klopp (➟ 29) vergleichbar.

Südlicher Wohnbau

oben: Torturm *unten: Kapelle*

39. Oberwesel
Schönburg und Niederburg

Die nach 1100 begonnene Burg wird erstmals 1149 genannt, als sie Lehen des Pfalzgrafen Hermann von Stahleck war. Später wurde sie Reichslehen der Herren von Schönburg und beständig erweitert und modernisiert, vor allem, als sich die Schönburger in mehrere Zweige aufteilten und die Anlage im 14. Jahrhundert zur Ganerbenburg mit drei Burghäusern ausbauten. 1357 wurde der „Hohe Mantel" errichtet. Wohl mussten die Herren von Schönburg die Burg dem Erzbischof Balduin von Trier als Stützpunkt überlassen, ihre Selbständigkeit konnten sie aber bis 1374 wahren, als Kaiser Karl IV. die Burg Trier zu Lehen übergab. 1531 war die Burg in schlechtem baulichen Zustand und wurde 1689 zerstört. 1719 starben die Schönburger aus, und Trier zog das Lehen ein. Die wertlose Burg wurde an die Brenner von Lahnstein zu Lehen gegeben und wechselte im 19. Jahrhundert häufig die Besitzer; sie war 1842 auch im Besitz von Albrecht von Preußen. Zuletzt kam sie 1885 an den New Yorker Bankier Oakley Rhinelander. Nachdem bereits 1880 der fünfeckige Wohnturm eingestürzt war, bemühte sich Rhinelander um die Erhaltung der Burg und führte bis 1914 Rekonstruktions- und Restaurierungsarbeiten durch. Sein Sohn verkaufte die Burg 1950 an die Stadt Oberwesel unter der Bedingung, sie zur internationalen Jugendburg auszubauen.

nach 1100	*Baubeginn*
14. Jh.	*Ausbau, „Hoher Mantel"*
1689	*verwüstet*
1885	*an T. J. Oakley Rhinelander, Sicherung und Rekonstruktion*
1951	*städtisch*
1980–82	*Ausbau zum Hotel*

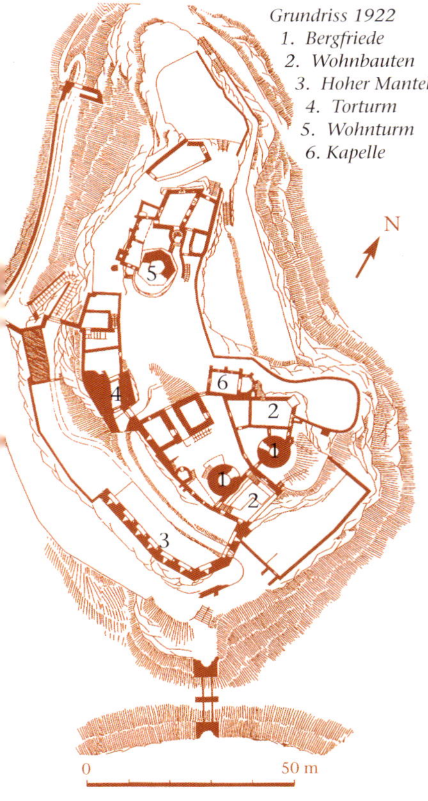

Grundriss 1922
1. Bergfriede
2. Wohnbauten
3. Hoher Mantel
4. Torturm
5. Wohnturm
6. Kapelle

Die Besichtigung der Burghöfe ist teilweise möglich. Ein Großteil wird von Hotel und Kolpinghaus genutzt. Hotel Auf Schönburg Tel.: 06744/93930 www.hotel-schoenburg.de Internationale Jugendburg Kolpinghaus „Auf Schönburg". Tel.: 06744/405 www.kolpinghaus-auf-schoenburg.de

Die Niederburg ist frei zugänglich und liegt nördlich von Oberwesel bei Niederburg in Richtung Badenhard hinter Burgweg 2.

1951–53 entstand im nördlichen Teil eine Jugendburg des Kolpingwerkes, der Süden wurde 1980–82 zum Hotel ausgebaut, der alte Bergfried am Palas auf die ursprüngliche Höhe aufgemauert und mit einem Kegeldach versehen.
Ehemals befand sich der Zugang zur Burg im Norden, heute erreicht man sie von Süden über die Stelle des ehemaligen Wirtschaftshofes. Gegen den Bergrücken erhebt sich hinter dem Halsgraben der „Hohe Mantel", eine zweimal stumpfwinkelig gebrochene Schildmauer aus Bruchsteinmauerwerk mit zwei übereinander angeordneten Reihen schmaler und hoher Schießscharten mit einem abschließenden Wehrgang mit Zinnen über einem Rundbogenfries.
Zwischen Vorburg und innerem Burghof erhebt sich an der Südwestecke des Hofes ein 25 m hoher Torturm, der auch als Wohnturm diente. Er stammt vermutlich aus dem 13. Jahrhundert. Der Eingang rechts neben dem Turm in den mittleren Burghof wurde erst später durchbrochen.
Der mittlere Burghof wird an der Nordseite von den Neubauten des Kolpinghauses und umgebender älterer Bausubstanz begrenzt. Hier steht auch der Stumpf eines siebeneckigen, ursprünglich aber nur fünfeckigen Bergfrieds. Im Südosten des Platzes befindet sich – annähernd in der Mit-

oben links und unten: Hoher Mantel

te der Burg – die im Kern gotische Kapelle mit einem flachgedeckten einschiffigen Langhaus und abgeschnürtem rippenlosen Chor. Gleich neben der Kapelle führt eine Treppe zum Hotel und damit in den Bereich des inneren Burghofs. Ehemals verlief quer durch den mittleren Burghof ein tiefer Halsgraben. Wegen der Gastronomie ist der innere Burghof nicht zu besichtigen. Er liegt am höchsten und die Gebäude stammen wohl aus dem 13. Jahrhundert. Es gibt zwei runde und annähernd gleich starke, aber unterschiedlich hohe Bergfriede. Jeder stand in einem durch eine Mauer von dem anderen Teil der Burg getrennten Bereich. In jedem Bereich stand auch ein Wohnbau. Der südliche verfügt heute wieder über seinen belegten historischen roten Anstrich mit weißen Fugenstrichen.
Gut kann an der Schönburg die ehemalige Dreiteilung der Anlage gesehen werden, als jeder der Ganerben über einen eigenen Bergfried und Wohnbau mit Wirtschaftsbauten verfügte. Nur die Kapelle wurde gemeinsam genutzt.

Im Norden von Oberwesel befindet sich die **Niederburg** im gleichnamigen Ortsteil. Sie entstand, als die Bürger der bis 1321 freien Reichsstadt im Jahr 1389 mittels einer List die Schönburg besetzten und sie vom Trierer Kurfürsten zurückerobert werden musste. Zur Sicherung des Gebietes ließ er daher eine Befestigung anlegen, die erst 1689 zerstört wurde. Nur geringe Mauerreste, die Reste zweier Rundtürme und einer sie verbindenden Mauer sowie Burghausreste sind zu sehen.

40. Dörscheid Herzogenstein

1359 begonnen
1361 zerstört

4 km oberhalb von St. Goarshausen über dem linken Ufer von Dörscheid gelegen.
Am Rhein befindet sich ein Parkplatz. Der Fußweg zur Burg dauert ca. 45 Minuten.

Der Burg Herzogenstein war nur eine kurze Lebensdauer vergönnt. Sie sollte ein Glied der kurpfälzischen Burgen am Mittelrhein sein und war gegen Kurmainz und Katzenelnbogen, vor allem aber gegen Kurtrier, das in Oberwesel saß, gerichtet. Als es 1359 zu Spannungen zwischen Pfalzgraf Ruprecht und Erzbischof Boemund kam, wurde daher mit dem Burgbau gegenüber von Oberwesel begonnen. Bereits 1360 wird Friedrich vom Stein als Burgmann genannt. 1364 finden wir ihn dann in Kaub. Die Burg war bereits 1361 zerstört und aufgegeben worden und der Konflikt beigelegt.
Auf dem steil zum Rhein abfallenden Sporn von ca. 50 x 200 Meter haben sich nur geringste Reste der Anlage erhalten, doch kann man einen wunderschönen Blick in das Rheintal genießen. Auf der abgeplatteten Felskuppe stehen auf einem noch ca. 5 Meter hohen Hügel im Eingangsbereich Reste eines Gebäudes von ca. 8–10 Meter Seitenlänge. Davor sind geringe Reste eines Grabens auszumachen.

41. St. Goar
Burg, Schloss und Festung Rheinfels

1245	*Baubeginn*
1255/56	*Belagerung durch den Rheinischen Bund*
1371	*Stiftung einer Kapelle*
1479	*an Hessen*
1567–83	*Residenz von Hessen-Rheinfels*
1657–72	*Ausbau zur Festung*
1692/93	*von französischen Truppen belagert*
1796	*Beginn der Zerstörung*

Grundriss

1 *Kernburg, 13. Jh.*
2 *Hauptburg, 14. Jh.*
3 *Vorburg, 16. Jh.*
4 *Außenwerke, 16.–17. Jh.*
5 *Fort „Noli me tangere“*
6 *Fort Scharfeneck (heute Schlosshotel)*
7 *Holzgraben*
8 *Uhrturm*
9 *Hansenbau*
10 *Hohe Batterie*
11 *Marstall*
12 *Ehem. Bergfried*
13 *Darmstädter Bau*
14 *Nordbau (Frauenbau)*
15 *Kommandantenbau*

Nach dem Aussterben der Grafen von Arnstein 1185 holte die Abtei Prüm als Vögte 1190 die Grafen von Katzenelnbogen nach St. Goar. Bereits 1219 lassen sie sich im Besitz des (älteren) St. Goarer Rheinzolls nachweisen. Ihre Residenz war eine ältere Burg, von der sich bis zum Bau der Bahnstrecke Reste nachweisen ließen. 1245 ließ Graf Diether V. an Stelle seiner Talburg Burg Rheinfels erbauen und bereits 1255/56 konnte sie einer Belagerung durch den Rheinischen Bund standhalten. Im 14. Jahrhundert begann der Aus- und Umbau der Burg, der bis in das 18. Jahrhundert andauern sollte. Vor den Halsgraben wurde eine Schildmauer mit Türmen an ihren Endpunkten gestellt, der Bergfried zum Butterfassturm aufgestockt und an der Nordecke des Palas ein weiteres Wohngebäude aufgeführt. Ferner wurde der Sattel vor der Burg zur Vorburg ausgebaut.

1479 starben die Grafen von Katzenelnbogen aus. Die Landgrafen von Hessen waren die Erben. Sie brachten die Verteidigungsanlagen auf den modernsten Stand. 1567 wurde Rheinfels Residenz Philipps II. von Hessen-Rheinfels und die Wohngebäude 1567–83 dementsprechend erneuert und ausgebaut. Der „Darmstädter Bau“ und das „Frauenhaus“ erhielten zur Rheinfront rot-weiße Fassaden und steile Schieferdächer. Philipp II. starb 1583 kinderlos, woraufhin ein Erbfolgestreit ausbrach, der sich bis in den Dreißigjährigen Krieg erstreckte und in dessen Verlauf das Schloss mehrfach den Besitzer wechselte. Zuletzt blieb es bei Hessen-Kassel und gelangte an die Nebenlinie Hessen-Rothenburg-Rheinfels, deren Landgrafen die Anlage 1657–72 zur Festung ausbauten. So konnte das feste Schloss 1692 von den französischen Truppen nicht bezwungen werden. Nach der Belagerung wurde die Festung nochmals gewaltig vergrößert und die Biebernheimer Vorwerke entstanden. 1754 überließ Landgraf Konstantin von Hessen-Rheinfels die Festung Hessen-Kassel. Und als die Burg im Siebenjährigen Krieg erneut von französischen Truppen belagert wurde, konnten sie sie von 1758–63 besetzt halten. 1794 musste sie sich erneut französischen Truppen ergeben und wurde daraufhin 1796–97 von den Franzosen entfestigt.

1812 gelangte Rheinfels durch Versteigerung in Privatbesitz und diente ab 1818 als Steinbruch für den Wiederaufbau der Festung Ehrenbreitstein in Koblenz. 1843 kaufte der preußische Prinz Wilhelm die Ruine, um sie vor weiterem Abbruch zu schützen. Die Ausbaupläne von Major von Schnitzler wurden nicht verwirklicht. 1925 ging die Anlage von der preußischen Regie-

Zustand Anfang 17. Jh. nach Dilich

rung an die Stadt St. Goar. 1971–72 entstand ein Hoteltrakt auf der Spitze von Fort Scharfeneck im Anschluss an ein bereits bestehendes Terrassenrestaurant. Mit ihm verlor die Vorburg ihren Wehrcharakter.

Burg, Schloss und Festung Rheinfels sind heute Ruine. Der ehemals über 32 000 Quadratmeter große Komplex wird im Süden vom Einschnitt des Lohbachs, im Norden von dem des Gründelbachs und im Osten vom Rheintal begrenzt. Im Süden erstreckt sich die Anhöhe des Biebernheimer Feldes. Die heute zu besichtigenden Reste umfassen etwa zwei Fünftel des ehemaligen Areals. Die alte Burg mit ihrem unregelmäßigen Fünfeck bildet den Kern. Hier stand ehemals auch der über 40 Meter hohe Bergfried, von dem nur noch die Fundamente vorhanden sind, und schützte die Schildmauer. Zum Rhein hin erhebt sich der große Darmstädter Bau, der im Süden auf dem Ostteil der Schildmauer errichtet ist. Der dreigeschossige Nordbau mit seinem Museum springt aus dem Fünfeck der Kernburg vor. Zur Hofseite befindet sich ein Treppenturm. Hier befand sich das so genannte Fürstengemach mit einer Kapelle. 1568/69 kamen Fachwerkaufbauten hinzu. Ferner lag hier das Frauenzimmer im westlich an den Treppenturm anschließenden turmartigen Gebäudeteil. Er erschloss die beiden Wohngebäude. Zwischen Nordbau und Darmstädter Bau befindet sich das innere Burgtor. An der zum Rhein hin abfallenden Geländekante führt eine Mau-

Schlossberg.
Öffnungszeiten:
März – Sept. 9.00–18.00
Oktober: 9.00–17.00 Uhr,
Nov. – März an schnee- und eisfreien Wochenenden 11.00–17.00 Uhr
letzter Einlass eine Stunde vor Schließung.
Tel.: 06741/7751
www.burg-rheinfels.com

unten: Grundriss von Gottfried Wetzel, 1753 (Bildarchiv Foto Marburg)
grün = geschleifte Anlagen
rot = Gelände der heutigen Ruine

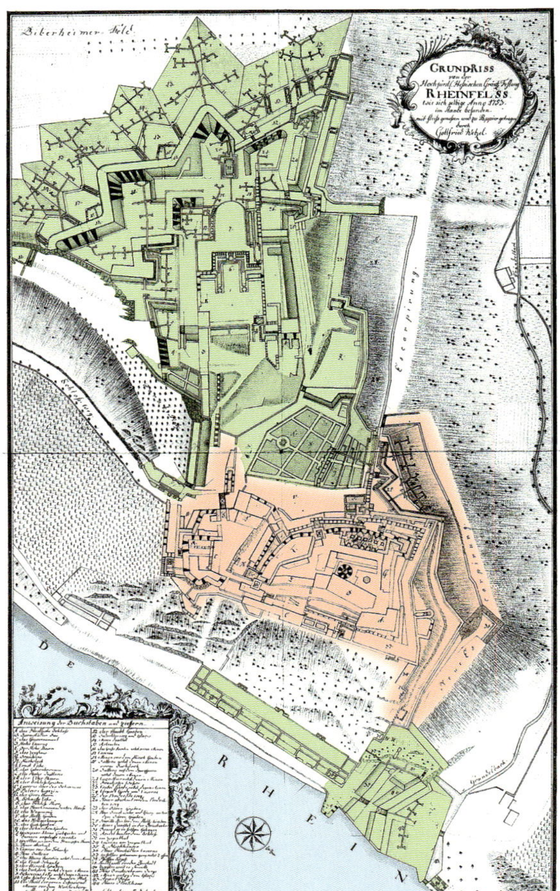

er entlang zum Tor und bildet einen Zwinger. Der Darmstädter Bau zeichnete sich durch hohe Fachwerkbauten mit Erkern und Schweifgiebeln aus und wurde unter Einbeziehung der Ringmauer der Kernburg erst für Landgraf Philipp II. errichtet. Funktionen aus dem Nordbau wurden hierhin ausgelagert. Gastgemächer waren in den Fachwerkobergeschossen untergebracht, auf die man nach der Beschießung von 1692/93 aber verzichtete.

Im Süden ist der Kernanlage eine mehrfach gebrochene äußere Schildmauer vorgelagert worden. Hinter ihr befindet sich die so genannte Hohe Batterie. Sie ist zweifach gewinkelt und 70 Meter lang sowie 22 Meter hoch. Ehemals gab es an der Innenseite eine Konstruktion mit Bogennischen, die heutige Form stammt von 1621, als hinter der Mauer eine erhöhte Fläche zur Aufstellung von Geschützen geschaffen wurde. Im Raum zwischen Mauer und Kernburg befand sich unter anderem ein Marstall.

Ein tiefer Graben ist der Schildmauer im Osten vorgelegt und trennt die äußere Vorburg ab. Zur Stadt St. Goar im Süden liegen die Reste des ehemaligen Forts Scharfeneck, von dem aus der Rhein nach Süden beherrscht werden konnte. Es wurde an der Stelle der Vorburg errichtet. Im frühen 17. Jahrhundert waren hier Stallungen. Im 18. Jahrhundert befand sich hier die Wohnung des Kommandanten. Jenseits der Schlossbergstraße sind die Reste des Forts „Noli me tangere" gelegen. Im Süden befindet sich der tiefe und breite Halsgraben. Hinter ihm befand sich um die Wende vom 16. zum 17. Jahrhundert ein ausgedehnter Schlossgarten, der in regelmäßige Beete eingeteilt war. Heute befinden sich hier der so genannte Holzgraben und die Besucherparkplätze. Rund um die Burg führt ein System von nachmittelalterlichen Wehrgängen, die zum großen Teil begangen werden können.

Weiter im Süden hinter der Schlossbergstraße erstreckte sich die frühneuzeitliche Festung auf dem 30 Meter höher gelegenen Wackenberg, von der sich einige Kasematten erhalten haben. Die Befestigungen wurden über eine Treppe von Noli me tangere erreicht. Im Zentrum stand die 1683–86 erbaute Ernst-Schanze. Nördlich davon lag der Stumpfe Turm und zur linken das Kleine Ravelin, das Innere Dachsloch und das Große Ravelin. Im Westen war die Schanze Speifeuer gelegen, zum Gründelbachtal hin befand sich der noch heute weitgehend erhaltene Bärengraben. Nach 1692 wurden weitere Werke im Vorfeld errichtet.

Rheinfels wurde beständig der Entwicklung der Feuerwaffen angepasst und modernisiert, ohne dabei zur Festung zu werden und ist damit ein gutes Beispiel für eine Kombination beider Bauaufgaben. Ferner war sie über Jahrhunderte Residenz, Verwaltungssitz und Festung und nicht nur Sitz eines Ritters, von Ganerben oder lediglich eine Zollburg. Das macht sie am Rhein einzigartig.

42. St. Goarshausen
Neukatzenelnbogen (Katz)

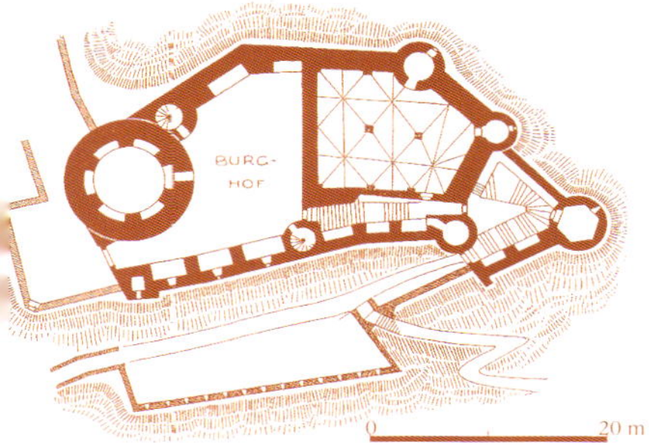

Ansichten nach Dilich und Grundriss 1606/08

Neukatzenelnbogen wurde bald nach der Mitte des 14. Jahrhunderts zur Verstärkung der Burg Rheinfels (➟ 41) erbaut, deren Geschichte die Burg weitgehend teilt. Bereits 1371 stiftete Graf Wilhelm von Katzenelnbogen einen Altar in der Burgkapelle. Nach dem Aussterben der Katzenelnbogener Grafen gelangte auch Neukatzenelnbogen an die Landgrafen von Hessen. In der ersten Hälfte des 17. Jahrhunderts war die Burg wie auch Rheinfels umstritten zwischen Hessen-Kassel und Hessen-Darmstadt und wurde mehrfach von den verschiedenen Parteien besetzt. Die Befestigungen wurden beständig ausgebaut, 1794 hatte die Burg aber bereits ihre militärische Bedeutung verloren. Trotzdem wurde sie 1806 von den Franzosen gesprengt. 1896 erwarb der Landrat des Kreises St. Goarshausen, Ferdinand Berg, die Burg und ließ sie 1898–99 durch Emil Schreiter und Bernhard Below zum Wohnsitz ausbauen. Später war die Anlage für kurze Zeit Hotel und gelangte 1936 an den Reichsarbeitsdienst. Anschließend

1371	*Stiftung einer Burgkapelle*
1806	*gesprengt*
1898–99	*ausgebaut*

Die Burg ist nicht zu besichtigen!

Ansichten 1606/08 nach Dilich

wurde die Bundesrepublik Deutschland Eigentümerin, inzwischen ist sie in Privatbesitz.
Burg Neukatzenelnbogen erhebt sich auf einem planierten Sporn auf halber Höhe des Berges über dem Rheintal. Von der ehemaligen Anlage hat sich nach den Umbauten zwar einiges erhalten, der Eindruck heute ist jedoch ein ganz anderer. Die Burg wurde aus Bruchstein errichtet. Sogar die Fensterlaibungen waren nicht aus Haustein. Selbstverständlich war der ganze Bau aber verputzt. Die Anlage hat den Umriss eines unregelmäßigen Sechsecks. An der Südseite gegen den Berg erhebt sich ein großer Turm mit angrenzender Schildmauer, an der Südostseite stand der Wohnbau. Der Turm war ehemals höher als heute (45–50 m) und schloss mit einem achteckigen Obergeschoss mit steilem Walmdach und vier Dacherkern. Der Wohnbau hatte drei Geschosse und war von vier runden, oben achteckigen Ecktürmen begrenzt, von denen heute noch zwei an der Rheinseite erhalten sind. Sonst ist vom aktuellen Bau aber im Wesentlichen nur der Keller alt. Darüber hinaus standen im Burghof kleinere Nebengebäude wie eine Küche und ein Brunnenhäuschen. Die Kapelle befand sich außerhalb der Kernburg. Der Zugang erfolgte nicht durch das heutige Haupttor, sondern durch einen tonnengewölbten Gang unter dem Wohnbau, der direkt neben dem Treppenturm im Hof ankam. Er begann an einem Torturm im Norden des Wohnbaus, in dessen Obergeschoss die Kapelle untergebracht war.
Neukatzenelnbogen war die letzte Burg, die von den Katzenelnbogener Grafen errichtet wurde. Die sehr konzentrierte Anlage dürfte das Resultat einer einheitlichen Konzeption sein. Die Burg war nie als Residenz, sondern immer nur als Vorposten von Rheinfels gedacht, sodass die beiden Anlagen den Rhein abriegeln konnten. Mit Verbreitung der Feuerwaffen wurde der gegenübergelegene Hügel eine Gefahr und gegen Patersberg mußten weitere Verteidigungsstellungen angelegt werden. Der strategische Wert war aber nun stark gesunken.

*Wenige Kilometer östlich von St. Goarshausen stehen die Reste der katzenelnbogener **Burg Reichenberg**. Der ideale Plan wurde nicht verwirklicht, aber auch das ausgeführte Objekt war äußerst beeindruckend. Leider darf die Ruine aus Sicherheitsgründen nicht betreten werden.*

43. St. Goarshausen, Wellmich Deuernburg (Maus)

Kaiser Karl IV. genehmigte 1356 Erzbischof Boemund II. von Trier, Wellmich zu befestigen und zwei Burgen zu erbauen. Die neu errichtete Deuernburg sicherte den Besitz für Trier. Zwischen 1362 und 1388 wurde die Burg vollendet. Die Anlage war sehr beliebt und der Wohnturm wurde bereits Ende des 14. Jahrhunderts für Erzbischof Kuno von Falkenstein durch einen Anbau verdoppelt. Kuno erhielt nach seiner Resignation 1388 Stolzenfels und Deuernburg als Ruhesitz zugewiesen und starb hier im selben Jahr. Mit der Anlage eines Jagdsitzes in Kärlich ging die Bedeutung der Burg zurück, und seit dem 15. Jahrhundert waren Burg und Amt lange verpfändet. Mit der Auflösung des Kurstaates gelangte Wellmich 1803 an Nassau. 1806 wurde der heruntergekommene Bau auf Abbruch versteigert. Der Kölner Architekt Gärtner restaurierte jedoch die Wohngebäude 1900–06 und stattete sie im alten Stil aus. 1924 erhielt der Bergfried einen zusätzlichen Aufsatz. Im Zweiten Weltkrieg wurde der südwestliche Eckturm des Palas zerstört und nach Übertragung an einen neuen Eigentü-

1356 Baubeginn
1806 auf Abbruch versteigert
1900–06 Wiederaufbau

Bachstraße 30 b
Die Burg beherbergt einen Adler- und Falkenhof.
Sie kann ebenso wie die Gastronomie nur im Rahmen von Flugvorführungen mit Lehrvortrag besucht werden.
Führungen: Mitte März bis Anfang Oktober um 11.00 Uhr und 14.30 Uhr, an Sonn- und Feiertagen auch um 16.30 Uhr.
Tel.: 06771/2303
www.burg-maus.de

mer Ende der 70er Jahre restauriert. Anfang der 80er Jahre wurden auch Ecktürme des jüngeren Wohnturms rekonstruiert.

Die kompakte Randhausburg steht auf einer Felsnase über 90 Meter über dem Rhein. Die Kernburg besteht weitgehend aus einem Rechteck, das sich aus einem parallel zum Rhein liegenden Wohnbau, einem Hof und einem Nordbau zusammensetzt. Im Osten erhebt sich ein Rundturm gegen den Berg, an der Westseite steht ein Wohnturm. Die Kernburg ist von einem schmalen Zwinger umgeben, dem im Osten ein breiter Halsgraben vorgelegt ist. Der Hauptbau hatte ehemals zwei Wohngeschosse über einem Keller. Alle Fenster des Gebäudes sind erneuert. Der 10 Meter hohe Bergfried hat einen Durchmesser von 7 Metern, die angrenzende Schildmauer ist 2 Meter dick. Von besonderem Interesse ist der Wohnturm, der ehemals nur halb so groß war und bereits Ende des 14. Jahrhunderts verdoppelt wurde. Der viergeschossige Bau nahm ausschließlich Privatgemächer auf. Im zweiten Geschoss lagen die erzbischöflichen Gemächer mit Stube und Kammer, im dritten Geschoss die Gästezimmer.

Auffallend sind die Ähnlichkeiten im Grundriss mit Burg Gutenfels (→ 37). Als talseitiges Pendant zum Bergfried kam der Wohnturm hinzu. Der Wohnbau wurde vermutlich erst nach einer Planänderung vorgeschoben, was den symmetrischen Charakter der Kernburg etwas verunklärt wie auch der vergrößerte Wohnturm. Die Deuernburg hatte die rechtsrheinischen Besitzungen von Trier gegenüber dem katzenelnbogischen Rheinfels (→ 41) und die vorbeiführenden Verkehrswege zu sichern.

Grundriss nach Luthmer, 1914

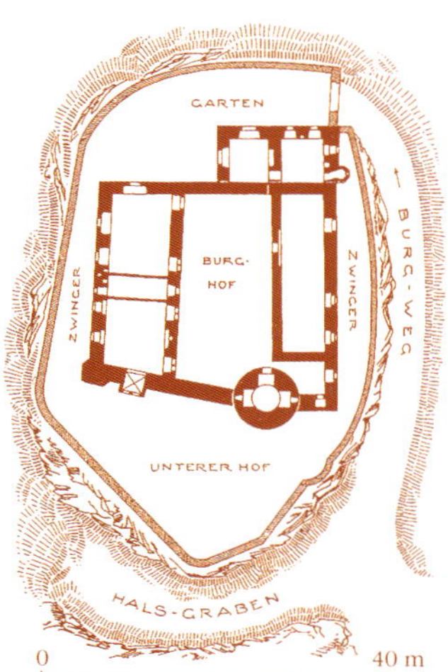

44. Kamp-Bornhofen Sterrenberg

Kamp-Bornhofen gehörte zum so genannten Bopparder Reich und gelangte mit diesem im frühen 14. Jahrhundert an Kurtrier. Die Reichsburg entstand wohl bereits am Ende des 11. Jahrhunderts, wurde aber erst 1190 erstmals erwähnt. Bereits im 12. Jahrhundert war sie im Besitz des pfälzischen Geschlechts der Herren von Bolanden, die hier – wohl widerrechtlich – eine Zollstelle einrichteten. Von 1295–1315/20 befand sich die Burg im Besitz der Grafen von Sponheim-Dannenfels. Im Kampf gegen die staufische Partei wurde sie 1249 teilweise durch König Wilhelm von Holland zerstört. 1315 ging die Burg teilweise und 1320 ganz als Pfand an Kurtrier. Noch 1456 und 1492 war sie auch Sitz eines kurtrierischen Amtes, 1568 aber bereits unbewohnt.

Im 18. Jahrhundert diente die Burg als Steinbruch. 1906 wurde eine Gastwirtschaft eingerichtet. Im Zuge der Instandsetzungsarbeiten von 1968–78 wurde der Bergfried bis zur vermutlichen alten Höhe aufgemauert, und die Schildmauer erhielt nach einer alten Zeichnung ihre Zinnen wieder. 1995 wurde die Gaststätte erweitert.

Die Grundform der Spornburg ist ein langgestrecktes Rechteck, das an der Angriffsseite verengt ist. Das abgearbeitete Burggelände ist 110 Meter lang und 23–44 Meter breit. Gegen den Berg wird die Anlage durch zwei Schildmauern mit vorgelegten Halsgräben geschützt. Zuerst gelangt der Besucher an die gotische Schildmauer. Sie ist 21,70 Meter lang und 9,30 Meter hoch bei einer Stärke von 2,75 Metern. Im Innern befindet sich ein Treppenaufgang und ein Wehrgang. Vor ihr ist ein 14 Meter breiter und 6 Meter tiefer Halsgraben aus dem Fels gearbeitet. Der zweiten, romanischen Schildmauer war ein Halsgraben von 4–6 Metern Breite vorgelegt, der aber vor dem Tor verschüttet ist. Der spitze Bogen in der ehemals 17 Meter langen und 12 Meter hohen sowie annähernd 2 Meter starken Mauer stammt aus späterer Zeit.

In der Kernburg steht mitten im Burghof auf einem künstlich steiler gemachten Felsen der quadratische (8,15 m) verputzte Bergfried aus dem späten 12. Jahrhundert, der von einer eigenen Zwingermauer umgeben war. Seit 1974 ist er auf seine ursprüngliche Höhe aufgemauert – vorher war er ca. drei Meter niedriger. Auf halber Höhe befindet sich der ursprüngliche rundbogige Eingang. Hinter dem Bergfried, sozusagen in seinem Schutz, stand ein palasartiger Bau, der jünger als der Bergfried ist. Noch vor diesem Wohnbau erhebt sich der so genannte Frauenbau, seit 1970 zur Wohnung ausgebaut. Die Burgschenke auf der gegenüberliegenden Seite befindet sich in einem gotisierenden Neubau von 1972. Von dem ehemaligen Wohn- oder Saalbau zur Rheinseite steht heute nur noch eine Mauer.

1190	*erwähnt*
1249	*teilweise zerstört*
1320	*an Trier*
1568	*unbewohnt*
1906	*Gastwirtschaft*
1968–78	*Instandsetzung*

Burggelände ganzjährig geöffnet.
Tel.: 0261/9742444

Restaurant: 1. Februar bis Mitte November.
Tel.: 06773/323
www.burg-sterrenberg.de

rechts: Bergfried

unten: gotische Schildmauer

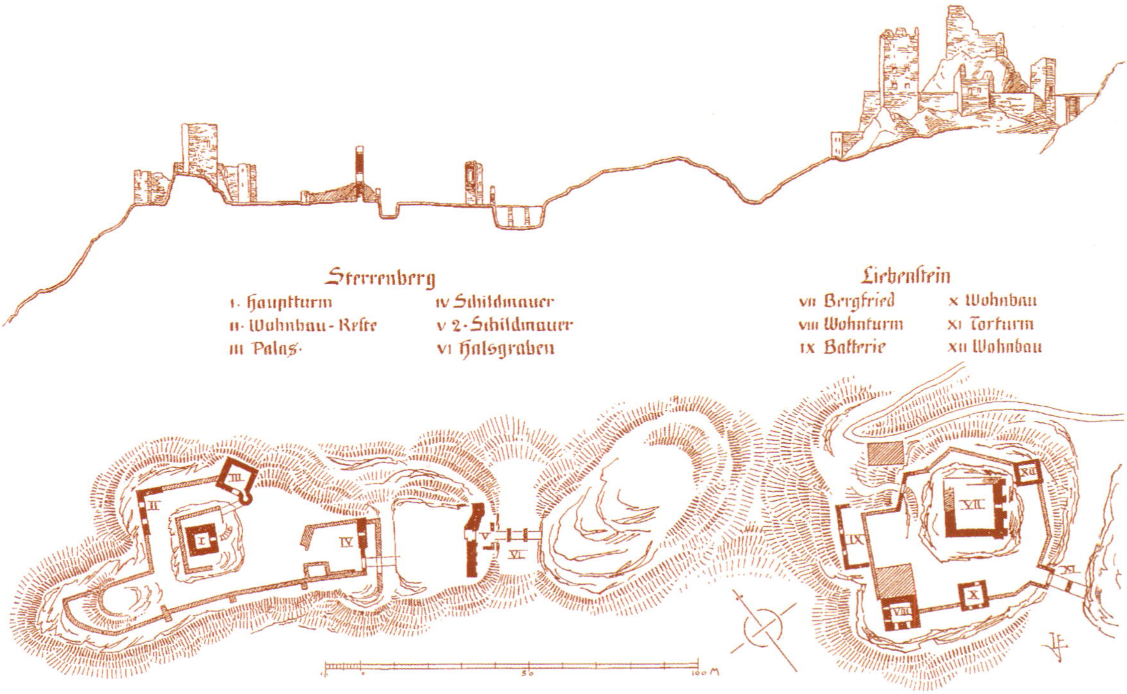

Burgen Sterrenberg und Liebenstein, Schnitt und Grundriss nach Luthmer, 1914

45. Kamp-Bornhofen Liebenstein

Der uneheliche Sohn des Königs Rudolf von Habsburg, der Graf von Löwenstein, errichtete zwischen 1284 und 1289 Burg Liebenstein. 1294 verkaufte Graf Heinrich I. von Sponheim-Dannenfels an Enolph, Ludwig und Sifrid von Sterrenberg die Hälfte der Burg Liebenstein. Nachdem das Reich Sterrenberg zurückgefordert und an Trier überwiesen hatte, besaßen die Sterrenberger nur noch Liebenstein. Die Burg ist jünger als das tiefergelegene Sterrenberg und entstand wohl ursprünglich zum Schutz der Anlage. Die neuen Besitzer nannten sich hinfort von Liebenstein. Ihre Ganerben trugen die Burg den Grafen von Sponheim-Dannenfels und deren Erben, dem Haus Nassau-Saarbrücken zu Lehen auf. Um 1360 und 1380 erfolgten Ausbauten, in deren Verlauf der Torturm errichtet wurde. Im 16. Jahrhundert wechselten die Liebensteiner nach Osterspai, wo sie Schloss Liebeneck (➡ 47) ausbauten. Liebenstein wurde im Dreißigjährigen Krieg zerstört, anschließend aber 1652 von den neuen Besitzern, den Waldenburg gen. Schenkern, wieder aufgebaut. 1787 brannte die Burg aus und blieb als Ruine liegen. Erst seit 1977 kam es zu Sicherungsmaßnahmen und dem Einbau der Gastronomie.

Zur Angriffsseite gegen den Berg befindet sich ein Halsgraben, der von einer Brücke überspannt wurde. Die Brückenpfeiler sind noch zu sehen. Der Torturm ist zum Hof hin geöffnet, die Schildmauer setzt direkt auf dem Felsen auf. Etwas aus der Mitte versetzt erhebt sich auf einem Felsklotz der quadratische Bergfried. Ein siebengeschossiger Wohnturm aus dem 14. Jahrhundert steht in der Westecke des unregelmäßigen Berings. Er umfasst sieben Geschosse, von denen drei unter dem heutigen Bodenniveau liegen. Im Erdgeschoss ist er modern ausgebaut wie auch das angrenzende kleine Haus aus dem 17./18. Jahrhundert. Der Wohnturm ist ein annähernd quadratischer (außen 9,20 x 10 m) schmuckloser Bruchsteinbau. Im Souterrain befanden sich ein Kamin, ein Wandschrank, ein Aborterker und zwei Fenster. Das Erdgeschoss hat zwei große Fenster nach Süden, einen Kamin in der Westmauer und in der Ostwand zwei Wandschränke. Im ebenfalls durch einen Kamin zu beheizenden Obergeschoss gab es eine mittels einer Holztür verschließbare Altarnische, das zweite Obergeschoss mit Kamin wurde von drei kleinen Fenstern erleuchtet und hatte einen Abort. Das dritte Obergeschoss konnte nicht beheizt werden. An der Westseite der Ringmauer gegen Sterrenberg befand sich ein weiterer Wehrbau.

ca. 1285	*errichtet*
ca. 1360	*Ausbau*
ca. 1380	*weiterer Ausbau*
1652	*Neuaufbau*
1787	*Schadensfeuer*
1977	*Sicherungsmaßnahmen*

Die Burg ist von Ostern bis November geöffnet.
Hotel, Restaurant, Café:
Tel.: 06773/308 oder 251
www.burg-liebenstein.de

Burgen Sterrenberg und Liebenstein

Burg Liebenstein (Vordergrund) und Burg Sterrenberg (Hintergund)

46. Boppard
Kurfürstliche Burg

nach 1327 Burg begründet
1499 Brand
17./18. Jh. Ausbau
1840 Graben verfüllt
1951 Restaurierung

In Teilen der Burg befindet sich ein Museum mit einer Bugholzmöbelausstellung (Thonet wurde in Boppard geboren) und Exponaten zur Vor- und Frühgeschichte, Sakralen Kunst und Stadtgeschichte.
Öffnungszeiten: April–Oktober Di.–So. 10.00–12.30 und 13.30–17.00 Uhr.
Tel.: 06742/103-69

rechts: Schnitt Wohnturm

oben rechts: Wandmalerei in der Burgkapelle

unten rechts: Grundriss Erdgeschoss 1788

1312 wurden die Reste des so genannten „Bopparder Reiches“ an den Erzbischof von Trier verpfändet. Vorher waren Kaiser und Könige oft hier gewesen, nun verlor die Stadt ihre reichsunmittelbare Stellung. Der unbeliebte neue Herr musste sich 1327 mit Gewalt etablieren und sicherte seine Herrschaft daraufhin mit einer neu errichteten Stadtburg, die zugleich als Zollburg diente. Ende 1499 vernichtete ein Brand die Burg bis auf den Turm, und schon ein Jahr später war sie wieder aufgebaut. Erzbischof Johann II. erwarb nun einen Platz vor der Burg, damit dieser aus Feuerschutzgründen nicht mehr bebaut werde. Die Burg wurde im 14. und 15. Jahrhundert nur selten von den Trierer Erzbischöfen aufgesucht. Unter Karl Kaspar von der Leyen (1652–72) und Hugo von Orsbeck (1676–1711) wurde die Burg ausgebaut und modernisiert. Erst seit 1840 wurden die Gräben um die Burg zugeschüttet. 1910 entdeckte man im obersten Geschoss des Turms Fresken aus der zweiten Hälfte des 14. Jahrhunderts. 1951 wurde die Burg saniert und ein städtisches Museum in der Burg eingerichtet.

Die Niederungsburg im Kastelltypus mit zwei runden Ecktürmen zum Rhein und verlängertem Nordflügel steht an der Südwestecke der Altstadt. Der umgebende Burggraben war elf Meter breit. Die Gebäudeflügel stammen aus der Neuzeit und ersetzen die alten Bauten und Umfassungsmauern.

Der quadratische 34 Meter hohe, sechsgeschossige Wohnturm mit den Außenmaßen von 10,40 Metern ist bezeichnenderweise auch gegen die Stadt gerichtet und an der Westseite ohne Fenster. Er ist schlicht und schmucklos. Ein Maschikulikranz schließt ihn nach oben ab. Die Nutzung des Turmes war komplex: Ein tonnengewölbter Keller diente Lagerzwecken. Der Hauptzugang lag im zweiten Geschoss, wo die Wache untergebracht war. Das dritte und vierte Geschoss verfügten über Kamin oder Kachelofen. Das dritte diente dem Erzbischof vermutlich als Wohn- und Repräsentationsraum, im vierten Geschoss befand sich eine Kapelle. Die Wandmalereien an der Ost- und Nordseite zeigen u. a. den thronenden Salvator und fünf weibliche Heilige. Eine kleine, nur von der ehemaligen Wehrplattform aus zugängliche Kammer könnte als Gefängnis gedient haben. Die Kommunikation im Turm erfolgte über eine Wendeltreppe in der westlichen Turmmauer. In der Wendeltreppe befanden sich Holzstufen, die bei Gefahr herausgenommen werden konnten. Die Angst vor den aufsässigen Boppardern muss groß gewesen sein.

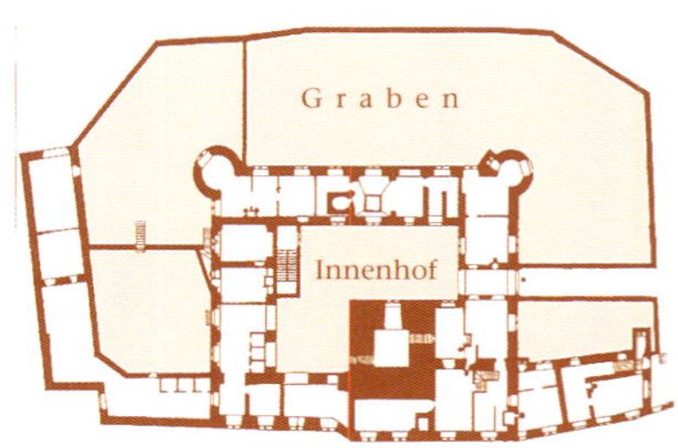

47. Osterspai Schloss Liebeneck

ca. 1590 *erbaut*
1692 *Barockisisierung*
1873–74 *Neubau*

Das Schloss ist nicht zu besichtigen.

Die Grundherrschaft in Osterspai lag beim Kloster Oeren zu Trier. Im Erbgang gelangte die Vogtei an Heinrich von Sponheim-Dannenfels. Dieser verkaufte 1294 und 1295 je eine Hälfte seines trierischen Lehens Osterspai mit Liebenstein an die von Sterrenberg. Die neuen Besitzer nannten sich hinfort von Liebenstein und trugen Osterspai Sponheim-Dannenfels und später von Nassau-Sarbrücken zu Lehen auf. 1470–1631 besaßen die von Liebenstein drei Viertel und Nassau-Saarbrücken ein Viertel von Osterspai. 1637 gelangte das Lehen an die von Waldenburg gen. Schenkern, 1793 an die Freiherren von Preuschen. Dies waren die letzten ritterschaftlichen Landesherren von Osterspai, es fiel 1806 an Nassau.
Der Hauptsitz der Liebenstein, die gleichnamige Burg (➟ 45), verfiel seit dem 16. Jahrhundert zusehends und die Familie schuf sich um 1590 mit Schloss Liebeneck über Osterspai einen neuen Wohnsitz. 1692 wurde dieses Gebäude für die Freiherren von Waldenburg gen. Schenkern modernisiert. Dieser Bau fiel 1873–74 fast vollständig dem für Reichsfreiherr Franz von Preuschen von und zu Liebenenstein von Joseph Balthasar Fuchs errichteten Herrenhaus zum Opfer. In den sechziger Jahren des 20. Jahrhunderts wurde das Objekt an einen Hotelier verpachtet und kam stark herunter. Die gegenwärtigen Besitzer versuchen, die Schädigungen rückgängig zu machen.
Das Schloss gehört zu einem größeren Gutsbereich und erhebt sich am Nordhang des Rheins. Es steht auf den Grundmauern des alten Schlosses. Das zweigeschossige Gebäude über einem Souterrain, das zum Tal hin frei steht, hat einen dreigeschossigen Turm, der vom Vorgängerbau übernommen wurde. Vom Prinzip her handelt es sich um einen kompakten Kubus mit mehreren Anbauten und Risaliten. So entsteht eine sehr bewegte Fassade. Der Backsteinbau ist verputzt und in Formen der Neorenaissance gestaltet. Einzelne Dekorationselemente sind in Sandstein ausgeführt. Neben dem Rundturm an der Ecke überragt ferner ein turmartiger Risalit an der Ostseite die Traufe um ein Geschoss. Das Innere nahm im Keller Vorratsräume und eine Wäscherei auf, im Erdgeschoss befanden sich Verwaltungsräume, ein Vestibül, anschließend das Treppenhaus, ein Esszimmer sowie das Arbeitszimmer und eine Bibliothek. Ferner gab es eine Garderobe und ein WC sowie eine Küche. Das Obergeschoss nahm die Gesellschaftsräume mit Herrenzimmer und großem Saal sowie Schlaf- und Gästezimmer auf. Das Dachgeschoss diente dem Personal zur Unterkunft. Die Bauten der Vorburg stammen aus dem 18. und 19. Jahrhundert wie etwa das spätklassizistische Pächterhaus von 1849. Ferner befindet sich hier ein Familienfriedhof von 1850.

Ostseite

Südseite

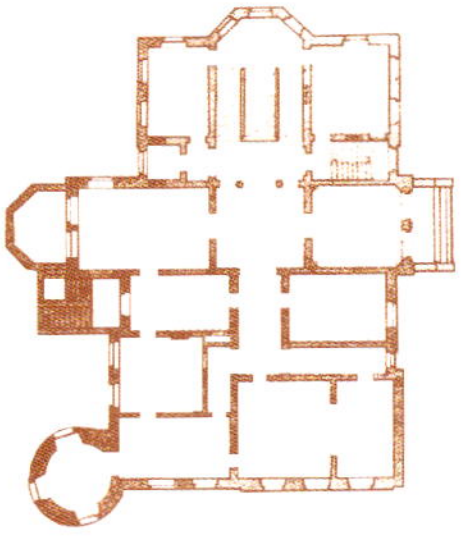

Erdgeschossgrundriss

48. Osterspai Wohnturm

1236 im Besitz des Klosters Eberbach
1340 verkauft an Herren von Liebenstein
1400 Wohnturm genannt
1573 Renovierungsarbeiten
1793 an Freiherren von Preuschen
1910 Fachwerkanbau
1919/20 An- und Umbau

Der Wohnturm steht direkt an der B 42 und ist nicht zu besichtigen.

Das Gelände des heutigen Burggebiets war 1236 mit der noch erhaltenen Kapelle im Besitz des Klosters Eberbach. 1340 verkaufte das Kloster seinen Besitz in Osterspai an die Herren von Liebenstein. Diese hatten bereits 1337 begonnen, in Osterspai Land zu erwerben. Nach 1340 wurde dann der Wohnturm errichtet. Erst 1400 wird er aber genannt, und zwar als Witwensitz. 1573 wurden Renovierungsarbeiten notwendig. 1793 gelangte des Anwesen an die Freiherren von Preuschen. Die bis in das 18. Jahrhundert vorhandenen Anbauten verfielen langsam. 1909/10 wurde der Turm restauriert und ein Fachwerkwohnhaus für Freiherrn Ludwig von Preuschen durch den Architekten Eduard Lyonel Wehner angebaut, um als Sommerwohnsitz dienen zu können. Nach dem ersten Weltkrieg erfolgte 1919/20 ein Um- und Ausbau zum ständigen Wohnsitz für Preuschen.

Ehemals war die Anlage von Gräben umgeben. Sie umfasst noch heute 97 auf 68 Meter und ist von einer Mauer umzogen. Neben der älteren Kapelle hat sich nur der viergeschossige Wohnturm mit einer Grundfläche von 8,70 auf 7,80 Meter erhalten. Ehemals saßen auf den Ecken Wichhäuser, von denen noch Reste vorhanden sind. Die Fenster sitzen in Spitzbogenblenden. Die Verbindung im Innern erfolgte über eine Wendeltreppe in der Südostecke des Turms. In der Nordwand war ein Kamin. Heute fügt sich an die Ostseite Wehners Fachwerkbau an. Nach seinen Entwürfen wurden die Räume ausgemalt. Das Erdgeschoss des neuen Baus verfügt über einen Flur und eine zweiläufige Treppe ins Obergeschoss. Das Erdgeschoss des Turmes wird von hier aus erreicht. Es diente als Wohn- und Speiseraum. Das Erdgeschoss des Anbaus nahm Küche, Badezimmer und Toilettenräume auf. Im ersten Obergeschoss befanden sich ein kleines Arbeitszimmer und der Hauptwohnraum im Turm.

Nach 1919/20 wurden die Funktionen teilweise neu verteilt. So kam in das Arbeitszimmer ein Badezimmer.

Sehenswert ist auch die doppelgeschossige spätromanische, dem Hl. Petrus geweihte Kapelle im Mauergeviert des Burgareals. Der Rechteckbau hat an der Ostseite des Obergeschosses eine vorkragende Apsidiole.

Der Wohnturm in Osterspai ist ein Beispiel für den Heimatschutzstil. Denkmalpflegerisch relativ sensibel wurden die Wichhäuser nicht frei rekonstruiert.

49. Braubach
Marksburg und Alte Burg

Die Edelfreien von Braubach waren vermutlich die Besitzvorgänger der Edelfreien von Eppstein, die Braubach 1219 besaßen. Sie wurden im 13. Jahrhundert mit Ort und Burg von Kurpfalz belehnt. Die Burg, die damals noch Burg Braubach hieß, wurde 1231 das erste Mal genannt. Der romanische Palas entstand um 1238. 1283 gelangten Burg und Stadt an die Grafen von Katzenelnbogen. Sie fügten den Saalbau an und verstärkten die Außenmauer schildmauerartig. Ferner wurde der Kapellenturm erhöht und der Bergfried mit seinem markanten Aufsatz versehen. Um 1300 entstand rings um die Kernburg ein Zwinger. Um 1434/35 wurde der Saalbau erneuert und seine Raumaufteilung geändert sowie die Befestigungsanlagen modernisiert.
1479 erbten die Landgrafen von Hessen Braubach. 1567 gelangte Braubach an Philipp II. von Hessen-Rheinfels und 1643–51 war Braubach Residenz des Landgrafen Johann von Hessen-Braubach. Er ließ die Burg 1643–45 instand setzen und modern bastionieren.
Nach dem Tod des Landgrafen gelangte Braubach an Hessen-Darmstadt, 1803 an Nassau und 1866 an Preußen. 1899 kaufte die Vereinigung zur Erhaltung deutscher Burgen die Marksburg und restauriert sie seither. 1903 wurde

die Kapelle neu ausgemalt, 1904/05 der Bergfried-Aufsatz wiederhergestellt. Er wurde aber bereits 1945 durch Artilleriebeschuss wieder zerstört. Die Reparaturen an der beschädigten Burg währte von 1945 bis 1975.
Die Burg erhebt sich auf einem Felsgipfel oberhalb der Stadt Braubach. Die Erweiterungen des 14.–16. Jahrhunderts legen sich in Kreisen um den Kern des 13. Jahrhunderts. Die dreieckige Kernanlage umfängt den quadratischen (6 x 6 m) Bergfried im ausgesprochen engen Hof. Im Osten steht der gotische Saalbau, im Süden der so genannte Rheinbau und im Norden

1231	*Burg genannt*
ca. 1238	*Palas erbaut*
1283	*an Katzenelnbogen*
ca. 1435	*Saalbau erneuert*
1643–45	*Instandsetzung*
1899	*an die Deutsche Burgenvereinigung*

Deutsche Burgenvereinigung e.V.
Öffnungszeiten: Ostern bis 1. November: 10.00 Uhr bis 17.00 Uhr (1. und letzte Führung)
November bis Ostern: 11.00 Uhr bis 16.00 Uhr (1. und letzte Führung) immer zur vollen Stunde.
Tel.: 02627/206
www.marksburg.de

oben: Burgkapelle im Kapellenturm

unten: Marksburg mit Braubach; Schloss Philippsburg unten rechts

oben links: Küche im gotischen Saalbau
oben rechts: Rittersaal
unten rechts: Rüstkammer

Grundriss

1. *Scharfes Eck*
2. *Pulvereck*
3. *Zugbrückentor*
4. *Torgang durch die Untere Batterie*
5. *Fuchstor*
6. *Schartentorzwinger*
7. *Burgvogtturm*
8. *Schmiede*
9. *Reitertreppe*
10. *Appellplatz (Batteriehof)*
11. *Eiserne Pforte*
12. *Gotischer Saalbau*
13. *Kapellenturm*
14. *Rheinbau*
15. *Romanischer Palas*
16. *Bergfried*

der romanische Palas. An der Südspitze erhebt sich der Kapellenturm. Der Saalbau nimmt eine große Küche und im Obergeschoss seit der Raumaufteilung von 1434/35 Kemenate und Saal auf. Es handelt sich um einen Repräsentationsbau, Wohnbau blieb der Nordflügel, der im Untergeschoss Stallungen (heute „Folterkammer") aufnahm. Im südlichen Rheinbau befindet sich an der Außenseite in der Mauer ein Wehrgang, der den Kapellenturm mit dem Pulverturm verband. Die Schießscharten wurden später zu Fenstern erweitert. Ferner befindet sich heute in der so genannten Rüstkammer eine bedeutende, nahezu einmalige Sammlung von Rüstungsnachbildungen, die die Entwicklung der Panzerung eines Kriegers von der Antike bis zur frühen Neuzeit verdeutlichen.

Um den Kernbereich legt sich ein erster Zwinger aus dem 15. Jahrhundert, der ehemals mit Rundtürmen gesichert wurde, bis in einer letzten Ausbaustufe die Bastionen „Scharfes Eck" und „Pulvereck" im Süden sowie die untere Batterie im Norden angelegt wurden. Durch diese „Untere Batterie" wird die Marksburg heute betreten, nachdem man das „Zugbrückentor" passiert hat. Durch das „Fuchstor" arbeitet man sich langsam durch das „Schartentor" und über eine Reitertreppe zum Appellplatz vor dem Nordflügel vor. Im Westen zum Rhein hin befindet sich in der Zwingeranlage ein Kräutergarten, der 1969 angelegt wurde. Bei dem Garten handelt es sich nicht um eine Rekonstruktion eines Burggartens, sondern um einen botanischen Garten mit rund 160 typischen Pflanzen des Mittelalters.

Obwohl sie 1705 bei einem Feuer und 1945 durch Artilleriebeschuss schwer beschädigt wurde, ist die Marksburg die einzige nie zerstörte Höhenburg am Rhein. Das liegt vor allem daran, dass sie strategisch unbedeutend war. Bereits im 15. und 16. Jahrhundert lebten oft nur drei bis vier Personen auf ihr. Die Garnison betrug im 18. Jahrhundert in den besten Zeiten 50–60 Mann, im 19. Jahrhundert wurde hier eine Invalidenkompanie untergebracht.

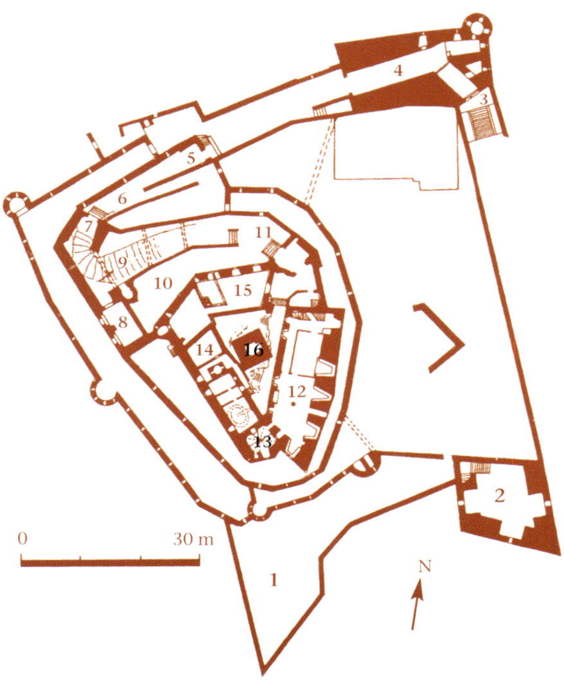

Heute ist die Marksburg Sitz der Deutschen Burgenvereinigung (DBV). Sie ist die älteste, überregional tätige, private Initiative für Denkmalschutz in Deutschland und wurde bereits 1899 als „Vereinigung zur Erhaltung deutscher Burgen" gegründet. In ihr sind Denkmalschützer und Wissenschaftler, Burg- und Schlossbesitzer, vor allem aber Menschen mit einer Begeisterung für Burgen versammelt. Oberstes Ziel der DBV ist nach wie vor die Erhaltung der historischen Wehr- und Wohnbauten als Zeugnisse von Geschichte und Kultur – als Denkmale. Sie engagiert sich vor Ort, wenn ein Baudenkmal bedroht ist, gibt Zeitschriften und wissenschaftliche Buchreihen heraus, veranstaltet Exkursionen und Tagungen. Über ihre Landesgruppen ist sie in der ganzen Bundesrepublik aktiv vertreten.

Auf dem Bergsattel oberhalb der Stadt Braubach, ca. 250 Meter südlich der Marksburg, befinden sich die Reste einer Burganlage. Es könnte sich um den alten Sitz der Edelfreien von Braubach handeln, die zwischen 1117 und 1171 genannt werden. 1787 sollen noch Fundamente eines quadratischen Bauwerks von 12 auf 12 Meter gesehen worden sein, die eventuell auf einen Turm hindeuten. Die Burgfläche hatte eine Länge von ca. 40–45 Metern und war 20–25 Meter breit. Im Norden sind die Reste eines großen Abschnittsgrabens von rund 10 Metern Breite zu sehen. Davor steht ein Felsklotz, auf dem Verteidigungsbauten gestanden haben könnten. Er wird von einem weiteren Graben von ca. 5 Metern Breite geschützt. Nach weiteren 20 Metern folgt ein dritter Graben von 10 Metern Breite, der aber nicht sehr tief ist.

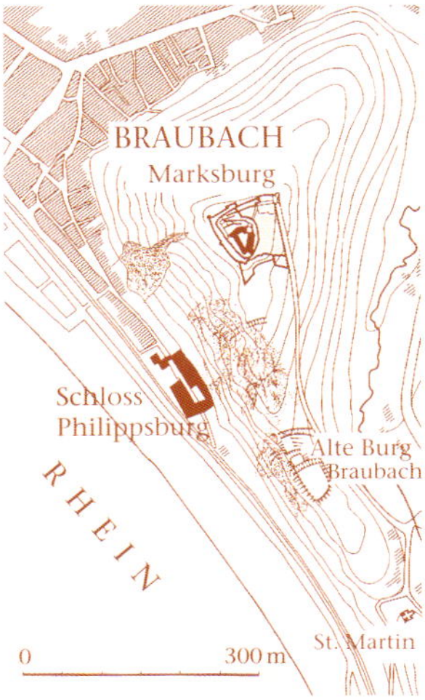

Braubach mit Schloss Philippsburg, Marksburg, Alter Burg und alter Pfarrkirche St. Martin

50. Braubach Schloss Philippsburg

1568–71	*errichtet*
1583–1602	*Witwensitz*
1643–51	*Residenz*
1804/05	*Westlicher Wohnbau neu errichtet*
1861	*Abriss der Bauten zum Rhein*
1997	*an die DBV*
1999	*Einzug des Europäischen Burgeninstituts (EBI)*

Die Philippsburg wird teilweise noch bewohnt.
In der Schlossstraße 5 hat das Europäische Burgeninstitut sein Domizil.
Öffnungszeiten: Mo.–Do. 10.00–16.30 Uhr,
Fr. 10.00–13.00 Uhr
Tel.: 02627/974156
www.deutsche-burgen.org

Die Phlippsburg wurde für Philipp II. von Hessen-Rheinfels als Witwen- und Amtssitz von 1568 bis 1571 errichtet. Vorher mussten einige Bürgerhäuser angekauft und abgebrochen werden. Obwohl seine Witwe 1599 erneut heiratete, verließ sie Braubach erst 1602. Am Ende des Dreißigjährigen Krieges avancierte das Schloss sogar kurzfristig zur Residenz von Landgraf Johann von Hessen-Braubach. Zu Beginn des 19. Jahrhunderts war das Schloss im Verfall begriffen, und 1804–05 erfolgten erste Abbrucharbeiten. Das Dach war zerstört und die Böden waren teilweise eingebrochen. 1822/23 gelangte die Philippsburg in Privatbesitz, wurde teilweise vermietet und diente auch als Gastwirtschaft. Beim Bau der Eisenbahn 1861 mussten die Wehrmauer mit den rheinseitigen Rundtürmen sowie Bauten des Vorhofs und der „Muckenturm" abgebrochen werden. 1997 kaufte die Deutsche Burgenvereinigung e.V. (DBV) das Schloss und brachte in einem Teil der Räume das Europäische Burgeninstitut (EBI) unter. Das EBI ist für jeden Interessierten zugänglich. Es verfügt über eine Fachbibliothek von 25000 Büchern zu Burgen und Schlössern. 125 Zeitschriften werden gehalten, hinzu kommt ein umfangreiches Plan- und Fotoarchiv.

Ehemals befand sich das jetzt direkt hinter der Eisenbahn gelegene Hauptgebäude relativ zentral im Schlossareal. Im Norden und Süden waren inner- und außerhalb des Areals Wirtschaftsbauten und Stallungen untergebracht. Während sich gegen den Berg weitere Nebengebäude und das Amtshaus anordneten, lagen zum Rhein hin die Gärten. Die abschließende Mauer wurde regelmäßig von Scharten durchbrochen und auf der Rheinseite von zwei Rundtürmen eingefasst. Über steinernen Sockelgeschossen erhoben sich reich verzierte Obergeschosse mit dunkelrotem Fachwerk und hellen Putzflächen. Eingedeckt war der Bau mit dunklem Schiefer. Die Nebengebäude ordneten sich in Höhe und Gestaltungsaufwand dem Hauptbau unter.

Rheinfront der Philippsburg von W. Dilich, 1607/08

51. Lahnstein, Oberlahnstein Burg Lahneck

Zur Sicherung ihres Besitzes errichteten die Mainzer Erzbischöfe 1226 Burg Lahneck, zumal Erzbischof Siegfried II. 1220 von Kaiser Friedrich II. mit einem nahen Silberbergwerk belehnt worden war. 1386 wurde eine neue Kapelle an Stelle der 1245 geweihten erbaut. Da die Kapelle weit über den Bering nach außen ragte, wurde 1435 ein zweiter Bering um die Burg gelegt und 1460 die vorgeschobene Schildmauer errichtet. Seit dem Dreißigjährigen Krieg wurde die Burg dem Verfall überlassen und im Pfälzischen Erbfolgekrieg von französischen Truppen endgültig zerstört. 1850 erwarb der Direktor der Rechts-Rhein-Eisenbahngesellschaft Morartry die Ruine und begann 1852 mit dem Wiederaufbau. 1851 war auf der Burg die Engländerin Idilia Dubb verhungert, nachdem sie allein auf den Bergfried gestiegen war und dabei hinter ihr die Treppe zusammengebrochen war. Ein Bauer hatte ihre Bemühungen um Hilfe missdeutet und freundlich zurückgewunken. 1907 gelangte die Burg an Admiral Robert Mischke. 1937 wurden an Stelle des neugotischen Zinnenkranzes teilweise hohe Dächer auf die Gebäude gesetzt. Seit 1946 ist die Burg im Besitz der Erbengemeinschaft Mischke/von Preuschen.
Die Hangburg steht über dem Tal und beherrscht die Mündung der Lahn in den Rhein. Die ausgesprochen regelmäßige annähernd quadratische Kernburg mit ca. 30 Metern Seitenlänge wird durch einen fünfeckigen, 30 Meter hohen Bergfried im Süden gesichert, dessen Spitze in der Mitte durch die Mauer stößt. Ein äußerer Bering

1226	*erbaut*
1386	*Kapellenneubau*
1460	*Schildmauer*
1689	*zerstört*
1852	*Beginn des Wiederaufbaus*
1936–38	*Restaurierung und neue Bedachung*

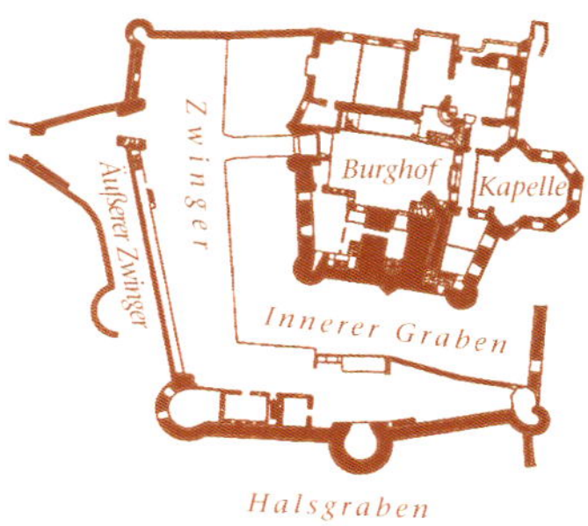

oben: Ansicht nach Meißner, 1678
unten: Vorderes Burgtor

Kernburg

Am Burgweg
Führungen April bis November 10.00–17.00 Uhr.
(Führungen jede volle Stunde)
Tel.: 02627/8419
www.burg-lahneck.de

umgibt den Kernbereich an der Süd- und Westseite. Eine 3 Meter dicke Schildmauer und vier Rund- bzw. Schalentürme sowie ein Torbau schützen zusammen mit einem tiefen Halsgraben die Anlage. Zur Rheinseite ist ein weiterer Zwinger vorgelegt. Das Tor zu Kernburg flankieren zwei Tourellen. Gegenüber dem Eingang befindet sich die sehr große Kapelle. Sie wurde 1860 mit einer flachen Decke wieder aufgebaut, war aber ursprünglich gewölbt. Ein Chor mit 5/8-Schluss durchbricht die Ringmauer. Der Raum hat kein Querhaus, das zweijochige Langhaus schließt unmittelbar an. Im Westen befindet sich eine Empore, die zugleich die Obergeschosse der Bauten um den Hof miteinander verbindet. Die vier Scheiben in den Maßwerkfenstern der Kapelle sind alt und stammen aus der Zeit um 1400. Der im Süden gelegene Bergfried hat im Innern drei tonnengewölbte Geschosse, im vierten ist ein kreuzgratgewölbter Raum mit Kamin untergebracht. Abgeschlossen wird der Turm von einer Wehrplatte mit Zinnen. Erschlossen wurde er ursprünglich von den Wehrgängen auf den Mauern im zweiten Obergeschoss. Seit den Baumaßnahmen des 19. Jahrhunderts steht er nicht mehr frei. An der Nordseite des Innenhofes steht der Wohnbau des 19. Jahrhunderts. Seine Erdgeschosse werden im Rahmen der Führung besichtigt. Hier sind historisches Mobiliar, Kunstwerke und Waffen von teils hoher Qualität zusammengetragen.

52. Lahnstein, Oberlahnstein
Martinsburg

Die Martinsburg wurde als Zollburg gegen das gegenüberliegende Stolzenfels direkt am Rhein aufgeführt. Sie wird erstmals 1244 Burg genannt. 1292 und 1309/10 gelang es den Erzbischöfen, mit königlicher Erlaubnis den Zoll von Boppard (➞ 46) nach Lahnstein zu verlegen. Erstmals wurde 1300 ein Zoll erhoben. Zwischen 1310 und 1315 wurde an der Nordwestecke ein Wohnturm errichtet. 1390–1419 erfolgte der Ausbau der Burg als Kastell und die Errichtung des südwestlichen Hauptturms. Erzbischof Berthold Graf von Henneberg veranlasste um 1500 einen weiteren Ausbau der Martinsburg. Ein letztes Mal kam es 1719–21 zu größeren Baumaßnahmen, als an der Westseite ein barocker Schlossflügel entstand. 1790 wurden einige Räume im Erd- und Obergeschoss neu ausgestattet. Im 19. Jahrhundert mussten für den Eisenbahnbau Bauten im Vorgelände der Burg beseitigt werden. Von 1976–81 erfolgte eine Restaurierung der Martinsburg und der Einbau von Wohnungen.

Die Burg steht in der Südwestecke der Altstadt. Drei ungleiche Flügelbauten umstehen einen relativ regelmäßigen Hof, der an seiner Eingangsseite von einer hohen Mauer geschlossen wird. Sie ist 2,50 Meter stark und hat einen Wehrgang mit vorkragendem Gusserker und Wappen mit der Jahreszahl 1395 über dem spitzbogigem Tor. An der Innenseite ist eine Rundbogenblende, über der in der Mauerstärke eine Treppe zum Wehrgang verläuft.

1244	*älteste Nennung*
1292	*Zoll von Boppard nach Lahnstein verlegt*
1310–15	*Wohnturm errichtet*
1390–1419	*Ausbau der Burg*
1719–21	*Um- und Neubau*
ca. 1790	*Neuausstattung*
1976–81	*Restaurierung*

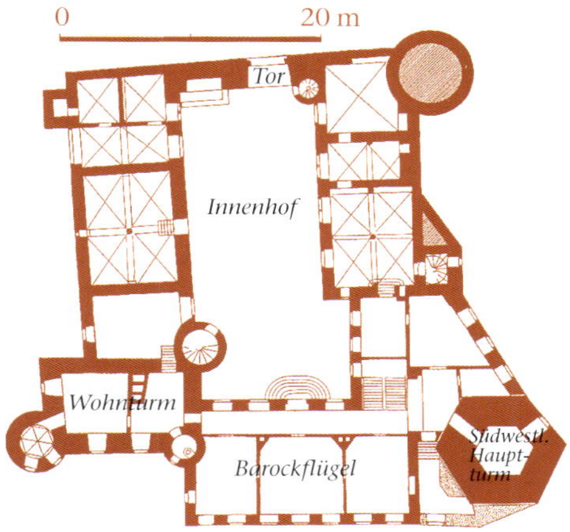

links: Grundriss nach Luthmer, 1914

unten: Rheinseite mit Wohnturm und Barockflügel

rechts: Südwestlicher Hauptturm

unten: Wappen des Erzbischofs Berthold von Henneberg, 1497

Burgtor innen

Burgtor außen

Schlossstraße 1
In der Burg befinden sich Büroräume, Wohnungen und das Lahnsteiner Fastnachtsmuseum.
Der Hof kann besichtigt werden.
Museum Tel.: 02621/8008

Der viergeschossige Wohnturm von 12,60 auf 8 Meter (außen) in der Nordwestecke ist am besten von der Rheinseite aus zu sehen. Er wird zum Rhein hin von Ecktürmen begrenzt, die oben in ein Achteck übergehen. Die Fenster wurden bei den barocken Umbauten vergrößert. In jedem Geschoss befanden sich ehemals zwei Räume. Vor den Neubauten nahm der alte Wohnturm die Gemächer des Zollschreibers, des Erzbischofs und seiner Gäste auf. In den Flügelbauten fanden sich die Personal- und Wirtschaftsbereiche. An die Nordmauer lehnte sich ein zweigeschossiger Saalbau mit einem runden Treppenturm zum Hof an. Hier befand sich auch eine Kapelle im Erdgeschoss.
Die hofseitigen Portale des Wohngebäudes an der Südmauer tragen Wappen des Erzbischofs Berthold von Henneberg mit den Jahreszahlen 1497 und 1503. Aus dem Dachstuhl sind Wehrgänge ausgespart. Der 28 Meter hohe Bergfried an der Südseite ist im Gegensatz zur übrigen Anlage nicht verputzt. An seiner Westseite befindet sich ein Treppenturm, an der Ostseite ein Aborttturm. Er endet in einer krenelierten Wehrplatte auf vorkragendem Spitzbogenfries und verfügte über komfortable Innenräume.
Die Martinsburg wurde nie zerstört. Ihre ungebrochene Beliebtheit bis zum Ende des 18. Jahrhunderts verdankt sie dem Umstand, dass der Zoll von Oberlahnstein die höchste Einnahmequelle des ganzen Staates darstellte und die Anlage als nördlichster Besitz eine wichtige Etappenstation der Erzbischöfe darstellte.

III. KOBLENZ UND DAS NEUWIEDER BECKEN
Burgen, Schlösser und Festungen der Superlative

Hinter Koblenz öffnet sich das Rheintal in das Neuwieder Becken mit einer Länge von 18 Kilometern und einer maximalen Breite von 8 Kilometern. Die engen Hänge treten zurück, und Burgen und Schlösser, die auf den Rhein ausgerichtet sind, finden sich daher auch in größerer Entfernung vom Strom. Der Raum ist heute durch die Industrialisierung geprägt und wird von mehreren Autobahnen zerschnitten.

Kennzeichen der Region ist ihre Vielschichtigkeit, die aus dem Umstand herrührt, dass hier nicht nur eine Residenz stand, sondern dass zugleich auf engstem Raum verschiedene Territorien zusammenkamen: Im Süden besaß das Erzbistum Mainz gegenüber von Stolzenfels (➟ 53) die Burgen Lahneck (➟ 51) und Martinsburg (➟ 52), im Norden begann das Gebiet des Kölner Erzbischofs. Hinzu kam die Grafschaft Wied und die Grafschaft Sayn rechts des Rheins bei Neuwied und Bendorf.

Mit Schloss Stolzenfels (➟ 53) findet sich eines der besten Beispiele fürstlich-landesherrlicher Wohnkultur des 19. Jahrhunderts aus ganz Deutschland am Rhein. Die Inneneinrichtung ist fast unverändert erhalten. Wie im vorherigen Abschnitt im Hinblick auf Rheinstein (➟ 30) und Sooneck (➟ 32) beschrieben, war auch Stolzenfels Teil der preußischen Kulturpolitik am Rhein. Bereits seit 1844 gab es öffentliche Führungen und einen ersten Schlossführer.

Mit dem Koblenzer Residenzschloss (➟ 55) wurde der letzte monumentale Schlossbau des 18. Jahrhunderts am Rhein errichtet. Er ist darüber hinaus der erste und zugleich bedeutendste frühklassizistische Bau des Rheinlands. Doch hat sich aufgrund der Zerstörungen des Zweiten Weltkrieges kaum etwas von den Innenräumen erhalten. Auch sonst ist die ehemalige Koblenzer Residenzlandschaft fast gänzlich zerstört worden. Die alte Residenz Philippsburg (➟ 57) ist ebensowenig auf uns gekommen wie die Jagd- und Lustschlösser in Kärlich und Kesselheim. Dafür erstrahlt das ehemals kurfürstliche Jagdschloss in Engers (➟ 62) seit einigen Jahren wieder in barocker Pracht.

Die Festung Ehrenbreitstein (➟ 56) schließlich ist eine der größten und stärksten nach 1815 in Europa errichteten Festungen überhaupt. Sie ist nahezu vollständig erhalten. Hinzu kamen weitere Festungen und Werke im heutigen Stadtgebiet von Koblenz, die zumindest in Resten ebenfalls noch zu sehen sind.

Zugleich sind mit diesen drei Höhepunkten einer Rheinreise die drei Bauaufgaben des 19. Jahrhunderts, die sich aus der Burg entwickelt haben, vertreten: die historistische Burganlage, das Schloss und die Festung.

Die Burgen- und Schlösserlandschaft in der Neuwieder Talweitung ist auch sonst ausgesprochen vielfältig. Mit der Burg in Sayn (➟ 60) findet sich ein Dynastensitz aus dem 12. Jahrhundert mit dem Rest einer bedeutenden Doppelkapelle aus der ersten Hälfte des 13. Jahrhunderts. Während die Burghäuser unterhalb der Burg im Laufe der Jahrhunderte verfallen sind, wird das Burghaus in Rübenach (➟ 58) noch heute bewohnt. Neben derartigen Adelssitzen ist aber auch die Landesherrschaft mit einigen Bauten vertreten. Die Trierer Erzbischöfe errichteten an ihrer nördlichen Grenze einen Turm in Weißenthurm (➟ 64), die Kölner Erzbischöfe in ihrem nur wenige Kilometer nördlich gelegenen südlichen Vorposten Andernach eine Stadtburg (➟ 65), die aber nicht nur gegen äußere Feinde, sondern auch gegen die Bürger der Stadt – die die Burg mehrmals erstürmten – gerichtet war.

Aus der Neuzeit stammt neben den Bauten des Trierer Kurfürsten von landesherrlicher Seite her eine zweite Residenz. In Neuwied (➟ 63) wurde jedoch nicht nur ein Schloss errichtet, sondern gleich eine ganze Stadt konzipiert. Noch im 18. Jahrhundert entstand in Vallendar (➟ 59) an Stelle einer ehemaligen Dynastenburg eine bürgerliche Villa für einen Fabrikanten in barocken Formen – ein frühes und noch heute erhaltenes Beispiel. Aus dem 19. Jahrhundert stammen das neugotische Schloss in Sayn (➟ 61) und in weiten Teilen auch das auf das Mittelalter zurückgehende Herrenhaus in Namedy (➟ 66).

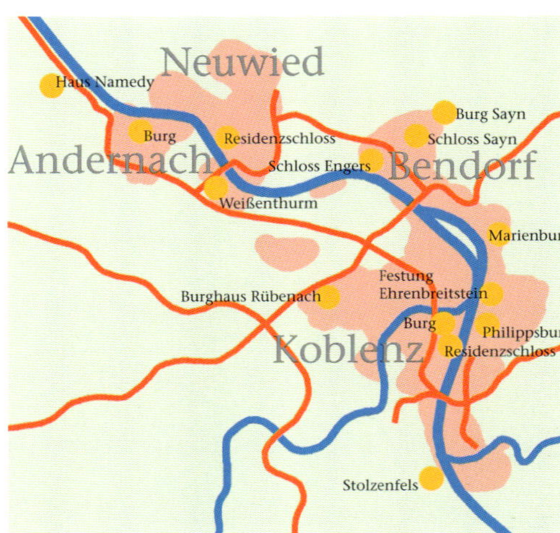

53. Koblenz, Kapellen
Schloss Stolzenfels

zw. 1242 u.1259	*begründet*
ca. 1400	*erweitert*
1689	*zerstört*
1823	*an Friedrich Wilhelm von Preußen*
1836–42/43	*Wiederaufbau*
1843	*Klause errichtet*
1845	*Kapelle errichtet*

Burg Stolzenfels wurde zwischen 1242 und 1259 für den Trierer Erzbischof Arnold II. errichtet. Der Bau steht in Zusammenhang mit der 1226 von den Mainzer Erzbischöfen auf dem gegenüberliegenden Rheinufer errichteten Burg Lahneck (➟ 51). Im 14. Jahrhundert verlegte Erzbischof Balduin von Trier den Koblenzer Rheinzoll nach Stolzenfels. Erst 1412 wurde er nach Engers (➟ 62) verlegt, und die Burg verlor daraufhin bald an Bedeutung. Ihre Blütezeit erlebte sie unter Balduins Nachfolgern Kuno und Werner von Falkenstein. Kuno von Falkenstein baute die Burg ebenso wie Werner von Falkenstein aus, der mindestenes 111-mal auf Stolzenfels weilte. Für den späteren Bedeutungsverlust der Burg spricht auch, dass der Papst den abgesetzten Erzbischof Ulrich von Manderscheid 1436 bis an sein Lebensende nach Stolzenfels verbannte. Im Dreißigjährigen Krieg wurde die Burg von verschiedenen Truppen besetzt und im Pfälzischen Erbfolgekrieg 1689 endgültig zerstört, um danach als Steinbruch zu dienen.

Grundriss

1. *Tor mit Wärterhaus*
2. *Inneres Burgtor*
3. *Kapelle*
4. *Elisabethturm*
5. *Kleiner Rittersaal*
6. *Großer Rittersaal*
7. *Adjutantenturm*
8. *Bergfried*
9. *Magazin*

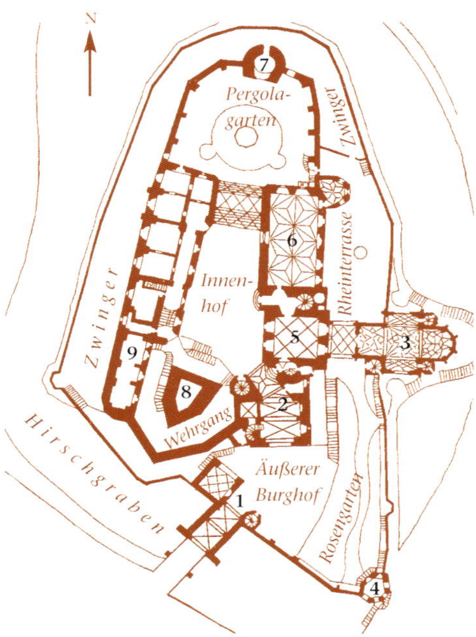

1802 überwies Napoleon die Burg der Stadt Koblenz. Diese schenkte sie 1823 dem preußischen Kronprinzen Friedrich Wilhelm. Die in der Umsetzung zu kostspieligen Ausbaupläne Johann Claudius von Lassaulx' wurden vorerst nicht verwirklicht. 1836 begann dann der Ausbau auf den mittelalterlichen Grundmauern nach den Plänen Karl Friedrich Schinkels (nach Schinkels Tod 1842 trat Friedrich August Stüler an seine Stelle). Der überkommene Baubestand sollte dabei ausdrücklich erhalten bleiben. Am 14. September 1842 konnte die Einweihung des Gebäudes erfolgen, zu der alle Beteiligten in historischen Kostümen erschienen. Tatsächlich vollendet wurde der Bau jedoch erst ein Jahr später. An den Nebengebäuden, der Klause und der Kapelle, wurde sogar noch bis 1845 gearbeitet.

Das Schloss erhebt sich auf einem Bergsporn oberhalb der Ortschaft gegenüber der Lahnmündung in den Rhein in beherrschender Lage. Die trierische Burg trennte ein Halsgraben vom Hang. Auf der höchsten Stelle des Felsens stand der fünfeckige, 34 Meter hohe Bergfried, mit dem spitzen Winkel der Angriffsseite zugewandt. Ein vorkragender Zinnenkranz über einem Rundbogenfries schloss den Turm ab. Die Schildmauer mit einem Wehrgang über Rundbögen sprang vor dem Turm im gleichen spitzen Winkel vor. An der Nordseite der Anlage standen die ältesten Wohnbauten. Im Osten des Bergfrieds befand sich ein Torturm mit einem Treppenturm an der Nordwestecke, gefolgt von einem auf den Rhein ausgerichteten, quadratischen, dreige-

schossigen Wohnturm mit Dacherkern und Türmchen auf den Ecken. Hinter diesem stand in Richtung Norden, parallel zum Fluss, ein Saalbau.
Heute gelangt man von der Ortschaft aus über Serpentinen den Hang hinauf durch eine bewaldete Schlucht über einen Viadukt zum neuen Schloss. Auf halber Höhe steht der unverputzte Bau der so genannten Klausenburg. Hier befanden sich, von der Burg abgesondert, Dienerwohnungen und Stallungen. Der Park, in den Stolzenfels eingebunden ist, zählt 9 Hektar und wurde mit der Architektur zusammen als Einheit konzipiert. Ehemals waren hier in Zweitverwendung Skulpturen des Mittelalters und der Renaissance als Ziele von Wegen aufgestellt, die sich heute im Pergolagarten des Schlosses befinden. Auch gab es eine Reitbahn, eine Brunnengrotte, einen künstlichen Weiher, Lauben und Bänke und weitere Gartenmöblierung.
Das heutige Schloss ist in drei Abschnitte gegliedert. Hinter dem Graben mit dem Torbau befindet sich die Vorburg. Das Einfahrtsgebäude ist völlig neu. Durch den Torturm gelangt man in den Burghof. Beim Wiederaufbau wurde die Rheinseite zusammengefasst. Zwei der Bauteile sind gänzlich neu. Der Burghof ist daher jetzt regelmäßig und geschlossen. Alle Bauten sind bis auf die Türme zum Hof hin zweigeschossig. Zur rechten erhebt sich der Palas. Im Keller befindet sich die so genannte Sommerhalle mit einer Terrasse zum Rhein. Das Erdgeschoss nimmt

Über der B 9
Öffnungszeiten: April–September 10.00–18.00 Uhr
Oktober–März 10.00–17.00 Uhr
letzter Einlass 45 Min. vor Schließung
Im Dezember und am ersten Werktag der Woche geschlossen
Tel.: 0261/51656
www.burgen-rlp.de

Großer Rittersaal

den kleinen und den großen Rittersaal auf. Der kleine Rittersaal ist im ehemaligen Wohnturm gelegen. Vielfigurige pathetische Fresken von Hermann Anton Stilke (1842–46) gemahnen mit Darstellungen historischer Beispiele von Tapferkeit, Treue, Minne, Gesang, Gerechtigkeit und Beharrlichkeit in idealisierter Form an ritterliche Tugenden. Der große Rittersaal befindet sich im ehemaligen Saalbau. Er wurde von Schinkel in Anlehnung an den großen Remter auf der Marienburg in Ostpreußen mit überschlanken schwarzen Säulen, die das Gewölbe tragen, umgestaltet. Das erste Obergeschoss des Palas wird über eine Wendeltreppe erreicht. Hier wurde über dem kleinen Rittersaal und dem Torturm eine Gästewohnung untergebracht. Über dem großem Rittersaal lagen die Räume der Königin mit Empfangszimmer, Wohnzimmer und Aussichtserker sowie Räume für Garderobe und Kammerfrau. Hinter dem Ankleidezimmer der Königin befand sich das gemeinsame Schlafzimmer, das zum Appartement ihres Gemahls an der Bergseite überleitete. Er verfügte über ein Ankleidezimmer, ein Wohnzimmer, ein Arbeitszimmer und ein Vorzimmer. An diese schloss ein Gästezimmer an.

Das königliche Schlafzimmer ist über der dreischiffigen und zweijochigen Treppendurchgangshalle gelegen, durch die man vom Hof aus in den dritten Bereich des Schlosses, den Pergolagarten, gelangt. Er ist von einer umlaufenden hölzernen Pergola umgeben, die ehemals ornamental bemalt war. In der Mitte steht ein Eisenbrunnen, dem die konzentrischen Beete zugeordnet sind.

Zwischen Palas und Kapelle ist eine große Rheinterrasse gelegen, auf der auf einer Säule Christian Rauchs vergoldeter Adler als Zeichen preußischer Herrschaft am Rhein steht. Die Kapelle hat die Form eines griechischen Kreuzes. Ihr Dach ist als Terrasse zu nutzen und vom Rittersaal aus zugänglich. Zwei Türme flankieren den Chor. Die Malereien von Ernst Deger haben den Sündenfall und die Erlösungsgeschichte zum Inhalt.

Schloss Stolzenfels war Teil der preußischen Kulturpolitik am Rhein. Bereits seit 1844 gab es öffentliche Führungen auf Schloss Stolzenfels und einen ersten Schlossführer, um das Königshaus noch populärer zu machen. Die Inneneinrichtung ist im Großen und Ganzen unangetastet und damit ein gutes Beispiel für die fürstliche Wohnkultur Mitte des 19. Jahrhunderts. Bei der Ausstattung wurde viel Gusseisen verwendet. Der neue Werkstoff ist immer wieder an dominierender Stelle präsent und dokumentierte so die Modernität preußischer Kultur.

unten: Kapelle (rechts und links oben) und Gartensaal (links unten)

54. Koblenz
Burg

ca. 1280 begonnen
1418–30 Ausbau
1556–99 Neubau der Osthälfte
1681 Burg erweitert
1806 privat
1945 Stadtarchiv

1253 verpfändeten die Grafen von Nassau ihre Koblenzer Vogtei an das Erzbistum Trier. Unter Heinrich von Vinstingen begann daraufhin gegen den erbitterten Widerstand der Koblenzer Bürger zu Beginn der 80er Jahre des 13. Jahrhunderts die Errichtung der Burg. Die Anlage geht im Kern auf das ehemals freistehende Wohnhaus der Dienstmannen von der Arken zurück. Erzbischof Otto von Ziegenhain ließ die Burg zwischen 1418 und 1430 ausbauen und ein festes Moselbrückentor errichten, worüber es erneut zu Streitigkeiten mit der Stadt kam. Im Ostturm entstand eine Kapelle, der ehemals freistehende Westturm wurde in die Burg mit einbezogen. Unter Kurfürst Johann von der Leyen wurde zwischen 1556–99 der Neubau der Osthälfte zur Stadt hin und ein Treppenturm aufgeführt. Im 16. und 17. Jahrhundert folgten weitere Modernisierungen auf der westlichen Seite und der Moselfront in einer zeitgemäßen Formensprache. 1681 wurde die Burg nochmals erweitert. Nachdem sie 1806 in Privatbesitz übergegangen war, verschwanden die Nebengebäude sukzessive, so dass heute nur noch das alte Kerngebäude erhalten ist.

Im Süden des Hauptgebäudes standen ehemals mehrere Wirtschaftsbauten: Marstall – hier waren vor allem Fortifikationspferde untergebracht –, ein Schlachthaus und Stallungen für Vieh und Geflügel. Der ganze annähernd quadratische Komplex war von einer Ringmauer mit einem ca. 15–20 Meter breiten und 8 Meter tiefen Graben umgeben. Im Osten hat sich davon ein Rest erhalten.

Das dreigeschossige Hauptgebäude mit mächtigem Walmdach steht an der Moselseite teilweise auf der alten Stadtmauer und wird hier von zwei Rundtürmen akzentuiert. Noch heute ist hier der kleinere Ursprungsbau zu erkennen, dessen Höhe von den Rundbogenfriesen zwischen den Türmen bezeichnet wird. Aus dem 15. Jahrhundert stammt das achteckige Obergeschoss mit der rippengewölbten Kapelle des im Unterbau eventuell sogar noch römischen Ostturms

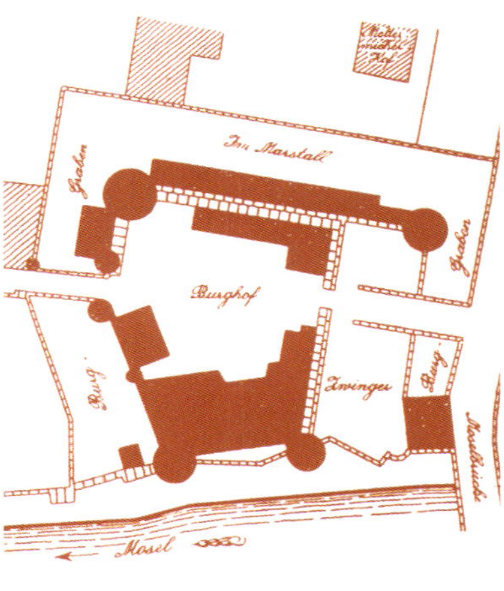

unten links: Grundriss Zustand 1768

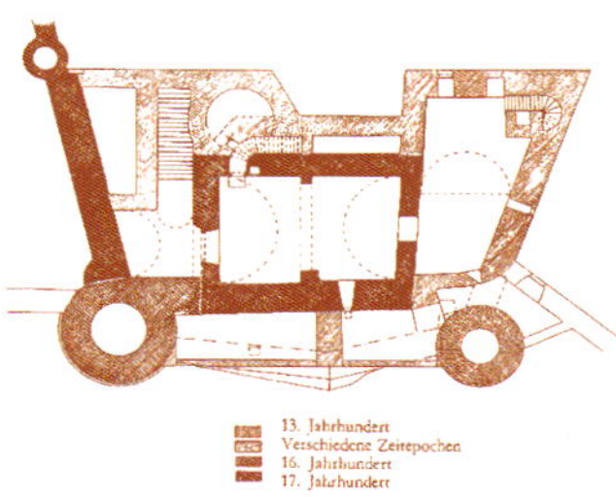

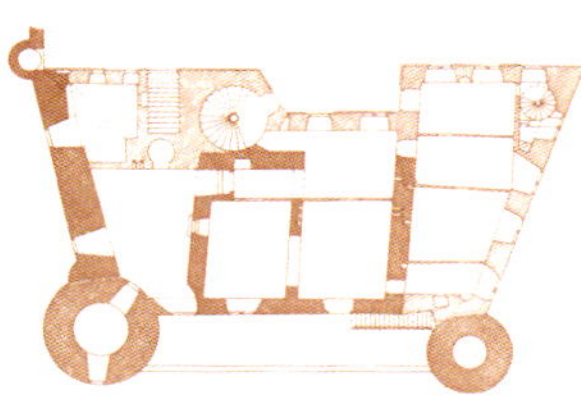

sowie der damals noch freistehende Westturm, der in Verbindung mit dem damaligen benachbarten Brückentor stand. Die östliche Hälfte der Stadtseite offenbart mit ihren Renaissanceformen wie Giebelbekrönungen und dem sechseckigen Treppenturm ihre Entstehung in der zweiten Hälfte des 16. Jahrhunderts. Die Westhälfte schließlich zeichnet sich durch eine einfache Außengestaltung aus, die mit ihren gepaarten Fenster und drei schlichten Türen auf Symmetrie zielt. Sie stammt wie die Haubenbekrönungen der Türme aus der Zeit um 1700.

oben: Keller- und Erdgeschossgrundriss nach Michel, 1954

rechts: Ansicht Moselfront nach Michel, 1954

Burgstraße 1
Stadtarchiv
Tel.: 0261/129-2616

Kurfürst Clemens Wenzeslaus von Sachsen entschied sich, im Süden von Koblenz ein neues Residenzschloss, das die Phlippsburg (➟ 57) in Ehrenbreitstein ablösen sollte, mit einer vorgelagerten Neustadt zu errichten. Die Planungen begannen 1776, und bereits ein Jahr später wurde unter wechselnden Architekten (Michel d'Ixnard, François Peyre d. J.) das Schloss bis 1792 errichtet. Da der Kurfürst 1792/93 und endgültig 1794 vor den französischen Revolutionsheeren aus Koblenz floh, um nie wieder zurückzukehren, wurde die Innenausstattung nicht vollendet. Bereits 1799 kam es zum Verkauf des gesamten Mobiliars. Nachdem Preußen 1815 das Rheinland erhalten hatte, wurde das Schloss zur preußischen Kaserne und 1823 Gerichtsgebäude.

1842–45 wurden die Innenräume nach Entwürfen von Friedrich August Stüler durch Johann Claudius von Lassaulx teilweise spätklassizistisch verändert oder ergänzt. 1844 wurden auch die Galerien zum Hof mit Fenstern geschlossen. Anschließend befanden sich 1845–1914/18 im Obergeschoss Gemächer für die königlich-preußische Familie. 1846–1911 befand sich im Erdgeschoss der Sitz des Oberpräsidiums der Rheinprovinz und 1849–57 war das Schloss Sitz des preußischen Militärgouverneurs – das Amt hatte Prinz Wilhelm inne. Seit 1921 ist das Schloss Behördensitz; bis 1944, als es vollständig ausbrannte, beherbergte es zugleich ein Schlossmuseum. Beim Wiederaufbau 1950/51 konnte nur der Hauptbau äußerlich unverändert wieder aufgeführt werden, die Seitenflügel wurden stark abgewandelt. Auch von den Innenräumen im Hauptflügel konnten nur wenige rekonstruiert werden.

Das Schloss steht mit seinem Corps de logis parallel zum Rhein. Die weiße bis hellgraue Farbgebung entstammt der ersten Nutzungsphase bis in das 19. Jahrhundert. Architekturelemente sind in grau abgesetzt. Die 160 Meter lange Rheinfront hat 39 Achsen, fünf davon gehören jeweils zu den Seitenrisaliten, der Mittelrisalit mit sechs Vollsäulen umfasst sieben Achsen. Die Eingangsseite ist ein wenig auf-

55. Koblenz Residenzschloss

wändiger gestaltet, ihr Mittelrisalit verfügt auch über acht Säulen. Das Corps de logis hat zwei Vollgeschosse und ein abschließendes Halbgeschoss. Die „Cirkularflügel" vor dem Corps de logis rahmen den Ehrenhof zu beiden Seiten ein. Ehemals waren die Flügel eingeschossig und hatten in der Mitte einen zweigeschossigen Querbau. Diese Mittelbetonung fehlt heute. Zum Rhein hin erstrecken sich die Kaiserin-Augusta-Anlagen, die im Auftrag der Gattin Wilhelms I. im wesentlichen 1856–61 entstanden sind. Von der Parkmöblierung des 19. Jahrhunderts hat sich nur wenig erhalten.

Im Schloss erhalten bzw. erneuert (ohne die Ergänzung von Stüler) wurden das Vestibül und der Gartensaal, die Galerien an der Hofseite, das Haupttreppenhaus, der Kapellenvorraum und der so genannte Kurfürstensaal. Der weiße Saal präsentiert sich in barockisierenden Formen mit fünf mächtigen Balkonen an der Ostwand über Türen mit leeren Supraporten. Ehemals befand sich im ersten Obergeschoss das Paradeappartement des Kurfürsten auf der Rheinseite Richtung Süden. Vom Treppenhaus auf der Nordseite trat man in den Gardesaal am Hof. Durch den großen Hauptsaal an der Rheinseite gelangte man in die in Enfilade angeordneten Räume: in erstes und zweites Vorzimmer, Audienzzimmer, Konferenzzimmer und Paradeschlafzimmer. Außerhalb der Enfilade schlossen sich ein Kabinett, ein Arbeitszimmer und eine Privatkapelle an, auf die das eigentliche Schlafzimmer folgte. An der Hofseite lagen ein Billardzimmer, ein Kaffeezimmer, ein Speisezimmer und ein Büffetzimmer. Die Gesellschaftsräume befanden sich also an der Stadtsei-

1777–92	*Schlossbau*
1842–45	*teilweise Neuausstattung*
1944	*vollständig ausgebrannt*
1950/51	*teilweise Wiederaufbau*
1998	*ursprüngliche Farbfassung*

oben: Cirkularflügel

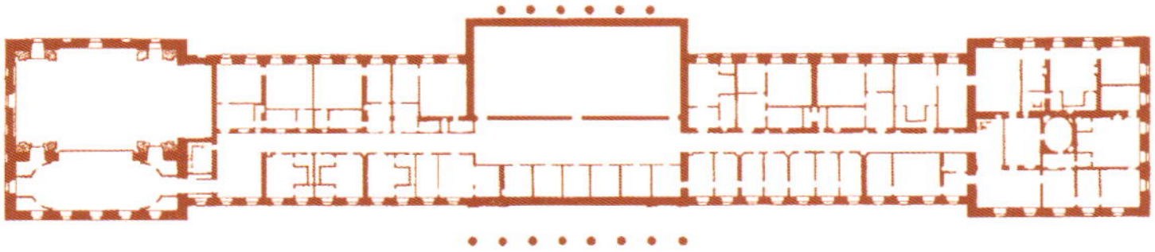

rechts: Grundriss des Hauptgeschosses nach François Peyre, um 1782
unten: Hauptfassade

Das Schloss ist Sitz von Behörden und insofern nicht zu besichtigen.

oben: Gesamtanlage, Kupferstich, gestochen von J. B. Probst, 1786

oben rechts: Rheinfront des Hauptflügels

te. Im Nordflügel waren Gästeräume vorgesehen, die aber nicht mehr zur Ausführung gelangten.
Das kurfürstliche Schloss gilt als der letzte monumentale Schlossbau des 18. Jahrhunderts und zugleich als erster und bedeutendster frühklassizistischer Bau im Rheinland. Die Formen sind klassizistisch und streng. Dabei kann die Einfachheit auch durch den Planwechsel von d'Ixnard zu Peyre bedingt sein, oder ebenso durch Geldknappheit oder die Restaurierungen Stülers.

Ehrenbreitstein, 1632, Ausschnitt aus Merians Topographie, 1646

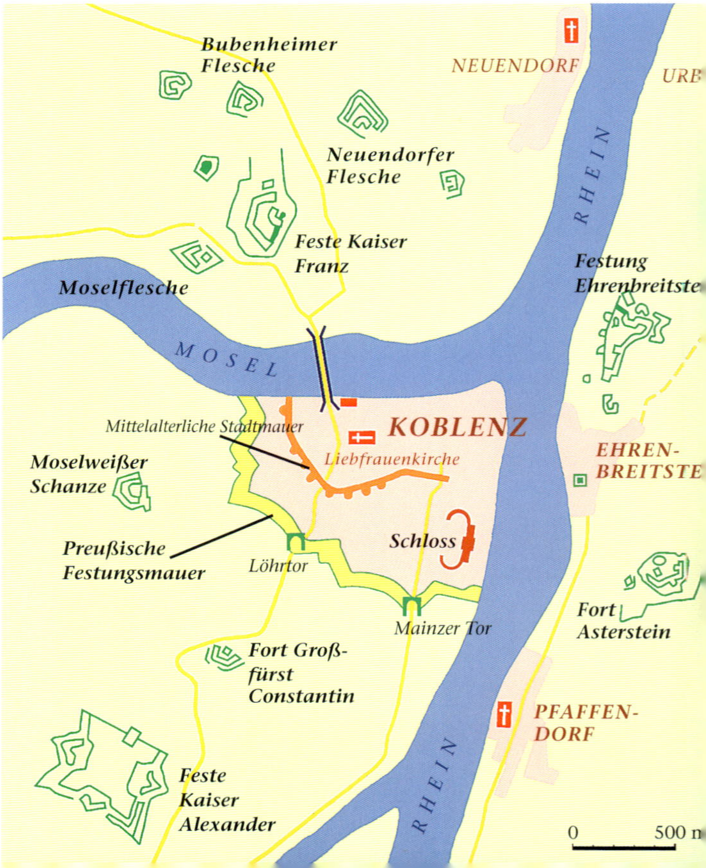

rechts: Stadt und Großfestung Koblenz um 1840 (nach H. Fischer/A. Müller 2002)

56. Koblenz, Ehrenbreitstein
Festung Ehrenbreitstein und Festung Koblenz

Auf dem Gelände der heutigen Festung soll um 1000 von dem Konradiner Erenbert eine Burg erbaut worden sein. Die Burg gelangte an die Erzbischöfe von Trier und ist ab 1129 bezeugt. Die Burg wurde von den Erzbischöfen beständig ausgebaut. Erzbischof Hilin (1152–69) ließ zusätzlich auf dem im Süden vorgelagerten Felsen die Burg Helfenstein aufführen, die einem Ministerialengeschlecht anvertraut wurde, das sich nach der Burg von Helfenstein nannte. Als besonders sicherer Ort im Erzbistum lagerte man auf den Ehrenbreitstein 1380–1422 die Reliquie des Haupts des hl. Apostels Matthias.
Um 1500 begann unter Erzbischof Richard von Greiffenclau der Ausbau des Ehrenbreitstein zur Festung, indem die Burg auf die im Norden gelegene Hochfläche ausgedehnt wurde. Im 16. und 17. Jahrhundert wurden die Befestigungen beständig den gewandelten Erfordernissen angepasst. Bereits im 17. Jahrhundert erreichte die Festung ihre heutige Ausdehnung, 1672 wurde der Ort Ehrenbreitstein mit in die Befestigung einbezogen. Die gut verwahrte Festung beherbergte als sicherer Verwahrungsort des Erzbistums Trier 1657–1794 die Reliquie des Hl. Rocks und das Archiv des Erzbistums. In den Revolutionskriegen konnte sie sich gegen die Belagerung der französischen Truppen, die nur kurzfristig unterbrochen wurde, vom 20. 10.1795 bis zum 27.1.1799 halten und musste erst dann wegen Hungers über-

angebl. 1000 erbaut	
1129	*genannt*
ca. 1160	*Burg Helfenstein*
ca. 1500	*Ausbau zur Festung*
1795–99	*belagert*
1801	*zerstört*
1815–32	*neu befestigt*
1818–22	*Feste Kaiser Alexander*
1816–22	*Feste Kaiser Franz*
1890–99	*Stadt entfestigt*
1920–22	*Schleifung Feste Kaiser Franz*

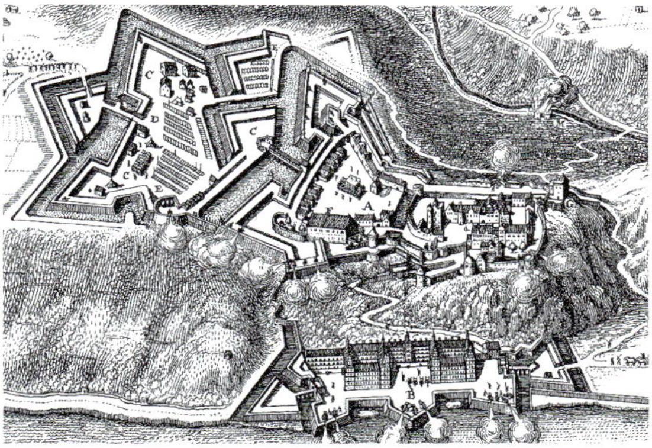

links: Festung Ehrenbreitstein mit Residenzschloss Philippsburg, 1636, Ausschnitt aus Merians Topographie, 1646

unten: Festung Ehrenbreitstein vom Rhein aus

Ehrenbreitstein:
Ganzjährig geöffnet
Mitte März – Mitte November täglich 9.30–17.00 Uhr
Führungen Festung täglich im Stundentakt 10.00–17.00 Uhr
Besucherdienst für die Festung und die Führungen:
Tel.: 0180/5221360
Landesmuseum Koblenz
Öffnungszeiten: Mitte März bis Mitte November täglich 9.30–17.00 Uhr.
Tel.: 0261/97424-44
Anmeldung Gruppen und Informationen:
Tel. 0261/97424-40
www.landesmuseum-koblenz.de
Festung Koblenz:
www.festung-koblenz.de
Fort Asterstein:
Kolonnenweg/Lindenalle
www.fort-asterstein.de
Fort Großfürst Konstantin:
Am Fort Konstantin
www.fort-konstantin.de
Feste Kaiser Franz:
Mayener Straße
www.feste-franz.de

oben rechts: Ehrenbreitstein, Südlicher Abschnitt und Verbindung zwischen Land- und Rheinbastion
unten: Ehrenbreitstein, Contregarde links mit Retirierter Graben

geben werden. Vor ihrem Rückzug 1801 zerstörten die Franzosen den Ehrenbreitstein gänzlich.
Nachdem das Rheinland an Preußen gefallen war, wurde der Ehrenbreitstein 1815–32 neu befestigt. Zugleich wurde Koblenz zu einer Festung ausgebaut und strategisch wichtige Orte um die Stadt erhielten Festungen und Forts. 1886 wurde der Ehrenbreitstein von den Militärs als minderwertig eingestuft, und wegen seiner mangelnden fortifikatorischen Relevanz und des hohen historischen und künstlerischen Wertes unterblieb entgegen den Bestimmungen des Versailler Vertrags nach 1918 auch seine Schleifung – es wurden aber einige Vorwerke abgetragen. Die links des Rheins gelegene Feste Kaiser Franz etwa wurde 1920–22 geschleift und nach 1945 aufgesiedelt.
Der Ehrenbreitstein erhebt sich gegenüber der Moselmündung 118 Meter über dem Strom auf steil ansteigendem Felsen. Die preußischen Befestigungen schließen sich im Wesentlichen den barocken Anlagen an. Nur die so genannten Schönbornwerke wurden nicht wieder aufgebaut, und die Bauten in der Burg entstanden neu, Gräben, Contrescarpen und Minengänge der Nordfront wurden weiter benutzt. So stand die Festung fast auf dem Grundriss der barocken Anlage, aber in moderner Formensprache. Die wohl wesentlichste Veränderung waren dem modernen Festungsbau entsprechend die gemauerten ein- bis dreigeschossigen Kasemattenreihen mit Wallgängen für Geschütze. Im Norden sind drei Verteidigungslinien hintereinander gestaffelt: das Glacis mit gedecktem Weg, der Hauptgraben mit Ravelin in der Mitte und Contregarde links und rechts, dahinter der „Retirierte Graben“ mit einem Wall bestehend aus Rheinbastion, Kurtine und Landbastion. Im Osten setzen den „Retirierten Wall“ die „Hohe Ostfront“, die „Große Traverse“ und die „Niedere Ostfront“ und die Südtraverse fort.
Man betritt die Festung von Norden. Am „Turm Ungenannt“ vorbei schreitet man durch das erste Tor und gelangt in den Hauptgraben. Hier erreicht man das Grabentor. Biegt man rechts ab, kommt man zum Ehrenmal des Deutschen Heeres, das sich an der südlichen Außenmauer des Ravelin befindet. Ein Tunnelgang führt in den Retirierten Graben. Nach dem Durchschreiten eines letzten Tores, das mit Preußenadler, Zepter und Schwert geschmückt ist, gelangt man auf den Schlossplatz.
Er ist an drei Seiten umbaut und öffnet sich an seiner vierten Seite zum Rheintal gegen Koblenz. Dies war ehemals der Paradeplatz der Festung. Zur rechten nach Norden liegen die Rheinbastion und die Terrassenbatterie, links steht als Gegenstück die Landbastion. An diese schließt die Hohe Ostfront an, die auch eine katholische Festungskirche aufnimmt. Die Gebäude des oberen Schlosshofs sind merklich schmuckreicher gestaltet und verputzt. Pilaster fassen die Geschosse zusam-

men. Die Fassaden waren gelb gestrichen, die einzelnen erhabenen Elemente wurden rot hervorgehoben.
Der Ehrenbreitstein ist eine der größten und stärksten nach 1815 in Europa errichteten Festungen und eines der Hauptwerke deutscher Baukunst aus der ersten Hälfte des 19. Jahrhunderts. Er steht in engem Zusammenhang mit den linksrheinischen Befestigungen. Hierzu gehörte auch die Stadt Koblenz selbst, die Feste Kaiser Alexander (vollendet 1818) und die Feste Kaiser Franz (vollendet 1821).
Dem Ehrenbreitstein auf dem rechten Rheinufer waren an vorgelagerten Forts und Außenwerken die Werke Nöllenkopf und Pleitenberg (1826–30) im Norden, die Arzheimer Schanze im Osten (1866–72) und das Fort Asterstein (1818–26) mit seinen Außenwerken im Süden zugeordnet.
Zur Feste Kaiser Franz nördlich der Mosel gehörten einige Außenwerke wie die Neuendorfer Flesche, zur Feste Kaiser Alexander südlich von Koblenz das Fort Großfürst Constantin (1822–27). Sinn und Zweck dieses Festungsrings um Koblenz war es, feindliches Geschützfeuer auf Distanz zu halten und gegnerische Truppen zu binden, um den wichtigen Verkehrsknotenpunkt Koblenz mit dem Rheinübergang zu sichern.
Die Feste Kaiser Alexander auf der Karthäuserhöhe war nach dem Ehrenbreitstein ehemals das größte Festungswerk in Deutschland und der südwestliche Eckpfeiler der auf den Höhen um die Stadt angelegten Sperrgürtelfestungen. Erhalten haben sich nur Restmauern des Reduits auf der der Stadt zugewandten Nordostseite sowie der ehemalige Hauptzugang, das Löwentor (dargestellt sind jedoch keine Löwen, sondern Greifen). Mit der Feste über einen Gang verbunden war das über dem Bahnhof gelegene Fort Großfürst Konstantin.
Von der Feste Kaiser Franz sind nur geringe Reste erhalten. Vor allem das Haupttor, die Poterne und der Kehlturm im Innenhof sind zu nennen.
Das Fort Asterstein auf der Pfaffendorfer Höhe südlich des Ehrenbreitstein steht heute leer und ist stark verfallen. Das ehemals unregelmäßige Fünfeck von Wällen war dem Gelände angepasst. Der Eingang an der Nordspitze wurde durch die Geschütze auf dem Ehrenbreitstein gedeckt. An den Eingang schließt ein kreisrund gemauerter Reduit mit gewölbten Kasematten in drei Geschossen an. Die Hoffronten werden von Kolossalpilastern mit verbindenden Bogenblenden gegliedert. Auf den Bauten waren keine Dächer, sondern Erdaufschüttungen – eine feuersichere Abdeckung.

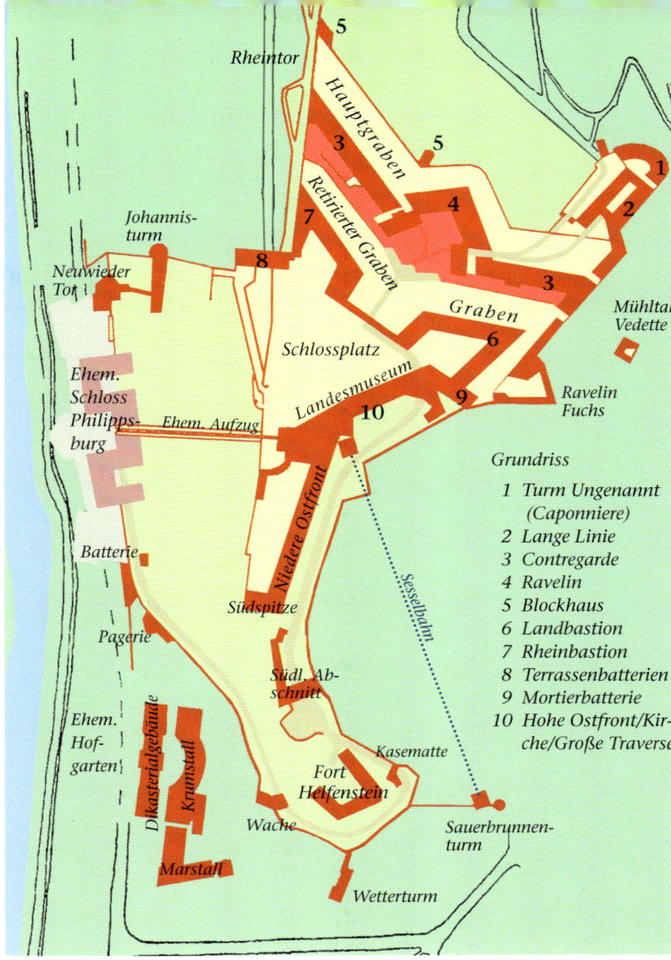

Ehrenbreitstein, Grundriss mit ehem. Residenzschloss Philippsburg

Ehrenbreitstein, Hohe Ostfront

57. Koblenz, Ehrenbreitstein
Ehemaliges Residenzschloss Philippsburg

1626–29 Philippsburg erbaut
1690–92 Pagerie errichtet
1739 Dikasterialgebäude errichtet
1747 Krummstall errichtet
1752 Kapelle vergrößert
1762 Marstall errichtet
1777 zwei Türme an Philippsburg abgebrochen
1801–32 Abbruch der Philippsburg
1881–82 Krummstall aufgestockt

oben: Querschnitt durch den Mittelbau, Ansicht der Südseite des linken Flügels (Zeichnung von R. Michel, 1954)

rechts: Grundriss des 3. Geschosses nach N. Wirth, 1788

unten: Ansicht 17. Jh.

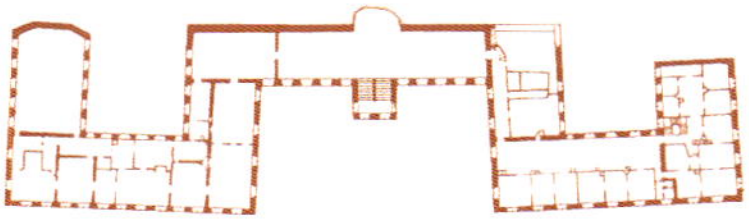

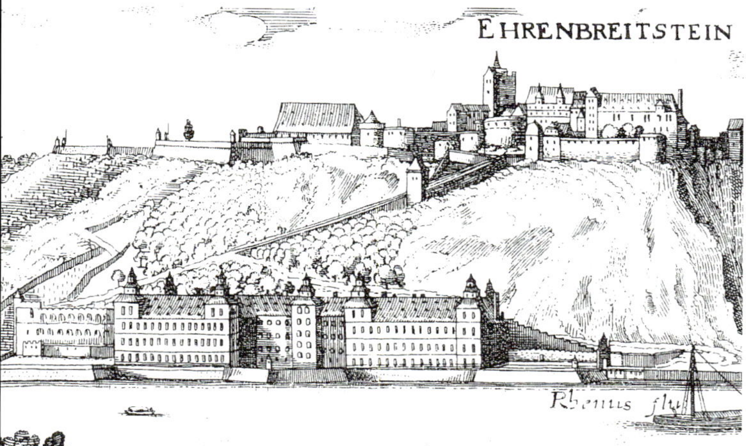

Der Trierer Erzbischof Philipp Christoph von Sötern ließ 1626–29 am Fuße der Festung Ehrenbreitstein (➟ 56) sein neues Residenzschloss Philippsburg durch Albrecht Beyer aus Bamberg erbauen. Die Pläne dürften von Georg Ridinger stammen. Kurfürst Johann Hugo von Orsbeck verlegte dann die gesamte Verwaltung des Kurstaates nach Ehrenbreitstein. Auch unter Franz Georg von Schönborn und Johann Philipp von Walderdorff blieb Ehrenbreitstein fast ständig Residenz. Daher mussten auch weitere Bauten für die Verwaltung des Kurstaates geschaffen werden. 1739 wurde das Dikasterialgebäude errichtet, in dem die Verwaltung untergebracht wurde. 1747 folgte der Bau des Krummstalls, 1762 der des Marstalls.

Nachdem 1752 noch die Kapelle im Schloss vergrößert worden war, mussten bereits 1777 wegen schlechtem Bauzustand zwei Türme abgebrochen werden. So ließ Kurfürst Clemens Wenzeslaus sich in Koblenz 1777–92 eine neue Residenz errichten und verließ die Philippsburg 1786. Das Schloss wurde zusammen mit der Festung Ehrenbreitstein 1801 von den Franzosen gesprengt und bis 1832 abgebrochen. 1878/79 zerstörte der Bau der Eisenbahn den Garten.

Bereits im 16. Jahrhundert bestand die Niederfestung Ehrenbreitstein. Sie wich der Philippsburg. Die sieben Flügel des Schlosses wurden derart angeordnet, dass drei rechteckige Höfe entstanden, von denen sich die äußeren dem Berg zuwendeten, der mittlere sich aber gleich einem Ehrenhof zum Rhein und zur Moselmündung hin öffnete. Insgesamt erhielt das Schloss eine Front von etwa 160 Metern. Dadurch, dass die Flügel im stumpfen Winkel an den Mittelbau stießen, erschien der Hof tiefer. Auf den Flügelecken befanden sich eine Art Ecktürme von je einem Geschoss mit welschen Hauben. Die Mitte des Ehrenhofs markierte ein Treppenturm. Das Schloss war befestigt. Zum Rhein hin stießen drei Bastionen in das Wasser, im Norden befand sich wie im Süden ein großer Graben. Die Gebäude und der Garten im Süden des Schlosses wurden durch ein Hornwerk geschützt.

Die Haupttreppe verlief vor dem Mittelbau in einem Treppenturm. Aufgrund des ansteigenden Felsens wäre für ein Treppenhaus im Flügel kein Raum gewesen. Die Treppe führte zu einem großen Hauptsaal im dritten Geschoss mit über 100 Fuß Länge empor. Die landesherrlichen Gemächer befanden sich wie auch die Kapelle im nördlichen Teil des Schlosses, ebenso die Unterkünfte des Personals und ein weiterer Saal. Im Südteil des Schlosses wohnten Bedienstete. Hier lag auch die Küche.

Die erhaltene so genannte Pagerie ist ein Bau des kurtrierischen Hofarchitekten Johann Christoph Sebastiani von 1690–92. Der ehemalige „Festungspfortenbau" diente später Pagen zur Unterkunft und erhielt so seinen Namen. Der zweigeschossige Bau mit

Dikasterialgebäude

Die Philippsburg ist zerstört, die B 42 läuft über den ehemaligen Standort. Das Dikasterialgebäude steht an der Hofstraße, der Krummstall gleich dahinter.

Mansarddach und Zwerchhaus weist mit drei Achsen zur Straße und hat an der Rückseite einen kurzen Querflügel. Das rustizierte Erdgeschoss mit seiner flachbogigen Durchfahrt ist ein ehemaliger Aufgang zur Festung Ehrenbreitstein. Das Wappen des Kurfürsten Johann Hugo von Orsbeck schmückt den Giebel des Zwerchhauses.

Das Dikasterialgebäude wurde nach Plänen Balthasar Neumanns und Johannes Seiz' für Kurfürst Franz Georg von Schönborn errichtet. Hier wurde die ganze Verwaltung der Kurstaates zusammengefasst. Der langgestreckte, einflügelige Bau weist mit seiner Schauseite zum Rhein und damit auf den ehemaligen Schlossgarten, dessen Folie er war. Der dreigeschossige Bau von hervorragender künstlerischer Qualität ist zwar 25 Achsen breit, aber nur 4 Achsen tief. Sein schmaler Mittelrisalit umfasst nur drei Achsen und wird durch eine Sandsteinverblendung sowie komposite Eckpilaster, Schweifgiebel und reichen bildhauerischen Schmuck besonders hervorgehoben. In seinem Giebel befindet sich ein großes, von Löwen gehaltenes Wappen mit einer bekrönenden Justitia, ein Verweis auf die ehemalige Bestimmung des Gebäudes. Die Eckrisalite sind bedeutend breiter – sieben Achsen – und bei weitem schlichter. Sie werden von je vier gequaderten Lisenen gegliedert. Das Erdgeschoss hatte in der Mitte ursprünglich offene Arkaden.

Direkt hinter dem Dikasterialgebäude steht der nach Plänen Balthasar Neumanns errichtete viergeschossige Krummstall. Er wurde im 19. Jahrhundert durch ein zwischengeschobenes drittes Geschoss vergrößert. Der schmucklose Bau hat 41 Achsen, von denen die mittleren 15 in einem flachen Bogen zurückweichen. Die Gliederung der Ecken und der mittleren Achsen erfolgt durch Lisenen und das Schönbornwappen. Direkt an den Krummstall angefügt ist der zweigeschossige Marstall von Johannes Seiz. Er setzt sich aus zwei im spitzen Winkel zueinander angeordneten Flügeln zusammen und misst 11 zu 17 Achsen. Ein steigendes Pferd auf dem Portalaufbau sollte auf die Funktion des Gebäudes hinweisen.

Von dem ornamentalen Garten vor dem Dikasterialgebäude, auf den die Architektur Bezug nahm, hat sich ebensowenig erhalten wie von dem im Süden gelegenen kleinen Hafen.

Schlossareal 1789
1 Phlippsburg
2 Neuer Bau
3 Backhaus
4 Knabenbau (Pagerie)
5 Dikasterialgebäude
6 Marstall und Stallung
7 Gartenhaus
8,9,10 Bastion
11,12 Halbbastion
13 Gartenmauer
14 Kran
15 Schloßvorplatz
16, 17, 19 Phlilppsburg
18 Rampen
20 Treppe
22 Garten
23 Treppe zum Rhein.
24 Holzschuppen
25 Zimmerholzschuppen und Zimmerplatz
26 Winterhafen zugleich Graben des ersten Hornwerks
27 Sattlerei
28 Schmiede
29 Waschhaus

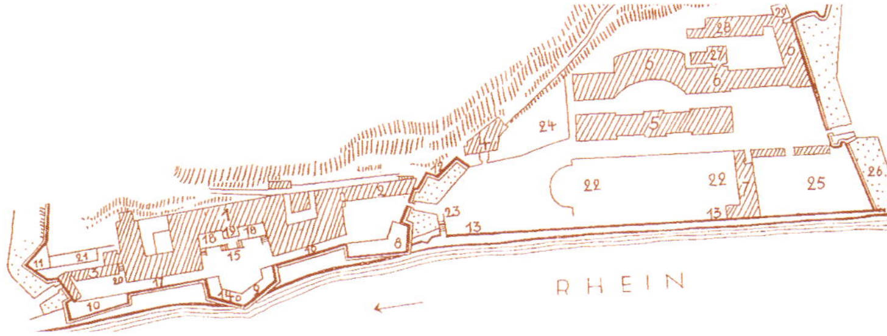

58. Koblenz, Rübenach Burghaus

ca. 1250 Turm errichtet
1316 endgültig an die Freiherren von Eltz-Rübenach
1672–78 Anbau des Westflügels
1978–80 Instandsetzung

Das Burghaus ist nicht zu besichtigen und steht unterhalb der Kirche, Ecke Mauritiusstr./Maximinstr.

Anfänglich besaßen die Grafen von Luxemburg die Vogtei von Rübenach als kaiserliches, seit 1147 als trierisches Lehen. Sie wurde weiter an die Vögte von Rübenach verlehnt. Der heute im Gebäude noch vorhandene Turm wurde 1250 oder kurz danach erbaut. 1312 kaufte Peter von Eltz die virneburgischen Lehensgüter zu Rübenach. Von den Töchtern des Arnold Vogt von Rübenach gelangte das Gut an Werner Brender von Eltz, der die ältere Tochter anscheinend heiratete, während die jüngere Mechthild ihm 1316 ihren Anteil verkaufte. Seither war und blieb das Gut im Besitz der Familie von Eltz, die 1672–78 an den Turm im Westen einen weiteren Flügel anfügte und den Bau 1767 nochmals modernisierte. 1978–80 erfolgte eine umfassende Instandsetzung.

Der alte Wohnturm hatte vier Geschosse und eine annähernd quadratische Grundfläche von 9,05 auf 9,64 Meter. Die Mauern sind bis 1,19 Meter stark. Der Keller ist noch fast unverändert erhalten. Eine Mittelsäule und vier Kreuzgratgewölbe tragen die Obergeschosse. Die Treppe verläuft in der Nordwand in der Mauerstärke. Auch die oberen flachgedeckten Geschosse nahmen ehemals jeweils nur einen Raum auf. Heute präsentiert sich das dreigeschossige verputzte Gebäude ohne Schmuck mit rot-weißen Fensterläden unter einem Krüppelwalmdach. Der spätere Westflügel ist von gleicher Höhe, so dass das ehemalige Aussehen verunklärt wird. Auf dem Türsturz dieses Westflügels brachte der kurfürstlich trierische Oberjägermeister Philipp Christoph zu Eltz-Rübenach 1678 sein Wappen und das seiner Frau Regina Angelika Freiin von Hohenfeld an, die er 1677 geheiratet hatte.

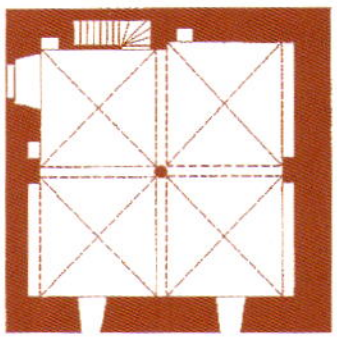

Keller

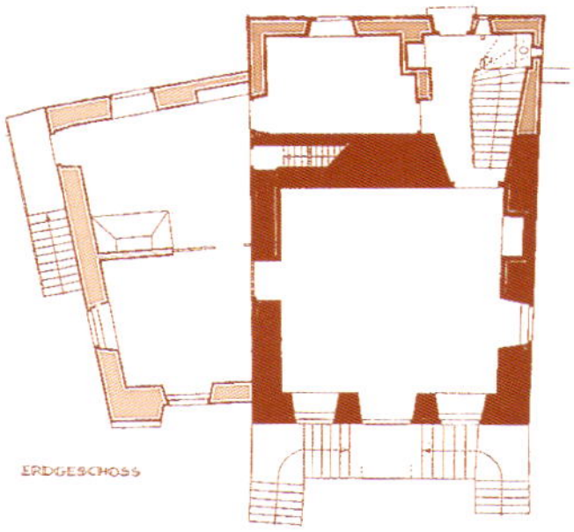

Erdgeschoss

59. Vallendar Marienburg

1232	*Vallendar an Sayn*
1294	*Hauptsitz der Linie Sayn-Vallendar*
1681/1767	*an Trier*
1773	*Marienburg erbaut*
1872	*Orden der Schwestern der göttlichen Liebe*
1897–98	*Kapelle*
1984	*Wissenschaftliche Hochschule für Unternehmensführung*

Heerstraße
Das Haus wird von der WHU genutzt, das Gelände ist frei zugänglich.

1232 erlangten die Grafen von Sayn die Gerichtsbarkeit und Hoheit im Dorf Vallendar. Nach der Teilung des Saynschen Besitzes 1294 avancierte die Burg in Vallendar zum Hauptort der Teilgrafschaft. 1374 übertrug Graf Johann III. von Sayn die Lehensrechte über Vallendar an den Trierer Erzbischof, und 1392 mussten drei Viertel an Kurtrier verkauft werden. Zwar gelang es den Grafen, 1441 ein Viertel zurückzuerwerben, es kam jedoch zu einem Prozess vor dem Reichskammergericht, der erst 1681 mit dem Vergleich endete, dass Trier die Landeshoheit über die ganze Herrschaft erhielt, die Grafen aber mit der Hälfte der Grafschaft belehnt wurden. 1767 kaufte Kurtrier auch diese Hälfte. Bereits 1769 wurde auf dem Grundstück der alten Burg durch Quirin Joseph d'Ester, Kommerzienrat des Fürstabts von Stablo-Malmedy die „Indianische Lederfabrik" d'Ester gegründet. Er brach die Reste der Burg ab und errichtete an ihrer Stelle bis 1773 eine herrenhausartige Villa, die Marienburg. 1872 übernahm der Orden der Schwestern der göttlichen Liebe die Anlage. 1897–98 wurde durch Josef Kleesattel eine Kapelle angebaut, 1984 etablierte sich hier die Wissenschaftliche Hochschule für Unternehmensführung – Otto-Beisheim-Hochschule (WHU).

Das weitgehend erhaltene Hauptgebäude ist zweigeschossig mit Sockelgeschoss, Gurtgesims und Mansarddach. Die Eingangsseite des schlichten verputzten Baukörpers zählt elf Achsen. Betont sind die abgerundeten gequaderten Ecken und der einachsige Mittelrisalit, der im Erdgeschoss rustiziert ist. Durch ein rundbogiges Tor gelangt man in das Haus, über dem Tor rahmen gekuppelte ionische Pilaster, die einen abschließenden Segmentgiebel tragen, einen schmalen Balkon. Alle Fenster des Hauptbaus zeigen Segmentbögen mit Schlussstein. Im Norden schließt sich die aus gelbem Backstein errichtete neugotische Kapelle mit polygonalem Schluss und achteckigem Turm an. Hinter dem vier Achsen tiefen Haupthaus folgen im Norden bauzeitliche Nebengebäude, die heute zum Teil von den Neubauten der WHU verdeckt werden. Von der alten Ausstattung im Inneren war bereits 1977 kaum mehr etwas erhalten.

Eingangsfront (unten) und Detail (rechts)

unten: Kapellenanbau

60. Bendorf, Sayn
Burg und Burghäuser

ca. 1160	*Burg errichtet*
1222/30	*Burgkapelle*
1652	*von Trier eingezogen*
1633	*Burg zerstört*
1983–86	*Restaurierungen und Baumaßnahmen an der Burg*

Zufahrt über den Parkplatz Stromberger Weg. Öffnungszeiten: Ganzjährig außer montags 10.00 Uhr bis Sonnenuntergang. Tel.: 02622/7266 www.sayn.de Turmuhrenmuseum Öffnungszeiten: April–November Mi.–So. 14–17 Uhr.

Die heutige Burgruine war nicht die erste Burg der Grafen von Sayn. Ihre Stammburg befindet sich im Osten am Ende des Bergrückens und wurde wohl um 1100 errichtet. Sie verfiel gegen Ende des 16. Jahrhunderts, nachdem sie schon einmal 1152 durch Erzbischof Arnold von Köln zerstört worden war. Bald darauf erbauten die Grafen eine neue Burg, die heutige Ruine, und trugen sie wie ihre alte Burg dem Erzbischof von Trier zu Lehen auf. 1222/30 wurde eine Doppelkapelle in der Burg errichtet. In gotischer Zeit erfuhr die Burg eine totale Umgestaltung und die Befestigungsanlagen wurden vergrößert. So wurde vor die Südflanke der Burg ein Zwinger mit Schießscharten und Wehrerkern an den Ecken gelegt. Der Zugang kam an die Westseite der Burg mit einer neuen Barbakane. Im Dreißigjährigen Krieg wurde die Burg von schwedischen Truppen zerstört. 1652 fiel die Burg als erledigtes Lehen an Trier. Seit 1983 fanden Baumaßnahmen auf der Burg statt. Bei Grabungen konnte 1983/84 im Westbereich der Burg eine Kapelle entdeckt werden.

Die Ruine der Burg Sayn steht auf dem schmalen Bergrücken des Kehrenbergs zwischen Brexbach und Saynbach. Der Sporn fällt nach drei Seiten steil ab und wird im Osten von einem ca. 18 Meter breiten Graben vom ansteigenden Gelände getrennt. Ihm sind weitere flache Gräben und Wälle vorgelagert. Das Plateau ist etwa 100 Meter lang und 40 Meter breit. Der Burggrundriss nähert sich einem Oval an. Der Weg zur Burg führte ursprünglich an der Nordseite des Sporns empor. Erst im Spätmittelalter wurde der Zuweg von der Nord- auf die Südseite verlegt.

Der mit Dach 28 Meter hohe quadratische Bergfried hat ein Seitenlänge von 10 Metern und ist über Eck gestellt, so dass die Spitze der Angriffsseite zugewendet ist. Im Innern ist er jedoch nicht quadratisch, da die Feldseite abgemauert wurde. Über vier balkengedeckten Geschossen erhebt sich eine krenelierte Wehrplatte. Der ebenerdige Eingang wurde sekundär eingebrochen. Der Wohnbau lag auf der Rückseite der Burg, ein gewölbter Keller hat sich von ihm erhalten.

Im Westen stehen die Grundmauern einer Doppelkapelle. Sie hatte einen Dreikonchenchor und wird heute durch ein Gebäude aus Glas und Holz geschützt. Im Chor befinden sich Reste eines Fußbodenmosaiks aus verschiedenfarbigen Tonplatten. Die erhaltenen Reste der Burgkapelle lassen vermuten, dass es sich ehemals um eine Doppelkapelle mit großer Ähnlichkeit zu Bonn- Schwarzrheindorf (➟ 91) handelte.

Burg Sayn thront über dem gleichnamigen Schloss

Auf dem abfallenden Westgrat zum heutigen Schloss errichteten Burgmannengeschlechter zwei Burgen. Das mittlere wurde für die Tochter eines Sayner Grafen erbaut. Die Übereckstellung ist die gleiche wie beim Bergfried. Der rechteckige dreigeschossige Bau hat eine unregelmäßige Mauerstärke und hohe Giebel sowie einen Rundturm an der Westseite. In den Obergeschossen finden sich Kaminreste.

Am Fuß des Berges lag das Gebäude der Herren von und zum Stein. Es besteht aus mehreren turmartigen Gebäuden und wird erstmals 1389 genannt. Bis 1802 war es im Besitz der Familie. Der dreigeschossige Bau auf trapezförmigem Grundriss verfügte über eine eigene Ringmauer mit zweiflügeligem Tor.

Im Osten der Burg befindet sich die „Alte Burg". Sie ist ca. 220 Meter lang und besteht aus zwei Vorburgen sowie einer dreigeteilten Hauptburg. Im Osten findet sich ein ausgedehntes Grabensystem.

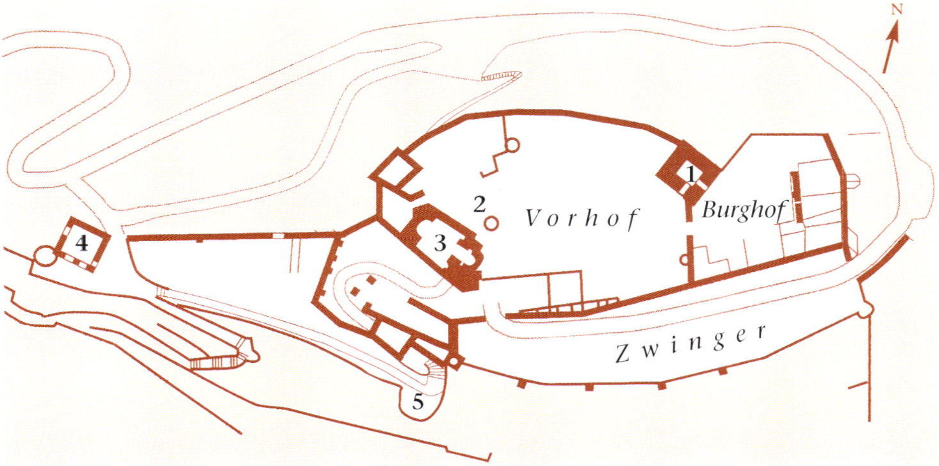

Grundriss der Burgruine

1 Bergfried
2 Brunnen
3 Burgkapelle
4 Mittleres Burghaus
5 Bastei

61. Bendorf, Sayn Schloss

1753	*Burghaus an Boos von Waldeck*
ca. 1755	*Umbau*
1847/48	*an Sayn-Wittgenstein-Berleburg*
1848–50/51	*Umbau*
1861–63	*Schlosskapelle*
1945	*zerstört*
1981/83–2000	*rekonstruiert*

Schlossstraße 100
Führung durch das Schloss mit Salons ab Gruppen von 10 Personen
Schlossverwaltung Tel.: 02622/9024-0
Museum im Schloss Sayn: Anfang März bis Ende November 10.00–18.00 Uhr
Im Winter nach Vereinbarung
Tel.: 02622/9029-13
www.sayn.de

Das Schloss in Sayn geht auf ein spätmittelalterliches Burghaus zurück, das Ende des 15. Jahrhunderts im Besitz derer von Reiffenberg war. 1753 gelangte es an die Grafen Boos von Waldeck, die es bis spätestens 1757 total umbauten. Von deren Nachfahren kam es 1848 an Ludwig Adolph Friedrich Fürst zu Sayn-Wittgenstein-Berleburg. Im selben Jahr noch erhielt er vom preußischen König den Sayner Burgberg mit den Ruinen geschenkt.
Das bestehende Gebäude wurde 1848–1850/51 geschickt durch den Pariser Architekten A. F. J. Girard in neogotischem Stil umgebaut. Dabei blieb der alte Baukörper bestehen, sogar die Stockwerkseinteilung konnte beibehalten werden. Die Distribution im Innern wurde aber wohl weitgehend neu geschaffen. Zugleich entstand um das Schloss ein großer Landschaftsgarten. 1860 nahm der Bauherr für sich und seine Nachfolger den Titel Sayn-Wittgenstein-Sayn an und ließ 1861–63 den östlichen Flügel zum Dorf hin nach Plänen des Koblenzer Stadtbaumeisters Hermann Nebel hinzufügen.
1945 wurde das Schloss bis auf die Umfassungsmauern zerstört. Wohl erhielt das Stadttor 1968 eine neue, allerdings barocke Haube, das Schloss sollte aber noch 1976 abgebrochen werden, und 1980 stürzte der obere Teil des Giebels ein. Von 1981/83 bis 2000 wurde das Schloss dann umfassend rekonstruiert.
Das Schloss steht am Fuße des Kehrenbergs zwischen Brexbach und Saynbach. Zum Garten hin ist dem dreigeschossigen Gebäude mit Walmdach eine große Terrasse vorgelegt. Der Giebel zum Garten ist mit Spitzbogenfenstern und Fialen, die dem gotischen Kirchenbau entlehnt wurden, geschmückt. Der Torturm der Stadt wurde in das Schloss mit einbezogen, was noch heute am gleichen Anstrich zu sehen ist. Ehemals hatte er statt der Haube einen neugotischen Turmaufsatz mit Zinnenabschluss. Aufgrund der Lage am Hang gibt es nur zwei Schauseiten: die lange im Winkel geführte Seitenfassade, die nur durch die Gruppierung der Fenster gegliedert wird sowie die kurze und aufwendig instrumentierte Parkfassade mit nur sieben Achsen und dreifenstrigem Zwerchhaus. Es hat einen Staffelgiebel, die mittlere Staffel wird von einem Löwen mit Saynschem Wappen bekrönt, der Giebel wie auch die Fassade sind von Fialen begrenzt.
Im Osten schließt sich an das Schloss eine Kapelle an. Die alte Kapelle wurde zwar noch 1848/49 restauriert, dann entschloss man sich aber doch 1861–63 zum Neubau durch Hermann Nebel. Schloss und Kapelle sind direkt miteinander verbunden. Der dreijochige Bau mit 3/8 Schluss hat hohe Spitzbogenfenster und war mit den Wohnräumen im ersten Obergeschoss verbunden, wo ein Herrschaftsstand eingebaut war.

62. Neuwied, Engers Jagdschloss

Graf Wilhelm von Wied erwirkte 1357 Stadtrechte für Engers, musste Engers aber schon 1371 an den Erzbischof Kuno von Trier abtreten, der hier die Burg Kunostein errichten ließ. 1421 wurde der Rheinzoll von Kapellen nach Engers verlegt. Kurfürst Johann Philipp von Walderdorf begann 1757 mit der Modernisierung der Burg, gab dieses Vorhaben aber bald auf und ließ sich durch Johannes und Johann Andreas Seiz bis 1762 ein neues Jagdschloss aufführen. 1803 gelangte Engers an Nassau und diente den neuen Landesherren zeitweilig als Sommerresidenz. 1815 fiel Engers mit dem Rheinland an Preußen, und von 1863–1914 war im Schloss eine preußische Kriegsschule untergebracht. Seit 1928 befand sich eine Klinik im Schloss, 1991 kam es an die Schlösserverwaltung und wird gemeinsam mit der Landesstiftung der Villa Musica museal und kulturell genutzt.

Vor dem Schloss liegt ein großer Ehrenhof, der weiträumig von schmiedeeisernen Gittern zwischen Sandsteinpfeilern und zwei Wachhäusern umschlossen wird. Das Schlossgebäude wird an der Hofseite von einem kräftigen Mittelrisalit mit abgerundeten Ecken und kurzen dreiachsigen Seitenflügel gegliedert. Zum Rhein hin ist dem Mittelrisalit eine große Freitreppe vorgelegt. Der zweigeschossige Schlosskörper über einem rheinseitigen hohen Sockelgeschoss mit Mezzanin unter dem Mansarddach ist schlicht gestaltet. Gurtgesimse trennen die Geschosse, toskanische Pilaster betonen die Vertikale. Der Mittelrisalit wird von einem Wappen bekrönt.

Die Mittelachse des Schlosses wird im Erdgeschoss von Vestibül und Gartensaal, im Obergeschoss von Vestibül

1371	*Burg Kunostein*
1412	*Rheinzoll von Kapellen nach Engers*
1757/58	*Modernisierung*
1758	*Abriss*
1759–62	*Schlossbau*
1863–1914	*Kriegsschule*
1928–90	*Klinik*
1995	*Akademie der Villa Musica*

Hauptsaal

Rosenkabinett

Alte Schlossstraße 2
Akademie für Kammermusik der Rheinland-Pfälzischen Landesstiftung Villa Musica.
Konzerte im Hauptsaal (www.schloss-engers.de).
Besichtigung Sonn- und Feiertags 11.00–13.00 Uhr
Schlossführung 15.00 Uhr
Tel.: 02622/9264-117

und Hauptsaal eingenommen. Das Treppenhaus befindet sich zur linken der Vestibüle. Hofseitige Korridore erschließen den Bau. Der Gartensaal konnte ebenfalls zum Vestibül werden, wenn der Hof mit dem Schiff aus Ehrenbreitstein kam und das Schloss über die große rheinseitige Freitreppe betrat.

Der Hauptsaal im Obergeschoss reicht bis in das Mezzanin und hat nahezu unverändert die einheitliche Ausstattung der Erbauungszeit bewahrt. Es handelt sich um ein Hauptbeispiel barocker Dekorationskunst am Mittelrhein. Die Malereien von Januarius Zick kreisen um die Themen Jagd und Landleben. Das Deckengemälde thematisiert den Triumph der Jagdgöttin Diana, in der Voute werden bukolische Szenen gezeigt, an den Wänden mythologische Szenen und Idyllen. Die Spiegel neben den Türen zu den Seitenräumen waren ehemals nicht vorhanden. Hier befanden sich Gemälde, die den Bauherrn mit seinem Hofstaat als Jagdgesellschaft zeigten (Reproduktionen heute im Gartensaal). Nach Osten schließt sich das „Rosenkabinett" an mit der feinsten Stuckierung des ganzen Schlosses. Blütenranken und Engelsköpfe haben eine naturalistische Farbfassung. Sakrale Gerätschaften verweisen auf den geistlichen Stand des Bauherrn.

Sein Appartement lag auf der Westseite des Hauptsaals und bestand ehemals aus drei gleich großen Räumen (der mittlere ist heute unterteilt): Audienzzimmer, Wohnzimmer (mittlere Kabinette) und Schlafzimmer. An diese schloss sich ein Ankleidekabinett an.

Deckengemälde des Hauptsaals

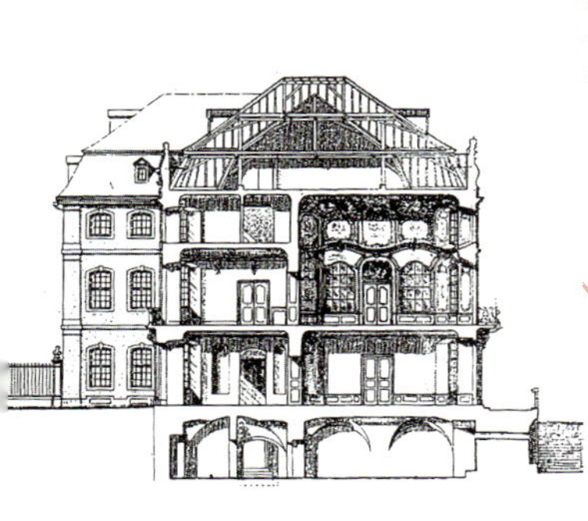

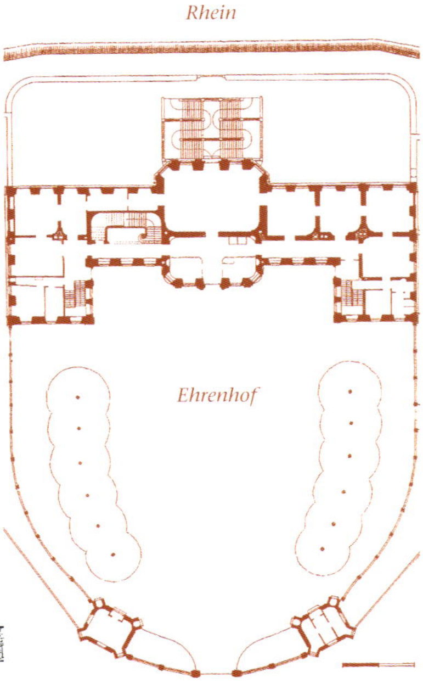

63. Neuwied Residenzschloss

1648/53	*Gründung von Schloss und Stadt Neuwied*
1694	*Schloss zerstört*
1707–13/59	*neues Schloss*
1869–73	*Modernisierung*

Das Schloss an der Schlossstraße kann nicht besichtigt werden, der Schlosshof ist zu betreten.

Graf Friedrich III. von Neuwied erwirkte 1653, durch Kaiser Ferdinand III. das bereits 1357 für das wiedische Nordhofen im Westerwald erteilte Stadtrecht, das nie angewandt worden war, auf die neugegründete Stadt Neuwied zu übertragen, die 1648 an der Stelle des Dorfes Langendorf begründet worden war. Das neue Schloss wurde aber bereits 1694 trotz seiner Befestigungen von französischen Truppen zerstört. Nach Plänen von Julius Ludwig Rothweil entstand ab 1706 ein neues Schloss, dessen Vollendung sich jedoch lange hinzog. 1711 war der Außenbau des Hauptgebäudes vollendet, die Inneneinrichtung bis 1713. Nahezu gleichzeitig wurde mit den Flügelbauten begonnen, die jedoch erst 1749 bzw. 1756 vollendet wurden. Hinter dem Schloss ließ der Bauherr parallel zum Rhein bis zur Wiedmündung einen großen Garten anlegen. 1869–73 wurde das Corps de logis durchgreifend erneuert, was zu mannigfachen Änderungen führte. Aufgrund einer Straßenverbreiterung setzte man 1985 die Flucht von Gitter und Wachhäusern zurück.

Die zeitgleich mit dem Schloss begonnene, im Süden gelegene Stadt bezieht sich nicht auf das Schlossgebäude, wie es etwa in Bruchsal und Mannheim der Fall ist. Das Schloss selbst ist jedoch als offene Dreiflügelanlage auf die Stadt ausgerichtet. Die zwischen den Seitenflügeln und dem Corps de logis konzipierten Verbindungsflügel wurden nie errichtet. Der Hof wird zur Stadt hin mit zwei schräggestellten Wachhäusern gesichert. Das Eisengitter stammt von 1887. Die Löwen mit dem Wappen stammen aus der Mitte des 18. Jahrhunderts. Die Seitenflügel nahmen Wirtschafts- und Lagerräume, Küche, Waschhaus, Kelterei und Marstall auf. Eingeschossige siebenachsige Mittelteile werden von zweigeschossigen dreiachsigen Pavillons flankiert. Das breitgelagerte zweigeschossige Corps de logis von 13 Achsen wird wie alle Bauten von einem Mansarddach abgeschlossen, auf dem sich ehemals ein bekrönender Dachreiter befand. Gequaderte Ecklisenen verleihen dem Bau Festigkeit. Ein verkröpftes Kaffgesims läuft um den ganzen, sonst schlichten Bau, der nur von einem dreiachsigen Mittelrisalit mit Dreiecksgiebel akzentuiert wird. Die Auffahrt mit Balkonvorbau ist eine Zutat des 19. Jahrhunderts. Das Innere ist klar und symmetrisch strukturiert. Vom zentralen Vestibül führt ein Treppenhaus in die Beletage. Neben den vollständigen Appartements ist vor allem der zentrale zweigeschossige Hauptsaal bemerkenswert, der wie das Treppenhaus von Giovanni Battista Genone und Eugenio Castelli stuckiert wurde. Eine eingezogene umflaufende Empore schuf Raum für Musiker.

64. Weißenthurm Turm

Anf. 15. Jh. Turm errichtet
1726 Erneuerung
ca. 1820 neues Dach
1977/78 renoviert

Hauptstraße/Turmhof
Der Turm ist nicht zu besichtigen.

unten rechts: Grundriss und Schnitt nach Kubach/Michel, 1944

Der Wachturm in Weißenthurm an der Straße von Koblenz nach Andernach wurde für den Trierer Kurfürsten Werner von Falkenstein (1388–1418) zu Beginn des 15. Jahrhunderts errichtet und war Bestandteil einer Landwehr. Bald entwickelte sich um den Turm eine Ortschaft, aus der das 1663 erstmals so genannte Weißenthurm hervorging. Im Jahre 1726 musste der Turm wiederhergestellt werden. Um 1820 bedeckte man die Zinnen mit Steinplatten und gab dem Turm ein Pyramidendach. Mit der Auflage, den Turm in seinem Zustand zu erhalten, kam er 1825 zum Verkauf. 1962 erwarb ihn die Stadt Weißenthurm und ließ ihn 1977/78 renovieren.

Der dreigeschossige verputzte Turm misst etwa 20 Meter und wurde aus Bruchsteinen errichtet. Der quadratische Grundriss misst im Lichten 5,80 Meter. Die Mauerstärke beträgt etwa 1,70 Meter. Während das Erdgeschoss nur kleine Lichtöffnungen hat, weist das zweite Geschoss nach drei Seiten maulartige Schießscharten auf. Eine hölzerne Außentreppe führte zum hier gelegenen Eingang an der Westseite. Das zweite Obergeschoss zeigt große Fensteröffnungen. Abgeschlossen wird der Turm mit einem 30 Zentimeter vorkragenden Zinnenkranz über Rundbogenfries und einem Pyramidendach. Während das Erdgeschoss ein Tonnengewölbe hat, wird das zweite von einer Balkendecke abgeschlossen. Hier befand sich ein einfacher Kamin auf der Ostseite. Der Raum war vollständig bis in die Schießkammern ausgemalt. Eine Mauertreppe führte zur Wächterstube im zweiten Obergeschoss. Sie verfügte über einen Kamin und Sitznischenfenster auch zur Rheinseite und hat ein Kreuzgratgewölbe. Von hier gelangt man über eine weitere Treppe in der Mauerstärke zur ehemaligen Wehrplatte. Wie allgemein üblich lag der Dachfuß ehemals nicht auf den Zinnen, sondern um die Breite des Wehrgangs dahinter. In einem kleinen Kamin an der Ostseite konnte man Pech und Wasser erhitzen.

Neben dem Turm stand ehemals ein eigenes Haus für den Wächter, was es schwer macht, den Wohnkomfort des Turmes zu erklären. Der Turm diente als Straßensperre und war einer der Eckstützpunkte der trierischen Landwehr, die sich bis nach Mayen zog und die Grenze gegen Kurköln sicherte. Die Rheinstraße war an dieser Stelle stark eingeengt und zusätzlich durch einen überbrückten Graben unterbrochen. Gegen Ende des 18. Jahrhunderts diente der Turm als Arresthaus. Er hatte fünf Gefängnisse, davon zwei Verliese unter der Erde und eine kleine beheizbare Wohnung für den Turmwächter.

65. Andernach
Burg

1167	*Andernach fällt an Köln*
1287	*erste Zerstörung der Burg durch Andernach*
1367	*Wiederaufbau*
1501	*Pulverturm*
1689	*gesprengt*

Vermutlich wurde die Burg bald nach 1167 gegründet, als Kaiser Friedrich I. den Königshof mit dem Zoll und der Münze dem Kölner Erzbischof Rainald von Dassel schenkte. Genannt wird die Burg jedoch erstmals 1331. Die Andernacher Bürger wollten sich mit ihrem Stadtherrn nicht abfinden und erstürmten mehrmals die Burg, so 1287, 1357 und 1364. Der Kölner Erzbischof ließ die Burg 1367 auf Kosten der Bürger wieder aufbauen. Aus dieser Zeit stammt auch der Wohnturm. 1496 begannen Modernisierungsarbeiten, in deren Zuge 1501 der Pulverturm vollendet wurde und der Wohnturm seine heutige Gestalt erhielt. 1689 wurde die Burg von französischen Truppen gesprengt und ist seitdem Ruine.

Die ehemalige Wasserburg steht an der Südwestecke der Stadtbefestigung und ist nicht nur gegen die Feldseite, sondern genauso gegen die Stadt gerichtet. Ältere und jüngere Bauteile können leicht am Baumaterial unterschieden werden: Älter sind die Bereiche aus Basaltquadern, jünger (um 1500) jene aus Bruchsteinmauerwerk. Der alte Zugang zur Burg erfolgte von der Stadt aus über einen breiten Graben. Er wird von einem quadratischen (10 m x 9,10 m) viergeschossigen, 21 Meter hohen Wohnturm geschützt, der an der Nordwestecke der Anlage steht. Sein oberstes Geschoss kragt über einem Dreipassfries vor. An den drei Außenecken befinden sich Eckerker, zwischen ihnen wurden Gusserker angebracht. Das abschließende flache Zeltdach stammt aus dem 19. Jahrhundert. An der östlichen Seite befin-

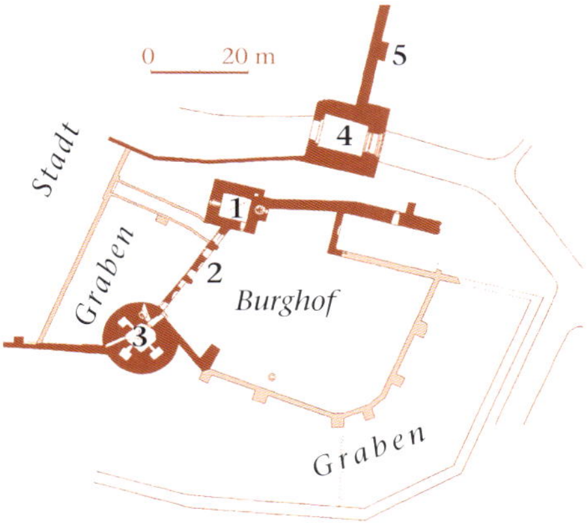

1 Wohnturm
2 Hauptgebäude
3 Pulverturm
4 Koblenzer Tor
5 Stadtmauer

unten: Pulverturm mit dahinter gelegener Burgruine

Die Burg steht am östlichen Eingang zur Altstadt am Koblenzer Tor Ecke Stadtgraben/Hochstraße.
Das Gelände ist frei zugänglich.

oben rechts: Stadtseite des Hauptgebäudes

rechts: Stadtseite des Wohnturmes

unten rechts: Schnitt nach Busley/Neu, 1941
unten: Kaminreste an der südlichen Innenwand des Hauptgebäudes

det sich zur Erschließung ein Treppenturm. Am aufwändigsten ist mit Kamin und Toilettenschacht das erste Obergeschoss ausgestattet. Zwei Fenster mit Sitznischen lassen Licht in den Raum. Von hier war übrigens ein direkter Zugang zum Saal im angrenzenden Hauptbau möglich. Es dürfte sich daher um den Wohnraum des Erzbischofs gehandelt haben.
Südlich grenzt an den Wohnturm das Hauptgebäude an, von dem noch die zweigeschossige Westwand erhalten ist. Sie ist teils aus Quadern, teils aus Bruchstein aufgeführt und größtenteils wohl um 1370 entstanden, die Baunaht ist deutlich zu sehen. Die Kreuzstockfenster des Baus gehören zu den ältesten am Mittelrhein, wenn es nicht sogar die ersten sind. Über dem zweiten Geschoss hat sich der Rest eines abschließenden Dreipassfrieses erhalten.
An der Südwestecke der Burg steht ein kräftiger Rundturm, der so genannte Pulverturm, der 1519 an das Hauptgebäude angefügt wurde. Das Kellergeschoss ist aus Basaltquadern, die über einem Rundbogenfries vorkragenden Obergeschosse sind von Bruchstein. Das letzte Geschoss, das über einem Dreipassfries vorkragt, wurde größtenteils 1980 neu aufgeführt und überdacht. In der Mauerdicke befinden sich Geschützkammern mit Schießscharten – auch gegen die Stadt.

Die Zwingburg von Kurköln gegen die Stadt Andernach war die südlichste Festung im Kurstaat und gleicht in vielem der Burg in Boppard (→ 46), die von Kurtrier gegen diese Stadt errichtet wurde.

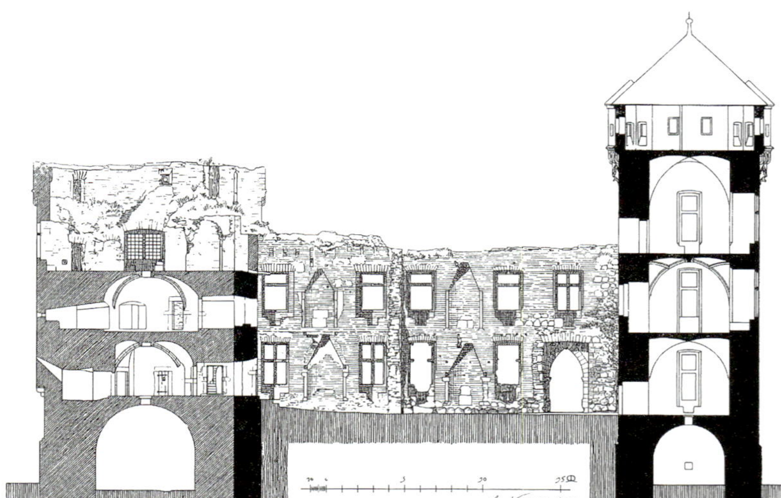

Pulverturm *Hauptgebäude Innenseite* *Wohnturm*

66. Andernach, Namedy Herrenhaus

Das Schloss wurde in der Mitte des 14. Jahrhunderts von den Hausmann von Namedy errichtet, einem seit dem 13. Jahrhundert nachweisbaren Patriziergeschlecht. Der Kernbau ist mit 1355 bezeichnet. 1555 wurde das Schloss um einen Flügel mit Treppenturm erweitert. 1633 musste das Schloss Plünderungen durch schwedische Truppen erleiden. 1676 erlosch das Bauherrengeschlecht mit Ruprecht von Hausmann und Riolsburg. Nun wechselten die Besitzer öfters. Der kurtrierische Kanzler Arnold Solemacher ließ es 1701 und 1706 um ein zweites Obergeschoss erweitern und weitere Bauten aufführen. 1896 erwarb erneut ein Solemacher das Schloss: Arnold Freiherr von Solemacher-Antweiler. Er baute das Schloss im Stil des Historismus um und aus. Bereits 1907 wurde das Schloss an einen Hotelkonzern verkauft. Auf der Nordwestseite bekam es einen neuen Flügel, der es nahezu verdoppelte. 1908 wurde der Bau an die Fürsten Henckel von Donnersberg und von Hohenlohe veräußert. Eine Villenkolonie wurde geplant, aufgrund mangelnden Kapitals aber nicht realisiert. 1909 wurde das Schloss von Prinz Karl von Hohenzollern erworben, der den Hotelflügel wieder niederlegen ließ. Dafür entstand 1911 ein Spiegelsaal mit Vestibül. 1933 erhielten der Treppenturm und der Südostturm neue Hauben nach barocken Vorbildern, und die Zwerchhäuser wurden vereinfacht.
Namedy war ehemals eine Wasserburg, deren Gräben heute zugeschüttet oder versandet sind. Die ursprünglich zweigeschossige Hauptburg von neun zu zwei Achsen wird über einen runden Treppenturm erschlossen, der oben in ein Achteck übergeht. Der Erweiterungsflügel von 1555 ist in der gleichen Flucht angefügt. Die aktuelle Fernsteraufteilung stammt aus dem 18. Jahrhundert, das dritte Geschoss aus dem späten 19. Jahrhundert. Der Ausbau zur heutigen Dreiflügelanlage geht auf die Ausbauten von Ende des 19. und dem Anfang des 20. Jahrhunderts zurück. Vor der Terrasse erstreckt sich ein Garten. Er wird von einer Mauer mit Zinnen und Ecktürmen mit Scharten abgeschlossen. Im Südosten des Hauptgebäudes erstreckt sich ein Wirtschaftshof von zweigeschossigen, verputzten Bruchsteinbauten. Sie dürften aus dem 16. Jahrhundert stammen.

ca. 1355	*errichtet*
1555	*erweitert*
1701/06	*Ausbau*
1896	*historistischer Umbau*
1909	*an Prinz Karl v. Hohenzollern*

Nur der Garten und der erste Hof sind zu besichtigen.
Im Schloss finden öffentliche Konzerte statt.
Tel.: 02632/48625
www-burg-namedy.de

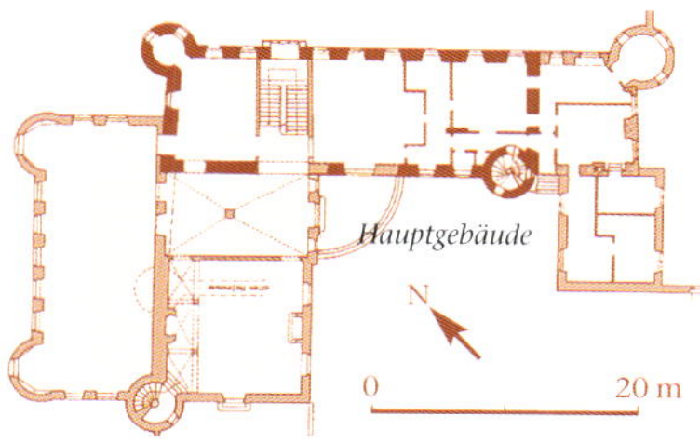

IV. HAMMERSTEIN–BONN
Rheinromantik, Residenz und Bürgervilla

Hinter Andernach verengt sich der Rhein, um erst kurz vor Bonn bei Bad Godesberg wieder mehr Raum zu gewinnen. Auch hier sind die Hänge mit Burgen und Herrenhäusern reich besetzt, doch steigen sie nicht ganz so steil an wie zwischen Bingen und Koblenz, und auch der Weinanbau ist hier – im Gegensatz zum 18. und 19. Jahrhundert – nicht mehr so bestimmend wie auf dem südlichen Stromabschnitt. Betrachtet man die Bauten am Rhein genauer, stellt man fest, dass es sich überwiegend um Villen handelt.

Eigentlich müssten in diesem Abschnitt die Burgen, Schlösser und vor allem die Villen beiderseits des Rheins von Nord nach Süd vorgestellt werden, denn von Norden wurde der romantische Rhein im 19. Jahrhundert von den Kölner und vor allem den Bonner Bürgern besucht und später auch mit Villen versehen. Zwar hat die Loreley in den letzten Jahren den Drachenfels ein wenig aus dem Bewusstsein verdrängt, im 19. Jahrhundert gehörte die Burg auf dem Berg (➟ 83) aber zweifelsohne zu den volkstümlichsten und am meisten besuchten Anlagen des Rheintals und der Begriff Rheinromantik ist wesentlich durch das sagenumwobene romantische Siebengebirge mitgeprägt worden. So soll Siegfried hier den in einer Höhle des Berges hausenden Drachen erschlagen und in seinem Blut gebadet haben. Vor allem aus diesem Grunde wurde 1913 unter der Burg die Nibelungenhalle zum 100. Geburtstag von Richard Wagner errichtet. Im 19. Jahrhundert weilten hier Johannes Brahms und Franz von Lenbach, die Brüder Grimm und Karl Simrock. Dem Dichter Ferdinand Freiligrath gelang es, mit einem Gedicht 1840 eine der frühesten und erfolgreichsten privaten Denkmalinitiativen zum Wiederaufbau des Rolandsbogens (➟ 79) zu initiieren.

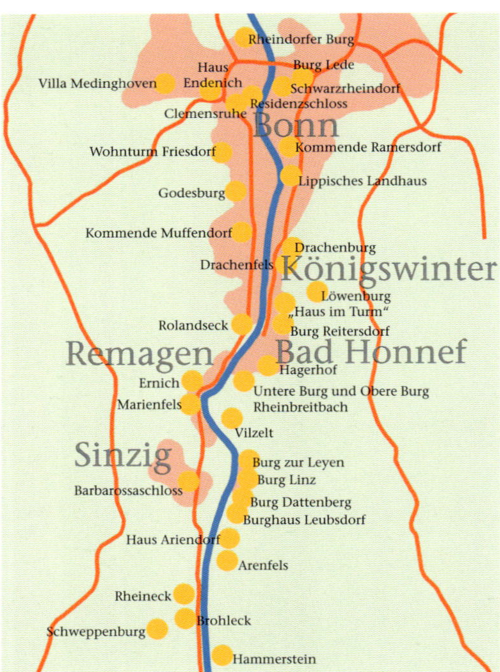

Bis zum Ende des 18. Jahrhunderts waren die Interessen der Bonner allerdings nicht nach Süden, sondern eher nach Norden gerichtet. Bonn war Residenz des Kurfürstentums Köln, und die Schlösser und Gärten befanden sich, sofern sie nicht direkt in Bonn lagen, nördlich der Stadt wie auch die Sitze des bei Hofe beschäftigten Adels. Im Süden hatten die Erzbischöfe im Mittelalter eine Burgenkette mit Wolkenburg (➟ 83), Godesburg (➟ 86) und Rolandseck (➟ 79) errichtet, die inzwischen aber verfallen war. Mit ihrer Residenz (➟ 92) hatten die Erzbischöfe wenig Glück. Kaum war das Schloss nach seiner Zerstörung 1689 wieder aufgebaut, brannte es 1777 aus. Und dieser Bau wurde wie das nahegelegene Schloss Poppelsdorf (➟ 93) im Zweiten Weltkrieg zumindest im Innern fast vollständig vernichtet. Auch die übrigen Bauten der Bonner Residenzlandschaft haben sich ähnlich der Koblenzer nicht erhalten. Besser ist es um die Herrenhäuser bestellt. In Bonn befindet sich eine erstaunlich große Anzahl von ihnen wie das Herrenhaus in Endenich (➟ 95), die so genannte Rheindorfer Burg (➟ 94) oder die Villa Burg Medinghoven. Aus der Zeit des geistlichen Staates sind zudem, wenn auch stark verändert, noch die Bauten zweier Deutschordens-Kommenden erhalten: Muffendorf (➟ 85) und Ramersdorf (➟ 89). Hinzu kommen die zum Teil wieder aufgebauten Burgen in Bad Godesberg (➟ 86) und Villich (➟ 90). Die Villen im Süden von Bonn sind meist in neugotischer Formensprache gehalten und von renommierten Architekten errichtet worden. Moritz August von Bethmann-Hollweg konnte nach 1832 Johann Claudius Lassaulx für den Wiederaufbau von Rheineck (➟ 69) gewinnen. Der Kölner Dombaumeister Vincenz Statz führte für Gustav Bunge in Sinzig (➟ 72) die neue schlossartige Villa auf, und Eduard Frings ließ sich seinen Sommersitz Ma-

Burg Rheineck und Schloss Arenfels

rienfels (➟ 75) von 1859–61 von Karl Schnitzler konzipieren, der auch auf Sooneck (➟ 32) und Stolzenfels (➟ 53) gearbeitet hatte. Der Um- und Neubau des Hagerhofs (➟ 80) erfolgte 1865–68 nach Plänen des königlichen Baurats Edwin Oppler aus Hannover. Den Höhepunkt historistischen Villenbaus findet man jedoch mit der Drachenburg (➟ 84) in Königswinter. 1881–85 wurde hier ein in Form und Dimension sonst nicht wieder erreichter Repräsentationsbau für den 1881 in den Freiherrenstand erhobenen Stephan Sarter errichtet, der zwar aus Bonn stammte, sein Geld aber in Paris gemacht hatte und das Gebäude nie bewohnte. Das Ende bürgerlichen Burgen- und Schlossbaus liegt weit im 20. Jahrhundert. 1906–08 entstand für den Kölner Industriellen Arnold von Guilleaume vom Hofarchitekten des Kaisers, Ernst von Ihne, das so genannte Schloss Ernich (➟ 76), und erst 1925–27 ließ sich ein vermögender Kölner durch Heinrich Reinhardt die Burg in Ockenfels (➟ 74) zum Sommersitz ausbauen.

Während der Adel mit seinen Schloss- und vor allem Burgbauten an das Mittelalter anzuknüpfen versuchte, in dem sich, wie er meinte, die vermeintlich gottgewollte Ordnung mit seinem Stand an der Spitze etabliert habe, suchten Bürger und Industrielle mittels der überkommenen Form, sich in diese Spitze zu integrieren. Anschluss und Anerkennung wurde auch durch den Burgenbau gesucht. Das Ziel war die Aufnahme in den Adelsstand.

Doch auch richtige Burgen finden sich in diesem Rheinabschnitt. Er beginnt sofort mit einer ehemals hoch bedeutenden Reichsburg: dem Hammerstein (➟ 67). Dieser diente im 11. Jahrhundert sogar dem Schutz der Reichsinsignien. Am anderen Ende befindet sich ein nicht minder bedeutendes Bauwerk: die Doppelkapelle von Schwarzrheindorf (➟ 91), die ehemals als Burgkapelle errichtet wurde. Dazwischen steht der bemerkenswerte Rest der aus romanischer Zeit stammenden Burgruine in Dattenberg (➟ 73), von der sich Bergfried, Zwinger und Graben erhalten haben, sowie die Anfang des 13. Jahrhunderts begonnene Burg Drachenfels (➟ 83) mit ihren immer noch imposanten Resten über dem Rheintal.

67. Hammerstein Burg

10. Jh.	*erbaut*
1020	*erobert*
1071	*wiederhergestellt*
1405/19	*an Kurtrier*
1654	*geschleift*

In Leutesdorf steht an der Stelle der Burg der Vögte von Leutesdorf die Marienburgdirekt am Rhein. Sie stammt von 1750–54.

Die Burg liegt oberhalb der B 42 und ist frei zugänglich.
www.burg-hammerstein.de

Burg Hammerstein wurde vermutlich im 10. Jahrhundert von den Grafen im Engersgau erbaut. Graf Ottos Ehe mit seiner Verwandten Irmingard wurde von der Kirche verboten und war Anlass für eine Belagerung des Hammerstein durch Kaiser Heinrich II., der ihn 1020 eroberte. Als Konrad II. 1024 Kaiser wurde, konnten Otto und Irmingard 1031 nach Hammerstein zurückkehren. Nachdem die Familie ausgestorben war, scheint die Burg verfallen zu sein. Jedenfalls ließ Kaiser Heinrich IV. Hammerstein 1071 wieder errichten, vermutlich zum Schutz des 1074 genannten Zolls, der hier bis 1309 erhoben wurde. Die Burg war damals so bedeutend, dass sie von 1105–1125 als Aufbewahrungsort der Reichsinsignien diente, bevor diese auf den Trifels kamen.

Die Burghut war Reichsministerialen anvertraut, in deren Hand das Burggrafenamt im 13. Jahrhundert erblich wurde. Es gab zwei Linien der Burggrafen von Hammerstein, die über ein kleines Gebiet zwischen Engers und Sinzig herrschten. 1374 erwarb Kurtrier die Lehnshoheit und zog die Herrschaft nach dem Erlöschen der beiden Linien 1405 und 1419 als heimgefallenes Lehen ein. Die Burg wurde Amtssitz und dann 1576 gründlich in Stand gesetzt. Im Dreißigjährigen Krieg war Hammerstein 1632 von spanischen Truppen und 1646–54 von lothringischen Truppen besetzt. Kurtrier selbst ließ die Burg 1654 schleifen.

Die Ruine war 1823–43 im Besitz der Freiherren von Haxthausen, wurde dann aber vom Fiskus zurückerworben, um sie 1893 an die Freiherren von Hammerstein zu veräußern, eine Familie aus dem Bergischen. Sie hat 1937 auch das Burghaus der Klauer von Wohra zu Oberhammerstein erworben.

Die Spornburg erhebt sich auf einem beherrschenden steil zum Rhein abfallenden Felsmassiv mit einem langgestreckten, nierenförmigen Bering. Eindrucksvoll wirkt der Mühlenturm im Süden in das Rheintal. Von der Burg sind fast nur Teile der Ringmauer, die mit Quadern verkleidet war, erhalten. An der Bergseite sind die Mauern am stärksten, bis zu 4,20 Meter dick und auch am höchsten. Sie bestehen aus waagerechten oder fischgrätartig geschichteten Bruchsteinen. Innen sind die Mauern mit Basaltquadern verkleidet. An der Schmalseite rheinaufwärts befinden sich vorgeschobene Mauern. Etwas den Hang hinunter steht ein Rundturm, weiter unterhalb ein weiterer, der eventuell mit dem um 1400 erbauten Zollturm identisch ist. Im Innern der durch eine Mauer geteilten Burg (für die beiden Linien der Burggrafen?) befindet sich der Kernbereich mit abgerundeten Ecken um einen Turm/Bergfried.

1 Wohnturm
2 Palas
3 Stallungen
4 Windmühlenturm

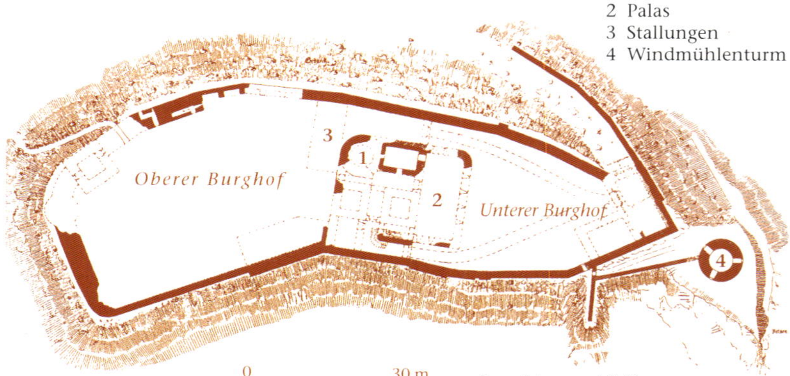

Grundriss von 1940

68. Brohl-Lützing, Brohl
Augustaburg (Brohleck) und Schweppenburg

Bereits 1325 wird eine Burg in Brohl genannt. Johann Burggraf von Rheineck trug sie dem Trierer Kurfürsten Balduin zu Lehen auf. 1449 wurden die von Metternich-Winneburg Besitzer. Durch Heirat 1664 kam **Brohleck** an die Familie von der Hees. Nach häufigem Besitzerwechsel gelangte die Anlage 1888 durch Kauf an die Eheleute Michiels, die den Komplex bis 1891 nahezu vollständig neu errichteten. 1904 zog ein Knabenpensionat in die neuen Gebäude. Nachdem die Gemeinde Brohl das Schloss 1958 erworben hat, ist es seit 1980 wieder in Privatbesitz.
Das Schloss liegt oberhalb von Brohl am Hang. Die Auffahrt wird von einem eher symbolischen Tor geschützt, das die Grenze markiert. Drei Flügel bilden einen nach Westen geöffneten Hof. Der südliche dreigeschossige Hauptflügel bietet mit seinem angebauten viergeschossigen Turm und der klaren Fassadengliederung einen Akzent in der zur Zeit etwas verwahrlosten Anlage, die mit einfachsten historisierenden Formen argumentiert. Der Teil steht wohl auf älteren Fundamenten, der nördliche Flügel mit dem vorgestellten Treppenturm und adlergeschmückten Giebel ist neu.

Augustaburg, heutiger Zustand (oben) und Postkarte Anfang 20. Jh. (unten)

Im nahen Brohltal Richtung Niederlützingen steht die **Schweppenburg**. Sie wurde vermutlich zur Sicherung der Besitzungen Kurkölns im Raum Andernach erbaut und gelangte als kölnisches Lehen in die Hand einer Andernacher Schöffenfamilie von Schweppenburg. 1365 wird sie urkundlich erwähnt. Über Lehensträger aus der Familie von Schmidtberg und Kolve von Vettelhofen kam die Burg an die von Metternich zu Brohl. Diese ließen 1639 das heutige Schloss erbauen. Von den Erben der Familie von Metternich erwarben 1716 die Freiherren Geyer von Schweppenburg die Anlage, in deren Besitz sie verblieb.
Das Schloss ist am Nordhang des engen Tals auf einem Felsvorsprung gelegen. Gegen die nördliche Anhöhe wird es durch einen natürlichen Wall geschützt. Auf hohem Sockelgeschoss erhebt sich der dreigeschossige Schlossbau mit seinen geschweiften Giebeln. Der erhaltene Bau aus der Zeit ab 1630 war ehemals der Ostflügel einer um einen Innenhof angeordneten Anlage, deren spätgotische Bauten 1785 zum großen Teil abgetragen wurden. An den beiden Ecken der Ostseite befinden sich polygonale Türme, an der Nordwestecke ein kleiner Flügelbau mit einer Treppe für das Hauptgebäude.

Schweppenburg, Grundriss (unten) und Aufriss (rechts)

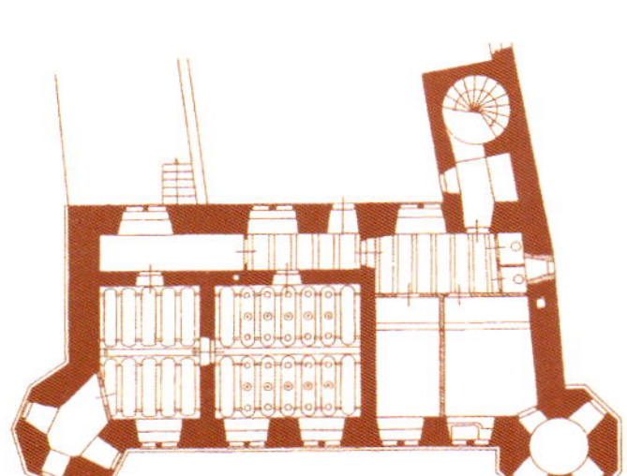

1325	*Burg Brohleck genannt*
1888–91	*Burg Brohleck um- und neugebaut*

Brohleck: Burgweg
Schweppenburg: B 412
Die Burgen sind nicht zu besichtigen.

Augustaburg

Adler am Nordflügel der Augustaburg

69. Bad Breisig
Burg Rheineck

ca. 1115 erbaut
1129 Ersterwähnung
1151 zerstört
1689 u. 1692 erneut zerstört
1718 Neuaufbau
1785 abgebrannt
1832 Neubau

Oberhalb der B 9, Burgweg
Die Burg ist nicht zu besichtigen.

unten: Erdgeschoss-Grundriss des Hauptbaus mit neoromanischer Kapelle von 1871/73 nach Peter Vogel und Thomas Albert

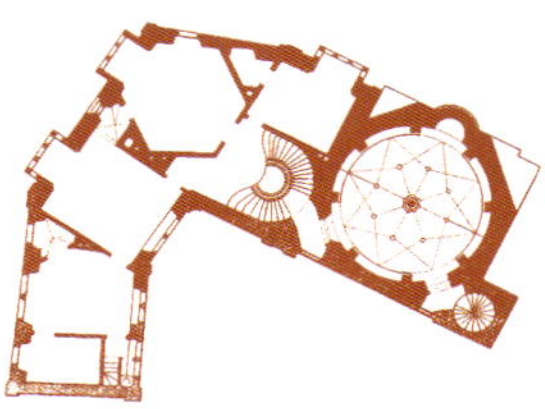

Die Burg Rheineck wurde vermutlich um 1115 von den Pfalzgrafen bei Rhein begründet. Durch die Witwe des Pfalzgrafen Siegfried, Gertrud von Nordheim, gelangte sie an die Grafen von Salm. Diese wurden zu Parteigängern Kaiser Lothars von Süpplingenburg und fielen nach dessen Tod bei König Konrad III. in Ungnade. 1151 zerstörte er die Burg.
1164 wurde die Burg durch den Kölner Erzbischof Rainald von Dassel besetzt, der damit den Pfalzgrafen zuvorkam, und in der Folgezeit ausgebaut und neu befestigt. Seither saß auf der Burg eine Kurkölner Burggrafenfamilie. Sie nannte sich nach Rheineck und behielt das Burggrafenamt in Erbfolge. Nach ihrem Aussterben 1539 belehnte Kurköln die Herren von Warsberg mit Rheineck. Diese verkauften die Burggrafschaft 1654 an die Grafen von Sinzendorf aus Österreich. 1689 wurde die Burg von französischen Truppen zerstört und die Überreste 1692 von den Soldaten des Kölner Erzbischofs. In kleinerem Ausmaß wurde die Burg 1718 aber erneuert. Endgültig brannte sie 1785 aus.
1805 wurde die Ruine von Wenzeslaus Schurp ersteigert und 1832 von Prof. Moritz August von Bethmann-Hollweg erworben, der sie durch Johann Claudius Lassaulx zum heutigen Schloss umbauen ließ. Aufgrund der großen Baufälligkeit musste fast alles niedergelegt und dann neu errichtet werden. 1950 wechselte die Anlage den Besitzer.
Burg Rheineck steht auf dem kleinen Gipfel eines Sporns über dem Rheintal. Die vom Bau der zweiten Hälfte des 12. Jahrhunderts noch erhaltenen Teile sind die ein langgezogenes Achteck bildende Ringmauer und der quadratische (12,30 x 12,60 m) Bergfried. Er ist unten aus Buckelquadern und oben aus Bruchstein und beherrscht die Auffahrt zum Schloss. Durch Aufschüttung wurde der ehemals hoch gelegene Eingang im 19. Jahrhundert ebenerdig erreichbar gemacht. In der Ostecke befindet sich eine Wendeltreppe in der Mauerstärke.
Die achteckige Kapelle über der gewölbten Tordurchfahrt ist ein Bau des 19. Jahrhunderts, passt sich in Grundriss und Äußerem aber an den alten Bestand an. Im Osten ist ein vorspringender runder Altarerker, im Südwesten ist eine Wendeltreppe angefügt. Bekrönt wird der Kapellenturm von einem Zeltdach. Eine Mittelsäule trägt zusammen mit Wandkonsolen das Gewölbe. Die Malereien in der Kapelle von Eduard von Steinle mit Szenen aus dem Alten und den Neuen Testament sind fast komplett erhalten.
Der angrenzende dreigeschossige Wohntrakt ist zum Innenhof zweimal abgeknickt und wie die Kapelle aus unverputztem Bruchstein mit Werksteinteilen erbaut. Leitmotiv sind die gekuppelten Fenster mit Überfangbogen. Seine Innendistribution ist erhalten, nicht die aber die Ausstattung.
Das ganze Areal wird noch von der alten Ringmauer aus dem 12. Jahrhundert umgeben. Sie ist ca. 10 Meter hoch und hat im Kern Fischgrätmauerwerk. Im Südwesten befinden sich zwei Gänge in der Mauer, von denen einer zu einem Beobachtungsfenster, einer zu einem Abort führt.

70. Bad Hönningen
Schloss Arenfels

ca. 1255	*Burg erbaut*
1587–1607	*Umbau*
1633	*Teilzerstörung*
1852–59	*umgestaltet*
1862–66	*Wirtschaftsbauten*
1945	*Teilzerstörung*
1948	*Reparaturen*

Schlossweg
Das Schloss ist nur von außen zu besichtigen.
Im Sommerhalbjahr am Wochenende Gastronomie.
Tel.: 02635/95190

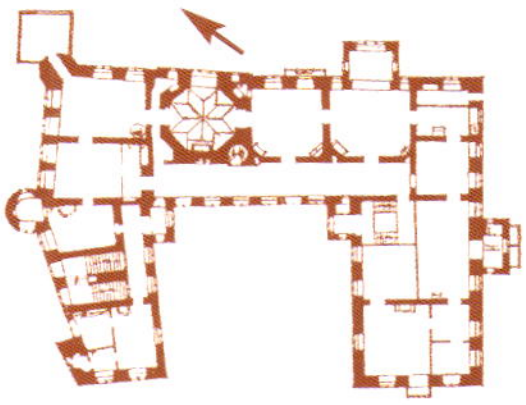

Grundriss 1. OG nach Zwirner

Die Herren von Isenburg waren im Bereich der Vogtei Hönningen Vögte des Stiftes St. Simeon in Trier. Gerlach von Isenburg ließ sich vor 1259 in der Vogtei Hönningen die Burg Arenfels erbauen. Nach 1504 avancierte Arenfels zur bevorzugten Residenz und zum Sitz der Isenburg-Grenzauer Zentralverwaltung. Ab 1587 wurde die Burg zur Dreiflügelanlage umgestaltet. 1607 verlängerte man beide Flügel zum Rhein und zierte sie mit Giebeln und Rollwerk. 1633 erlitt das Schloss schwere Zerstörungen durch schwedische Truppen, und unter den beiden letzten Isenburgern wurde wohl nur der Nordflügel wieder hergerichtet. 1664 zog Kurtrier Arenfels nach Aussterben der Isenburg-Grenzauer ein und vergab es 1670 an die von der Leyen, unter denen vermutlich erst der Mitteltrakt und der südliche Seitenflügel entstanden. 1773 verließen die von der Leyen Arenfels als Wohnort. Der Bauzustand von Arenfels verschlechterte sich rapide, selbst die Marmorkamine wurden ausgebaut.

1849/50 wurde das Schloss an den Grafen Westerholt-Gysenberg verkauft, der es 1852–59 durch Ernst Friedrich Zwirner umbauen und neu gestalten ließ. Man erhöhte den alten Bergfried und die Flankierungstürme. Teilweise wurden Flügel bis auf das Erdgeschoss niedergelegt. Im Inneren kam es zu tiefgreifenden Änderungen etwa mit der neuen Haupttreppe nach Entwürfen des Kölner Dombildhauers Christoph Stephan. 1862–66 folgten die Wirtschaftsbauten nach Plänen des Baumeisters Dietrich. 1945 wurde das Schloss zum Teil zerstört, 1948 aber notdürftig gesichert.

Von der mittelalterlichen Burg ist nur noch der Sockel des Bergfrieds erhalten. Die dreigeschossige Dreiflügelanlage steht auf einer großen Terrasse und öffnet sich zum Rhein mit ihrer eigentlichen Schauseite. Die verputzten Wände zeigen keine Geschossgliederung, ein Kranzgesims schließt das Gebäude ab. Die unterschiedlich breiten Stufengiebel sind mit Figuren des Gottfried von Bouillon und Richard Löwenherz am Südgiebel und der Johanna von Orleans am Nordgiebel geschmückt. Am Schloss finden sich darüber hinaus verschiedene vertikale Bauteile und Gliederungselemente wie Türme, Zinnen und Eckaufsätze, die dem Gebäude ein mittelalterliches Aussehen geben wollen, eine einheitliche Komposition erfuhr nur die Rheinseite. Das Gebäude wird vom reich geschmückten Turm überragt, wobei in Bezug auf Schmuck eine Steigerung von unten nach oben erfolgt.

Im Innern wurde besonders großer Wert auf repräsentative Gesellschaftsräume gelegt. Die Erschließung erfolgt über eine vierläufige Treppe von Eisen, ein hofseitiger Korridor erschließt die Räume. Während im Erd- und Untergeschoss vornehmlich Wirtschafts- und Personalräume situiert waren, kam in das erste Obergeschoss ein großer Gartensaal. Der Rittersaal ragt durch zwei Geschosse, hinzu kamen zwei Esszimmer und mehrere Salons. Im zweiten Obergeschoss befanden sich der eher private Bereich, eine Kapelle und Gästezimmer.

71. Bad Hönningen, Ariendorf Herrenhaus

11. Jh.	*Hof genannt*
1845	*Umbau*
1914	*An- und Umbau*

Rheinstraße
Das Haus ist nicht zu besichtigen.

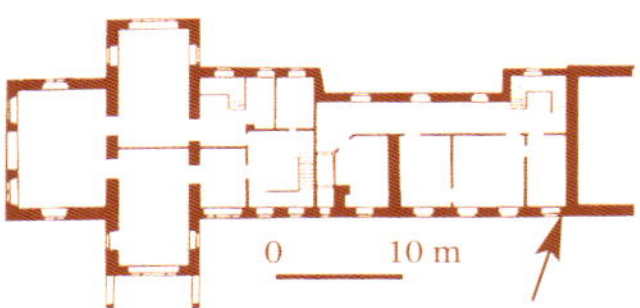

Grundriss Obergeschoss

Vorgänger des Schlosses in Ariendorf ist der Hof Are, der spätestens 1056 im Besitz des Klosters Nivelles in Brabant war. 1706 kaufte ihn der Trierer Erzbischof Johann Hugo von Orsbeck und vererbte ihn seiner Schwester, die mit Johann Wilhelm Freiherr von Metternich-Müllenark verheiratet war. Später war das Anwesen im Besitz der Schwestern Caramé, die es 1845 Ludwig Freiherr von Lorch verkauften, für den es Ernst Friedrich Zwirner neugotisch zum kleinen Schloss umbaute. 1886 gelangte es an Theodor Osthaus aus Hagen und von diesem 1909 an Ferdinande Gräfin von Westerhold. Ihr Sohn ließ 1914 den Zwischenbau neu aufführen und den Westbau wohnlich gestalten. Nachdem das Schloss nach 1960 häufig den Besitzer gewechselt und kurzfristig als Hotel gedient hatte, wurde der inzwischen ruinöse Bau 1978 von den Geschwistern Bröskamp erworben. Jetzt ist er Sitz des „Zentrums für internationale Zusammenarbeit".

Das Haus lag früher direkt am Rhein. Der gotisierende Bau mit Zinnen und Ecktürmen von Ernst Friedrich Zwirner entstand vermutlich unter Verwendung älterer Teile. Der quadratische Turmbau im Osten der Anlage ist mit Sicherheit spätmittelalterlich. Der Gesamtkomplex präsentiert sich in unverputztem Bruchstein. An der Rheinseite liegt der eigentliche Wohnbau. Er erhebt sich dreigeschossig auf querrechteckigem Grundriss mit einem großen, an beiden Seiten vorstehenden Quertrakt und einem Verbindungsbau an der Rückseite, der zum Turmbau überleitet. An der Rheinseite ist der Wohnbau mit spitzbogigem Eingang im Erdgeschoss, flankierenden Spitzbogenfenstern, Erker im Obergeschoss und abschließendem Treppengiebel mit Tourellen eindeutig gotisch instrumentiert. Im Süden schließt heute ein flachgedeckter Anbau von zwei Geschossen an, ehemals gab es hier nur eine Mauer. Vor dem Wohnbau erstreckt sich eine Terrasse.

Der Verbindungsbau zum Turmbau ist zweigeschossig und hat an seiner Osthälfte eine zum Fachwerkmezzanin ausgebaute Mansarde. Dieser rechte Teil war ehemals eingeschossig und niedriger und wurde erst 1914 erhöht. Der quadratisch Turmbau beherbergt drei Geschosse. Abgeschlossen wird er von einem Zinnenkranz mit Ecktourellen.

rechts: Stich, Mitte 19. Jahrhundert, Zustand vor Errichtung der Eisenbahn. Das Haus stand direkt am Rhein.

unten links: Südseite mit Turmbau
unten rechts: Westseite des Wohnbaus

72. Sinzig, Barbarossaschloss

Ein Palatium wird in Sinzig bereits 762 genannt. Kaiser Lothar schenkte es dem Marienstift in Aachen. Aus ihm ging ein Zehnthof hervor. Später war Sinzig zwischen Köln und Jülich umstritten, in deren Besitz es um die Wende zum 14. Jahrhundert durch Schenkungen und Verpfändungen der deutschen Könige gelangte. 1337 gab Kaiser Ludwig der Bayer dem Markgrafen von Jülich die Erlaubnis, ein Schloss nördlich von Sinzig zu errichten, das in Anlehnung an die Stadtmauer erbaut wurde. 1563–74 ließen die Jülicher Herzöge ihre Burg durch Maximilian Pasqualini ausbauen und befestigen. Nach seinem Tod 1572 wurden die Arbeiten von seinem Bruder Johann Pasqualini zu Ende geführt. 1646 wurde das Schloss modernisiert und diente 1653–63 als Wohnsitz der Witwe des Herzogs Wolfgang Wilhelm. Nach ihrem Tod wurde die Anlage 1664 nochmals ausgebessert, 1689 aber von französischen Truppen zerstört.

Auf den Grundmauern des Schlosses wurde 1854–58 für den damaligen Besitzer Gustav Bunge aus Köln durch Vincenz Statz das heute noch bestehende neugotische Schloss errichtet. Die Anlage des Gartens erfolgte 1858–66 nach Plänen von Peter Joseph Lenné. Seit 1954 ist die Stadt Sinzig alleinige Eigentümerin des Schlosses. 1956 zogen das Heimatmuseum und das Stadtarchiv in den Bau, dessen Eingang 1982 neu gestaltet wurde.

Die alte Wasserburg hatte wohl vier Flügel, an deren Ecken je ein Rundturm stand. Eine Beschreibung von 1688 nennt beim Eingang zwei Pforten und eine Zugbrücke. Im Hause zur rechten Hand befänden sich ein Saal und zwei Zimmer, links die Küche

1336	*errichtet*
1569–74	*umgebaut und befestigt*
1689	*zerstört*
1854–58	*Neubau*

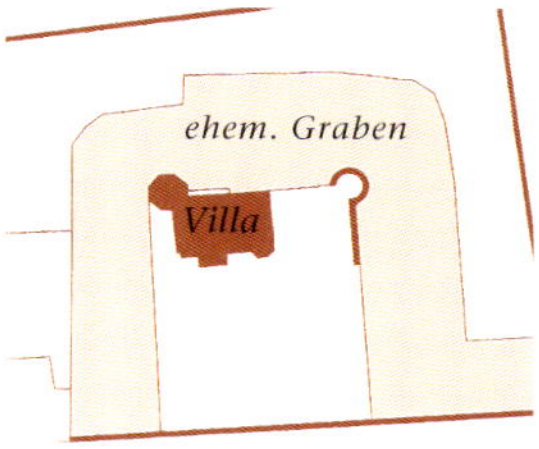

Im Stadtteil Ahrenthal steht das Wasserschloss Ahrental. Hinter einer Vorburg des 18. Jahrhunderts mit turmartigen Eckpavillons erhebt sich das Haupthaus aus dem letzten Drittel des 19. Jahrhunderts.

In Bad Bodendorf befindet sich ein weitgehend umgestalteter Rest einer Wasserburg.

Barbarossastraße 35.
Öffnungszeiten:
Do. 10.00–12.00 Uhr.
Sa.–So. 14.00–17.00 Uhr.
Tel.: 02642/4001-0
www.sinzig.de/buerger/kultur/museum.shtml

und drei Zimmer; eine weitere Brücke führte zum Garten. Diese Anlage ist heute noch von der Gartenseite aus zu erkennen, wo sich Reste des tiefen Grabens erhalten haben. An der Eingangsseite ist der Graben aufgeschüttet, und der Bau präsentiert sich als neugotische Villa. Die zwei Flügel des unverputzten Bruchsteinbaus stoßen rechtwinklig aufeinander. Eine Ecke an der Gartenseite wird von einem fünfgeschossigen achteckigen Turm betont, dessen oberstes rundes Geschoss mit einem Kegeldach bekrönt wird. Er geht auf einen der Ecktürme des alten Schlosses zurück und hat wie der dreigeschossige Westflügel Spitzbogenfenster, während der quergestellte dreiachsige Ostflügel mit Satteldach unter krabbenbesetzten Giebeln Rundbogen- und Flachbogenfenster erhielt. An der Eingangsseite dominieren der Treppenhausbau und ein zweigeschossiger altanartiger Vorbau die Ansicht. Die dreiachsige Ostfassade mit Treppengiebel ziert ein Erker im ersten Obergeschoss.
Fast alle Räume des Erdgeschosses liegen in einer Flucht und sind von der Eingangshalle aus durch Doppeltüren zu erreichen. Rechts befindet sich ein kleiner Salon, von dem aus man auf die östliche Terrasse gelangen kann. Gegenüber dem Eingang wurde das Speisezimmer situiert, das später als Billardzimmer und Bibliothek diente. Von hier aus erreicht man den „Großen Salon“ und weiter über einen Durchgang das „Turmzimmer“. Die Räume des Schlosses wurden vom Historienmaler Karl Andreae ausgemalt, der ein Schwager Bunges war. Im Turmzimmer erreicht das bildnerische Programm in vier Darstellungen seinen Höhepunkt: Auf dem ersten Gemälde sind Szenen aus den Kriegen der Germanen mit den Römern dargestellt, das zweite thematisiert Karl den Großen. Die dritte Darstellung widmet sich Friedrich Barbarossa und den Kreuzzügen, während als Endpunkt dieser gerafften Wiedergabe deutscher Geschichte die Ankunft der Familie Bunge 1850 in Köln mit der Erfindung des Buchdrucks, der Entdeckung Amerikas und Luthers Bibelübersetzung verknüpft wird. Im Gegensatz zu den aufwändigen Repräsentationsräumen des Erdgeschosses sind die Privaträume im Obergeschoss schlichter gestaltet. Hier befanden sich Wohn-, Schlaf- und Kinderzimmer, im zweiten Stock Räume für das Personal und vermutlich auch Gästezimmer. Für das Personal gab es eine eigene Nebentreppe, das große Treppenhaus mit seiner um vier Pfeiler herumgeführten Treppe blieb den Bunges und ihren Gästen vorbehalten.

73. Linz, Dattenberg Burg und Linz, Leubsdorf, Burghaus

Die Burg in **Dattenberg** stammt vermutlich aus der Mitte des 13. Jahrhunderts. Der Ort war Stammsitz mehrerer ritterlicher Geschlechter. Eines davon hat die kleine Burg erbaut. Wilhelm von Dattenberg verkaufte sie an Kurköln, und Rolmann von Sinzig erhielt daraufhin 1331 als kurkölnisches Lehen das Ortsgericht und die Burg. Seine Nachkommen benannten sich dann nach der Burg. Sie gelangte durch Erbtöchter 1572 an die von Lülsdorf und 1667 bis 1674 an die Reitz von Frentz. 1698 wurden Burg und Gericht auf Lebenszeit einem von Metternich verliehen und wurden danach eine kurkölnische Kameralherrschaft. Es ist nicht bekannt, wann die Burg aufgegeben oder zerstört wurde. Im 19. Jahrhundert war sie jedenfalls eine Ruine, neben der 1880 eine neue Villa erbaut wurde, in die nach dem Zweiten Weltkrieg ein Jugenderholungsheim einzog, für das dem Komplex moderne Anbauten hinzugefügt wurden.
Von der alten kreisförmigen Burg sind noch der Stumpf eines Bergfrieds und Reste des Berings der Kernburg mit einem Schalenturm auf der Ostseite sowie ein mehrere Meter tiefer und 15 Meter breiter Halsgraben gegen die ehemalige Vorburg erhalten. Die Anlage ist wohl noch in die Mitte des 13. Jahrhunderts zu datieren. Der Durchmesser der kleinen Hauptburg beträgt etwa 18 Meter. Der etwa elf Meter hohe, zweigeschossige runde Bergfried steht in der Mitte der Kernburg. Er hat 1,60 Meter starke Wände und sein Durchmesser beträgt im Lichten 5,50 Meter. Im ersten Obergeschoss befindet sich an der Südseite ein rundbogiger Eingang. Die Treppe in der Mauerstärke führt zu einer Toilettenanlage.
An der Südseite der Kernburg erstreckt sich eine bis zu 8 Meter breite Terrasse. Sie liegt noch tiefer als die Sohle des Halsgrabens und wird von einer Mauer begrenzt. In der ehemaligen Vorburg standen die eigentlichen Wohngebäude. Hier erhebt sich heute die neugotische Villa mit Türmchen und Treppengiebel.

Im knapp 2 Kilometer südlich gelegenen **Leubsdorf** steht ein kleines Burghaus. Es handelt sich um einen annähernd quadratischen, spätgotischen Steinbau von drei Geschossen mit polygonalen Fachwerktürmchen auf den Ecken und einem Krüppelwalmdach. An der Südseite ist ein einstöckiges Fachwerkhaus über hohem Sockelgeschoss mit Mansarddach angefügt.

ca. 1250 *Dattenberg erbaut*
1880 *Dattenberg Villa errichtet*

Dattenberg: Burgstraße
Leubsdorf: Bachstraße
Die Objekte sind nur von außen zu besichtigen.

Dattenberg
oben: Villa
links: Bergfried

Leubsdorf, Burghaus

74. Linz
Erzbischöfliche Burg und Burg zur Leyen in Ockenfels

1368	*Burg in Linz erbaut*
1707	*Westflügel errichtet*
13. Jh.	*Burg zur Leyen*
1475	*Burg zur Leyen zerstört*
1925–27	*Wiederaufbau*

Linz gelangte 1250 an das Erzbistum Köln. 1368 wurde durch Erzbischof Engelbert die Burg erbaut und wurde Sitz des Amtes Altenwied bis 1803.

Die Burg steht wie so viele Stadtburgen am Mittelrhein an der Ecke der Stadt zum Rhein, in Linz an der Nordwestecke der Stadtbefestigung, und auch sie war gegen die Stadt mit Mau-

er und Wassergraben gesichert. Die Burg gliedert sich um einen viereckigen Hof. Die zwei- und dreigeschossigen Flügel sind teilweise aus Fachwerk und wurden bis in das 19. Jahrhundert hinein mehrfach umgebaut. Aus der Erbauungszeit hat sich nur noch der große runde, oben achteckige Eckturm erhalten und die Einfahrt in den Südflügel. Das oberste Geschoss des Turms kragt über einem Rundbogenfries etwas aus. Die Marktplatzseite lässt von der ehemaligen Wehrhaftigkeit nichts mehr erkennen: Eine zweiläufige Freitreppe führt zum Südportal empor.

Die **Burg zur Leyen in Ockenfels** stammt aus dem frühen 13. Jahrhundert. Sie war Stammsitz der zur Leyen mit dem Glevenrad (nicht von der

Leyen), die zwischen 1315 und 1384 genannt werden. Dann ging die Burg als kölnisches Lehen ca. 1420 an die von Dattenberg, 1439 an die von Monreal. 1475 wurde die Burg in der Kölner Fehde von den Truppen Karls des Kühnen von Burgund zerstört. Die Ruine gelangte 1623 an die von Gerolt, deren Erben sie bis 1920 besaßen. Beim Neubau des Burghauses 1925–27 nach den Plänen von Heinrich Reinhardt wurden Teile der Ruine in den neuen Bau eingefügt. Er diente als Sommersitz für einen vermögenden Kölner Bürger.

Die Burg steht am Ende eines mäßig ansteigenden Sporns über dem Rhein auf einer kleinen Erhöhung. Bis zum Wiederaufbau war die Anlage, abgesehen von einigen Grundmauern, bis auf ein aufrechtes Mauerstück und einen Turmrest verschwunden. Das dann errichtete zweiflügelige zweigeschossige Gebäude mit Satteldach öffnete sich mit einer Terrasse nach Südwesten zum Rhein; an der Nordostecke wurde ein kleiner Turm aufgeführt. Der Parkplatz des Hotels ist auf der Sohle des ehemaligen Halsgrabens angelegt, der die Burg gegen den ansteigenden Hang sicherte.

oben: Erzbischöfliche Burg
links und unten: Burg zur Leyen in Ockenfels

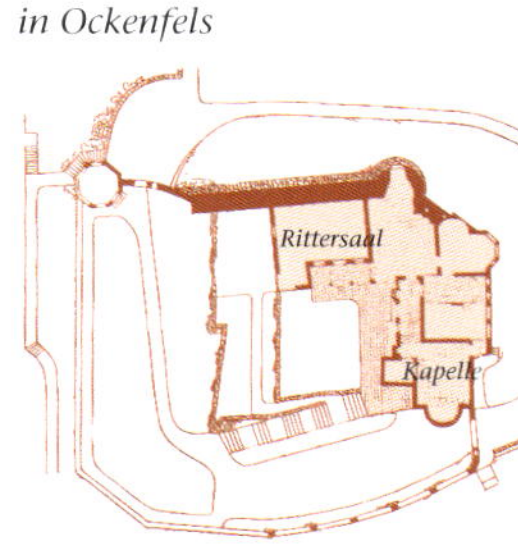

Burg Linz: Burgplatz
Gastronomie und Museen
Ockenfels: Burgstraße
Hotel, keine Besichtigung
Tel.: 02644/565485

75. Remagen
Villa Schloss Marienfels

1859–61	*Schloss*
1862–63	*Garten*
1936	*Umbau*
1975	*Renovierung und Anbauten*

Oberhalb der B 9
Marienfels kann nicht besichtigt werden.

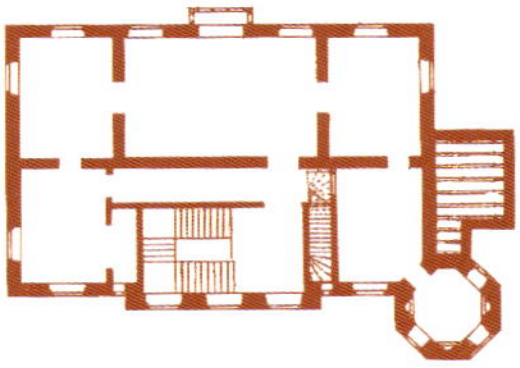

Grundriss Obergeschoss

Das Grundstück am Rhein wurde 1858 von Eduard Frings erworben, der sich hier von 1859–61 eine Villa nach Plänen von Karl Schnitzler errichten ließ. Bereits 1860 konnte der Bauherr drei Zimmer beziehen. 1861 wurden die Arbeiten an Remise, Gärtnerwohnung und Stallungen, Brunnenhaus und Schuppen abgeschlossen, und von 1862 bis 1863 konnten auch die Gartenanlagen durch Wilhelm Sinning vollendet werden. 1907 wurde das Schloss verkauft, nachdem bereits die Einrichtung 1905 unter die Erben aufgeteilt worden war. Der neue Besitzer Otto Guilleaume nahm nur geringfügige Änderungen vor. 1936 gelangte das Schloss an Otto Becker aus Remagen, der sich die offene Terrasse zur geschlossenen Veranda umbauen ließ. Nachdem die Anlage für einige Jahre im Besitz der Gesellschaft „Klinik Sanatorium Schloss Marienfels" gewesen war, wurde sie 1975 von Paul Spinat erworben, der umfangreiche Renovierungen durchführen ließ. An der Südseite des Hauptgebäudes wurde zudem ein neuer großer Wohnraum angefügt, der sich in der Architektur aber am Bestehenden orientierte, und vor dem Schloss entstand eine große Freiterrasse. 1989 erwarb Katharina Hillebrand das Schloss, das daraufhin bis 1992 instand gesetzt wurde.

Vom Schloss aus hat man eine freie Sicht auf das Rheintal. Der alte zweigeschossige Kernbau misst nur fünf auf drei Achsen (11,90 x 18,30 m) und ist mit Bänderrustika überzogen. Auf seinen Ecken sitzen achteckige Türmchen, an der Südwestecke ist ein achteckiger dreigeschossiger Turm angefügt. Kernbau und Turm schließen mit Zinnen ab, hinter denen das Dach ansteigt. Der Eingang liegt an der rheinabgewandten Seite in einem dreiachsigen Mittelrisalit. Zum Rhein gibt es einen kleinen einachsigen Giebel und die vorgelagerte Veranda. Der Anbau im Süden ist nur eingeschossig, hat zwar auch Ecktürme und einen Zinnenabschluss, verzichtet aber auf die Bänderrustika. Der verputzte Ziegelbau ist nach Befund gelb gestrichen und wird von den gleich großen und gleichmäßig verteilten Fenstern und einem Gurtgesims gegliedert.

Das Innere ist ganz regelmäßig aufgeteilt. Auf eine Treppenhalle folgt zum Rhein ein drei Fensterachsen breiter Salon mit umlaufender Vertäfelung und profilierter Holzdecke. An beiden Seiten schließt sich je ein Raum an, von dem aus jeweils ein weiterer zu Seiten der Treppenhalle zu erreichen ist. 1905 wurde sie als Wohnraum, Musikzimmer und Herrenzimmer genutzt. Über einen Zwischenraum kann man aus der Treppenhalle auch direkt in den Turm gelangen. Sein Erdgeschoss wurde als Kapelle ausgestaltet. Die Raumanordnung im Obergeschoss ist identisch. Hier lagen Schlafräume und Gästezimmer. Der Dachraum nahm Mansarden und Speicher auf. Im Sockelgeschoss befanden sich Küche und Wirtschaftsräume. Es wird ebenfalls aus der Treppenhalle erschlossen, aber über eine Nebentreppe. Heute befinden sich hier ein Schwimmbad und eine Sauna sowie Räume der Haustechnik.

Zur Bergseite hin wurde dem Haupthaus ein eingeschossiges und bei weitem schlichteres Nebengebäude vorgelagert, das Remisen und Stallungen aufnahm sowie die Wohnräume der Bediensteten.

Schloss Marienfels zeichnet sich durch seinen regelmäßigen Baukörper aus, der mit Versatzstücken der Burgenromantik geziert wurde.

76. Remagen, Unkelbach
Villa Schloss Ernich

Schloss Ernich wurde 1906–08 für Arnold von Guilleaume durch den Hofarchitekten des Kaisers, Ernst von Ihne, erbaut. Guilleaume stammte aus einer Kölner Industriellenfamilie und war erst 1904 geadelt worden. 1910 entstanden die Terrassen und Treppenanlagen.

Das Schloss wurde nur bis 1930 von den Guilleaumes bewohnt, danach befand sich hier bis in die ersten Jahre des Zweiten Weltkriegs ein Hotel unter der Familie Richartzen. 1934 wurden die Gebäude erweitert. Nach dem Krieg beschlagnahmten die französischen Besatzer das Gebäude, und es wurde Sitz des französischen Hohen Kommissars François Poncet. Später mietete es der französische Staat von den Guilleaumes, um es endlich zu kaufen. Bis zur Übersiedelung nach Berlin 2002/03 befand sich hier seit 1965 die Residenz des französischen Botschafters.

Schloss Ernich liegt gut einen Kilometer nördlich von Marienfels (➟ 75). Es ist als Dreiflügelanlage mit sehr kurzen, einachsigen Seitenflügeln konzipiert. Der Mittelflügel ist fünf Achsen breit, davon werden drei Achsen von einem Mittelrisaliten mit Segmentgiebel eingenommen. Die Seitenflügel sind lediglich zwei Achsen breit. Der zweigeschossige Bau ist mit einem Mansardwalmdach gedeckt und wird von einem Dachreiter in der Mittelachse bekrönt.

Die Seitenfassaden von Schloss Ernich sind unterschiedlich gestaltet: Die westliche hat zwei Balkone und acht Achsen, die östliche nur einen Balkon. An der elfachsigen Gartenseite befindet sich in der Mitte ein über drei Achsen reichender Balkon, der von einem Giebel überspannt wird und unter dem ein Portal vorspringt. Zum Schloss gehört ein großer Garten mit Pavillon, Gartenhaus und Wirtschaftsgebäude.

1906–08 erbaut
1934 erweitert

Schloss Ernich liegt oberhalb der B 9 und kann nicht besichtigt werden.

77. Unkel-Heister
Haus Vilzelt

Burg Vilzelt steht an der Stelle der ehemaligen Wasserburg der Herren von Uetgenbach. Diese kam im 15. Jahrhundert als kölnisches Lehen an die von Nesselrode. Offenbar wurde die Anlage im Dreißigjährigen Krieg beschädigt, denn 1645 musste ein neuer Giebel aufgeschlagen werden. 1701 war die Brücke über den Burggraben baufällig, und 1713–16 wurde anscheinend ein gänzlicher Neubau auf alten Fundamenten durch Matys Groenlandt aufgeführt.

Der schlichte zweigeschossige Bruchsteinbau über quadratischer Grundfläche steht am Fuß des Rheintalhanges. Die ehemals umlaufenden Wassergräben sind heute zugeschüttet. Der unregelmäßig durchfensterte Bau ist mit einem steilen Walmdach gedeckt. Sein Portal schmückt das Wappen der Grafen Nesselrode.

1713–16 Neubau

Burg Vilzelt liegt am Ende der Brückenstraße hinter der Eisenbahn und ist nicht zu besichtigen.

78. Rheinbreitbach
Untere Burg und Obere Burg

ca. 1210 *Untere Burg*
ca. 1500 *Obere Burg*
1764 *Nebengebäude der Unteren Burg niedergelegt*
1907 *obere Burg erweitert*
1965 *Untere Burg abgebrochen*
1990–93 *Obere Burg saniert*

Die Burgen stehen östlich bzw. südlich der Kirche in Rheinbreitbach und sind nur von außen zu besichtigen.
Obere Burg: Schulstr. 7
www.foerderkreis-obere-burg.rheinbreitbach.org

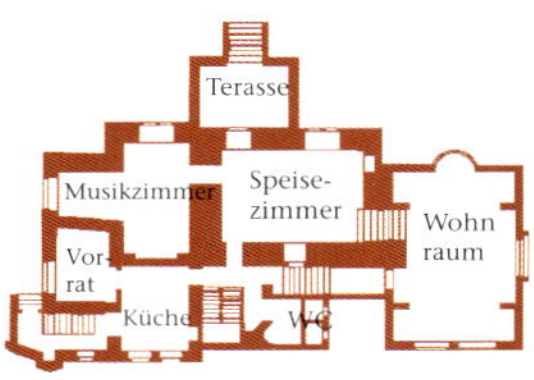

Grundriss Obere Burg

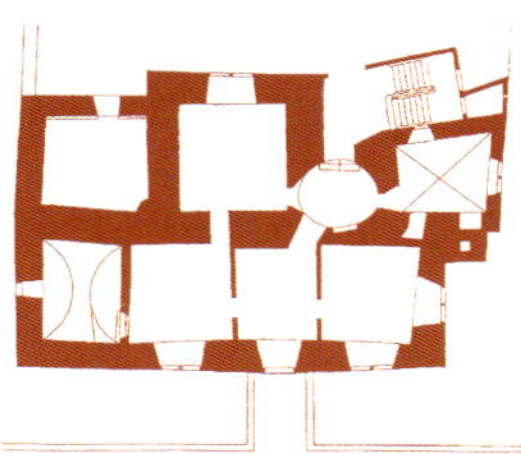

oben und unten: Unteren Burg

Die so genannte **Untere Burg** in Rheinbreitbach war der Stammsitz der Herren von Breitbach, die seit 1217 nachweisbar sind. Das Geschlecht teilte sich in verschiedene Zweige auf, und die Untere Burg gelangte in den Besitz der Linie Breitbach-Bürresheim. Nach ihrem Aussterben 1797 kam die Burg im Erbgang an die Grafen von Renesse. Nachdem bereits in der zweiten Hälfte des 18. Jahrhunderts die Nebengebäude abgetragen worden waren, musste die Burg 1965 wegen Baufälligkeit abgebrochen werden. Nur ein Portal blieb erhalten.

Den Kern der Anlage bildete ein fast quadratischer Wohnturm, an den sich weitere Bauten an der Nord-, Süd- und Westseite anfügten. Der Turm maß vier Geschosse und war von einem Pyramidendach abgeschlossen. An seiner Südseite stand ein Treppenturm. Im Westen gab es einen spätgotischen Flügel von drei Geschossen. Seit dem 17. Jahrhundert befand sich in diesem Flügel der noch heute erhaltene, etwas aus der Mitte verschobene Eingang mit einem Wappenschlussstein. An der Südseite des Wohnturms befand sich ein viergeschossiger, annähernd viereckiger turmartiger Anbau. An der Nordseite stand ein zweigeschossiger Anbau. Umgeben war das Haus von einem 5 Meter breiten und 3 bis 4 Meter tiefen Graben.

Die so genannte **Obere Burg** in Rheinbreitbach wurde um 1500 von den Herren von Breitbach-Bürresheim errichtet. 1829 gelangte sie in bürgerlichen Besitz und wurde 1907 Eigentum des damals sehr populären Schriftstellers Rudolf Herzog. Dieser ließ die Burg durch seinen Architekten Valentin Martin erweitern.

Die vielgliedrige Anlage gruppiert sich um einen turmartigen dreigeschossigen Mittelbau, der noch aus dem späten Mittelalter stammt. Es ist durchaus möglich, dass er ehemals über ein viertes vorkragendes Fachwerkgeschoss verfügte. Heute ist er mit einem Walmdach gedeckt. Im Gegensatz zu fast allen neueren Anbauten wird er nicht von einem Zinnenkranz abgeschlossen. Der Flügel im Norden wurde im 19. Jahrhundert in Stein ausgebaut und erhielt im Erdgeschoss eine Kapelle. Über ihr lag eine Bibliothek. Der Turm im Westen wurde erst im 20. Jahrhundert um ein Geschoss erhöht, so dass er heute alle anderen Bauten überragt. 1990 kam die Burg an die Stadt Rheinbreitbach und wurde bis 1993 saniert. Heute wird sie für kulturelle Veranstaltungen genutzt.

Obere Burg von Osten mit Wohnturm

Obere Burg von Süden (oben) und Westen (unten)

79. Remagen, Rolandswerth
Burg Rolandseck

ca. 1135	*erbaut*
1302	*abgebrochen*
1326	*neu befestigt*
1582/84	*vermutlich zerstört*

Die Ruine ist frei zugänglich. Zugang von der Rheinuferstraße aus oder mit dem Auto von Bonn-Mehlem in Richtung Rodderberg.

Burg Rolandseck dürfte um 1135 für den Kölner Erzbischof entstanden sein, ein genaues Gründungsdatum ist aber nicht bekannt. Sie war zwischen König und Erzbischof umstritten, und 1302 musste der Kölner geloben, die Burg zu zerstören und nicht wieder zu errichten. 1326 hatten sich die Machtverhältnisse geändert, und der Kölner Erzbischof ließ Roandseck stark befestigen, wenn nicht sogar gänzlich neu aufführen. 1475 im burgundischen Krieg wurde die Burg erobert, war aber bald wieder bewohnbar. Mit großer Wahrscheinlich wurde sie im Truchsessischen Krieg 1582–84 zerstört. Jedenfalls diente sie bereits vor dem Dreißigjährigen Krieg als Steinbruch, und im 19. Jahrhundert war bis auf geringe Reste nur noch ein Bogen erhalten.

1831 gelangte die Ruine als Geschenk an Prinzessin Marianne von Preußen. Als der so genannten Rolandsbogen in der Nacht vom 28. auf 29. Dezember 1839 durch einen Sturm zusammenstürzte, entfachte der Anfang 1840 vom Dichter Ferdinand Freiligrath erlassene Spendenaufruf zum Wiederaufbau des Bogens eine ungeahnte Begeisterung und erbrachte in kurzer Zeit die erforderliche Summe. Der Wiederaufbau durch Ernst Friedrich Zwirner gestaltete sich jedoch etwas schwieriger, da Prinzessin Marianne erst ihr Einverständnis geben musste. 1840 konnte der neue Bogen weitgehend aus dem Material des alten vollendet werden. Seit den 1920er Jahren wurde die Ruine zunehmend von einer Ausflugsgaststätte überbaut.

Die Begeisterung für den Wiederaufbau des Rolandsbogens erklärt sich aus dem Umstand, dass er Gegenstand rührender Sagen war. Im Mittelpunkt steht die unglückliche Liebe des Ritters Roland zu einem Burgfräulein auf dem gegenüberliegenden Drachenfels (➠ 83). Zwar wurde seine Liebe erwidert, entweder aber tötete Roland bei einem Kampf auf dem Drachenfels seinen Schwiegervater in spe und das trauernde Fräulein ging in das Kloster Nonnenwerth auf der Rheininsel unter der Burg, oder Ritter Roland ging auf einen Kreuzzug und seine Geliebte vermeinte ihn gefallen und ging vor Gram in das Kloster Nonnenwerth. In jedem Fall aber saß der verliebte Roland nun jeden Tag am Fenster seiner Burg und schaute auf das Kloster hinab. Und als die Geliebte starb und die Sterbeglocke geläutet wurde, sank er tot am Fenster zusammen. Und mit diesem Fenster brachte man den Rolandsbogen in Verbindung.

Die Burg liegt kurz vor der Weitung des Rheintals und dem Eintritt in die Kölner Bucht hoch über dem Rhein. Ihre frühere Bedeutung ergab sich aus dem Umstand, dass sie bis in das 12. Jahrhundert der südlichste Grenzort des kurkölnischen Territoriums war, der gesichert werden musste. Ehemals hatte die Burg einen trapezförmigen Grundriss von ca. 70 auf 70 Meter. 1491 wird sie als ganz möbliert beschrieben, bestehend aus mehreren Kammern, Stallung und Küche sowie einer Kapelle. Heute sind noch der Turmunterbau, verschiedene Mauerreste und Reste der Umfassungsmauer mit einem Torbogen auf der Ostseite erhalten. Vor der Burg verläuft ein tiefer Halsgraben. Auf dem Burgplateau erhebt sich heute ein Restaurant und natürlich der berühmte Rolandsbogen.

80. Bad Honnef, Menzenberg Gut Hagerhof

1655 genannt
1865–68 umgebaut
ca. 1880 Stallgebäude erbaut
1904 Remise errichtet

Menzenberg 13
Der Weg zum Hagerhof in Menzenberg ist kurz vor der Landesgrenze von Nordrhein-Westfalen an der B 42 ausgeschildert.
Zufahrt: Am Honnefer Graben
Die Bauten können nicht besichtigt werden, das Gelände ist frei zugänglich.

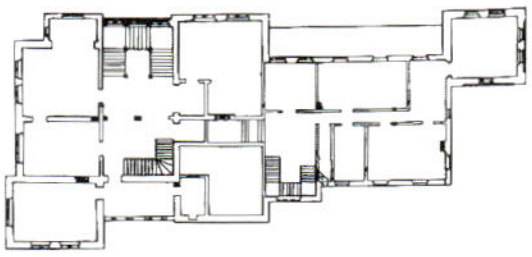

Grundriss Hauptgebäude, 1. OG, 1865

Stallgebäude/Remise

Die frühesten Quellen zum Hagerhof stammen von 1655. Damals war er im Besitz der Familie von der Lipp. 1736 gehört er der Abtei Groß St. Martin in Köln bis zur Säkularisation. 1826 kam der Hagerhof an den Kaufmann Farina, der die bestehenden Gebäude erweitern ließ. 1854 erwarb ihn der Fabrikant Weyermann aus Elberfeld und ließ das Gebäude von 1865 bis 1868 nach Plänen des königlichen Baurats Edwin Oppler aus Hannover umbauen. Nach den Weyermanns wechselte der Hagerhof oft seinen Besitzer. Er war im ausgehenden 19. Jahrhundert ein gesellschaftlicher und kultureller Mittelpunkt. Johannes Brahms wohnte einige Zeit im Hagerhof, Franz von Lenbach war ein häufiger Gast. In der Nachbarschaft wohnten Karl Simrock und die Brüder Grimm.
Um 1880 wurden von den Herren von der Leyen erste Stallgebäude errichtet. 1904 kamen im Auftrag von Alfred Oelbermann die Remise und die Reithalle des Gutes hinzu. Nach 1955 wurden Teile der Stallgebäude zu Wohnungen ausgebaut, und der Reiterhof schied 1959 aus dem Hagerhof aus und erhielt 1989 einen neuen Eigentümer, der die Remisen zu Wohnungen um- und ausbaute sowie die Reithalle sanieren ließ.
Beim Umbau 1865/68 wurde der vorher zweigeschossige Bau von zehn Fensterachsen und zwei flankierenden Türmen in den neuen Hauptbau nur zum Teil miteinbezogen. Zusammen mit einem weiteren Anbau ergibt sich so eine Gebäudelänge von etwa 60 Metern. Von dem Turm des Altbaus läuft an der heutigen Gartenseite des Hauses eine Spitzbogenarkade zum Neubau. Dieser präsentiert sich dem Ankommenden als ein burgartiges Herrenhaus aus Bruchsteinmauerwerk. Gewände und Gebäudeecken sind in Haustein ausgeführt. Der im Grundriss sehr klar gegliederte, fast kubische Neubau wird durch einen Turm und mehrere Giebel optisch zu einer Addition seiner Einzelteile, was ihm eine mittelalterliche und malerische Erscheinung verleiht. Der alte Baubestand wird verdeckt. In ihr wurden nun Küche und Wirtschaftsräume untergebracht, während im neuen Teil die Repräsentationsräume Platz fanden.
Gegenüber dem Eingang steht eine einschiffige, mit drei Jochen und einer kleinen Vorhalle versehene Grabkapelle, die ebenfalls von Oppler erbaut wurde. Am Hang befindet sich das Gärtnerhaus. Der Reiterhof vor dem Herrenhaus zeichnet sich vor allem durch die geschwungenen Jugendstilgiebel der Bauten aus.

oben und unten: Neubau von 1865/68

81. Bad Honnef
Burg Reitersdorf und „Haus im Turm“

Das Burghaus in **Reitersdorf** wurde um 1270 für Heinrich von Honnef, einen kölnischen Ministerialen, errichtet. Über die Burggründung kam es 1252 zum Streit zwischen dem Erzbischof und den Herren von Löwenburg und Heinsberg. 1288 wurden die Grafen von Jülich mit der Burg Reitersdorf belehnt, vergrößerten den bisherigen Turm und umgaben ihn mit einer Mauer. Erst 1300 wurde der Streit um die Burg zwischen Köln und Jülich beigelegt. Dennoch wurde die Burg noch vor 1317 vom Erzbischof zerstört. 1870 wurden Teile der Burg freigelegt, danach aber wieder zugeschüttet. Erst 1981 konnte die Burg wieder entdeckt werden.
Die Burg bestand anfänglich nur aus einem annähernd quadratischen Wohnturm von 5,50 auf 5 Meter. Dieser wurde 1288 an einer Seite erweitert um einen Anbau von 9,30 auf 6,50 Meter. Die annähernd quadratische, 1,50 Meter starke Ringmauer umfing einen Bereich von 22 auf 22 Meter und erhielt an ihren vier Ecken Schalentürme. Ein Wassergraben umgab sie. Eine weitere vorgesehene Verstärkung wurde nie vollendet. Heute sind nur noch die aufgemauerten Fundamente der Burg Reitersdorf zu sehen.

Das befestigte **Haus im Turm** könnte bereits aus dem 13. Jahrhundert stammen und der Sitz der Ritter von Rhöndorf gewesen sein. Bereits 1440 wurde es als Sitz der Löwenburger Richter befestigt. Nachdem im 17. Jahrhundert verschiedene Anbauten hinzugekommen waren, wurde das Objekt um 1830 klassizistisch umgestaltet und erhielt weitgehend seine heutige Gestalt. Nachdem ein Abbruch-Antrag 1937 abgewiesen werden konnte, wurden 1963 die Fachwerkbestandteile des linken Flügels durch steinernes Mauerwerk ersetzt.
Das Haus im Turm ist heute ein klassizistisches Herrenhaus in einem Landschaftspark. Der viergeschossige quadratische Mittelturm des Herrenhauses geht im Kern auf den mittelalterlichen Wohnturm der ehemaligen Befestigung zurück und wird heute von niedrigeren Seitentrakten flankiert. Vor den Ausbauten des 19. Jahrhunderts hatte der Turm ein Satteldach und zu seinen Seiten standen Fachwerkbauten. Die gegenwärtigen Flügelbauten von vier Achsen sind zweigeschossig und unterscheiden sich vor allem auf der Eingangsseite stark: Der linke Flügel ist schlichter. Er war früher aus Fachwerk. Die rechte Seitenfassade hat einen Dreiecksgiebel und einen die ganze Breite einnehmenden Balkon auf Säulen.

ca. 1270	*Burghaus Reitersdorf errichtet*
vor 1317	*Burg Reitersdorf zerstört*
1440	*„Haus im Turm“ befestigt*
ca. 1830	*„Haus im Turm“ umgebaut*

Reitersdorf:
An der Rhöndorfer Straße
im Park
Haus im Turm:
Drachenfelsstraße 4–6

Grundriss: rot = Bauphase I mit Wohnturm (1A) und unvollendetem Mauerring (2); grün = Bauphase II mit Wohnturm (1B), Bering mit 4 Ecktürmen (3) und Wassergraben (4) bzw. Mauer (5)

oben: Burg Reitersdorf

unten: Haus im Turm

82. Bad Honnef Löwenburg

ca. 1200 begründet
1247 genannt
16. Jh. beginnender Verfall
1881 Bergfried niedergelegt

In Bad Honnef die Schmelztalstraße Richtung Windhagen, dann links zum Löwenburger Hof

unten links: Bauraltersplan nach einer Inschriftentafel
unten rechts: Rekonstruktion (Südansicht)

Der Ausbau der Löwenburg begann um 1200. Ausdrücklich genannt wird die Burg 1247 bei der Aufteilung des Saynschen Erbes durch Gräfin Mechthild von Sayn, die auf der Löwenburg ihren Witwensitz nahm. Über ihren Neffen, einen Grafen von Sponheim-Heinsberg, gelangte die Burg an die dieser Linie entstammenden Herren von Löwenburg und wurde Mittelpunkt ihrer Herrschaft mit dem Hauptort Honnef. 1345 wurde die Löwenburg kurkölnisches Lehen. 1336 werden eine Ober- und eine Unterburg genannt. Als die Löwenburger Linie 1360 ausstarb, gelangte der größte Teil 1362 an Heinsberg und 1483 an Jülich-Berg.

Die Burg wurde jetzt nur noch von Amtleuten bewohnt oder verpfändet. Seit der Mitte des 16. Jahrhunderts wohnten die Amtmänner in Lülsdorf (➠ 125) und die Burg verfiel. Doch erst am Anfang des 19. Jahrhunderts setzte ein schneller Verfall der Ruine ein, so dass 1881 aus Sicherheitsgründen der Bergfried niedergelegt werden musste. Von 1897 bis 1901 wurde die Löwenburg dann gesichert. Nachdem die Burganlage wegen herabstürzender Steine 1977 gesperrt worden war, erfolgten 1979–85 Grabungen und Reparaturarbeiten.

Die Löwenburg steht auf einer der markantesten Bergkuppen des Siebengebirges. Die langgestreckte Höhenburg verfügte über eine große Vorburg im Osten. Die Kernburg ist nochmals von einem eigenen Zwinger umgeben. Sie hat einen unregelmäßigen, prinzipiell aber rechteckigen Grundriss, der sich dem Gelände anpasst. Zwei Seitenmauern des ehemals quadratischen Bergfrieds haben die Abtragung des 19. Jahrhunderts überdauert. Hinter ihm befinden sich im Burghof Reste einer Zisterne.

Der umgebende, ca. 5 Meter breite Zwinger ist weitgehend zugeschüttet. Die Zwingermauer hat im Westen zwei Schalentürme. Die langgestreckte Vorburg auf der Bergseite ist bis auf geringe Reste zerstört.

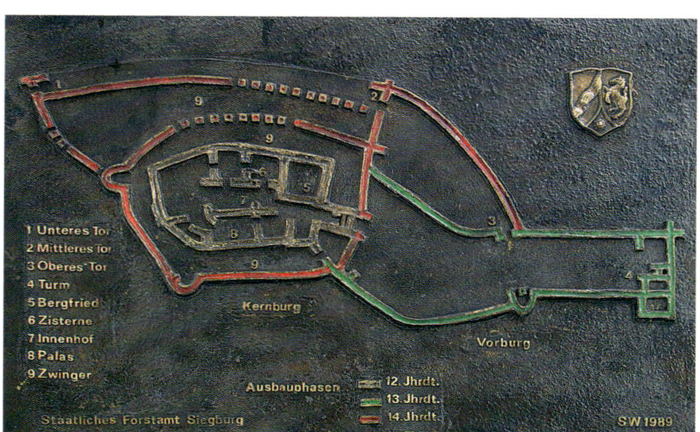

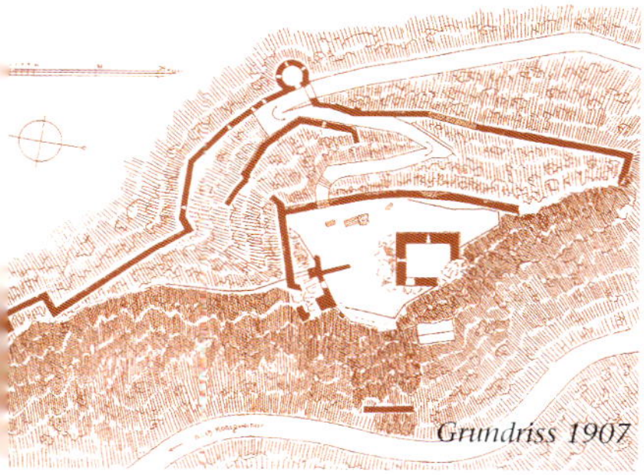
Grundriss 1907

83. Königswinter
Burg Drachenfels und Wolkenburg

Die **Burg Drachenfels** wurde nach der Wahl Erzbischofs Arnold I. 1138 von diesem erbaut. Da sie zum Teil auf dem Grund und Boden des Bonner Cassiusstiftes erbaut worden war und der Erzbischof zudem über die nahegelegene Wolkenburg verfügte, wurde die noch nicht vollendete Burg 1149 dem Stift übertragen. Propst Gerhard von Are vom Cassiusstift vollendete sie. Seit 1176 sind die Burggrafen von Drachenfels nachweisbar, die aus dem Ministerialenstand hervorgingen. 1402 erwarben die Burggrafen die Burg Gudenau, schufen damit das so genannte Drachenfelser Ländchen und machten sich unabhängig vom Cassiusstift. Sie wurden unmittelbare Lehnsnehmer des Kölner Erzbischofs. Im 15. Jahrhundert wurde die Burg um Vorburg und Zwingeranlage erweitert, im Dreißigjährigen Krieg aber geschleift. Sie ist seit 1642 Ruine.

Unter der Burg befand sich ein Steinbruch, in dem bereits im 13. Jahrhundert Trachyt für den Kölner Dom abgebaut wurde. Der Steinbruch fraß sich immer näher an den Drachenfels heran und 1780 fiel die Burgkapelle zusammen, weitere Teile der Anlage stürzten zu Tal und 1788 brach bei einem Felssturz ein Großteil der Südwestseite des Bergfrieds ab. Wegen der Gefahr für die Ruine wurde sie 1836 von der Königlichen Staatsregierung angekauft, und die Brüche wurden stillgelegt. Immer wieder musste der Drachenfels gesichert und instand gesetzt werden, so 1855, 1891, 1905 und zuletzt 1971–73.

Drachenfels mit dem Steinbruch im Vordergrund, Kupferstich von Matthäus Merian, 1646, und heutige Ansicht

Die Kernburg ist von Norden her zugänglich. Hier sind nur noch Reste der Umfassungsmauer und eines Wohngebäudes erhalten. Ferner steht noch in der Südwestecke des Berings ein Rest des romanischen Bergfrieds. Sein Westteil ist durch den Felsabbruch verloren. Der dreigeschossige, quadratische Turm aus Trachytquadern wurde in den Fels hineingebaut. Sein Mauerwerk besteht aus sehr gleichformatigen und regelmäßig gesetzten Buckelquadern. Der ca. 25 Meter hohe Bau nahm ehemals drei Geschosse auf. Im Mittelgeschoss befand sich der Eingang und ein Kamin sowie ein Wandschrank. An der Ostseite im Obergeschoss befindet sich

ca. 1125	*Wolkenburg erbaut*
1138	*Drachenfels erbaut*
ca. 1250	*Wolkenburg ausgebaut*
1345	*Unterburg von Drachenfels bezeugt*
16. Jh.	*Wolkenburg verfallen*
1642	*Drachenfels zerstört*
1788	*Felssturz am Drachenfels*
1836	*Drachenfels vom Staat gekauft*
1855	*Sicherungsarbeiten am Drachenfels*
1891	*Instandsetzung am Drachenfels*
1971–73	*Sicherungsmaßnahmen am Drachenfels*

Der Drachenfels ist frei zugänglich.
Zufahrt von Königswinter bis zum Parkplatz am Lemmerzbad, dann zu Fuß oder mit der Zahnradbahn „Drachenfelsbahn" bis zur Bergstation.

ein Zwillingsfenster mit eingestellter – später erneuerter – Würfelknaufsäule. Der abschließende Zinnenkranz wurde wohl 1891 erneuert.
Die Reste des Wohnbaus stehen im Norden der Anlage. Sie lassen keine Rückschlüsse auf seine Gestalt zu. An der Ostseite der Burg hat sich die Zwingermauer noch fast in ihrer vollständigen Länge mit einem kleinen Rundturm erhalten, der das Zugangstor sichert. Die ehemaligen Erweiterungsanlagen auf der Rheinseite sind durch den Steinbruch gänzlich zerstört.

Um 1125 wurde die **Wolkenburg** von den Kölner Erzbischöfen zur Sicherung ihres Herrschaftsbereichs gegen die Grafschaft Sayn errichtet. Sie wurde Ministerialen anvertraut und galt als uneinnehmbar. Mitte des 13. Jahrhunderts wurde die Burg nach einem urkundlichen Bericht mit neuen Türmen und festen Mauern befestigt. Seit der Mitte des 14. Jahrhunderts war die Burg ein kurkölnisches Amt und ging 1425 als Pfand an die Burggrafen von Drachenfels. 1493 musste der Erzbischof seine Burg mit Gewalt einnehmen. Doch bereits 1509 erhielten die Drachenfelser die Burg wieder, die bald darauf verfiel. Steinbruchabbau vernichtete die Burg gänzlich. Der Hauptturm soll erst 1740 eingestürzt sein, Ende des 18. Jahrhunderts waren aber schon keine Burgreste mehr vorhanden. Der heutige Bergkegel ist niedriger als die ehemalige Burgstelle.

84. Königswinter Drachenburg

1879 erwarb Stephan Sarter, ein aus Bonn stammender Pariser Finanzmann, das Grundstück, auf dem er sich nach Plänen von Bernhard Tüshaus und Leo von Abbema, die während der Bauarbeiten von Wilhelm Hoffmann überarbeitet wurden, 1881–85 Schloss Drachenburg errichten ließ. Sarter war 1881 in den Freiherrenstand erhoben worden und wollte vermutlich nun andere Ansprüche erfüllen. 1883 wurde der Wirtschaftshof errichtet. Sarter hat das Schloss nie bewohnt, sondern setzte bereits 1884 einen Verwalter ein. Nach 1903 wechselten die Besitzer häufig, 1931–38 befand sich eine Schule im Schloss, das 1940 beschlagnahmt und zu einer Adolf-Hitler-Schule umgenutzt wurde. Hierfür veränderte man bereits 1940 die Freitreppe an der Ostseite. Im zweiten Weltkrieg wurde das Gebäude durch Artilleriebeschuss beschädigt. Nachdem Schloss Drachenburg von 1947 bis 1960 als Reichsbahnschule gedient hatte, stand es 1960–71 leer. Dann erwarb Paul Spinat die Anlage und machte sie der Öffentlichkeit zugänglich. Nach seinem Tod 1989 ging das Schloss an die Nordrhein-Westfalen-Stiftung Naturschutz, Heimat- und Kulturpflege. Seit 1995 wird das Schloss saniert und 2002 erfolgte die Rekonstruktion der Kuppel der so genannten Kunsthalle und des fehlenden Maßwerks. Der Hof des Wirtschaftsflügels wurde mit einem Neubau überdacht und geschlossen.

Das Schloss steht am Aufgang zum Drachenfels (➠ 83). Im weitläufigen Park stehen eine Vorburg und das Hauptgebäude. Der Wirtschaftshof, die so genannte Vorburg, ist eine ehe-

1881–85	*Drachenburg errichtet*
1940	*Freitreppe der Drachenburg verändert*
1995–2005	*Sanierungs- und Rekonstruktionsarbeiten*

Drachenfelsstr. 118
Drachenburg Öffnungszeiten: 24.3.–30.10. Di.–So. 11.00–18.00 Uhr.
Stiftung Naturschutzgeschichte: Di.–So. 11.00–17.00 Uhr.
Tel: 02223/901970
www.schloss-drachenburg.de

Rheinseite, Postkarte um 1900

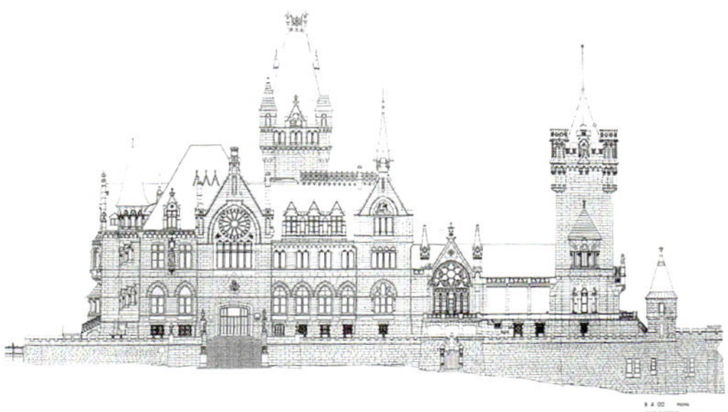

Ansicht Nordseite

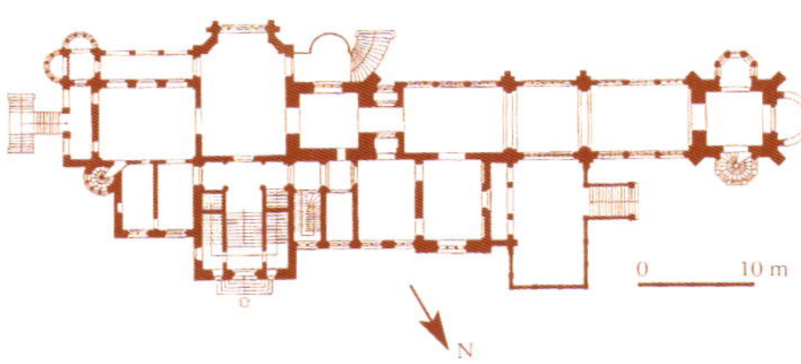

Erdgeschossgrundriss

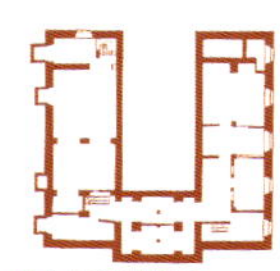

Vorburg, Erdgeschossgrundriss

Vorburg

mals dreiflügelige symmetrische Anlage von zwei Geschossen und diente ehemals als Ökonomiegebäude und Eingangstor. Heute betritt man das Schlossareal jedoch weiter im Süden. Das Hauptgebäude mit seiner Sand- und Tuffsteinfassade steht in seiner Gesamtheit auf einer Terrasse, die über verschiedene Freitreppen erreicht wird. Die Haupttreppe im Osten wurde 1940 verändert. Im Norden ist eine direkte Einfahrt in das Souterrain möglich, im Süden befindet sich eine von Hirschen flankierte Freitreppe zum Garten. Der Bau ist überreich mit neugotischen Schmukkapplikationen, Skulpturen, Erkern und Türmen versehen, hat eine vielgliedrige Dachlandschaft und bildet keine eigentliche Schauseite. Prinzipiell ist der Bau dreigeteilt, was auch ein Blick auf den Grundriss bestätigt. Im Süden steht ein zweigeschossiger Wohnbau mit einem großen Hauptturm. Im Norden schließt sich zum Rhein eine Galerie, die so genannte Kunsthalle, an, und abschließend erhebt sich am nördlichen Ende des Schlosses ein zweiter viergeschossiger Turm, der im Gegensatz zum Hauptturm nicht mit einem Dach, sondern mit einem Zinnenkranz abschließt.

Im zweigeschossigen Kernbau sind die Repräsentations- und Wohnräume gelegen sowie ein aufwändiges Treppenhaus. Der überreiche Schmuck des Außenbaus setzt sich im Inneren fort mit überkuppelten Räumen, Kassettendecken, Wandvertäfelungen und monumentalen Gemälden von Ferdinand Wagner, Joseph Flüggen, Frank Kirchbach und Hermann Schneider. Die Historienbilder haben hauptsächlich die rheinische Geschichte und Sagenwelt zum Thema. Neben dem großen Treppenhaus befindet sich im Kernbau ein Empfangssaal zum Rhein, der von einem Speisesaal, begleitet wird. Durch das so genannte Nibelungenzimmer gelangte man in die Kunsthalle, die dem „Deutschen Geist" gewidmet war. Die Maßwerkfenster zeigten Personen aus Literatur, Dichtkunst und Oper, der Baukunst und der Malerei, Entdecker, Erfinder und Herrscher. Im Abschluss an die Kunsthalle folgte das Kneipzimmer im Nordturm. Ferner gab es ein Billard- und Jagdzimmer sowie eine Bibliothek. Im Obergeschoss ist ein Musiksaal mit Orgel in der Mitte bemerkenswert. Darüber hinaus befanden sich hier Privaträume.

85. Bonn, Muffendorf Kommende

1254 übertrug Abt Gottfried große Teile des Siegburger Klosterbesitzes der Kommende des Deutschen Ordens in Ramersdorf (➟ 89). Der Besitz des Ordens wuchs derart an, dass die Kommende Ramersdorf ihn 1304 an die Ballei Koblenz verkaufte, die damit eine eigene Ordenskommende Muffendorf errichtete. 1717–20 wurde das Kommendenhaus neu erbaut und die übrigen Gebäude überholt. 1760 folgte eine neue Kapelle im Garten, und der Komtur Karl Adolf von Greifenclau ließ das Kommendenhaus 1761 erweitern. Nach der Säkularisation befand sich die Anlage im 19. Jahrhundert in wechselndem Privatbesitz. Das Haupthaus erhielt in dieser Zeit einen Anbau an die nordöstliche Schmalseite. 1898 wurde die Anlage nochmals umgestaltet, die Anbauten des 19. Jahrhunderts wurden weitgehend niedergelegt, und das Gebäude erhielt damit im Wesentlichen sein heutiges Aussehen. 1903 wurde die Kapelle abgerissen. 1952/53 bezog die belgische Botschaft das Areal. Seit 2002 vertritt der belgische Botschafter sein Land jedoch in Berlin.

Das verputzte Kommendengebäude ist in einem großen Park auf einer leichten Terrasse über dem Rheintal gelegen. Das zweigeschossige Hauptgebäude mit Mansarddach setzt sich heute aus zwei im rechten Winkel zueinander stehenden Flügeln zusammen, in deren Gelenk ein runder dreigeschossiger Treppenturm steht. Aufgrund des späteren Anbaus sind an der Eingangsseite von den sieben Achsen des Hauptgebäudes nur noch fünf zu sehen. Sein einachsiger Mittelrisalit hat ein zwerchhausartiges drittes Geschoss. Zum Garten wurde der Fassade ein kleiner Windfang vorgesetzt.

Die inzwischen wieder abgetragenen Anbauten des 19. Jahrhunderts waren ein dreigeschossiger quadratischer Turmbau und ein zweigeschossiger Trakt mit polygonalem turmartigen Anbau. Über abschließenden Rundbogenfriesen befanden sich Flachdächer. Der Treppenturm mit dem Nordostflügel des Hauptgebäudes stammt aus der Zeit nach 1900.

Im Inneren des Hauptgebäudes lagen vor 1717 im Erdgeschoss zwei Stuben und eine kleine Küche – das Obergeschoss nahm vier kleine Zimmer auf, die Dienerschaft wohnte außerhalb des Hauses. Mit dem Neubau wurde das Raumprogramm deutlich verbessert. Nun gab es im Erdgeschoss zwei große Wohnzimmer und zwei kleine Zimmer für das Personal. Das Obergeschoss bot Raum für drei Gastzimmer mit Kammern. Unter dem Dach befanden sich Mansarden.

Vor das Gebäude wurden in drei Flügel die Wirtschaftsbauten gelegt, die sich zum Haupthaus hin öffneten.

ca. 1250	*begründet*
1717–20	*Neubau*
1761	*erweitert*
ca. 1900	*Umbau*

Muffendorfer Hauptstraße 57
Das Objekt ist nicht zu besichtigen.

Ausschnitt aus dem Titelblatt des Flurkartenatlas von Mathias Ehmans 1759

86. Bonn, Bad Godesberg Godesburg

1210 errichtet
1244 Ausbau
1249 Bergfried
1583 zerstört
1896 Einbauten
1960/61 neue Einbauten an Stelle der alten

Auf dem Godesberg 5.
Die Godesburg ist frei zugänglich.
Michaelskapelle: Mai–Okt. 9.00–18.00 Uhr
Turmbesteigung: April–Okt. Mi.–So. 10.00–18.00 Uhr

Michaelskapelle

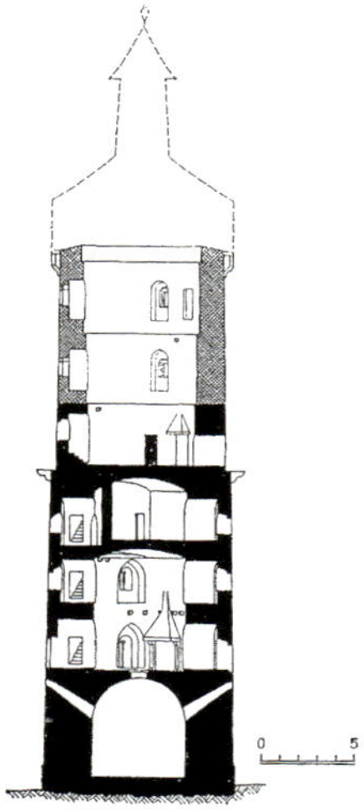

Bergfried, 1210, Erhöhung nach 1340

Die Godesburg wurde 1210 als Stützpunkt des Erzbistums Köln gegen Süden für Erzbischof Dietrich I. angelegt. Die hier gelegene Michaelskapelle wurde ein Stück den Berg hinab verlegt. Nach der Absetzung Dietrichs 1212 stockte der Bau und wurde erst unter Konrad von Hochstaden ab 1244 ausgebaut. Nach 1340 wurde die Godesburg nochmals befestigt und auch der Turm erhöht. Die mehrmals vergeblich belagerte Burg galt als uneinnehmbar und wurde im Truchsessischen Krieg von 1583 von niederländischen Truppen des abgesetzten Erzbischofs Gebhard von Truchsess besetzt und daraufhin vom Herzog von Bayern, der das Erzbistum für seinen Bruder gewinnen wollte, mit einer Mine in die Luft gesprengt. Pläne in der Frühen Neuzeit, die Burg auszubauen, wurden ebenso wenig in die Tat umgesetzt, wie jene der Augusta von Preußen, der die Burg seit 1844 gehörte, sie für ihren in Bonn studierenden Sohn auszubauen. 1891 schenkte Wilhelm II. die Ruine der Gemeinde Godesberg, und daraufhin wurde 1896 durch die Architekten Müller und Grah ein Wohnhaus und eine Gaststätte in die Ruine eingebaut. Diese Einbauten wurden 1959–61 abgerissen und durch den Neubau einer Hotel- und Restaurationsanlage nach Plänen von Gottfried Böhm ersetzt.

Die Godesburg ist von ovalem Grundriss und steht mitten in Bad Godesberg auf dem Plateau eines Basaltkegels. Die Umfassungsmauern der Erbauungszeit sind zum großen Teil noch erhalten. An der Nordseite stand ein Palas mit einer angrenzenden Sylvester-Kapelle und einem runden Treppenturm.

Annähernd im rechten Winkel schloss sich der Kammerbau an. An die Südseite der Ringmauer lehnten sich Wirtschaftsbauten an. Der runde, 1249 erbaute Bergfried steht noch heute frei in der Mitte des Burghofes und hatte ehemals nur vier Geschosse. Er zeigt

noch die Kragsteine eines früher umlaufenden Wehrgangs. Der originale Eingang befindet sich in etwa 6 Metern Höhe über dem Boden im zweiten Geschoss. Die oberen drei Geschosse wurden erst 1340 zusammen mit einem abschließenden Wehrgang aufgebaut. Die Treppen des Turmes verlaufen in den Mauern.

Die Einbauten des 19. Jahrhunderts waren teilweise in Fachwerk ausgeführt und orientierten sich im Gegensatz zu den Einbauten Böhms nicht an den ursprünglichen Gebäuden. Böhms Bauten heben sich vom Bestand durch Sichtbeton sowie viel Glas ab. Böhm wollte die Neubauten neutral halten und den Bestand nicht durch eine anspruchsvolle Bebauung stören. Zugleich sollten die ursprünglichen Räume neu gebildet werden und die ehemalige Gesamtanlage wieder erkennbar werden.

Unterhalb der Hauptburg, aber noch innerhalb der Vorburg, steht die Michaelskapelle. Sie wurde 1697–99 für Kurfürst Joseph Clemens an Stelle des zerstörten romanischen Baus wiederhergestellt und dem Ritterorden vom Hl. Michael als Gebetskapelle übergeben. Das Innere des schlichten Baus ist von Johann Peter Castelli stuckiert und mit barocken Altären ausgestattet worden.

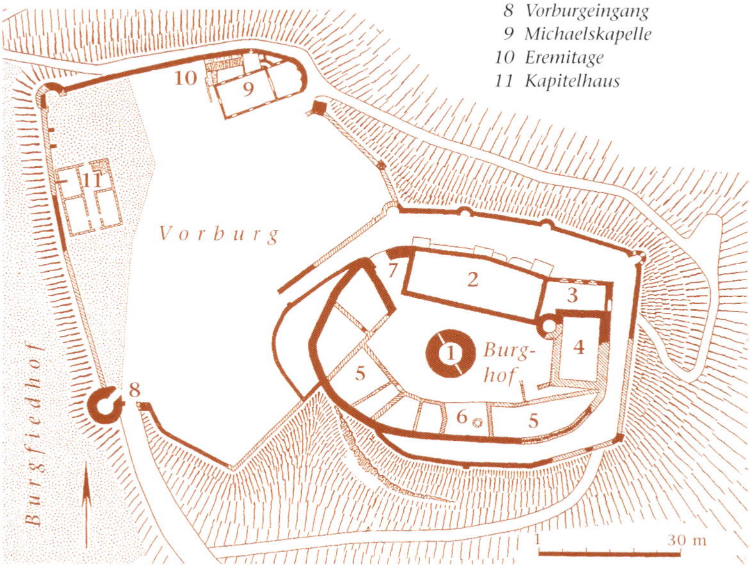

Grundriss, Bestand und Rekonstruktion nach H. Fischer 1960 (ohne die Neubauten von 1959–61)

1 Bergfried
2 Palas
3 Sylvesterkapelle
4 Kammerbau
5 Wirtschaftsgebäude
6 Brunnen
7 Torbau
8 Vorburgeingang
9 Michaelskapelle
10 Eremitage
11 Kapitelhaus

87. Bonn, Friesdorf
Wohnturm

12. Jh.

Annaberger Str. 214
Der Wohnturm ist nur von der Straße zu betrachten.

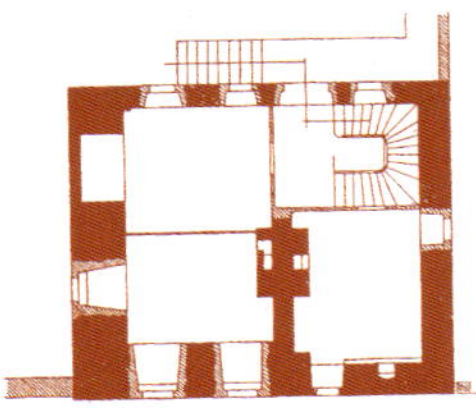

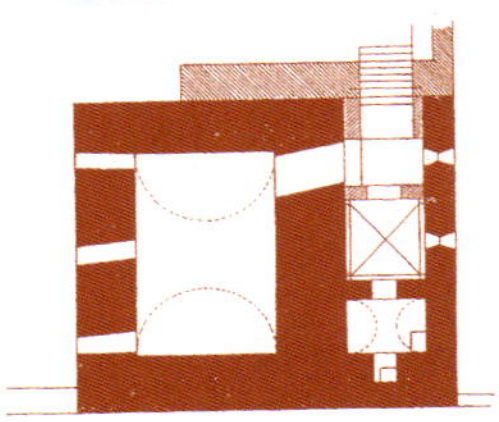

1139–1328 werden die Ritter von Friesdorf urkundlich genannt, um dann wieder aus der Überlieferung zu verschwinden. Sie übten das Patronat über die vermutlich als Eigenkirche anzusprechende Pfarrkirche aus. Es ist nicht unwahrscheinlich, dass der Bau des 12. Jahrhunderts ihr Stammsitz war. Später befand er sich im Besitz verschiedener Adliger und im 19. Jahrhundert auch bürgerlicher Familien. Im Zweiten Weltkrieg wurde das Gebäude bis auf die Umfassungsmauern zerstört. Teile des Mauerwerks stürzten ein. Das Turmhaus wurde wieder hergestellt.

Das zweigeschossige Gebäude erhebt sich auf einer Grundfläche von 9,50 x 11 Metern mit bis zu 2 Meter starken Mauern. Es wurde aus Bruchsteinen über einem Basaltsockel errichtet. Die alten Fenster sind in Tuff eingefasst. Sie waren ehemals rundbogig. Aus dem Kellergeschoss hebt sich eine kleinere Anlage heraus, die auf einen noch älteren Turm hindeuten könnte. Die Toreinfahrt zum Hof stammt aus dem 18., der heutige Dachaufbau aus dem 20. Jahrhundert. Vorher hatte der Turm ein Mansarddach und die Rundbogenfenster zur Straße befanden sich im Giebelfeld.

oben: Zustand im Jahr 1901

88. Bonn, Oberkassel
Lippisches Landhaus

Das Fürstlich zu Lippische Landhaus wurde von der Kölner Familie von Meinzertzhagen zwischen 1750 und 1760 nach Plänen von Johann Conrad Schlaun erbaut. 1748 wurde die Familie in den Reichsritterstand erhoben, und das Gebäude gelangte durch Heirat 1770 an den Grafen und späteren Fürsten zu Lippe-Biesterfeld. Die Gartenanlage wurden durch Peter Joseph Lenné d. Ä. konzipiert und von Peter Joseph Lenné d. J. umgesetzt. Nach 1952 begann der Verfall des Landhauses, das aber 1980–82 instand gesetzt werden konnte.

Von der ehemaligen offenen Dreiflügelanlage ist der rechte Seitenflügel heute verloren. Gewohnt hat die Familie zur Lippe scheinbar immer im Nordgebäude mit dem Gartensaal, während das Landhaus zu Beginn des 20. Jahrhunderts vermietet war. Hinter dem Landhaus erstreckt sich ein weiter Park. Der Vorhof wird von einer Mauer umschlossen. Das Hauptgebäude mit abgewalmtem Mansarddach und abgerundeten Ecken ist 16 Meter breit und 15 Meter tief. Der eingeschossige Putzbau zählt nach vorn und hinten sieben Achsen mit jeweils einem dreiachsigen flachen Risalit, der ein Obergeschoss ausbildet und von einem flachen Dreiecksgiebel mit dem Allianzwappen der Meinertzhagen/du Fay abgeschlossen wird. Lisenen fassen sowohl die Risalite als auch die Gebäudeecken ein.

Die Mittelachse wird durch ein Vestibül zum Eingang und einen Saal zum Garten bestimmt. An den Seiten bleibt Platz für drei Zimmer in Enfilade bzw. zwei Zimmer und ein Treppenhaus. Während im Erdgeschoss die Repräsentationsräume untergebracht waren, befanden sich im Obergeschoss die Privat- und Schlafräume. An der Nordseite des Vorhofs schließt sich ein Bau mit größerem Gartensaal an. Der südliche Flügel mit einem angrenzenden Wirtschaftshof fehlt heute.

In der Nähe des Lippischen Landhauses im Nordosten stehen die geringen Baureste eines Herrenhofs der ehemaligen Abtei Heisterbach auf einem Geländesporn direkt am Abhang zur B 42, der für diese teilweise abgetragen wurde. In der mehrphasige Anlage stehen die Reste eines rechteckigen turmartigen, leicht konischen Baus von ca. 11,50 x 20 Metern mit ca. 4 Meter dicken Mauern. Der Turm aus Basaltbruchstein wird von Mauern begleitet. Die Vorburg lag auf dem Gelände der heutigen Straße.

1750/60 erbaut
1764 Seitenflügel

Königswinterer Straße 709
Das Landhaus ist nur von der Straße aus zu betrachten.

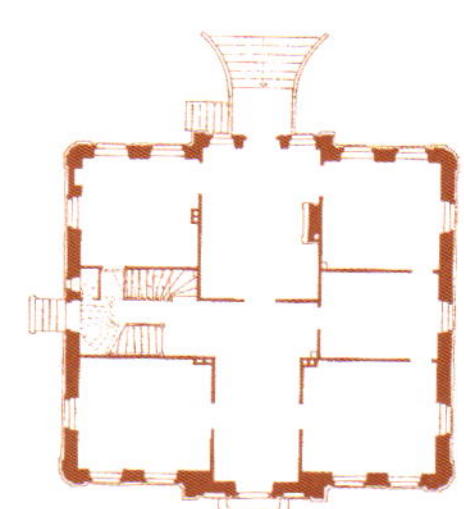

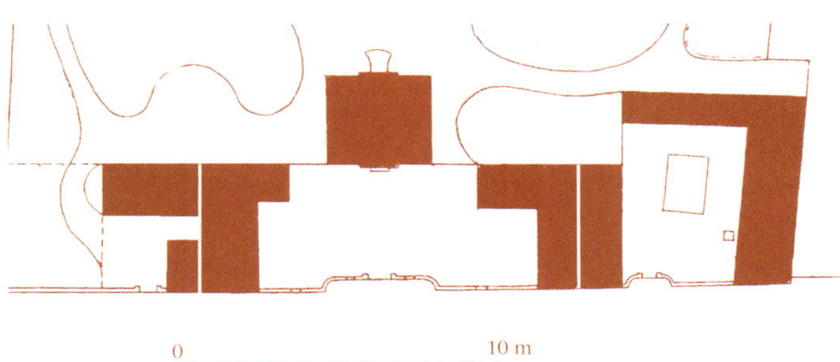

89. Bonn, Ramersdorf Kommende

Radierung von Romeyn de Hooghe um 1700

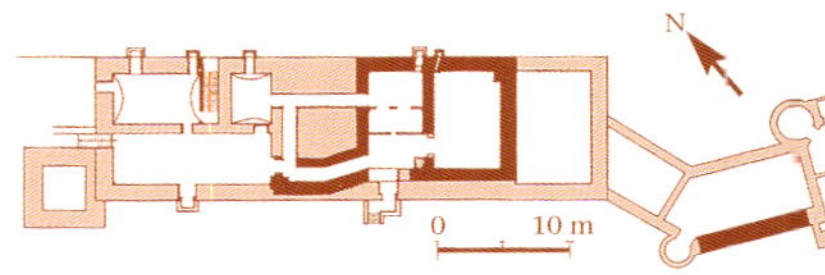

Grundriss des Kellergeschosses
dunkel = mittelalterlicher Bestand

ca. 1215	*Kommende gegründet*
ca. 1735	*Barockumbau*
1842	*Wiederaufbau nach Brand*
1846	*Kapelle auf den Bonner Friedhof versetzt*
1884/85	*Um- und Ausbau*

Geringe Reste der Burg Limprich stehen in Bonn Limperich am Ende vom Weinbergweg. Der Burghof war wahrscheinlich ein bergisches Lehen. Anfang des 16. Jahrhunderts bis zum Ende 18. Jahrhunderts befand er sich im Besitz der Herren von Nesselrode. Auf der Anhöhe stehen Teile eines Gebäudes, das 10,30 Meter auf 7,50 Meter maß bei 1,20 Meter starken Mauern.

Oberkasseler Straße/Kommendeweg.
Kunst- und Antiquitätenverkauf in der Kommende:
Mo.–Sa. 10.00–18.00 Uhr.
Nur Besichtigung So. 11.00–18.00 Uhr.
Tel. 0228/440734

Bis in die Mitte des 13. Jahrhunderts gehörte Ramersdorf den Grafen von Sayn, die wohl 1217 die Deutschordenskommende in Ramersdorf gründeten. Es ist möglich, dass dies auf dem Gelände einer alten Burg geschah. 1634 wurde die Kommende geplündert, und nach 1735 erfolgte vermutlich der Barockumbau durch Michael Leveilly. Nach der Säkularisation gelangte die Anlage an den Grafen von Salm-Dyck. Nach einem Brand 1842, der das Herrenhaus weitgehend verschonte, erfolgte der Wiederaufbau. Die alte Kapelle wurde mit Ausnahme des Turms durch Johann Claudius von Lassaulx auf den Bonner Friedhof versetzt – ein frühes Zeugnis denkmalpflegerischer Bemühungen der Spätromantik.

1884/85 erfolgte ein neugotischer Umbau durch den Pariser Architekten Wilhelm Hoffmann für Alfred Freiherr von Oppenheim. 1932 kam der Komplex an die Reichseisenbahn, später an die Deutsche Bundesbahn und 1978 an das Auktionshaus Irmgard und Wolfgang Bartels.

Die weitläufige Anlage hat trotz der mannigfachen Umbauten ihre Großstruktur kaum verändert, was ein Stich aus der Zeit um 1700 belegt: Durch eine zweitorige Einfahrt mit einem großen Rundbogen für die Wagen und einem kleineren Spitzbogen für Fußgänger kam man in einen Vorhof, in dem sich die Kapelle erhob. Im Osten standen wohl wie auch im Norden und Westen Wirtschaftsbauten. Die Südseite wurde von einem zweigeschossigen Hauptgebäude dominiert, an dessen Mitte ein kurzer Querflügel von zwei Achsen vorsprang.

Heute hat sich von der ersten Anlage nur das spätromanische Eingangstor mit großer Tordurchfahrt und dem kleinen Fußgängerdurchgang erhalten. Der Neubau von 1885 übernahm annähernd die Gebäude des Ausbaus von 1842, doch wurde der fünfachsige Mittelteil nach Osten über das Tor ver-

Kapelle auf dem Bonner Friedhof

längert und im Westen ein weiterer Turm mit Annexen angefügt. Ecktürmchen, Zinnen und Türme weisen den Bau als ein spätes Beispiel der Rheinromantik und bürgerlicher deutscher Spätgotik aus.
Der ehemals weitläufige Landschaftspark ist heute zum großen Teil durch ein direkt im Osten an das Gebäude angrenzendes Autobahnkreuz vernichtet.
Die Kapelle auf dem **Bonner Friedhof** (Bornheimer Straße) ist die ehemalige Hauskapelle der Kommende und stammt von ca. 1225/30. Es ist eine kleine dreischiffige Hallenkirche mit Dreiapsidenabschluss. Die Wandmalereien des 13. und 14. Jahrhunderts sind bei der Übertragung verloren gegangen. Die Rundbogenfenster in den Seitenapsiden stammen von 1846/47.

90. Bonn, Villich Burg Lede

Burg Lede war Sitz der Ritter von Schillinck und wurde 1361 errichtet, doch dürfte ihr Wohnturm sicher noch älter sein. Im Truchsessischen Krieg wurde sie 1583 zerstört. 1716 erwarb das Stift Villich den Hof. Nach Aufhebung des Klosters gelangte der Komplex an den preußischen Fiskus, das Haus an den Bankier Herstatt und von diesem an den Freiherrn Carnap zu Bornheim. 1904 schließlich kaufte Direktor Weinlig aus Dillingen die Anlage und ließ sie ausbauen.
Der Graben der ehemaligen Wasserburg ist heute trocken. Ältester Teil ist der im Kern romanische Wohnturm. Die gegenwärtige Mehrflügeligkeit geht auf die Ausbauten des 14. Jahrhunderts zurück. Der bis zu vier Geschosse hohe Bruchsteinbau ist heute unverputzt und setzt sich aus verschiedenen Bauteilen zusammen. Die Kanten und Gewände der Burg sind von Trachyt. Der spätromanische Torbogen stammt aus Niederdollendorf.

14. Jh. erbaut
1583 zerstört
ca. 1905 Wiederaufbau

An der Burg Lede 1
In der Burg ist eine Weinhandlung.
Öffnungszeiten: Di. und Do. 10.00–18.00 Uhr. Sa. 10.00–14.00 Uhr.
Tel.: 0228/468171
www.burg-lede.de

oben: Zustand 1902

91. Bonn, Schwarzrheindorf Burgkapelle

9./10. Jh. befestigtes Hofgut
1151 Doppelkapelle
1155/73 Kloster

Dixstraße
Das Gelände ist frei zugänglich.

Die ehemalige Burg in Schwarzrheindorf sollte zum Schutz eines Rheinübergangs angelegt werden und wurde wohl bereits von den Karolingern aufgeführt. Zumindest bestand hier ein befestigtes Hofgut. Es gelangte Ende des 11. Jahrhunderts in den Besitz der Grafen von Wied. Der 1151 zum Erzbischof gewählte Arnold von Wied († 1156) ließ sich hier eine prächtige Burgkapelle als zweigeschossige Doppelkapelle errichten. Noch zu Lebzeiten überwies er die Stiftung Schwarzrheindorf seiner Schwester Hedwig, die Äbtissin von Essen war. Diese gründete vor 1173 ein Frauenkloster nach der Regel des Hl. Benedikt. Die Burg war zum Kloster geworden. 1173 bekam die Burgkapelle durch eine Westerweiterung ihre heutige Gestalt. Es musste Raum für eine Nonnenempore gewonnen werden. Im späteren Mittelalter wurde das Kloster in ein freiadliges Kanonissenstift umgewandelt und 1803 aufgehoben.

Von der alten Burg hat sich nur die Doppelkapelle erhalten. Auch die Klostergebäude sind nach der Aufhebung des Stifts abgerissen worden. Der Zugang zur Kapelle von der südlich gelegenen Burg erfolgte ehemals über eine Gangbrücke, die auf die Zwerggalerie mündete. In Schwarzrheindorf wird wie auch in Sayn (➞ 60) der Typus der doppelgeschossigen Pfalzkapelle zitiert. Der untere Kapellenraum war für das Gefolge bestimmt, während der obere dem Burgherrn vorbehalten blieb. Die Malerei in der Unterkirche wurde wohl 1151 vollendet. Dargestellt sind die Visionen des Propheten Ezechiel und ihre Erfüllung im Neuen Testament. Die Oberkirche ist im Gegensatz zur Unterkirche ein hoher, lichter Raum. Die Wandmalereien im Altarraum der Oberkirche sind zusammen mit der Erweiterung 1173 entstanden und zeigen Christus als Weltenherrscher mit den Evangelistensymbolen sowie die beiden Stifter Arnold von Wied und seine Schwester Hedwig.

oben: der Blick des Herrschers fiel durch die Deckenöffnung auch auf den Altar in der Unterkirche.

92. Bonn Residenzschloss

Bereits 1112 wird ein erzbischöflicher Hof in der Nähe des Cassiusstiftes erwähnt. 1525 erfolgte die Verlegung der kurfürstlichen Kanzlei nach Bonn. 1567–77 wurde für Kurfürst Salentin von Isenburg ein Stadtpalast errichtet, den Kurfürst Ferdinand 1633–34 erweitern ließ. Seit 1597 war Bonn Residenz des Kurfürstentums Köln, und 1601 war auch der Kurfürst selbst nach Bonn übergesiedelt. 1603 kam schließlich auch das Landesarchiv nach Bonn. Die Stadt wurde Sitz des Hofrates und der neuen zentralen Verwaltungsbehörden.

1689 zerstörten französische Truppen jedoch das Residenzschloss. Beim Wiederaufbau 1697–1703 durch Kurfürst Josef Clemens nach Plänen des bayerischen Hofbaumeisters Enrico Zuccali konnten jedoch Teile wieder verwendet werden. Nach der Rückkehr des Kurfürsten aus seinem französischen Exil, in das er infolge des Spanischen Erbfolgekrieges geflüchtet war, wurde das bislang kastellartige Schloss von 1715–23 nach Plänen von Robert de Cotte durch den dreiflügeligen Ausbau der Südfront und die Anlage des südlichen Gartenparterres umgestaltet. Seit 1728 erfolgte unter Kurfürst Clemens August ein weiterer Ausbau des Schlosses. U. a. wurde im Zuge der Baumaßnahmen

1112	*Hof genannt*
1567–77	*Stadtpalast*
1633/34	*erweitert*
1689	*zerstört*
1697–1703 u. 1715–23	*Wiederaufbau*
1728	*weiterer Ausbau*
1777	*Schlossbrand mit anschließendem Wiederaufbau*
1926–30	*Stadtflügel errichtet*
1944	*zerstört*
1951	*Einweihung nach Wiederaufbau*

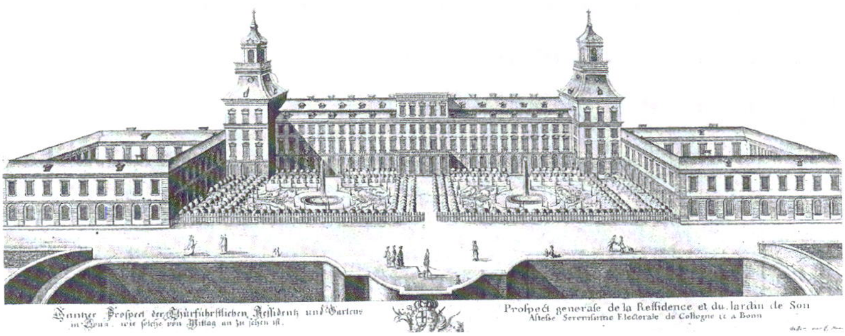

links: Hofgartenfront 18. Jh.
unten: Hofgartenfront

Am Hof 1–5.
Heute Universität
Regina Pacis Weg 3

in der zum Rhein führenden Galerie das Michaelstor errichtet.
Ein mehrtägiger Schlossbrand vernichtete 1777 das Hauptgebäude bis zum Erdgeschoss. Unter der Leitung von Johann Heinrich Roth begann der Wiederaufbau, doch wurden nur der Hofgartenflügel in vereinfachter Form wieder aufgebaut. Dabei entstand im Osttrakt auch eine neue Kapelle. Zur Stadt hin blieben die Flügel aus Kostengründen im Erdgeschoss als Vorbau stehen, da der Kurfürst im Gegensatz zum Domkapitel ein günstiges Konzept bevorzugte und in erster Linie auf die Unterbringung von Verwaltung und Behörden bedacht war.
1818 wurde das Schloss vom neuen preußischen Landesherrn der Rheinischen Friedrich-Wilhelms-Universität überlassen und später mehrfach um- und ausgebaut. 1926–30 ließ die Universität die zur Stadt hin gelegenen Flügel in Anlehnung an die alten Pläne wieder aufbauen. Bei einem Luftangriff 1944 wurde das Schloss erneut zerstört. Der Wiederaufbau wiederholte im Außenbau im Wesentlichen den Zustand von 1930, und 1951 erfolgte die Einweihung des Hauptbaus. Das Schloss ist vom Prinzip her eine Vierflügelanlage mit Ecktürmen um einen Arkadenhof, an den im Osten und Süden weitere Flügel und Baukomplexe angefügt sind. Die große Anlage kann am besten vom Hofgarten aus wahrgenommen werden. Der langgestreckte dreigeschossige Mitteltrakt von 29 Achsen wird von zwei viergeschossigen dreiachsigen Ecktürmen begleitet, die eine Achse vor die Fassade treten. Ihre beim Wiederaufbau neu errichteten Schweifdächer sind mit Laternen bekrönt. Vor die mittleren fünf Achsen des Hauptflügels ist ein Altan gestellt, dem ursprünglich eine Attika im Dachgeschoss entsprach. Im zweiten Obergeschoss, das bedeutend niedriger ist, wird die Mittelachse durch die Figur der Regina Pacis in einer Figurennische betont. Das Satteldach des Flügels geht auf den Wiederaufbau nach 1777 zurück anstelle des vorherigen Mansarddachs. Das Erdgeschoss wird durch rustizierte Blendarkaden gegliedert. Sonst findet sich außer den Fensterbedachungen des ersten Obergeschosses, die zwischen Dreiecksgiebel und Segmentgiebel wechseln, kein Bauschmuck an der Fassade.
Der Buonretiroflügel im Westen und sein Pendant im Osten sind lediglich zweigschossig. Der Buonretiroflügel bildet das Gelenk zwischen der Residenz und dem Lustschloss in Poppelsdorf (➟ 93). Im Osten zweigt stumpfwinkelig ein langer Galeriebau bis fast an den Rhein ab. Er folgt der alten Stadtmauer und überquert daher auch eine der alten Hauptausfallstraßen Bonns nach Süden. Das repräsentative Koblenzer Tor oder Michaelstor wendet seine prunkvolle Fassade dem Fremden zu, die Stadtseite ist schlicht gehalten. Das Tor wird von der Figur des Heiligen Michael bekrönt. Der Michaelsorden besaß hier ursprünglich Archiv- und Sitzungsräume. Der zwei-

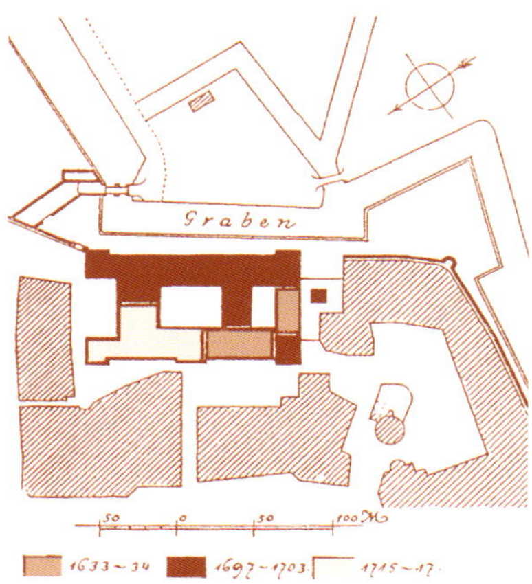

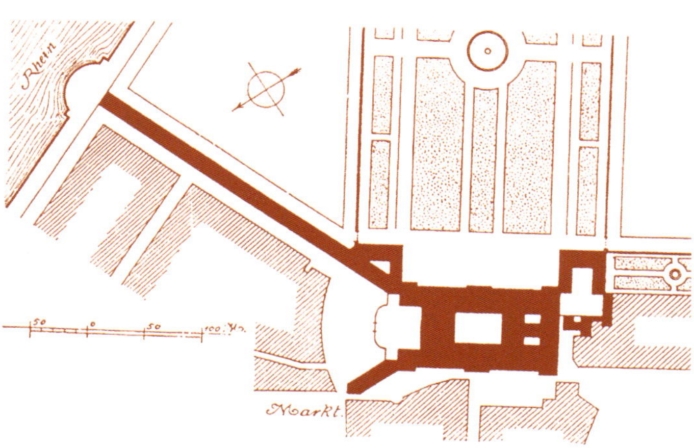

rechts: Situationsplan im Jahr 1715
unten: Situationsplan Ende 18. Jh.

oben rechts: Michaelstor

geschossige Torbau zählt drei Achsen und hat ein Attikageschoss mit einer abschließenden Balustrade. Diese verdeckt den Ansatz des laternenbekrönten Walmdachs. Dorische und ionische Doppelsäulen in Superposition tragen ein verkröpftes Gebälk mit einem gesprengten Giebel in der Mittelachse. Das Attikageschoss zeigt in Fortsetzung gekuppelte korinthische Pilaster. In der Mitte des Giebels befindet sich eine Wappenkartusche. Reicher Skulpturenschmuck zeichnet das Tor zusätzlich aus. Es handelt sich um die Personifikationen der vier Tugenden des Michaelsordens: Frömmigkeit, Beharrlichkeit, Tapferkeit und Treue. Über allem triumphiert der vergoldete Michael.

Von den historischen Innenräumen des Schlosses hat sich kaum etwas erhalten. Hervorzuheben ist die Schlosskapelle von Johann Heinrich Roth. Der eigentlich quadratische, fast 17 Meter hohe Raum mit angefügter Apsis erhält durch die an drei Seiten umlaufenden Emporen und vorspringende Ecken eine Längsausrichtung zum Altar. Sockelgeschoss und Emporen schließen den unteren Bereich ab. Der obere Bereich der Emporen, wo sich auch der Herrschaftsstand befand, wird hingegen von kolossalen kannelierten korinthischen Pilastern nobilitiert.

An der Rheinseite erstreckt sich im Südosten vor dem Hofgartenflügel, außerhalb der ehemaligen Stadtbefestigung, die Hofgartenwiese. Hier befand sich ehemals ein Lustgarten mit Broderieparterres auf einer Terrasse, der zum Rhein hin ein tiefer gelegenes Parterre, das von doppelten Alleen begleitet war, vorgelagert war. Die axiale Ausrichtung bezog sich auf das Siebengebirge.

Grundriss um 1905

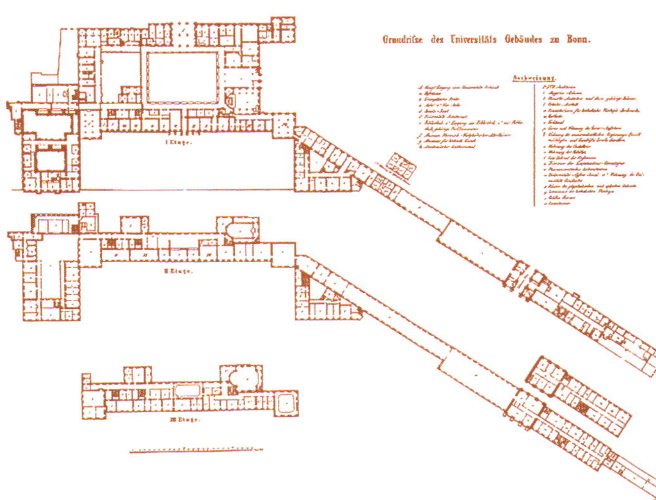

93. Bonn, Poppelsdorf Schloss Clemensruhe

1341 an Kurköln
1657 abgerissen
1715–23 u. 1744–56 Lustschloss errichtet
1945 stark zerstört
1959 Wiederaufbau abgeschlossen

Die mittelalterliche vierflügelige Wasserburg in Poppelsdorf gelangte 1341 an Köln und wurde im 16. Jahrhundert ausgebaut. Nach Kriegszerstörungen Ende des 16. Jahrhunderts wurde die Burg 1657 abgerissen. 1715–23 entstand an ihrer Stelle ein Lustschloss für Kurfürst Josef Clemens. Aufgrund seines Todes wurden die Arbeiten nicht beendet und erst 1744–56 unter seinem Nachfolger Kurfürst Clemens August abgeschlossen. Seit 1818 wird das Schloss von der Universität genutzt. 1819 wurde hier der botanischer Garten anstelle des französischen Gartens angelegt. Im Zweiten Weltkrieg wurde die Bausubstanz weitgehend vernichtet – der Wiederaufbau war 1959 abgeschlossen.

Die quadratische Vierflügelanlage wird von leicht vorspringenden Eckbauten und hervorgehobenen Mittelpavillons gegliedert. Der Hof ist jedoch nicht viereckig, sondern kreisrund mit gewölbter Arkadengalerie. Die Zufahrt befindet sich an der Ostseite und ist dem Bonner Residenzschloss zugewandt. Jede Seite des Schlosses zählt 17 Achsen, von denen jeweils drei auf die Eckpavillons und drei auf den vorgezogenen, pavillonartigen Mittelrisalit mit Dreiviertelsäulen entfallen. Die Eckpavillons weisen nur Eckquaderungen auf. Beim Umschreiten des Schlosses fällt auf, dass die Seiten unterschiedlich gestaltet sind und die Eingangsseite nur eingeschossig ist. Bis zum Wiederaufbau nach dem Zweiten Weltkrieg war dieser Unterschied noch bei weitem stärker. Der ehemals eingeschossige Nordflügel mit Belvedere wurde zweigeschossig wieder aufgebaut. Das Mansarddach ist zudem nach dem Krieg ohne seitliche Abwalmung gegen die Türme rekonstruiert worden. Das Innere des Schlosses ist im Krieg fast vollständig vernichtet worden. Außer im Ostflügel mit Durchfahrt befand sich in jedem Flügel im Erdgeschoss ein Mittelsaal: im Norden ein Grottensaal, der sich im ganzen Flügel ausdehnte, im Westen eine Kapelle und im Süden der zweigeschossige Sommerspeisesaal. Im Westen dieses Raumes erstreckte sich bis zur Kapelle das Winterappartement des Kurfürsten, bestehend aus Vorzimmer, Blauem Schlafzimmer mit gelbem Kabinett, Appartementsaal oder Joseph-Clemens-Saal und Mainzer Zimmer. Nach Osten folgte die kurfürstliche Bilder- und Porträtgalerie. Der Sommerspeisesaal war ferner über einen unterirdischen Gang mit der Küche verbunden, die sich jenseits des Teichs im Küchengebäude befand. Im Norden der Kapelle befanden sich zwei Spielzimmer: Druckspiel- und Billardzimmer. Rechts der Einfahrt gab es ein komplettes Appartement, das

wohl für Besucher gedacht war. Im Obergeschoss befand sich über der Einfahrt der Rote Saal, im Nordostpavillon war die Wohnung des Obriststallmeisters. Über den Spielzimmern an der Westseite gab es zwei Zimmer für die Drechselbank und die Polierbank des Kurfürsten sowie eine Garde-meuble. Das Winterappartement lag über dem Sommerappartement des Erdgeschosses und setzte sich aus einem Vorzimmer, dem Blauen Audienzzimmer und dem Blauen Schlafzimmer, dem Blauen Kabinett, einem kleinen Schreibkabinett, dem Kabinett der Justitia Salomonis und einer Bibliothek zusammen und umfasste damit sieben Räume. Über den Sammlungsräumen befand sich ein weiteres Gästeappartement von fünf Zimmern, das über eine Galerie durch den Speisesaal mit dem Winterappartement verbunden war.

Schloss Clemensruhe ist über die Poppelsdorfer Allee axial direkt an das Bonner Residenzschloss (➞ 92) angebunden. Ursprünglich war hier ein Verbindungskanal geplant, der aber nicht realisiert werden konnte. Die Allee entstand unter Clemens August und nahm den Fahrweg damals in der Mitte auf.

*Meckenheimer Allee 171
Heute Universität mit Museum und botanischem Garten.*

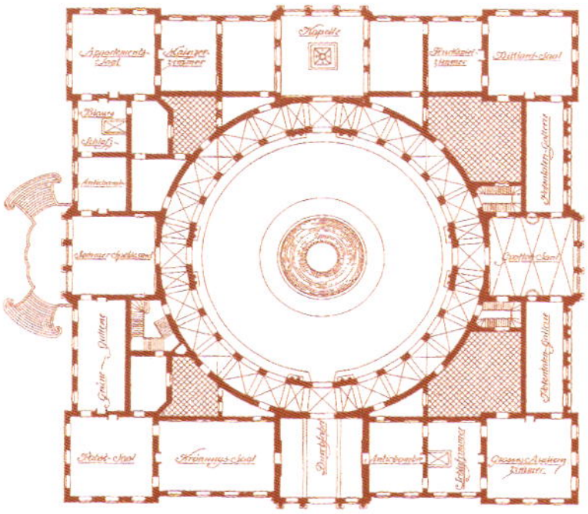

Grundriss Erdgeschoss 18. Jh.

94. Bonn, Graurheindorf Rheindorfer Burg

1131 Herrenhof genannt
ca. 1755 neues Herrenhaus
1954 Wirtschaftsbauten abgerissen

An der Rheindorfer Burg 74
Das Herrenhaus ist nicht zu besichtigen.

Bereits 1131 wird in Graurheindorf ein Herrenhof genannt. Er war bis zur Säkularisation ein Lehen des Bonner Cassiusstiftes. Um 1600 waren Angehörige der Familie Hatzfeld, in der zweiten Hälfte des 17. Jahrhunderts der Familie Limburg im Besitz des Burglehens. Das um 1755 neu errichtete Herrenhaus wurde vermutlich von Heinrich Joseph von Pröper, dem letzten Vertreter seiner Familie, errichtet. Pröper war kurkölnischer wirklicher Hof- und Landrat und seine Familie erst Anfang des 18. Jahrhunderts geadelt worden. Vollendet wurde das Herrenhaus unter seinen Nachfolgern Gertrude de Beche und ihrem Bruder Michael, der kurkölnischer Hofkammerrat war.

Das Herrenhaus bildete ursprünglich mit den 1954 abgerissenen Wirtschaftsbauten von Scheune und Stallung eine offene Dreiflügelanlage, wobei zwischen Hauptgebäude und Wirtschaftshof ein Graben verlief.

Das Herrenhaus ist ein zweigeschossiger Rechteckbau über hohem Sockelgeschoss von fünf zu drei Achsen mit hohem, von einer turmartigen Laterne bekrönten Mansardwalmdach. Die Hofseite wird von einem schwach vortretenden Mittelrisalit mit Dreiecksgiebel und Freitreppe betont. An der Gartenseite befindet sich ein dreiachsiger konvexer Mittelrisalit mit vorgelegter Terrasse. Das Wappen der Pröper befindet sich sowohl an der Hof- als auch an der Gartenfront. Eckquaderungen geben dem Bau optisch Festigkeit, auf die Verwendung von Säulenordnungen wurde verzichtet.

Das Treppenhaus befindet sich zur Rechten des Eingangs. An der Gartenseite ist im Risalit in jedem Geschoss ein Saal gelegen. Diese werden an jeder Seite jeweils von einem Raum flankiert. Aufgrund stilistischer Vergleiche, u. a. mit Haus Arff, hat man das Herrenhaus Michael Leveilly zugeschrieben.

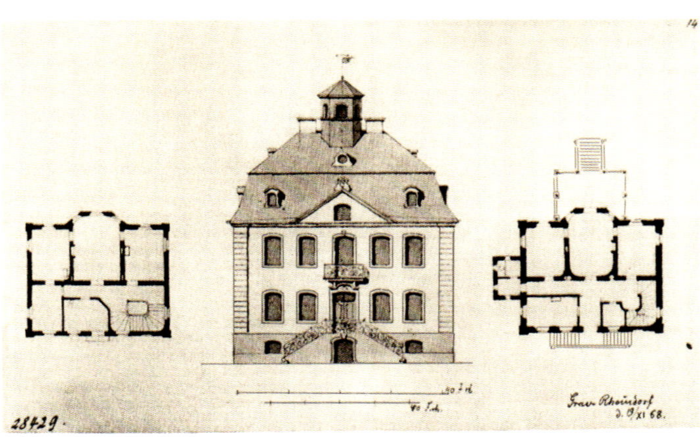

Zeichnung von Wilhelm Graf Moerner 1868

95. Bonn, Endenich Herrenhaus

Der kurkölnische Rittersitz ist bereits im 13. Jahrhundert im Besitz der Ritter von Endenich bezeugt. Ende des 15. Jahrhunderts war er im Besitz des Geschlechtes von Hauss und gelangte durch Heirat 1616/19 an den kurkölnischen Oberjägermeister Freiherr von Weichs. Die Familie hatte ihren Hauptsitz in Rösberg (➠ 102) und verkaufte die Burg daher 1690 an den kurkölnischen Hofkammerdirektor Johann Heinrich von Lapp. Im Besitz dieser Familie ist das Haus bis 1812 geblieben.
Nachdem das Herrenhaus Ende des 17. Jahrhunderts im Pfälzischen Erbfolgekrieg zerstört worden war, erbauten die von Lapp um 1725 den nordwestlichen Flügel des Wirtschaftshofs zu Wohnzwecken teilweise neu. Die anderen Flügel wurden entsprechend umgestaltet.
1960 musste der südöstliche Seitenflügel wegen Baufälligkeit abgetragen werden, und 1964 kaufte die Stadt Bonn die Überreste an und ließ im Inneren die Stuckdecken restaurieren.
Die heute noch erhaltenen Teile gehören zum ehemaligen Wirtschaftshof. Das alte Herrenhaus erhob sich hinter dem heutigen Hof. Der schmucklose zweigeschossige Bau hat Satteldächer und steht auf einem geböschten Sockel. Über den heute trockenen und größtenteils verfüllten Graben führt eine Brücke durch das rundbogige Hauptportal in den Hof. Zu seinen Seiten sind die Schlitze für die Ketten der Zugbrücke zu sehen.
Der bemerkenswerte Umstand, dass die Lapp ihre Wohnung im Wirtschaftshof nahmen und das Herrenhaus nicht neu errichteten, ist in ihrer mangelnden Tradition zu suchen. Die Familie war erst im 17. Jahrhundert aufgrund ihrer Verdienste geadelt worden. Anschließend erwarben die sozialen Aufsteiger den Besitz in Endenich. So erklärt sich die Aufgabe der Trennung von Wirtschaftsbereich und Wohnschloss. Der alte Adel hielt an der Trennung von Herrenhaus und ehemaliger Vorburg mit Wirtschaftsbereich bis in das 19. und 20. Jahrhundert ganz selbstverständlich fest.

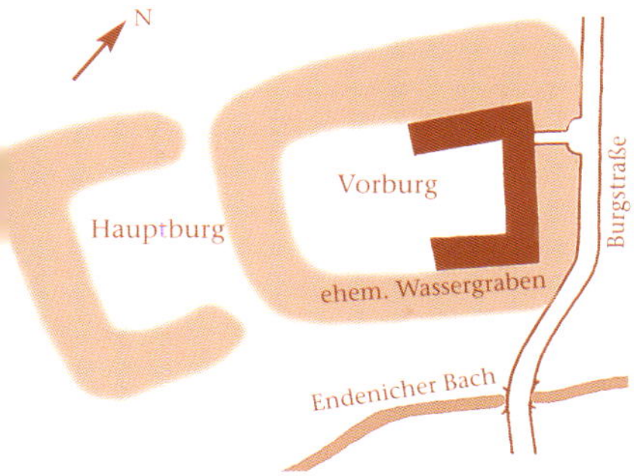

13. Jh.	*genannt*
Ende 17. Jh.	*zerstört*
ca. 1725	*Ausbau des Wirtschaftshofs zum Wohnsitz*
1960	*Seitenflügel abgetragen*

links: Lageplan, Umzeichnung nach Hansmann/Knopp 1981

Am Burggraben 18
Stadtbibliothek Bonn, Stadtteilbibliothek Endenich. Tel.: 0228/772320
Das Gelände ist frei zugänglich.

96. Bonn, Duisdorf
Villa Burg Medinghoven

19. Jh. Neubau

An der Burg Medinghoven 15
Das Gelände kann nur teilweise betreten werden.

Duisdorf gehörte seit 1328 dem Bonner Cassiusstift. Wann die ursprüngliche Wasserburg errichtet wurde, ist nicht bekannt. Möglicherweise ist sie aus dem Überrest eines untergegangenes Dorfes entstanden. Vermutlich wurde die alte Burg in einem der Kriege Ludwigs XIV. zerstört. Bis 1834 gehörte sie den Grafen von Westerhold. Der neue Besitzer, Baron Wilhelm von Neuffille, ließ die alte Anlage abbrechen und durch ein Herrenhaus ersetzen. Der nördliche Trakt entstand 1896. 1917–18 wurde das zugehörige Gut aufgeteilt und auch die Burg mit dem angrenzenden Park veräußert. Heute befindet sich das Gebäude in Privatbesitz.
Vermutlich noch von der alten Burg stammen Reste einer mittelalterlichen Wasserleitung, die nördlich der Burg gefunden wurde und ihrer Wasserversorgung gedient haben dürfte. Der gegenwärtige neugotische Bau setzt sich aus einem zwei- und einem dreigeschossigen Bauteil zusammen und ist mit angeschobenen Erkern, Türmen und Vorbauten geziert. Nahezu alle Wandflächen sind mit einer Bänderrustika versehen. Die Fenster haben fast alle Verdachungen und entweder gerade Stürze oder rundbogige Abschlüsse. Die Dächer verbergen sich hinter einem leicht vorkragenden Zinnenkranz mit Ecktürmchen. Eine besondere Akzentuierung erfährt der Eingang, der sich in einem viergeschossigen Turm befindet, dessen Ecken im vierten Geschoss zum Achteck abgeschrägt sind.

V. ALFTER–KÖLN

Zwischen Kurfürstlicher Residenz und Freier Reichsstadt Burgen, Schlösser und Herrenhäuser unter dem Einfluss von Bonn und Köln

Hinter Bonn weitet sich die Mittelrheinische Gebirgsbucht zur Kölner Tieflandsbucht. Ville und Bergisches Bergland sind deutlich vom Rhein entfernt, und die Burgen, Schlösser und Herrenhäuser, die direkt am Rhein stehen, werden sehr selten. Die meisten erheben sich am Rand der Wahner Heideterrassen oder der Ville. In Bezug zum Rhein stehen eigentlich nur der alte Wehrturm in Zündorf (➠ 124) und die Burg in Lülsdorf (➠ 125), die direkt am Wasser errichtet wurden.

Die meisten Anlagen stehen zwischen Bonn und Frechen und sind am Rand des Vorgebirges wie an einer Perlenschnur aufgereiht. In jeder Ortschaft steht oder stand doch zumindest eine Burg. Die meisten Anlagen gelangten in der Frühen Neuzeit in den Besitz von Adligen, die am Kurfürstlichen Hof in Bonn ein wichtiges Amt innehatten. So war das Erbmarschallamt von Kurköln mit dem Haus Alfter (➠ 97) verbunden. Das Herrenhaus in Rösberg (➠ 102) gelangte 1629 an die Inhaber des kurkölnischen Obristjägermeisteramtes, die sich ein standesgemäßes Gebäude aufführen ließen. Und als Freiherr Jakob von Waldbott kurkölnischer Konferenzialminister und Hofkammerpräsident wurde, ließ er in Bornheim (➠ 99) ein neues Herrenhaus errichten. Teilweise sind die Bezüge zum Bonner Hof auch etwas verwickelter. So gelangte die Kitzburg (➠ 104) an Franz Egon von Fürstenberg. Dieser war jedoch nicht nur Fürstbischof von Straßburg, sondern auch langjähriger erster Minister von Kurfürst Max Heinrich von Bayern gewesen, und die Kölner Kurfürsten entstammten in dieser Zeit dem in Bayern regierenden Haus Wittelsbach.

Doch nicht nur die Adligen bei Hofe, auch der Landesherr selbst wurde aktiv, wovon die Schlösser Au-

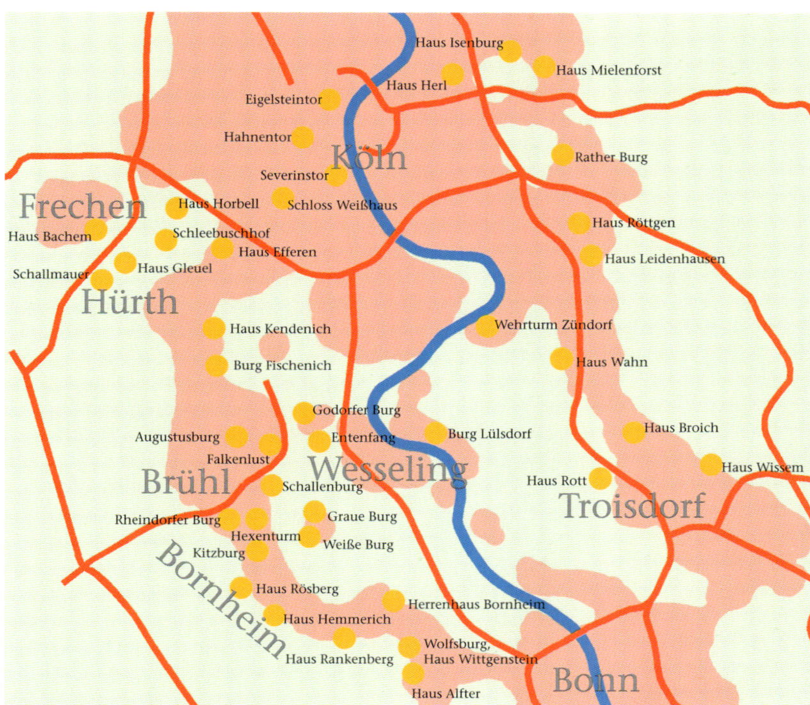

gustusburg (➠ 106) und Falkenlust (➠ 107) in Brühl sowie das nahegelegene Schlösschen Entenfang (➠ 108) künden. Sie sind Bestandteil der um Bonn gelegenen Residenzlandschaft, und es war sogar geplant, die Bauten über eine Allee, die von Brühl nach Poppelsdorf (➠ 93) reichen sollte, direkt miteinander zu verbinden und damit auch an das Residenzschloss Bonn selbst anzubinden (➠ 92).
Je näher man nach Köln kommt, um so stärker wird dann aber der Einfluss dieser ehemals vom Kurfürstentum Köln unabhängigen Reichsstadt. Verschiedene Bürger, Senatoren und Bürgermeister erwarben die Häuser und Rittersitze, so der Kölner Patrizier Caspar von und zum Pütz 1710 das Herrenhaus in Hemmerich (➠ 101), der Kölner Senator Gerhard Even 1770 die Wolfsburg (➠ 98) und der Kölner Bürgermeister Maria Franz Jakob Gabriel von Groote 1766 das Haus in Kendenich (➠ 110). In früheren Zeiten waren die Kölner aber auch kriegerisch aktiv gewesen und hatten etwa die Burg in Efferen (➠ 111) im Jahre 1391 gegen den Kölner Erzbischof neu befestigt. Und im Rahmen einer Fehde mit den Herren von Rott zogen die Bürger kurzerhand mit ihrem modernen Geschütz 1416 vor die Burg und konnten sie bereits nach dem zweiten Schuss einnehmen.
Die größte Zahl der hier vorgestellten Objekte sind Herrenhäuser. Im Gegensatz zu den Höhenburgen waren die Anlagen in der Ebene in der Frühen Neuzeit entwicklungsfähig und wurden beständig um- und ausgebaut. Hinzu kommt, dass von einer Wasserburg meist auch das umliegende Land mit bewirtschaftet wurde und sie fast nie nur ein Wehr- und Wohnbau mit Verwaltungsfunktion war. Auch war die Lage im Tal bequemer und bot den nötigen Raum für Ausbauten und Gartenanlagen direkt am Gebäude. Die sich aus den Vorburgen entwickelnden Wirtschaftshöfe sind fast immer zum Hauptbau geöffnet. Unter strategischen Gesichtspunkten ist der Hof so vom Herrenhaus aus zu beherrschen, aber auch der Aspekt des Feuerschutzes muss berücksichtigt werden. Durch das Abrücken der Bauten war ein Übergreifen der Flammen weitgehend ausgeschlossen. Der Nachteil war, dass der Besucher zum Hauptgebäude durch den unrepräsentativen Wirtschaftsbereich gehen musste. Das Traditionsbewusstsein des Adels war aber so groß, dass nur ein Fall bekannt ist, bei dem der Wirtschaftshof hinter das Herrenhaus verlegt wurde (➠ 105).
Auf der letzten Etappe wird von der bisherigen Gepflogenheit, die Burgen beiderseits des Rheins zu beschreiben, abgewichen. Die Anlagen auf dem rechten und linken Ufer stehen in keiner direkten Beziehung zueinander. Zuerst wird daher der Reigen der Herrenhäuser zwischen der kurkölnischen Residenzstadt Bonn und der Gruppe von kurkölnischen Lust- und Jagdschlössern in und um Brühl beschrieben. Mit dem UNESCO-Weltkulturerbe Brühl ist der eindeutige Höhepunkt dieses Rheinabschnitts erreicht. Weiter geht es entlang des Vorgebirges bis in die Stadt Köln selbst. Mit den Torburgen des frühen 13. Jahrhunderts ist der nördlichste Punkt der in diesem Führer behandelten Objekte beschrieben.
Das gegenüberliegende Rheinufer gehörte fast ausschließlich zum Herzogtum Berg. Kurkölner Einfluss ist hier nicht zu verspüren, doch begegnen uns dieselben Familien wie auf dem linken Rheinufer. Im Umkreis von Köln werden im 19. Jahrhundert aber auch das wohlhabende Bürgertum und die reichen Industriellen als Bauherren tätig. Mielenforst (➠ 120) wurde 1882 vom Mülheimer Seidenfabrikanten Paul Andreae erworben, und Haus Röttgen (➠ 122) gelangte 1918 an den Kölner Fabrikanten Peter Mülhens.
Die meisten Herrenhäuser waren Rittergüter. Das bedeutet, dass mit ihrem Besitz bestimmte Herrschaftsrechte verbunden waren wie etwa die niedere Gerichtsbarkeit oder Polizeigewalt, vor allem aber die Kreisstandschaft und Landratswahl. Auch Dienstpflichten der Untertanen, Steuerprivilegien oder Jagdrechte konnten dazugehören, um nur einige zu nennen. Unter Napoleon wurden diese Vorrechte im Rheinland aufgehoben, von Preußen nach 1815 aber Stück für Stück wieder eingeführt. Auch die Revolution von 1848 konnte nur kurzfristig etwas daran ändern. Die Rittersitzqualität war dabei immer mit dem Gebäude verbunden, was erklärt, dass oft alte Bauten oder Teile von ihnen in Neubauten integriert wurden wie etwa in Alfter (➠ 97) oder Wahn (➠ 123). Landtagsfähige Güter waren etwa Hemmerich (➠ 101), Herl (➠ 118) und Isenburg (➠ 119), und ihre Besitzer hatten damit Sitz und Stimme im Landtag, in dem die Stände vertreten waren. In der zweiten Hälfte des 19. Jahrhunderts wurde diese Regelung aber teilweise etwas freier gehandhabt. Als der Freiherr von Steffens die Godorfer Burg (➠ 108) erwarb, wurde der Hof 1868 zum Rittergut erklärt. Nachdem er es verkauft hatte, wurde die Eigenschaft des Ritterguts wieder aufgehoben.

97. Alfter Herrenhaus

ca. 1200	*bestanden*
1468	*zerstört, Wiederaufbau*
1507	*zerstört, Wiederaufbau*
1583	*zerstört*
1721	*Neubau*

Im Westen des Herrenhauses nahe des Buchholzwegs stehen die Reste der „Alten Burg", ein kreisrunder kleiner Ringwall aus Erde, wohl aus dem frühen Mittelalter.

Johannishof
Alanus Hochschule für Kunst und Gesellschaft
Tel.: 02222/9321
www.alanus.edu
Das Herrenhaus ist nicht zu besichtigen.

Ein Geschlecht der Herren von Alfter wird bereits 1116 genannt. Bereits 1188 trug es den Titel Marschall, und das Erbmarschallamt von Köln blieb hinfort fest mit dem Haus Alfter verbunden. 1435 heiratete die letzte Erbin des Hauses einen von Wevelinghoven, 1445 gelangte Alfter an die Grafen und späteren Fürsten von Salm-Reifferscheid, in deren Besitz es bis in das 20. Jahrhundert blieb.
Die alte Burg in Alfter wurde 1468 durch einen Brand zerstört. Nach dem Wiederaufbau wurde sie bereits 1507 niedergebrannt und nach einem weiteren Wiederaufbau 1583 ein drittes Mal zerstört. Nun dauerte es bis 1721, ehe ein viertes Herrenhaus für Franz Wilhelm Graf von Salm-Reifferscheid entstand. 2002 zog die Alanus Hochschule für Kunst und Gesellschaft in das Gebäude ein.
Das Herrenhaus stellt sich zum Ort mit turmartigen Eckpavillons dar, die an ein Kastell erinnern. Tatsächlich handelt es sich bei dem Hauptgebäude aber um eine unregelmäßige, zweigeschossige Dreiflügelanlage. Die Pavillons sind ein Geschoss höher und zählen zwei Achsen, der Hauptflügel dazwischen drei Achsen. Zum Eingang hin begleiten ihn zwei unterschiedlich lange, zwei Achsen tiefe Seitenflügel, die einen kleinen Ehrenhof bilden. Die Fassaden mit hohen rechteckigen Fenstern sind ausgesprochen schlicht, nur das Wappen der Salm-Reifferscheid über dem bescheidenen Portal des zentralen Eingangs schmückt den Bau. In den Seitenflügeln befinden sich ebenfalls Eingänge. Die gleichmäßige Verteilung der Fenster trägt zu einem einheitlichen Gesamteindruck der additiven Anlage bei. Ehemals war die ganze Anlage zudem rot bemalt mit weißen Fugenstrichen.
Im Kellergeschoss des nordwestlichen Eckpavillons haben sich noch Mauerreste der Vorgängeranlagen aus der Zeit um 1200 erhalten. Durch das Hauptportal tritt man direkt in einen großen und repräsentativen Saal, zu dessen Seite Salons in Enfilade gelegen waren. Die Eingänge der Seitenflügel erschließen zwei Treppenhäuser. Im nördlichen Flügel befand sich die Küche und eine kleine Kapelle. Das Obergeschoss des Mittelbaus wurde von einem hofseitigen Korridor erschlossen.
Vor das Herrenhaus wurde ein zum Hauptbau geöffneter dreiflügeliger Wirtschaftshof mit einem zentralen Tor gestellt, der teilweise ebenfalls auf älteren Mauern ruht.
Vom Rang des Bauherrn her gesehen, ist das Herrenhaus in Alfter von einer erstaunlichen Schlichtheit. Alfter war jedoch nicht der Hauptsitz der Familie, die auf Schloss Dyck residierte, ihrem Stammsitz in einer zudem reichsfreien Herrschaft. So ging es nur darum, den an das Gebäude in Alfter gebundenen Rang zu wahren, wozu auch das Einbeziehen alter Bausubstanz gehörte.

oben: Ansicht 1901

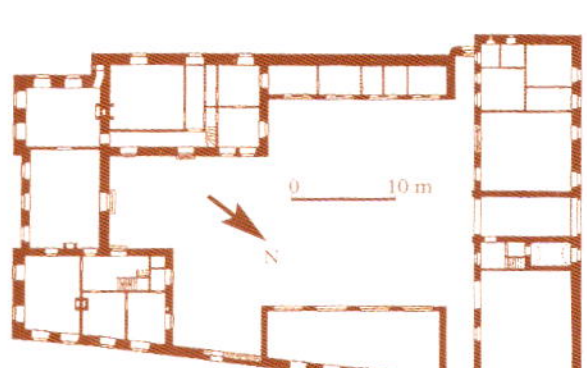

Grundriss EG 1905

98. Bornheim, Roisdorf
Wolfsburg und Haus Wittgenstein

13. Jh. — *Burg Roisdorf errichtet*
ca. 1440 — *Wolfsburg erbaut*
1626 — *Wolfsburg um- und ausgebaut*
ca. 1750 — *Torturm der Wolfsburg*
1844/45 — *Haus Wittgenstein an Stelle von Burg Roisdorf aufgeführt*
1874 — *Gräben um die Wolfsburg verfüllt*

Wolfsburg:
An der Wolfsburg
Die Wolfsburg ist nicht zu besichtigen.
Haus Wittgenstein:
Ehrental
Das Areal ist zugänglich

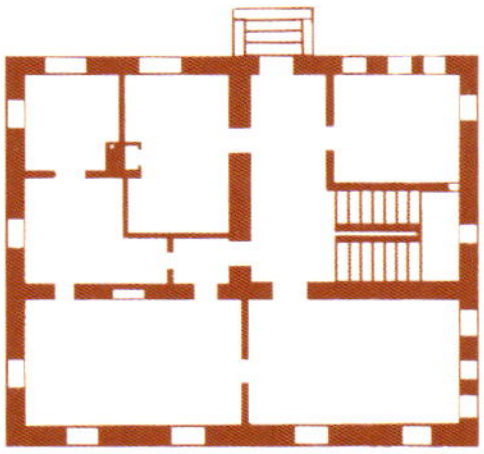

Grundriss des Herrenhauses der Wolfburg von 1867

Bereits 1204 wird ein Hermann de Roysdorp genannt. Das Geschlecht gelangte zu hohen Ehren, starb aber mit Paulus von Roisdorf, der von 1421 bis 1441 Hochmeister des Deutschen Ordens war, aus. Ihre Burg gehörte im 16. Jahrhundert den Herren von Metternich und gelangte 1770 an den Kölner Senator Gerhard Even, von dem sie durch Heirat 1789 an Johann Jakob von Wittgenstein fiel. Der Kölner Dombaumeister Ernst Friedrich Zwirner erbaute 1844/45 das heutige Haus Wittgenstein, eine Villa.

Die weiter unten im Tal gelegene Wolfsburg wurde um 1440 errichtet, nachdem die Herren Wolf zu Bergheimerdorf bereits Ende des 14. Jahrhunderts von Johann von Wevelinghoven in Roisdorf Land erworben hatten. Das Herrenhaus wurde 1626 um den abschließenden Quertrakt vergrößert. 1716 erwarben die von Waldbott-Bassenheim den Besitz, die die Ökonomiebauten errichten ließen, von denen sich etwa der Torturm von ca. 1750 erhalten hat. Bis 1874 war die Wolfsburg von einem Wassergraben umgeben.

Die Wolfsburg präsentiert sich heute als ein unverputzter Ziegelbau. Das Hauptgebäude über kubischem Grundriss setzt sich aus drei Bauteilen zusammen. Ehemals handelte es sich um eine Zweiflügelanlage, in deren offenen Winkel ein dritter Flügel gestellt wurde. So präsentiert sich der Bau dem Besucher heute mit zwei zur Hofseite gerichteten Quertrakten, die lückenlos aneinanderstoßen. Jeder Trakt hat ein Satteldach mit geschweiften und abgetreppten Giebeln. Von den fünf Achsen befindet sich die mittlere zwischen den beiden Flügeln. An der Rückseite ist jedoch nur ein vierachsiger Flügel zu sehen, der die beiden Flügel der Eingangsseite gänzlich verdeckt. Das Areal wird

links: Wolfsburg, Torturm
rechts: Haus Wittgenstein, Gartenseite

Wolfsburg, Herrenhaus, Hofseite (oben) und Gartenseite (unten)

durch den zweigeschossigen Torturm aus dem 18. Jahrhundert betreten.

Das Haus Wittgenstein ist eine Villa mit dreigeschossigem Mittelbau mit flachem vorkragenden Längssatteldach und zweigeschossigen schmalen Flankenbauten mit flachen Quersatteldächern. Im Osten zum großen Garten ist dem Mittelteil eine Veranda vorgelegt.

99. Bornheim Herrenhaus

1147	*Burg genannt*
1583	*zerstört*
1729–32	*Herrenhaus erbaut*

Burgstraße.
Das Herrenhaus ist nicht zu besichtigen.

1147 wird erstmals eine Burg in Bornheim erwähnt, und zwar als Sitz des Ritters Johann von Bornheim. Die Bornheim waren Ministerialen des Erzstiftes. 1388 kam die Bornheimer Grundherrschaft an den Ritter Johann Scheiffart von Merode. Im Truchsessischen Krieg wurde die Burg in Bornheim 1583 zerstört. Von 1680 bis Ende des 18. Jahrhunderts gehörte Bornheim den Reichsfreiherren von Waldbott von Bassenheim, die in Villip ihren Hauptsitz hatten. Johann Jakob von Waldbott war kurkölnischer Konferenzialminister und Hofkammerpräsident und damit eine der einflussreichsten Persönlichkeiten am Bonner Hof. Er ließ sich – wohl durch Johann Conrad Schlaun – 1728–1732 ein Herrenhaus errichten. 1733–35 folgte eine Donatuskapelle im Park, die aber 1867 niedergelegt wurde. Im 19. Jahrhundert wechselte die Anlage mehrfach den Besitzer und gelangte schließlich 1872 an die Freiherren von Diergardt. Sie legten einen Landschaftspark an und statteten das Innere des Herrenhauses in verschiedenen Kunststilen im historistischen Sinne aus. 1972 brach ein Feuer aus, dem das Glockentürmchen über dem Tor zum Opfer fiel. Seit 1980 befindet sich hier ein Therapiezentrum für ehemals Drogenabhängige, das „Haus Phönix" genannt wird.

Dem Herrenhaus ist ein dreiflügeliger Wirtschaftshof vorgeschaltet, der das Hauptgebäude den Blicken entzieht. Der heute trockene Graben wird von einer Brücke überquert, die auf den dreiachsigen Torbau mit abgerundeten Ecken und eingetieften Fensterachsen zuführt. Der Wirtschaftshof wurde im 19. Jahrhundert verkleinert, um die Schrägstellung des Herrenhauses um 45 Grad abzumildern: Die Seitenflügel des Herrenhauses und der Nordostflügel des Wirtschaftshofes wurden niedergelegt und damit ein offener, weiter Platz vor dem Haupthaus geschaffen.

Vom Herrenhaus ist heute also nur noch das Corps de logis erhalten. Es handelt sich um einen zweigeschossigen verputzten Bau von neun Achsen mit Mansarddach. An der Hof- und an der Gartenseite wird er jeweils von einem dreiachsigen Mittelrisalit geschmückt. Die Fenster des Baus haben einfache Hausteinrahmungen. Ein Gurtgesims trennt das erste vom zweiten Geschoss. Das Innere wird durch eine Mittelachse von Vestibül und Gartensaal bestimmt, die von je einem Appartement double begleitet ist. Die gartenseitige Enfilade ist dabei tiefer als die Hofenfilade. Das Obergeschoss erschließt ein Mittelflur.

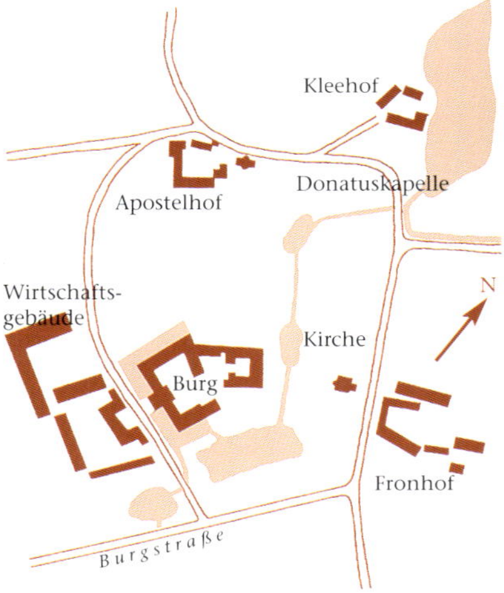

Lageplan nach dem Urkataster, Umzeichnung nach Hansmann/Knopp 1981

100. Bornheim, Dersdorf Haus Rankenberg

1405 genannt
1819 niedergelegt
1897 Neubau

Rankenberg. Das Haus ist nicht zu besichtigen.

Haus Rankenberg wurde 1897 neu errichtet. Ehemals war es wohl ein Sommersitz, der zur 1819 abgebrochenen Dersdorfer Burg gehörte und 1405 erstmals genannt wird. Das zweigeschossige Gebäude mit Mansardwalmdächern wurde an einem Gartenteich errichtet und erhielt an der Eingangsseite einen viergeschossigen Turm mit Schweifhaube. Die einzelnen Gebäudeteile haben Eckquaderungen. Gurtgesimse und Sohlbankgesimse trennen die Geschosse in der Horizontalen.

Auf der Burg in Hemmerich wird 1210 ein Ritter Albero von Hemberg (=Hemmerich) genannt. 1392 erlangte sein Geschlecht die Würde des Erbkämmerers in Kurköln. Das Amt war mit der Bachemer Burg (➟ 114) verbunden, mit der Pawin von Hemmerich daher auch belehnt wurde. Erst 1520 verloren sie das Amt an ihre Verwandten von Velbrück. Nun saßen die Velbrück auf Hemmerich bis 1611, als die Burg durch Heirat an die von Gevertzhagen gelangte. Diese verkauften sie 1678 an den Kölner Domkapitular Johannes von Francken-Sierstorpff. Dessen Erben veräußerten die Burg bereits 1696 an den Amtmann von Liedberg, Ferdinand Rensing. Über dessen Nichte gelangte Hemmerich durch Heirat 1710 an den Kölner Patrizier

101. Bornheim, Hemmerich Herrenhaus

1210	*genannt*
1729–31	*Neubau*
1869	*nach Brand Neubau des Herrenhauses*
1945	*ausgebrannt*

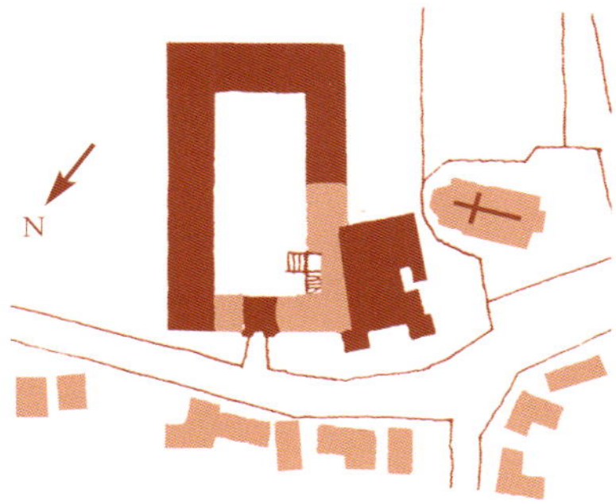

Nur von der Jennerstraße aus zu betrachten

Lageplan, Umzeichnung nach Hansmann/Knopp 1981

Caspar von und zum Pütz. Dieser ließ die Burg 1729–31 als viereckige Barockanlage zusammen mit Garten und Wirtschaftsbauten neu erbauen. Über verschiedene Zwischenbesitzer gelangte das Herrenhaus 1825 an Karl Freiherr von Nordeck. 1869 brannte das Herrenhaus ab und wurde auf den alten Grundmauern in zeitgemäßer Formensprache neu errichtet. Ein Feuer im August 1945 zerstörte auch dieses Herrenhaus, das seither Ruine ist.

Die Anlage erstreckt sich um einen großen rechteckigen Innenhof, an dessen Ostseite die noch erhaltenen und heute bewohnten Wirtschaftsbauten stehen. Zur Straße hin steht der noch von den Baumaßnahmen 1729–31 stammenden Torbau mit seinen über Eck gestellten Pilastern und einem verkröpften Gesims. Die Ruine des zweigeschossigen Herrenhauses an der Westseite ist leicht aus der Achse des Hofes verschoben. Es wurde aus Backstein errichtet und zeichnet sich zur Straße durch seine dünnen dreigeschossigen Vierecktürme über hohem Souterrain aus. Sie hatten ehemals wie das Haus steile Dächer. Der Dekor entspricht wie auch der Umriss der Neorenaissance. Auch vor dem Brand 1869 hatte das Gebäude zwei Geschosse, die Türme waren jedoch niedriger.

An der Hofseite erstreckte sich vor dem Herrenhaus über dem Souterrain eine große unterwölbte Terrasse, die auch den Flügel zur Straße einnahm. Der Torturm ist daher auch als Pavillon anzusprechen. Zu seinen Seiten befanden sich ehemals die Balustraden der Terrasse.

oben: Ansicht 1901; unten: Ansicht 2004

102. Bornheim, Rösberg Herrenhaus

1194	*Burg genannt*
1371	*zerstört*
1730/31	*Neubau aufgeführt*
1833	*ausgebrannt, Wiederaufbau*
1943	*ausgebrannt*

Von-Weichs-Straße

Zwischen Auelsgasse und Greesbergeweg im Nordosten des Herrenhauses wurde 1969 ein zwei bis zweieinhalb Meter hoher Burghügel mit einem Durchmesser von 10–12 Metern entdeckt, der von einem 5–7 breiten Graben umgeben war. Der Motte war eine Vorburg vorgelagert.

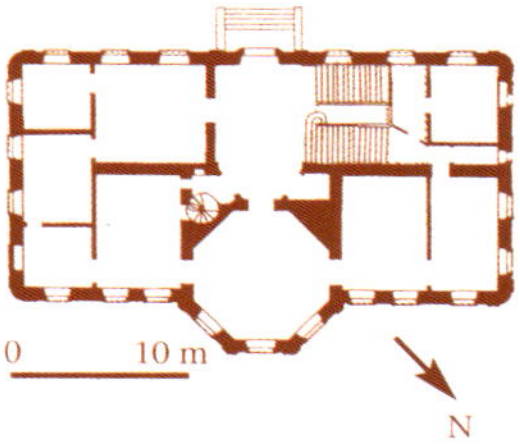

Rösberg ist vermutlich einer der ältesten Dynastensitze auf dem Vorgebirge. Die ehemalige Burg dürfte im 12. Jahrhundert entstanden sein. 1194 wurde sie von den Grafen von Are bewohnt. Ein Jahrhundert später saßen hier ihre Nachkommen, die Grafen von Neuenahr. 1371 wurde die Burg in einer Fehde gegen den Kölner Erzbischof von diesem zerstört. 1589 starb das Geschlecht aus.

Nach häufigem Besitzerwechsel gelangte Rösberg 1629 an den kurkölnischen Kammerherrn Gaudenz Freiherr von Weichs zu Glan. Die Freiherren von Weichs bekleideten das Erbamt des kurkölnischen Obristjägermeisters und ließen sich nach Plänen von Johann Conrad Schlaun 1730/31 ein kleines Herrenhaus errichten.

Bei einem Brand 1833 wurden die Ökonomiegebäude und im selben Jahr bei einem weiteren Brand auch das Haupthaus zerstört. Noch 1833 begann der Wiederaufbau, bei dem das Corps de logis um ein drittes Geschoss erhöht wurde. Nach einem Bombenangriff 1943 brannte das Corps de logis vollständig aus und wurde erst in den letzten Jahren sehr vereinfacht und nur zweigeschossig wieder aufgebaut.

Das Herrenhaus in Rösberg liegt am Rand einer Geländeterrasse mit weitem Blick in das Rheintal. Die 1371 zerstörte Burg lag im Südosten der heutigen Anlage nahe der Kirche. Hier erbauten sich die von Weichs um die Mitte des 17. Jahrhunderts ein Burghaus. Die Anlage des neuen Herrenhauses setzte sich aus einem zurückgesetzen Corps de logis und zwei parallel zum Haupthaus stehenden Wirtschaftsbauten zusammen, die so weit auseinander gerückt waren, dass sie den Hauptbau gerade nicht überschnitten. Erst im 19. Jahrhundert wurden an die Außenseiten der Wirtschaftsbauten rückwärtige Flügel angefügt, die den so gebildetenen Ehrenhof flankieren und die Anlage damit formal noch stärker einem Herrenhaus mit Wirtschaftshof angeglichen, dem heute nur der Torbau zu fehlen scheint. Das heute wieder zweigeschossige Corps de logis hatte ehemals eine bei weitem reichere Fassadengestaltung. Die Grundstruktur von sieben Achsen mit einachsigem Mittelrisalit an der Eingangsseite bzw. konvexem dreiachsigem Mittelrisalit zum Tal, hochrechteckigen Fenstern, Gurtgesims und Mansarddach entspricht aber dem Schlaunschen Ursprungsbau. Das Innere wurde in der Mitte in beiden Geschossen durch ein Vestibül mit seitlich angrenzendem Treppenhaus und talseitigem oktogonalem Saal bestimmt. Zu beiden Seiten schlossen sich die Zimmer und Kabinette an. Für die Dienerschaft war zwischen Vestibül und Saal eine eigene Nebentreppe vorhanden. Es gab kleine Degagements, Zwickelräume und sogar eine Toilettenanlage mit fließend Wasser.

Durch die Lage am Geländeabfall zum Rhein musste auf einen großen Garten hinter dem Corps de logis verzichtet werden. Dafür wurde der Besucher mit dem weiten Blick in das Tal überrascht.

103. Bornheim, Sechtem
Weiße Burg und Graue Burg

Die so genannte **Graue Burg** war ein kölnisches Lehen. Im 12. Jahrhundert gehörte die Herrschaft Sechtem den Grafen von Saffenberg, die vermutlich in der Grauen Burg ihren Sitz hatten. Dann dürfte sich der Name Graue Burg von Grafenburg (Gravenburg) ableiten. Von den von Saffenberg ging die Herrschaft an die Gräfin Mechthild von Sayn über, die Sechtem 1280 der Kölner Kirche schenkte. Später gelangte die Hoheit über die Graue Burg an die Grafen von Katzenelnbogen und dann an die Landgrafen von Hessen. Diese Enklave bestand bis 1630. Lehensnehmer waren bis 1734 die Herren von Siegenhoven, dann verkauften sie die Burg an die von Monschau. Nach einem Schadensfeuer ließen diese die Burg seit 1770/71 wieder aufbauen. Dieser Bau steht noch heute, wurde aber im 19. Jahrhundert umgebaut.
Die Burg stellt sich heute als ein sehr einfacher, dreigeschossiger Bau von fünf Achsen auf drei Achsen dar. Ein dreiachsiger nur leicht vortretender Mittelrisalit an der Längsseite wird von einem Dreiecksgiebel mit dem Wappen der Monschau überfangen. Nur am Mittelrisalit werden die Geschosse von Simsbändern getrennt. Im Gegensatz zu den übrigen Fenstern sind die Fenster hier auch im Segmentbogenabschluss mit einem Schlussstein geziert. Eine zweiläufige Freitreppe über dem Kellereingang führt zum in der Mitte unter einem Balkon gelegenen Eingang.

Angeblich soll die Anlage der so genannten **Weißen Burg** im 11. Jahrhundert begründet worden sein und tatsächlich wurden beim Bau große Quader einer römischen Wasserleitung eingebaut, was für eine frühe Errichtung spricht, genannt wird die Burg aber erst 1472. Der Name soll sich von Wisse = Wiese ableiten. Die Anlage war seit dem 15. Jahrhundert im Besitz der Herren von Efferen, von Meirhofen, von Krane, etc. und gelangte im 19. Jahrhundert in bürgerlichen Besitz. Die Familie Essingh ließ die Burg 1843 umbauen und erneuern.
Dem heute tatsächlich weißen Herrenhaus ist ein zum Gebäude hin geöffneter Wirtschaftshof vorgelagert, in den man über eine Brücke, die den Graben um die Wasseranlage überspannt, und durch einen neuromanischen Torturm von 1846 gelangt. Das Herrenhaus befindet sich nicht in der Hauptachse des Wirtschaftshofes, sondern ist an den Rand zur Eingangsseite an den Graben verschoben. Der dreigeschossige Bau mit Bänderrustika von fünf zu vier Achsen orientiert sich an der Architektur italienischer Villen der Renaissance. Eine grüne Eingangstür und grüne Fensterläden geben dem Haus zusätzlich ein einheitliches Gepräge. Ein Gurtgesims und ein Sohlbankgesims trennen die Geschosse voneinander. Das erste Geschoss wird durch seine Fensterverdachungen hervorgehoben.

12. Jh.	*Graue Burg bestanden?*
1472	*Weiße Burg genannt*
1770/71	*Neubau der Grauen Burg errichtet*
1843	*Weiße Burg völlig wiederhergestellt*

Graue Burg
Burgstraße. Die Anlage ist nicht zu besichtigen.

Weiße Burg
Kaiserstraße/Weiße-Burg-Straße. Die Anlage ist nicht zu besichtigen, der Wirtschaftshof kann betreten werden.

oben und unten: Weiße Burg, Torhaus mit Graben sowie Torhaus bzw. Wirtschaftshof und Herrenhaus

links und oben links: Graue Burg, Herrenhaus

104. Bornheim, Walberberg
Kitzburg, Hexenturm, Rheindorfer Burg

12. Jh.	*Hexenturm*
12. Jh.	*Rheindorfer Burg*
14. Jh.	*Kitzburg*
ca. 1675	*Kitzburg neu errichtet*
1925	*Rheindorfer Burg zum Kloster umgestaltet*

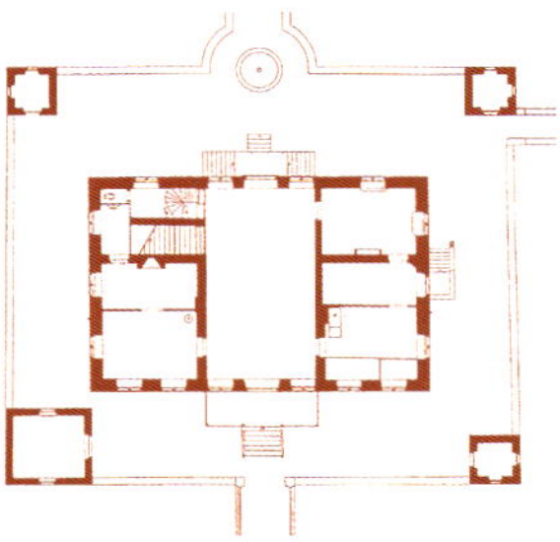

Kitzburg, Grundriss des Erdgeschosses (oben) und Gesamtanlage (rechts)

Kitzburg:
Kitzburgstr. 155. Zufahrt von der Bonn-Brühler-Str.
Nicht zu besichtigen.

Hexenturm:
Hinter dem Friedhof von St. Walburga.
Nur von außen zu besichtigen.

Rheindorfer Burg:
Dominikanerkloster St. Albert.
Rheindorfer Burgweg 39.
Tel.: 02227/85-0
Das Außengelände ist zugänglich.

Die **Kitzburg** war bereits im 14. Jahrhundert ein Brühler Burglehen. 1550/51 wurde das Lehen zu eigentümlichem Besitz an die Herren von Wolfskehl verkauft. 1671 erwarb der Straßburger Fürstbischof Franz Egon von Fürstenberg die alte Burg und ließ ein neues Herrenhaus errichten. Nach seinem Tode ging es 1682 an den Kölner Kanoniker Thomas von Quentel. 1757 erwarb es der Postmeister Franz-Peter von Becker, durch Heirat kam es 1786 an die Kölner Familie von Groote, und von ihr erbte das Haus die Familie von Kempis, die es bis 1979 behielt. In der zweiten Hälfte 19. Jahrhunderts wurden Veränderungen am Herrenhaus im Obergeschoss und am Dach vorgenommen sowie ein gusseiserner Altan über dem Haupteingang errichtet. Ferner entstanden einige Neubauten im Wirtschaftshof.
Die Anlage setzt sich aus drei Teilen zusammen: dem Herrenhaus auf einer Insel, einem an der Seite gelegenen Wirtschaftshof und dem sich in der Hauptachse hinter dem Haus erstreckenden Garten. In derselben Achse befindet sich an der Vorderseite eine auf das Hauptgebäude ausgerichtete Zufahrtsallee.
Das rechteckige Herrenhaus von drei zu sieben Achsen steht auf einer fast quadratischen Insel mit vier Eckpavillons, die auf Ecktürme zurückgehen. Der Hauptbau ist zweigeschossig und hat an der Eingangsseite über dem Eingang ein dreiachsiges Zwerchhaus mit Dreiecksgiebel, an dessen Seiten das Satteldach des Gebäudes abgewalmt ist. Die schlichte Fassade mit Rechteckfenstern wird von einem Gurtgesims strukturiert. Das Innere des Hauses wird von einer die ganze Tiefe des Gebäudes durchmessenden Halle bestimmt, die ein Drittel der Grundfläche einnimmt. An ihren Seiten ordnen sich die übrigen Räume und ein Treppenhaus an.

Der **Hexenturm** ist der letzte Überrest der alten Burg von Walberberg und

Kitzburg

stammt noch aus dem 12. Jahrhundert. Die Herren von Holtorp verkauften sie 1388 zusammen mit dem dortigen Fronhof an das Domkapitel in Köln. Es ist nicht bekannt, wann die Burg zerstört wurde. Als der Turm Mitte des 19. Jahrhunderts abgebrochen werden sollte, erwarb ihn der preußische Fiskus und rettete ihn so.
Der allein stehende, runde Turm ist der ehemalige Bergfried. Er ist 21 Meter hoch, zählt vier Geschosse und verjüngt sich nach oben. Er ist hauptsächlich aus dem Abbruchmaterial einer alten römischen Wasserleitung aufge-

führt. Der ehemalige Eingang liegt in der Höhe des ersten Stockes. Im obersten Geschoss sind Rundbogenfenster, sonst finden sich nur Scharten und Lichtschlitze. Die Wände sind am Boden fast 2 Meter breit. Die vertikale Erschließung erfolgte über eine Treppe in der Mauer.

Die **Rheindorfer Burg** ist jünger als die Alte Burg. 1140 belehnten die Grafen von Saffenberg den Ritter Christian von Rheindorf mit der Burg. 1441 gelangte sie an die Ritter von Quadt zu Tomburg. Die Nachkommen verkauften die Burg 1701 an die Kölner Jesuiten. Bei deren Enteignung fiel die Burg 1771 dem Gymnasial- und Stiftungsfonds Köln zu. 1925 erwarb die Deutsche Ordensprovinz „Teutonia" e.V. des Dominikanerordens die Burg. 1925, 1932/34 und 1952/58 wurde die Anlage erweitert. Heute befindet sich hier das Generalstudienhaus des Ordens.
Ehemals setzte sich die Anlage aus einem Wirtschaftshof und einem Herrenhaus zusammen, die beide von Gräben umgeben waren. Das Herrenhaus war ein schmuckloser viereckiger Bau von 9 zu 8 Achsen und umschloss einen annähernd rechteckigen Hof. Im Grundriss können diese Bereiche heute noch erkannt werden. Der zweigeschossige Bau wurde bereits 1925 um ein Geschoss erhöht. Erhalten hat sich der runde Bergfried mit 6 Geschossen. Im Erdgeschoss weist er noch Schlüsselscharten auf.

oben links: Hexenturm
oben rechts: Rheindorfer Burg

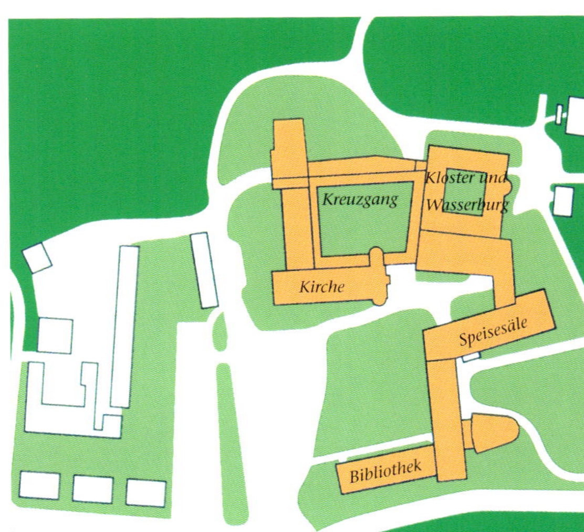

Rheindorfer Burg, Gesamtanlage (rechts)

105. Brühl, Schwadorf Schallenburg

16. Jh. *Neubau*
1694 *erweitert*

Die Schallenburg ist nicht zu besichtigen.

Der Ort Schwadorf wird 1109 erstmals genannt. Die Burg war dem Severinsstift in Köln lehenspflichtig, obwohl ihre Eigentümer – seit dem 15. Jahrhundert die Herren Schall von Bell – aufgrund ihres Besitzes zu den Landständen gehörten und Mitglieder des kurkölnischen Landtags waren. Im 16. Jahrhundert wurde das Herrenhaus neu errichtet. 1694 gelangte die Schallenburg durch Heirat an die Freiherren von Erlenkamp. Damals wurde die Anlage auch ausgebaut und später unter den mehrmals wechselnden Besitzern nur noch geringfügig verändert.

Die Anlage mit Garten ist von einem Wassergraben umgeben, der den Wirtschaftshof nicht mit einschließt. Das Herrenhaus besteht aus einem querrechteckigen, zweigeschossigen, verputzten Backsteinbau mit zwei einander gegenüberstehenden runden dreigeschossigen Ecktürmen, an den später gegen den Wirtschaftshof ein zweigeschossiger, aber etwas niedrigerer Flügel, quer zum Hauptbau angefügt wurde, so dass die Grundform eines T entstand. Das Gebäude ist mit Satteldächern gedeckt, die Türme haben achteckige, nach allen Seiten durchfensterte Aufsätze mit Hauben – sie wurden erst nach 1900 gestaltet. Der Altbau mit Treppengiebeln zählt fünf zu drei Achsen, der Anbau im Süden zwei zu zwei. Nach Norden erstreckt sich der Garten, der durch ein leicht aus der Mittelachse verschobenes, reich gegliedertes Portal über eine Brücke erreicht wird. Es steht zu vermuten, dass sich der Wirtschaftshof ehemals an dieser Seite auf dem von Gräben umfangenen Gartenareal befand.

Heute stehen die Fachwerkbauten des dreiflügeligen Wirtschaftshofs im Süden des Herrenhauses und werden über eine Holzbrücke direkt aus dem Anbau von 1694 erreicht.

106. Brühl
Schloss Augustusburg

1284–98 *Wasserburg*
14. Jh. *Wiederherstellung*
1689 *gesprengt*
1725–65 *Schlossneubau*

Brühl wird zum ersten Mal 1180 erwähnt und ist vermutlich im 9. Jahrhundert bei einem erzbischöflichen Wildpark entstanden. Seit 1217 und häufiger seit 1263 war die Burg in Brühl Aufenthaltsort der Landesherren. Der Kölner Erzbischof Siegfried von Westerburg ließ in Brühl seit 1284 eine Wasserburg errichten, die erst 1298 unter Erzbischof Wikbold von Holte vollendet und als Stützpunkt gegen die Stadt Köln genutzt wurde. Die Burg konnte mehreren Belagerungen 1296, 1318 und 1391 standhalten und wurde immer wieder verstärkt. 1469–1597 war sie Sitz der Landesregierung und wurde auf den neuesten Stand gebracht, zuletzt aber im Pfälzischen Erbfolgekrieg, als französische Besatzer in der Burg saßen, 1689 durch Sprengung zu einem Großteil zerstört. Sie blieb dann als Ruine liegen.
Bereits 1715 plante Kurfürst Joseph Clemens einen Wiederaufbau, doch erst sein Nachfolger Clemens August beauftragte 1724 Johann Conrad Schlaun mit einem Neubau. Das vorgeschlagene Konzept, das die Einbeziehung alter Mauern und die Errichtung von Ecktürmen vorsah, wurde jedoch während der 1725 begonnenen Bauarbeiten 1728 abgewandelt. So entfielen etwa die Ecktürme. Schlaun wurde entlassen und durch den bayerischen Hofarchitekten François de Cuvilliés ersetzt. 1743–48 erfolgte der Einbau des Treppenhauses durch Balthasar Neumann.
Nach der Besetzung des westlichen Rheinlands durch die französischen Revolutionstruppen 1798 wurde das gesamte Mobiliar veräußert. Napoleon übergab das Schloss 1809 seinem Marschall Davoust. 1815 gelangte es mit dem Rheinland an Preußen und verwahrloste zusehends. Eine erste größere Restaurierung erfolgte 1876/77. 1928– 34 wurden die Gartenparterres nach einem Plan von 1750 erneuert, und seit 1930 wurde die Augustusburg laufend saniert. 1944/45 wurden der Nordflügel und die Festsäle im Westtrakt stark zerstört, das indianische Lackkabinett im Gelben Appartement vernichtet. 1946 gelangte das Schloss in Landesbesitz. Der Wiederaufbau erfolgte 1946–59, doch arbeitete man an der Wiederherstellung der Innenräume noch bis in die jüngste Zeit. Bis 1996 nutzte der Bundespräsident das Schloss bei besonderen Gelegenheiten als Empfangsort. 1984 wurde es

Schlossstraße 6.
Besichtigung nur mit Führung
Di.–So. 9.00–12, 13.30–16.00 Uhr.
Sa.–So. 10.00–17.00 Uhr.
Dez. und Jan. geschlossen
Tel.: 02232/44000
www.schloss-bruehl.de

zusammen mit dem Jagdschloss Falkenlust und den Gartenanlagen in die Liste des UNESCO Weltkulturerbes aufgenommen.

Von der Burg des Mittelalters hat sich nahezu nichts erhalten. Sie war eine vierflügelige, um einen offenen Innenhof gruppierte Wasserburg auf nahezu quadratischem Grundriss, an deren Nordwestecke ein runder Turm stand. Nach Westen gegen die Stadt befand sich der vorgelagerte Wirtschaftshof. Noch älter sind die Reste einer Motte, die östlich des Schlossparks gefunden wurden und eventuell von einer Vorgängeranlage stammen.

Das Hauptgebäude von Schloss Augustusburg ist eine dreigeschossige Dreiflügelanlage mit Mansarddach. Der Mitteltrakt zum sieben Achsen tiefen Hof zählt ebenfalls sieben Achsen, der Mittelrisalit drei. Er nimmt den zentralen rundbogigen Eingang zwischen schmaleren rechteckigen Türen auf und wird von einem abschließenden Dreiecksgiebel mit Wappen bekrönt. Auf dem Giebel sind Papst und Mars dargestellt, die auf den Machtanspruch des Kurfürsten verweisen. Die Obergeschosse sind durch Kolossalpilaster zusammengefasst. Diese findet man auch an den dreiachsigen Kopf-

Umzeichnung des Planes von 1897, Zustand von 1750 ?

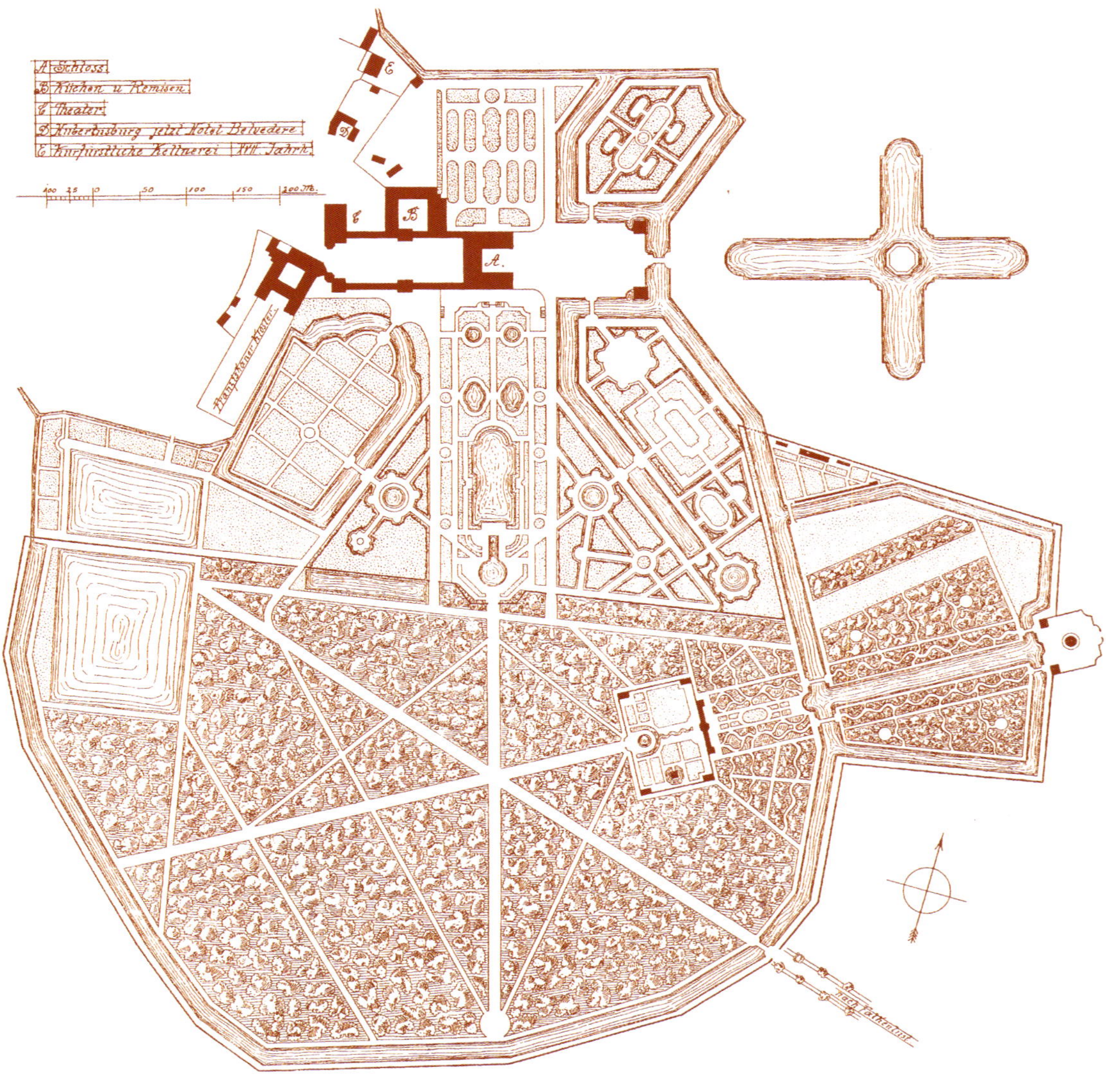

bauten. Anstelle des Giebels wurde hier ein attikaartiger Aufsatz über dem von dem mittleren Fensterbogen durchstoßenen Gebälk angebracht. Die Seitenflügel an der Innenseite des Hofes sind weitgehend schmucklos.
Die Stadtseite des Schlosses ist ähnlich der Vorderseite gestaltet. Die Fassade zählt 15 Achsen. Auch hier findet sich ein fünfachsiger Mittelrisalit. Im abschließenden Giebel ist ein bärtiger Chronos mit Putten und einer Uhr dargestellt. Zudem wird der Risalit noch von zwei durch Kolossalpilaster gerahmte Achsen begleitet.
Während die Nordfassade schmucklos ist, ist ihr südliches Pendant, die Gartenfassade, die aufwändigste des Schlosses. Sie hat 13 Achsen, der Mittelrisalit von vier Achsen liegt nicht in der Mitte, sondern leicht nach rechts versetzt. Auch hier sind die oberen Stockwerke des Mittelrisalits durch Pilaster zusammengefasst. Ein zweiter Risalit von zwei Achsen tritt in der Mitte noch einmal etwas hervor. Über diesem befindet sich ein Aufsatz mit einer Figurengruppe. Zwischen den Fenstern und Pilastern des Mittelrisalits ist leichter, plastischer Schmuck angebracht. Gezeigt werden Jagdmotive, womit die Trophäen auf die Funktion des Schlosses als Jagd- und Lustsitz verweisen – die Residenz befand sich in Bonn.
Im Mittelflügel des Schlosses befindet sich das durch alle drei Geschosse bis in das Dach reichende Treppenhaus, ferner im ersten Obergeschoss die „Salle des Gardes“ und der Musiksaal, die bis in das zweite Obergeschoss reicht. Das Schloss nimmt mehrere Appartements auf: im Erdgeschoss das „Winterappartement“ im Nordflügel, auf der gegenüberliegenden Gartenseite im Südflügel das „Sommerappartement“, im ersten Obergeschoss im Nordflügel das „Gelbe Appartement“ und im Südflügel das „Große Appartement“, über dem sich im zweiten Obergeschoss das „Grüne Appartement“ befindet.
Ein Besucher von Stand trat oder fuhr in das Vestibül in der Mitte des Schlosses. Der flachgedeckte Raum wird vom

Schloss Augustusburg, Gartenfassade

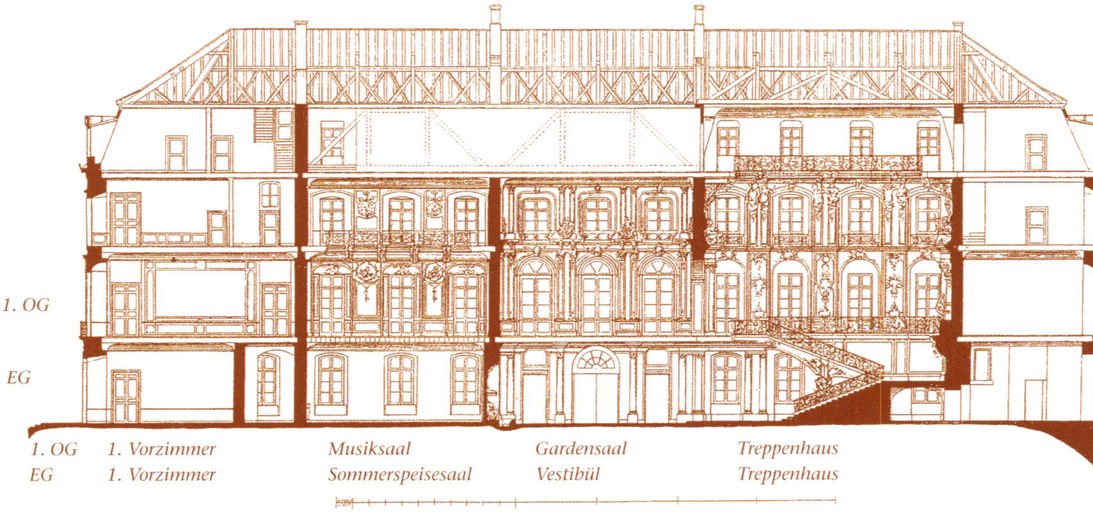

Schnitt durch den Hauptflügel mit dem Treppenhaus

Treppenhaus nur durch Pfeiler mit vorgestellten gekuppelten ionischen Säulen abgetrennt. Aus dem dreiachsigen Erdgeschoss stieg er über die dreiläufige Treppe in das fünfachsige, lichtdurchflutete Obergeschoss. Die Karyatiden im Erdgeschoss stehen derart lässig vor der Treppe, dass nichts Lastendes zu sehen ist, sondern eine beschwingte Leichtigkeit vermittelt wird. Fußboden und Treppen sind aus unterschiedlichem Marmor, die Wände und Säulen, Füllungen und Treppenläufe von Stuckmarmor und in den Farben rosa und hellgraublau gehalten – im Obergeschoss überwiegen neben grau und rosa rot und gelb. Das Ausstattungsprogramm des Treppenhauses dient der Verherrlichung des Bauherrn Clemens August. Sein Monogramm und seine Insignien sind mehrfach zu sehen. Die Hauptschauwand wird von der vergoldeten Stuckbüste zwischen den gekuppelten kompositen Vollsäulen unter einem großen Trophäenaufbau bestimmt. Das Deckenfresko von Carlo Carlone stellt die Huldigung der Künste vor dem Bauherrn und den Sturz der Widersacher dar.

Auf das Treppenhaus folgt der „Gardensaal". Stuckreliefs und Deckengemälde verherrlichen die Machtvollkommenheit des Hauses Wittelsbach und das Kaisertum Karls VII., der ein Bruder des Bauherrn Clemens August war. Der sich anschließende Speise- und Musiksaal mit einer Empore für die Musiker verwendet zur Glorifizierung von Clemens August ein kosmologisches Programm mit Personifkationen und Emblemen der Tages- und Jahreszeiten, sowie Elementen der Herrschertugenden. Sol-Apoll und die neun Musen musizieren im Olymp. Bezugspunkt ist Clemens August, der durch Wappen und Kurhut vertreten ist.

Grundriss Corps de logis, 1. OG

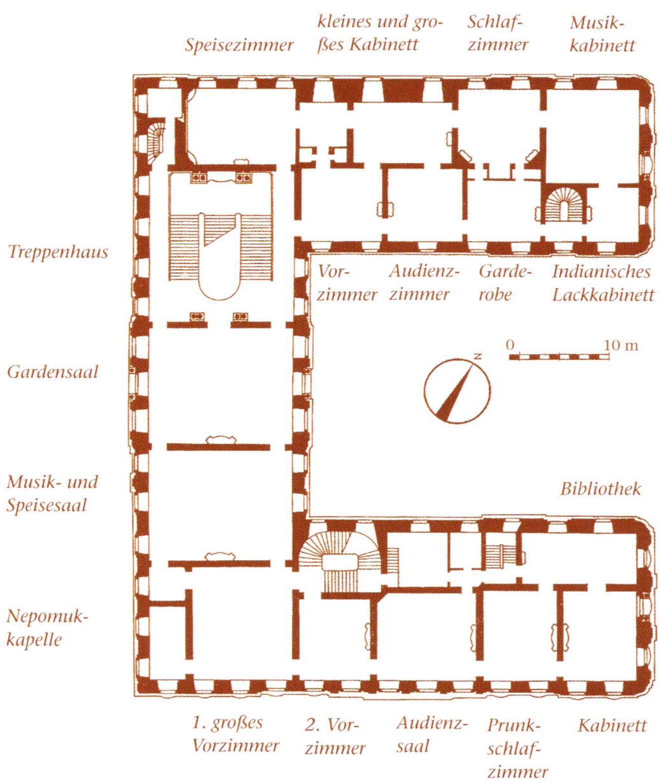

Treppenhaus

An den Musiksaal schließt sich das Neue Appartement an, dem streng genommen bereits Gardensaal und Speisesaal angehören. Das Appartement wird von einem großen ersten Vorzimmer eröffnet, an dessen Seite sich die kleine Nepomukkapelle befindet. Es nimmt in der Ausstattung mit Gartenmotiven im Deckenstuck Bezug auf den vor dem Appartement gelegenen Garten. Das zweite Vorzimmer wird vom Audienzsaal gefolgt, der entsprechend seiner Funktion die herrscherliche Macht des Kurfürsten in den Mittelpunkt rückt. Die letzten Räume nehmen ein Prunkschlafzimmer mit Landschaften und galanten Szenen sowie ein Kabinett mit Affenallegorien und eine kleine Bibliothek auf. Entsprechend der Funktion des Schlosses auch als Jagdschloss, finden sich im Appartement immer wieder Motive der Falkenjagd.

Das Raumprogramm des Sommerappartements im Erdgeschoss entspricht weitgehend dem des Großen Appartements. Durch die Falkengalerie, vorbei am Sommerspeisesaal gelangt man in das erste Vorzimmer, das in diesem Fall von einer Heilig-Geist-Kapelle begleitet wird. Das Grüne Appartement im zweiten Obergeschoss des Südflügels folgt diesem Schema ebenfalls. Neben einer Theresienkapelle mit Oratorium gibt es auch hier zwei Vorzimmer, den Audienzsaal mit dem an-

schließenden Schlafzimmer und dem Kabinett.
Die Appartements im Nordflügel unterschieden sich jedoch von denen des Südflügels. Im Erdgeschoss befanden sich neben den obligatorischen Vorzimmern auch eine Drechselstube und ein Billardzimmer, mehrere Kabinette, ein Schlafzimmer mit Alkoven und Oratorium, aber kein Audienzgemach oder Paradezimmer. Hier handelte es sich um die tatsächlichen Wohnräume des Schlossherrn. Die Wohnung im ersten Obergeschoss hatte einen offizielleren Charakter und nahm auch wieder ein Audienzzimmer, aber nur ein Vorzimmer auf. Hinzu kamen verschiedene Kabinette und ein Speisezimmer.
Im Westen des Schlosses führen zwei lange Orangerieflügel zur Stadt Brühl. Hinter dem nördlichen Flügel befand sich ein Wirtschaftshof, und im Westen sollte ein Theater entstehen. Als Hofkirche diente die im Westen der südlichen Orangerie gelegene Franziskanerkirche, die Clemens August durch Balthasar Neumann zur Schlosskirche umgestalten ließ. Die spätgotische Kirche mit spitzbogigem Rippengewölbe (geweiht 1493) war eigentlich eine Klosterkirche. Nun wurde sie nach 1735 über ein zwischengeschaltetes Oratorium mittels der Orangerie an das Schloss angebunden. Der neue Hochaltar von Balthasar Neumann und dem Bildhauer J. W. van der Auvera hat die Form eines Ziboriums und reicht bis unter das Gewölbe. Im Zentrum steht eine Verkündigungsgruppe. Der Spiegel mit dem Symbol der Dreifaltigkeit konnte weggeklappt werden, und dann war der Kurfürst im Oratorium hinter dem Altar zu sehen. Er präsentierte sich den Gläubigen damit als Vertreter der himmlischen Macht direkt über dem Altar.
Im Süden vor dem Sommerappartement und damit unter dem Neuen Appartement und dem Grünen Appartement erstreckt sich im Anschluss an eine Terrasse der Schlossgarten. Er war aus verschiedenen, in sich symmetrischen Anlagen zusammengesetzt. Die Hauptachse mit den ornamentierten Teppichbeeten wird durch einen Spiegelteich betont, und die anschließende Hauptallee gab den Blick in die Landschaft frei. Im großen Boskett schneiden sich zwei Achsen mit der Hauptachse. Die eine weist nach dem Jagdschloss Falkenlust, auf der anderen standen das so genannte Chinesische Haus und nach einer weiteren langgestreckten Wasserfläche die so genannte Hyazinthenburg. Von diesen Lusthäusern hat sich ebensowenig etwas erhalten wie von den anderen Gartenbauten wie der Eremitage und der Fasanerie.
Brühl ist nach den Zerstörungen des Zweiten Weltkriegs der letzte große erhaltene Schlossbau des 18. Jahrhunderts in Niederdeutschland. Kunst- und architekturgeschichtlich gehört er allerdings ebenso wie die eleganten Innenräume und das prächtige Treppenhaus in den bayerisch-fränkischen Raum, der bei weitem stärker von Frankreich beeinflusst war als Niederdeutschland.

Orangerieflügel

107. Brühl
Jagdschloss Falkenlust

1720–40 errichtet
1984 UNESCO Weltkulturerbe

Jagdschloss Falkenlust wurde für den Kölner Kurfürsten Clemens August durch François de Cuviliés unter der Bauleitung von Michael Leveilly in den Jahren 1720–40 erbaut. Der Rohbau stand bereits 1734 und das Schloss wurde anschließend von Pietro Morsegno, Pietro Castelli, Guiseppe Artario und Gilles Maria Oppenord stuckiert bzw. ausgestattet. Im Park entstand 1730–33 eine kleine **Kapelle**. 1807 kam das Schloss in Privatbesitz und wurde erst 1960 vom Land Nordrhein-Westfalen erworben. Seit 1984 gehört Schloss Falkenlust zusammen mit Schloss Augustusburg und dem umgebenden Park zum UNESCO Weltkulturerbe.

Die offene Dreiflügelanlage ist von einem eigenen Park umgeben und über eine lange Allee an den Stern des Schlossgartens von Brühl (➟ 106) angebunden. Das zweigeschossige freistehende Corps de logis wird von zwei eingeschossigen und gewinkelten Seitenflügeln begleitet. An ihren Winkelpunkten und Stirnseiten sind sie mit Pavillons besetzt. Der Ehrenhof ist mittels eines Gitters zwischen ihnen ebenso abgeschlossen wie der kleine Hof an der Rückseite des Hauptgebäudes.

Dieses ist zweigeschossig mit Walmdach und abschließendem Belvedere. Der querrechteckige Baukörper von fünf zu fünf Achsen hat an der Frontseite einen von Pilastern begleiteten Eingang unter einem Balkon. Entsprechend der Bestimmung des Schlosses tauchen überall am Gebäude Darstellungen von Falken und Reihern auf bis zu einem goldenen Reiher als Wetterfahne. Auch die Innenausstattung nimmt in Deckenstuck und Wandmalereien Bezug auf die Falkenjagd. Stuckierte Falkenköpfe, Fayencekacheln mit Motiven der Falkenjagd oder Gemälde des Bauherrn als Jäger sowie seiner Falkenmeister sind zu sehen. Darüber hinaus sind im Schloss vielfältige Verweise auf den Kurfürsten Clemens August angebracht. Sei es der Namenszug CA im Gitter des Treppenhauses oder an der Decke das kurfürstliche Wappen mit Kurhut, oder seien es die Kacheln mit den Wittelsbacher Farben blau und weiß sowie dem charakteristischen Rautenmuster und Wappen.

Der sehr kompakte kleine Bau bietet in jeder Etage nur Raum für fünf Zimmer und ein Treppenhaus. Man betritt zuerst das Vestibül in der Mittelachse, von dem aus zur Rechten die Treppe in das Obergeschoss führt. Geradeaus gelangt man in den Salon, der rechts von einem Speisezimmer und links von einem Schlafzimmer flankiert wird. Vom Schlafzimmer kann man sowohl das Lackkabinett

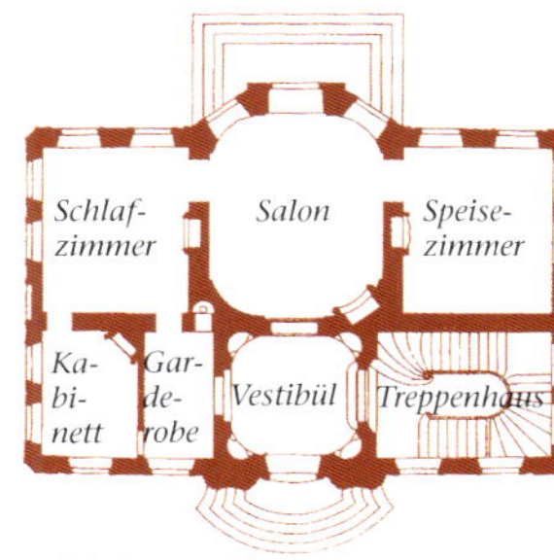

Erdgeschoss

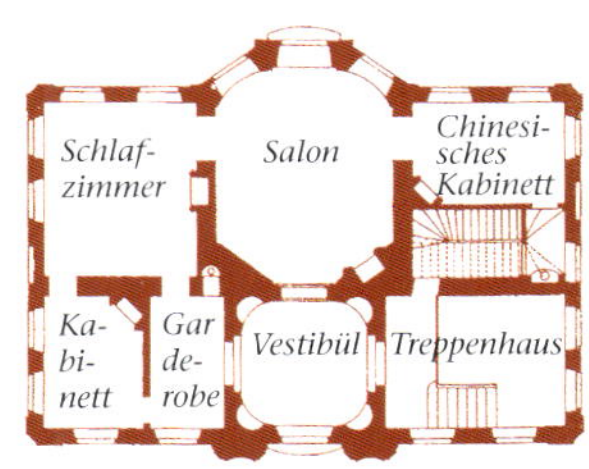

Obergeschoss

Rückseite des Corps de logis

Zugang durch den Brühler Schlosspark und zu Fuß in ca. 30 Minuten erreichbar, oder mit dem Auto von der Otto-Wels-Straße abbiegen zum Parkplatz Falkenlust. Öffnungszeiten: Di.–So. 9.00–12, 13.30–17.30 Uhr. Sa.–So. 10.00–17.00 Uhr. Dez. und Jan. geschlossen. Tel.: 02232/44000 www.schloss-bruehl.de

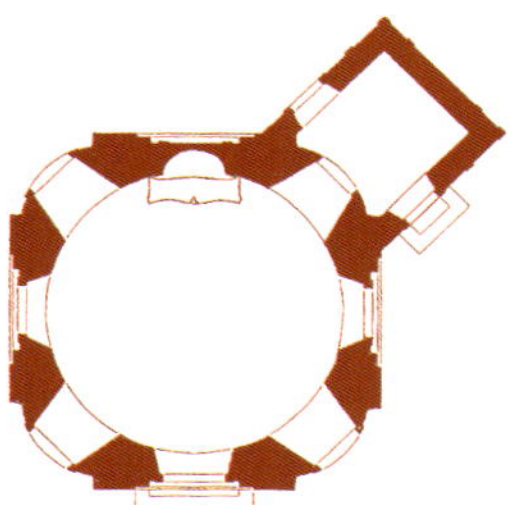

Kapelle, Grundriss

als auch die Garderobe an der Eingangsseite erreichen. Die Raumaufteilung im Obergeschoss ist nahezu identisch. Anstelle des Speisezimmers befindet sich hier jedoch ein Kaffeezimmer, das eine geringere Tiefe aufweist, um Raum für eine zusätzliche Nebentreppe zu geben, über die man das Dach erreichen kann. Statt des Lackkabinetts im Erdgeschoss, von denen einige der in die Holzvertäfelung eingelassenen Lackplatten chinesische Arbeiten sind, befindet sich im Obergeschoss ein 1736 von Gilles Maria Oppenord mit großen Spiegelwänden hinter vergoldeten, reich geschnitzten Rahmen ausgestattetes Spiegelkabinett.

Während der Kurfürst und seine Gäste im Corps de logis unterkamen, befanden sich die Räume für das Jagdgefolge nebst denen für die notwendigen Tiere sowie die Küche in den Seitenflügeln. Sie sind heute im Innern gänzlich verändert. Die Kapelle im Garten hat sich jedoch erhalten. Sie ist ein achtseitiger gewölbter Zentralbau mit Mansarddach und innen überreich mit Muscheln dekoriert und damit der einzige erhaltene Muschelstuckraum im Rheinland.

Grundriss der Gesamtanlage, 1972

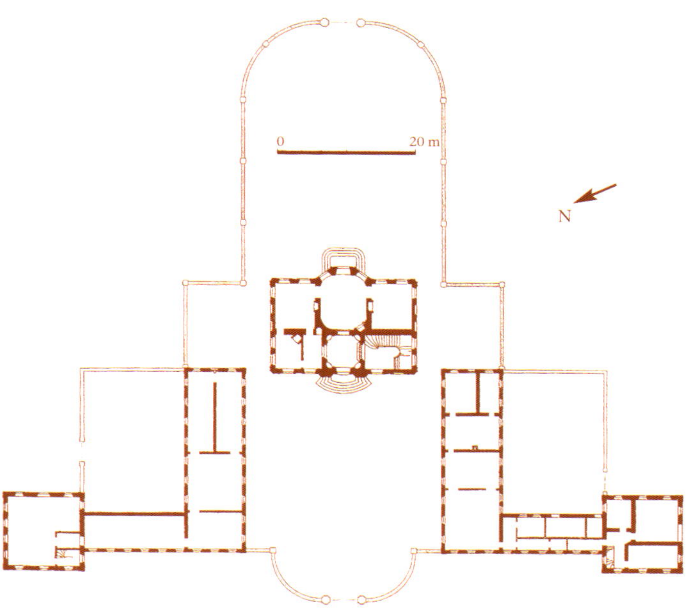

Das kleine Jagdschlösschen **Entenfang** wurde für Kurfürst Clemens August von Köln am Rande eines erstmals 1679 „ändtenfang“ genannten Gewässers an Stelle eines alten Jagdhauses 1750–52 errichtet. Nach 1900 wurde das Haupthaus durch einen Anbau mit Eckturm, Erker und Freitreppe im Volumen fast verdoppelt. Die alten Nebengebäude wurden später abgerissen.

Das Schloss ist heute ein zweigeschossiger Bau mit fünfseitig vorspringenden Türmchen an der Ostseite und einer höhergelegenen Terrasse nach Norden. Der Bau ist neun Achsen breit und drei Achsen tief. Während der alte fünfachsige Ostteil schmucklos ist, wird der Westabschnitt von den Erkern und Türmen bereichert. Der Eingang liegt in der Mittelachse des Altbaus. Die ehemals begleitenden Wirtschaftsbauten stießen im rechten Winkel an das Hauptgebäude.

Das Schloss stand ehemals direkt an der Landesgrenze zum Herzogtum Berg und diente Clemens August wohl nur zur kurzfristigen Absteige während der Entenjagd.

Die so genannte **Godorfer Burg** geht auf das Herrenhaus des Godorfer Hofes zurück, der bereits 1173 im Besitz des Stiftes Schwarzrheindorf genannt wird und immer wieder verpachtet wurde. Nachdem der Hof vom preußischen Freiherrn von Steffens erworben worden war, wurde er 1868 zum Rittergut erklärt. Steffens vergrößerte das Anwesen 1870/71 um ein schlossartiges Wohngebäude. Auch ließ er einen Park anlegen. Bereits 1887 verkaufte der Freiherr das Gut aber an den Duisburger Fabrikanten Arnold Böninger. Die Eigenschaft als Rittergut wurde daraufhin wieder aufgehoben. Vor 1914 veräußerte auch Böninger das Gut, und zwar an die Zuckerfabrik Brühl. 1920 entstand an Stelle einer Scheune links neben dem Herrenhaus das Vorderhaus. Rechts an das Haupthaus wurde das so genannte Adlerhaus angefügt.

Nach dem Zweiten Weltkrieg wurde die Burg zusammen mit dem Park an die EVA Brühl verkauft. Ab dieser Zeit

108. Wesseling, Berzdorf
Jagdschloss Entenfang und Godorfer Burg

wird zwischen Godorfer Burg und Godorfer Hof unterschieden, da beide nun verschiedene Besitzer haben. Die Burg wechselte nach 1988 häufig ihre Besitzer, der Burgturm musste 1988 wegen Baufälligkeit abgerissen werden. Seit 2000 wird das Herrenhaus saniert.

Das Herrenhaus setzt sich aus drei Teilen zusammen: Vorderhaus, Mittel- oder Haupthaus und dem im rechten Winkel dazu angeordneten Adlerhaus. Im Norden am zweigeschossigen Vorderhaus erhob sich der viergeschossige achteckige Turm. Das ebenfalls zweigeschossige Haupthaus zählt 13 Achsen. Die drei mittleren werden von einem Treppengiebel überfangen. In der Mitte befindet sich der Haupteingang. Das Adlerhaus präsentiert sich zum Hof mit einem Turm. In einer Wandnische befindet sich die Skulptur eines Adlers.

1750–52	*Jagdschloss erbaut*
1871	*Herrenhaus der Godorfer Burg erbaut*
nach 1900	*Jagdschloss erweitert*
1920	*Godorfer Burg erweitert*
1988	*Turm an der Godorfer Burg abgerissen*

Schloss Entenfang

Schloss Entenfang:
Entenfangstr. 60
Das Schloss ist nicht zu besichtigen.

Godorfer Burg:
Godofer Burg 15–19
Die Anlage wird umgebaut und ist nicht zu besichtigen.

Godorfer Burg

109. Hürth, Fischenich Burg

11./12. Jh. errichtet
1584 zerstört

Gennerstraße/Augustinerstraße, Zugang von der Augustinerstraße. Die Ruine ist nicht zu betreten, kann aber umschritten werden.

Burg Fischenich, nach der sich bereits 1189 ein Geschlecht benannte, war 1302 Lehen des Erzbistums Köln, und seine Inhaber waren zur Teilnahme am kurkölnischen Landtag zugelassen. 1502 erbte Albrecht von Zweiffel die Burg, die durch Heirat weiter den Besitzer wechselte. Im Truchsessischen Krieg wurde die Burg in Fischenich vermutlich 1584 zerstört. Der Besitz kam 1725 an die Wolff-Metternich zu Gracht und 1904 in den Besitz der Spar- und Darlehnskasse Fischenich. Diese veräußerte ihn 1906 an die Genossenschaft der Cellitinnen zur Hl. Maria in der Kupfergasse weiter. 1907 begann der Bau des Klosters, nach dessen Abbruch rund um die Burgruine 1983 Reihenhäuser errichtet wurden.

Von der Burg hat sich ein etwa 6–10 Meter hoher Unterbau über ovalem Grundriss erhalten. Er ist hauptsächlich aus zugehauenen Gusswerkstücken einer römischen Wasserleitung und Steinlagen in sich abwechselnden Schichten von 2–2,30 Meter Stärke aufgeführt. Ehemals hatte die von tiefen Gräben umzogene Anlage vier Türme, deren Reste noch aus dem Mauerwerk vorspringen. Die Ziegelteile der Burg stammen von den Wiederaufbau- und Reparaturarbeiten des 15. Jahrhunderts. Die Kreuzwegstationen an der Westseite wurden in der Klosterzeit angebracht. Östlich der Kernburg befand sich eine Vorburg, deren Grenzen die aktuelle Bebauung in etwa folgt. Nach den Funden stammt der Graben aus dem 13. Jahrhundert. Er war mit einer Staustufe für das Wasser des Grabens versehen, da das Gelände stark abfällt. Die ehemalige Toranlage der Vorburg befindet sich unter der heutigen Straße. Die unscheinbaren Reste einer der ältesten Burgen am Mittelrhein sind nur von außen zu besichtigen, ein Besteigen der Ruine ist nicht möglich.

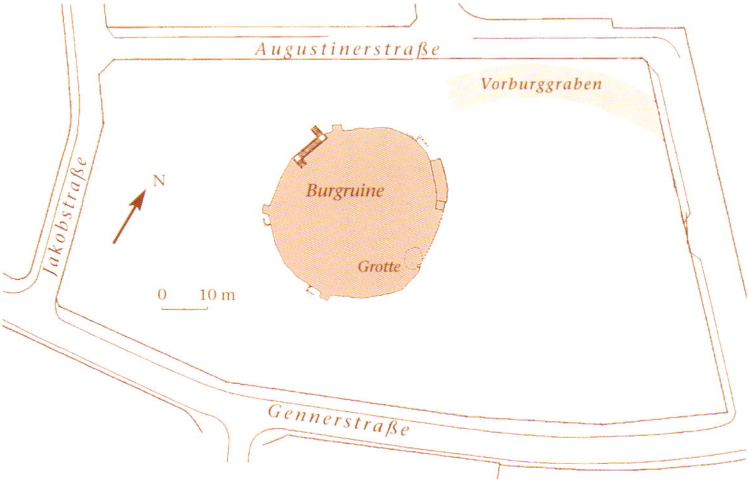

110. Hürth, Kendenich Herrenhaus

12./13. Jh.	*eventuell begründet*
1660–64	*Neubau*
ca. 1840	*Umbauten*
1982/83	*entkernt*

941 zuerst urkundlich erwähnt, war die Herrschaft Kendenich anfänglich wohl ein erzbischöfliches Lehen, gelangte aber bereits bis zum 12. Jahrhundert an das Stift St. Ursula in Köln. Seit dem 13. Jahrhundert sind die Herren von Kendenich genannt. Später war die Burg im Besitz verschiedener, meist auch in Köln wichtiger Familien. Das heutige Herrenhaus wurde 1660–1664 für Johann Sigismund von Frentz erbaut. 1667 folgte der Ostteil des Wirtschaftshofes, 1734 und 1771 der Nordflügel. Bereits 1766 war Kendenich an den Kölner Bürgermeister Jakob Gabriel von Groote gegangen. Um 1840 erfolgte im Auftrag von Philipp von Kempis und seiner Fraun Maria Theresa Walburga, geborene von Groote, ein größerer Umbau der Außenanlagen und der Inneneinrichtung durch Johann Anton Wallé. Nach ersten Instandsetzungsmaßnahmen 1962 wurde das Herrenhaus 1964 an die Stadt Hürth verkauft und konnte aufgrund gravierenster Schäden nur knapp vor dem Abriss bewahrt werden. Der Erhalt musste allerdings 1982/83 durch die Entkernung des Hauptgebäudes und der Wirtschaftsflügel erkauft werden, in denen Wohnungen eingerichtet wurden.

Die Anlage erhebt sich auf einer Terrasse des Vorgebirges und gewährt einen weiten Blick in das Rheintal und nach Köln. Sie war ehemals in ihrer Gesamtheit von einem Wassergraben umgeben, der im Osten und im Westen von einer Brücke überquert wurde, so dass ein Weg von der Kirche aus durch die Anlage hindurch führte. Das westliche Tor ist heute vermauert. Der aus Ziegeln errichtete Wirtschaftshof steht auf geböschtem Sockel und öffnet sich als Dreiflügelanlage zum Herrenhaus, das mittels eines Grabens von ihm getrennt ist. Auf die Ecken des Hofes sind Türme gesetzt. Das rundbogige Portal im Ostflügel ist von rustiziertem Sandstein und wird von einem Dreiecksgiebel mit Wappen bekrönt, der von kleinen Obelisken flankiert wird.

Das eigentliche Herrenhaus ist ein gewaltiger, dreigeschossiger quadratischer Baukörper über einem Sockelgeschoss von verputztem Backstein auf einer Grundfläche von 22 auf 22 Meter, der in seiner Gesamtheit von einer Schweifkuppel abgeschlossen wird. Eckquader geben dem Bau Festigkeit. Er hat auf jeder Seite fünf Achsen mit Ausnahme der Westseite, wo es sechs sind. Gurtgesimse trennen die einzelnen Geschosse. Über dem Haupteingang, der mittels einer Brücke vom Wirtschaftshof aus erreicht wird, befindet sich das Wappen der Familie von Kempis und von Groote mit der Jahreszahl 1840.

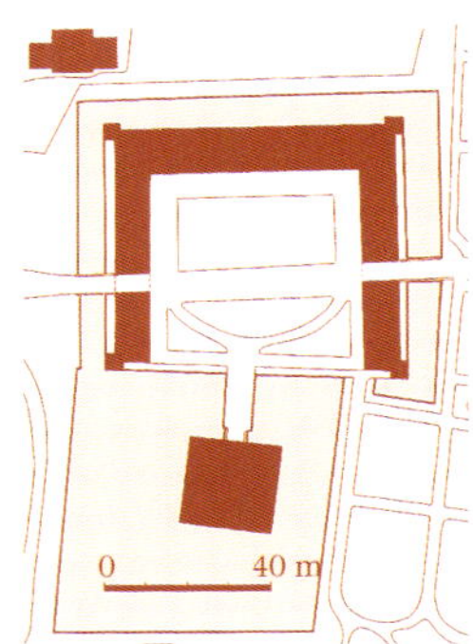

Nussallee/Am Kempishof. Die Anlage ist nicht zugänglich.

111. Hürth, Efferen
Herrenhaus

1391 neu befestigt
1769 Neubau

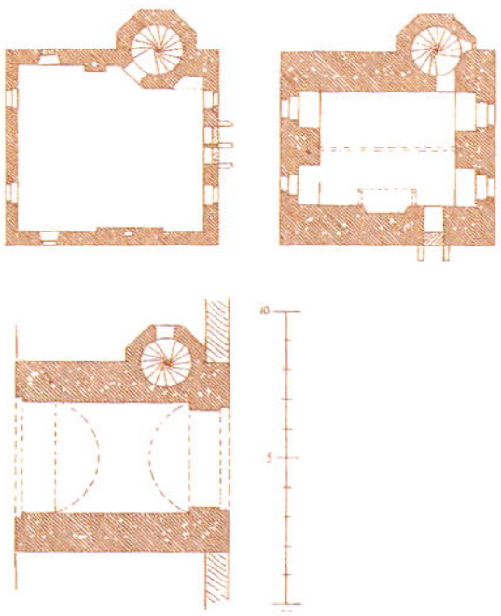

Grundriss Torturm 1897

Bachstraße / Ecke Ritterstraße
Das Haus ist nicht zu besichtigen.

unten links: Herrenhaus
unten rechts: Torturm

Die Überlieferung, dass die Burg Efferen auf römischen Grundmauern stünde, konnte bislang nicht bestätigt werden. So sind die Ursprünge der Burg unbekannt. Das Stift St. Maria im Kapitol blieb während das ganzen Mittelalters Grundherr in Efferen, Vögte waren die Grafen bzw. später die Herzöge von Jülich. Seit dem 14. Jahrhundert war die Burg im Besitz der Overstolz aus Köln, die sich später nach der Burg benannten. Efferen war ein wichtiger Vorposten der Stadt Köln gegen das Erzbistum Köln. 1391 wurde die Burg von stadtkölnischen Truppen besetzt, die Efferen auf eigene Kosten gegen den Erzbischof in Burg Bachem (➠ 114) neu befestigen ließen. 1393 übernahm der Kölner Patrizier Heinrich von Cuesin als Nachfolger der Ritter von Efferen die Burg als Lehen. Die Besitzer wechselten in der Folgezeit häufiger.

Im 17. Jahrhundert wohnten die Reichsfreiherren von Bourscheidt auf der Burg, die sich 1769 von Christian Birkenhus einen Neubau auf mittelalterlichen Grundmauern errichten ließen. Erst 1961 wurde der Wassergraben um die Anlage zugeschüttet.

Die Gebäude der ehemaligen Wasseranlage umfassen einen rechteckigen Hof. Die Bauten sind von Backstein und unverputzt. Das zweigeschossige Haupthaus mit sieben zu fünf Achsen unter hohem Mansarddach steht heute direkt an der Straße. Der einachsige Mittelrisalit mit abschließendem Dreiecksgiebel mit dem Wappen der Bourscheidt wird von rustizierten Lisenen begrenzt. Die Dachgauben liegen in den Fensterachsen der Fassade.

Direkt an das Herrenhaus grenzt der hohe viergeschossige Torturm. Es ist der letzte von ehemals vier Ecktürmen der Burg und stammt im Kern noch vom Ausbau 1391. Anfang des 17. Jahrhunderts hat er seine Schweifhaube erhalten. Beiderseits der spitzbogigen Durchfahrt sind noch die Aufhängevorrichtung und der Anschlag der ehemaligen Zugbrücke zu erkennen. Kragsteine an drei Seiten des Turms lassen auf Gusserker schließen. Im unteren Bereich ist der Ziegelturm durch Quadermauerwerk verstärkt.

Efferen ist eines der Zeugnisse stadtkölnischer Selbständigkeitsbestrebungen gegen den ehemaligen Stadtherrn, den Erzbischof von Köln, der sich durchaus auch im Burgenbau niederschlug. Burgen waren nicht nur eine Bauaufgabe des Adels, sonder allgemein eine Bauaufgabe der Mächtigen.

112. Hürth, Stotzheim Schlebuschhof

Über den Standort der alten Burg Stotzheim ist nichts bekannt; sie ist wohl schon im 13. Jahrhundert untergegangen. Der Besitz war dem Stift St. Maria im Kapitol lehnspflichtig. Gegen Ende des 14. Jahrhunderts verliert sich dann der Name der Familie von Stotzheim. 1412 besaß die Burg der Burggraf von Odenkirchen. Die Anlage gelangte dann an Johann Gymnich und 1437 an den Junker Heinrich von Plettenberg. Hinfort hieß die Anlage Plettenbergshof und scheint auch nicht viel mehr als ein Burghof gewesen zu sein. Durch Anna von Plettenberg kam der Hof 1608 in den Besitz des kurfürstlich pfälzischen Haushofmeister Franz von Hammerstein. Nun hieß die Anlage Hammersteinhof, und als sie Anfang des 17. Jahrhunderts an die Familie von Schlebusch kam, hieß sie folgerichtig hinfort Schlebuschhof und trägt diesen Namen noch heute, obwohl das Haus später an die Familie Felten fiel und es 1912 von der Stadt Köln erworben wurde. Das Herrenhaus wurde 1874 neu erbaut, die Hofanlage stammt vom Beginn des 20. Jahrhunderts.

Das Herrenhaus ist zusammen mit den Wirtschaftsbauten von einem Wassergraben umgeben. Der zweigeschossige schmucklose Ziegelsteinbau erhebt sich direkt am Graben neben der Zugangsbrücke. Ein Schmuckband teilt die Geschosse gleich einem Gurtgesims. Die Wirtschaftsbauten bilden eine zum Hauptgebäude geöffnete Dreiflügelanlage.

1874 neues Herrenhaus erbaut

Abtstraße 32.
Der Schlebuschhof ist nicht zu besichtigen.

113. Hürth, Gleuel
Herrenhaus und Burg Schallmauer in Hürth Berrenrath

1260 genannt
1632 Herrenhaus errichtet
1976 Beginn der Sanierung sowie des Wiederaufbaus der Nebengebäude

Gleuel:
Burgstraße 21
Der Park kann besucht werden, die Kernanlage nicht.

Berrenrath:
Burg Schallmauer

Auf 1260 datiert die älteste Nennung der Besitzer der **Burg Gleuel**. Die Ritter von Gleuel waren bereits im frühen Mittelalter Lehnsträger der Kölner Dompropstei. Sie waren mit der Reichsstadt eng verbunden und stellten auch mehrere Bürgermeister. Später kam der Besitz an die Schall von Bell und von diesen an die Patrizier von Cölln. Der Kölner Ratsherr Johann von Cölln ließ sich 1632 einen neuen Herrenhausflügel errichten. 1726 wurde das Domkapitel durch Erbkaufvertrag erneut Eigentümer der Anlage. Nach der Säkularisation kam sie in wechselnden Privatbesitz. Seit 1976 wird die Burg beständig renoviert und ausgebaut.
Die vierflügelige Wasseranlage wird von verputzten Backsteinbauten ganz unterschiedlicher Größe und Erbauungszeit gebildet. Auch der heute mit Neubauten besetzte ehemalige Wirtschaftshofs war ursprünglich von einem Graben umgeben. Das Hauptgebäude der Kernanlage ist ein zweiflügeliger zweigeschossiger Winkelbau an der Südecke. Der Flügel zur Eingangsseite hat einen geschweiften Giebel, der andere ein Walmdach. Im Innern befindet sich eine bemerkenswerte Kölner Decke im so genannten Rittersaal aus der Erbauungszeit von 1632 mit Wappen derer von Cölln und von Mühlheim. Der Unterzug der Decke ist mit Spruchweisheiten verziert. Die Nebengebäude wurden alle nach 1976 erbaut.
Gleuel war ein im Mittelalter zum kölnischen Landtag qualifizierter Adelssitz. Die engen Verbindungen zur Stadt Köln offenbaren sich auch hier, nahmen doch oft Kölner Adelsfamilien ihren Wohnsitz in der Anlage.

Im Hürther Stadtteil Berrenrath stehen die Reste der **Burg Schallmauer**. Dem Rheintal ist sie nicht mehr zuzuweisen, soll aber doch kurz an dieser Stelle erwähnt werden. Sie wurde in der zweiten Hälfte des 16. Jahrhunderts durch den Kölner Vize-Domdechanten Friedrich Herzog zu Sachsen-Lauenburg für die Mitglieder des Domstiftes als Lustschloss aufgeführt, 1673 zerstört und 1741 als Lehen der Familie von Geyr als Landschloss französischer Prägung neu errichtet. Bis auf das Haupthaus sind alle Bauten dem Braunkohletagebau zum Opfer gefallen.
Der kleine dreigeschossige Bau von zwei zu drei Achsen mit Walmdach erhebt sich über einem hohem Sockelgeschoss. Die Fundamente sind ca. 1,20 Meter stark und stehen auf einer Grundfläche von 14,12 x 9,39 Meter. Es könnte sich um die Grundmauern eines mittelalterlichen Wohnturms handeln. An der Nordseite befand sich ein barockes Portal über einem kellergeschosshohen Anbau. Davor lag eine Backsteinbrücke mit Zugvorrichtung. Um das Haus führte ein Weiher. Hinzu kamen Ökonomiegebäude.

oben und rechts: Gleuel

114. Frechen, Bachem Herrenhaus

Bereits 1256 werden die Ritter Arnold und Daniel vom Bachem genannt. 1326 erhielt ein Arnold von Bachem das Burghaus zu Lehen als Offenhaus des Grafen von Jülich. 1474 wurde die Burg von Stadtköln belagert und erobert. 1484/85 ging die Anlage an Edmund von Palant. 1582 wurde die alte Burg im Truchsessischen Krieg zerstört. 1648–51 ließen die von Waldeck das Haus neu aufbauen. Um 1700 gelangte Bachem an die von Gelder, und 1705 wurde für Adolf Reiner Anton Freiherr von Gelder der Nordflügel errichtet. 1768 folgten die Wirtschaftsbauten. 1836 gelangte das Haus in den Besitz des Grafen Egon von Fürstenberg-Stammheim und wurde 1890 im Innern umgebaut. Nachdem das Gebäude seit 1960 nicht mehr bewohnt worden war, wurde es 1970–1974 wiederhergestellt.

Haus Bachem setzt sich aus einem Haupthaus und einem vorgelagerten Wirtschaftshof zusammen. Das Hauptgebäude steht auf einer annähernd quadratischen Insel auf einem leichten Hügel. Der Graben um den Wirtschaftshof ist heute zum großen Teil verschüttet. Eine Brücke mit der Figur eines Brückenheiligen stellt die Verbindung zwischen ihm und dem Kernbereich her. Das Herrenhaus besteht aus zwei im rechten Winkel zusammenstoßenden Flügeln. An der gemeinsamen äußeren Ecke befindet sich ein Rundturm. Die Flügel haben Walmdächer. Die Mauern sind aus Ziegeln, Gewände und Schmuckelemente von Haustein.

In Frechen stehen oder standen noch eine Reihe weiterer Burgen und Herrenhäuser, doch liegt Frechen schon so weit vom Rhein entfernt, dass man diese Anlagen nicht mehr dem Fluss zuordnen kann. Die Fülle an Objekten erklärt sich aus dem Umstand, dass Frechen bis zum Ende des 18. Jahrhunderts zwischen Kurköln und Jülich umstritten war. Selbst nachdem Jülich nach 1521 relativ unangefochten die weltliche Herrschaft ausübte, blieb Frechen kirchlich Bestandteil von Köln, das weiter auf seinen Ansprüchen bestand. Zu nennen sind das Haus Bitz, das spätestens im 15. Jahrhundert bestand, Haus Hochstaden, das im 14. Jahrhundert als Jülicher Lehen bezeugt ist, Haus Hemmerich, das sich seit dem 12. Jahrhundert nachweisen lässt und die älteste kurkölnische Burg in Frechen war, Haus Palant, das 1356 genannt wird, die Spiesburg, die seit dem 13. Jahrhundert belegt ist und Haus Vorst, das bereits 1292 das erste Mal im Rahmen der Auseinandersetzung im Raum Frechen zerstört wurde.

1256	*Ritter von Bachem genannt*
1474	*erobert*
1582	*zerstört*
1684/85	*neu erbaut*
1705	*neuer Nordflügel*
1768	*neuer Wirtschaftshof*
1970–74	*renoviert*

Ansicht Ende 19. Jh.

Schlossstraße. Haus Bachem ist nicht zu besichtigen.

115. Köln, Junkersdorf
Haus Horbell

1340 *bezeugt*
1713 *neues Herrenhaus*
1895 *Teilabriss und Neubauten im Wirtschaftshof*
1979/80 *Innenumbau*

Horbeller Straße
Das Gelände kann betreten werden. Die Gebäude sind nicht zu besichtigen.

Mit Burg Horbell wurden von der Kölner Dompropstei 1340 die Ritter von Fischenich belehnt. 1519 ging sie an Ritter Vincenz von Schwanenberg zu Lehen. Das Haus wechselte relativ oft den Besitzer. Die Wirtschaftsbauten wurden 1704 für Konstantin Gereon von Flodorff zu Leuth errichtet, das Herrenhaus folgte kurz vor seinem Tode 1713. Der ehemals selbständige Rittersitz Haus Bell wurde bereits im 16. Jahrhundert mit Horbell vereinigt. Ende des 18. Jahrhunderts brannten die Gutsbauten von Haus Bell ab. 1895 legte man den Nordostflügel des Wirtschaftshofs mit dem Torbau nieder und ließ umfangreiche Stallneubauten errichten. 1979/80 wurde Horbell nach Plänen von Rüdiger Otto zu einer Wohnanlage umgebaut und renoviert.
Haus Horbell setzt sich wie die meisten Herrenhäuser aus einem dreiflügeligen Wirtschaftshof und einem Herrenhaus zusammen, wobei der Wirtschaftshof zum Hauptgebäude geöffnet ist. Er ist von unregelmäßigem Grundriss mit schräg gestellten Ecktürmen. Die Obergeschosse der Wirtschaftsbauten sind von Fachwerk und haben umlaufende Holzgalerien an der Hofseite. Der Graben um die Anlage wurde bereits im 18. Jahrhundert zugeschüttet.
Das Herrenhaus über mittelalterlichen Kellermauern ist ein zweigeschossiger Rechteckbau von neun Achsen Breite mit einem Walmdach. Das Gebäude wurde aus Ziegelstein errichtet; das über eine zweiläufige Treppe über dem Kellereingang zu erreichende Eingangsportal ist jedoch von Haustein. Es wird von zwei rustizierten Pilastern gerahmt und trägt einen gesprengten Segmentgiebel mit dem Allianzwappen des Bauherrn Scharffenstein und seiner Gattin Maria Anna Margarethe von Hettinger. Sonst ist der Bau weitgehend schmucklos.
Das Innere bewahrt unzerstörte Stuckdecken, die nach den Verlusten des Zweiten Weltkrieges im Stadtgebiet von Köln ihresgleichen nicht mehr finden.

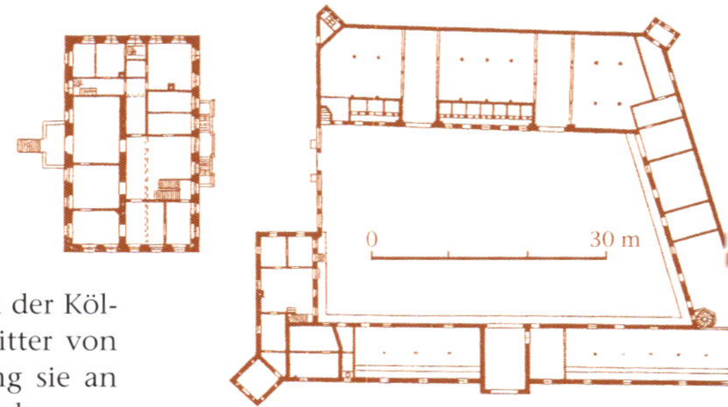

oben: Grundriss des Herrenhauses (links) und der Nebengebäude (rechts) Ende 19. Jh.
unten: Nebengebäude

116. Köln, Sülz
Schloss Weißhaus

1669 errichtet
ca. 1790 neues Herrenhaus
1855–57 Kapellenanbau

Das so genannte Schloss Weißhaus war ehemals Sommersitz der Äbte von St. Panthaleon. Ende des 18. Jahrhunderts ließen sie ein neues Herrenhaus errichten. Nach der Säkularisation gelangte das Gut in Privatbesitz. J.A. Jansen ließ sich 1855–57 durch Vincenz Statz eine Kapelle an das Herrenhaus anfügen. Nach Zerstörung im 2. Weltkrieg wurde es erst spät wieder aufgebaut

Das Herrenhaus steht auf einer Insel in einem weitläufigen Park. Das zweigeschossige Hauptgebäude von drei zu fünf Achsen wird an seinen Längsseiten über Brücken mit dem Umfeld verbunden. Es ist regelmäßig durchfenstert. Die Dachgauben des Mansarddaches stehen in den Achsen. Der achteckige Turm an der Ostseite stammt wie die Fundamente des Hauses noch von einem Vorgängerbau des 17. Jahrhunderts. Seine Turmhaube wurde jedoch erneuert. Er hat fünf Geschosse und überragt damit deutlich alle anderen Bauten. An die verputzten und weiß gestrichenen Bauten fügt sich im Osten die 1857 geweihte Kapelle an. Die neugotische zweijochige Kapelle mit polygonaler Apsis ist im Gegensatz zum Herrenhaus unverputzt und zeigt ihre Ziegelmauern. Sie ragt malerisch in den umgebenden Graben. Das Innere wurde mit einem Gemäldezyklus von Johann Anton Ramboux ausgestattet. Die Bilder wurden unter den hochgelegenen Fenstern zwischen den Dreiviertelsäulen angebracht, auf denen das Kreuzrippengewölbe der Kapelle ruht.

Außerhalb der Kernanlage wurden am Rand des Teiches Nebengebäude aufgeführt. Die ganze Anlage ist von einer Mauer bzw. einem Gitter umgeben.

Luxemburger Straße 201
Schloss Weißhaus ist nicht zu besichtigen.

117. Köln
Torburgen

ca. 1180–1220 *Stadtbefestigung aufgeführt*
1469 *Bollwerk der Severinstorburg*
1881 *Stadtbefestigung größtenteils abgerissen*
1885–88 *Hahnentor restauriert*
1889–92 *Eigelsteintor restauriert*
1893–95 *Severinstor restauriert*

Die Befestigungsanlagen der Stadt Köln sind im Mittelalter in mehreren Etappen entstanden. Bereits im 10. Jahrhundert erfolgte die Befestigung der Rheinvorstadt. Eine zweite Erweiterung fand 1106 statt. Zwischen 1180 und dem Anfang des 13. Jahrhunderts entstand der dritte Mauergürtel um Köln, mit dem eine Vergrößerung des Stadtgebietes um ca. 200 Hektar einherging, was die Fläche der Stadt ungefähr verdoppelte. Bereits 1187 waren die Torbauten im Bau und teilweise auch schon vollendet. Ende des 16. Jahrhunderts begann der Bau von modernen Befestigungsanlagen, der im Dreißigjährigen Krieg um 1635 zum verstärkten Bau von Bastionen führte. Die Türme der „Torburgen" standen unter Obhut so genannter Burggrafen, die dort wohnten, und dienten teilweise auch als Lagerstätten, Gefängnisse oder Gerichtsstätten. Die Stadtbefestigung wurde immer weiter verbessert, und im 19. Jahrhundert erfolgte unter preußischer Ägide der Ausbau zur Festung, die bis 1918 Bestand hatte. Die alte Stadtmauer wurde hingegen bereits 1881 bis auf geringste Reste zusammen mit fast allen Stadttoren niedergelegt. Die erhaltenen Torburgen, Tore und Türme wurden nach 1881 durchweg erheblich überarbeitet. Im Zweiten Weltkrieg wurde die Hahnentorburg getroffen und ihr Nordturm gänzlich zerstört. Beim Wiederaufbau kam es nur zur Ergänzung der Baumassen für die Silhouette der Torburg. Der Stadtmauerring umschloss die Stadt – mit dem Rhein als Basis – in einem Halbkreis. Die Kölner errichteten sich die ausgedehnteste Stadtbefestigung im deutschen Reich. In der Mauer standen zwölf große Torburgen, von denen sich drei erhalten haben.

Severinstor

Severinstor, Umzeichnung von Wegener nach Mercator, 1571

Von der **Severinstorburg** ist das innere, 28 Meter hohe Tor erhalten. Es stand an der Straße nach Bonn. Ein 1469 begonnenes Bollwerk – ein Art Barbakane –, das vor dem Turm stand, fehlt seit 1869. Das Tor selbst stammt vom Anfang des 13. Jahrhunderts und wurde 1893–95 umfassend restauriert. Der rechteckige Unterbau mit 6,30 Meter breiter, tonnengewölbter Durchfahrt trägt einen rechteckigen, viergeschossigen Turm, dessen feldseitige Ecken abgekantet wurden. Der untere Bereich ist älter, 13,50 Meter tief und 16 Meter breit. Er wurde aus Säulenbasalt und Tuffsteinschichten

Severinstor, Grundrisse Erd-, Zwischen- und Obergeschoss sowie Ansicht, Zustand um 1930

aufgeführt. In der zweiten Hälfte des 16. Jahrhunderts wurde die Feldfront des Untergeschosses mit Buckelquadern verblendet. Der obere Teil ist aus Tuffstein. Da die Torflügel nach innen aufschlugen, ist hinter dem Außentor ein halbes Kreuzgewölbe, um Raum für die Flügel zu geben. An der Feldseite sind dem Turm vor den Abkantungen zwei Geschützkammern vorgelegt, die aus dem 16. Jahrhundert stammen. Sie sind mittels eines Balkons verbunden, der zwar 1865 entfernt, 1895 aber wieder hergestellt wurde. An der Feldseite verläuft in der Mauer des Turmes eine Treppe. Ein Zinnenkranz schließt das Severinstor ab.
In der Nähe des Severinstors hat sich am Severinswall ein größeres Stück der Stadtmauer erhalten sowie der auf eine Wallplattform gesetzte, im Kern dem 17. Jahrhundert angehörende Bottenmühlenturm. Am Sachsenring bzw. Kartäuserwall steht die Ulrepforte, ein kleines Stadttor des frühen 13. Jahrhunderts, dessen Durchfahrt auf der Feldseite von zwei Halbrundtürmen flankiert wurde. Ende des 14. Jahrhunderts wurde die Anlage als Tor aufgegeben. Hinter dem nördlichen Flankierungsturm entstand ein hoher Mühlenturm, der im späten 19. Jahrhundert spätgotisch ausgebaut wurde. Nördlich der Ulrepforte steht ein weiterer stattlicher Stadtmauerrest.

Die dreigeschossige **Hahnentorburg** schützte den Stadtausgang in Richtung Aachen. Das Doppelturmtor wurde im zweiten Viertel des 13. Jahrhunderts aus Säulenbasalt und Tuff errichtet. Dem viergeschossigen, rechteckigen Mittelbau mit einer 6,41 Meter breiten Durchfahrt sind an der Feldseite halbrunde Flankierungstürme vorgelegt. Das Tor wird von einem

Severinstorburg : Chlodwigplatz. Hahnentorburg: Rudolfsplatz. Eigelsteintorburg: Am Eigelstein. Die Torburgen können jederzeit von außen betrachtet werden.

unten links: Hahnentor, Umzeichnung von Wegener nach Mercator, 1571
unten rechts: Hahnentor, Ansicht Außenseite

Hahnentor, Grundrisse Erd- (oben links) und Obergeschoss (unten links) sowie Ansicht Außenseite (oben rechts) und Ansicht Innenseite (unten rechts), Zustand um 1930

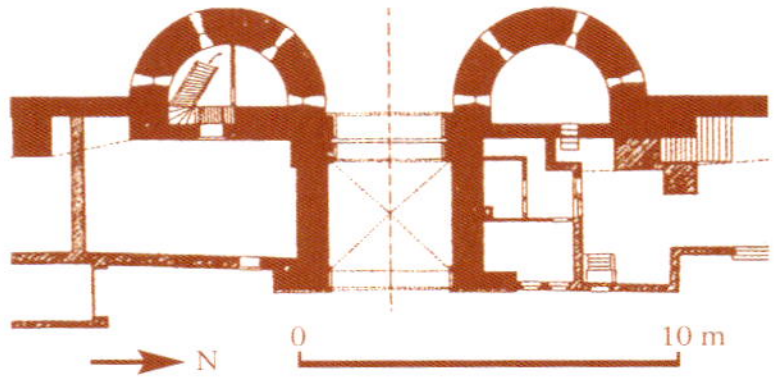

gemeinsamen Zinnenkranz abgeschlossen. Die Durchfahrt hat ein Kreuzgratgewölbte. Der linke Turm wurde im Krieg zerstört und verändert wieder aufgebaut – zur Stadt hin zeigt er Stahlbetonfachwerk. Auch das Hahnentor war in der Neuzeit stärker befestigt. Der ausgedehnte, stark befestigte Vorhof wurde bereits in der zweiten Hälfte des 15. Jahrhunderts begonnen und war bis 1883 erhalten.

Die dreigschossige **Eigelsteintorburg** wurde im zweiten Viertel des 13. Jahrhunderts errichtet und entspricht vom Prinzip her der Hahnentorburg mit ihrem rechteckigen Mittelbau und den halbkreisformigen Flankierungstürmen an der Feldseite. Die 5,80 Meter breite Durchfahrt hat eine Scheitelhöhe von 7,50 Metern. Das Tor schützte den Stadtausgang in Richtung Neuss. Bereits 1420 wurde eine Art Barbakane vor dem Tor begonnen.

Im Verlauf des alten Stadtmauerrings finden sich noch weitere Türme und Mauerreste, sogar von der römischen Stadtbefestigung können noch Überreste besichtigt werden. Das einheitlichste und großartigste bekannte mittelalterliche Stadbefestigungswerk wurde jedoch Ende des 19. Jahrhunderts fast vollständig vernichtet und ist nur in geringsten Resten erhalten.

unten links: Eigelsteintor, Umzeichnung von Wegener nach Mercator, 1571

unten Mitte: Eigelsteintor, Grundriss Erdgeschoss, Zustand um 1930

unten rechts: Eigelsteintor, Ansicht Innenseite und Querschnitt durch den Torbau, Zustand um 1930

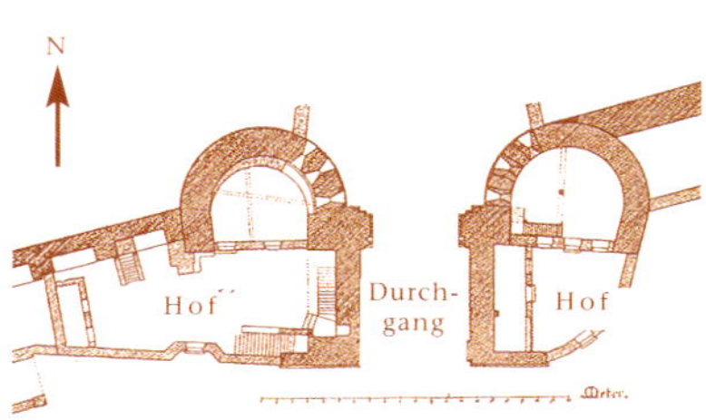

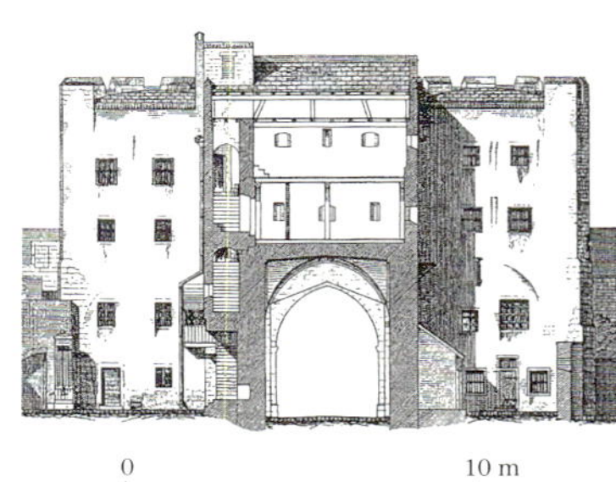

118. Köln, Buchheim Haus Herl

Erst 1320 wird ein Heinrich von Herl genannt. Doch geht das Rittergut Haus Herl auf ein fränkisches Lehngut zurück. Die Benediktinerabtei St. Heribert besaß die Burg von 1025–1147. 1403 wurde Herl Lehngut der Herzöge von Berg und wechselte häufig den Besitzer. 1645 wurde Herl aus der Lehnschaft entlassen und vier Jahre später in einen adeligen Sitz umgewandelt. Matthias von Nagel ließ daraufhin 1663 ein neues Herrenhaus mit Wirtschaftshof errichten. Bis in das 19. Jahrhundert blieb das Gut landtagsfähig.

Das zweigeschossige verputzte Haupthaus mit Walmdach hat an seiner Südwest- und Nordostecke je einen Eckturm. Während der den Eingang zum Wirtschaftshof flankierende Nordostturm aber lediglich eingeschossig mit modernem Zinnenkranz ist, erhebt sich der Südwestturm voll ausgebaut über drei Geschosse mit Zeltdach. Im Gegensatz zur unrepräsentativen Außenfront mit einer unregelmäßigen Fensterverteilung wurde die Gartenseite mit einem schwachen, dreiachsigen Mittelrisalit mit Dreiecksgiebel nobilitiert.

Die Wirtschaftsbauten umgeben an vier Seiten einen Hof und stammen größtenteils aus dem 19. Jahrhundert. An der Südostecke sind die Einfahrt und das Herrenhaus gelegen. Der ehemals das Herrenhaus und den Wirtschaftshof umgebende Wassergraben ist im Süden und Westen noch als Parkteich erhalten. Die Umfassungsmauern der ehemaligen Hauptburg wurden bis auf Brüstungshöhe abgetragen.

Außerhalb des ehemaligen Grabens direkt hinter der südlichen Gartengrenze steht eine kleine Nepomukkapelle. Sie wurde ca. 1750 errichtet. Der zweigeschossige Bau mit hohem Walmdach und abgeschrägten Ecken hat an der Längsseite sieben und an der Schmalseite vier Fensterachsen. An der Westseite befindet sich eine Freitreppe. Das Barockportal ist mit dem Nagelschen Wappen bekrönt.

Haus Herl ist im Ursprung die älteste der rechtsrheinischen Wasserburgen im Kölner Stadtgebiet.

9./10. Jh.	*Lehngut*
1663	*Herrenhaus errichtet*
ca. 1750	*Nepomukkapelle im Garten*
1876	*Wirtschaftshof umgestaltet*

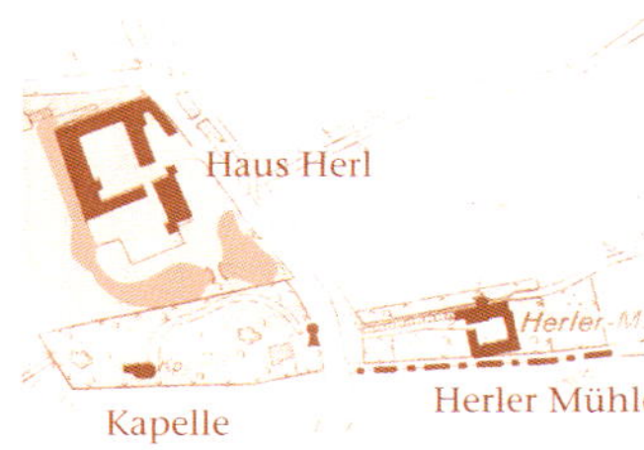

oben: Nepomukkapelle

Buchheimer Ring 2
Das Haus ist nicht zu besichtigen.

119. Köln, Holweide
Haus Isenburg

1385 genannt
1803 Neubau des Herrenhauses

Johann Bensbergstraße 67. Nur der ehemalige Wirtschaftshof kann von außen besichtigt werden.

Das Gut wird 1385 erstmals genannt, scheint aber bereits um 1300 in den Besitz der Isenburger gekommen zu sein. Um 1400 ist es dann bereits im Besitz der Familie von Elverfeld. Von ihr erwarb es 1608 die kölnische Patrizierfamilie von Rottkirchen. In der Folge wechselten die Besitzer dann häufig. Bis in das 19. Jahrhundert war das Gut landtagsfähig. 1803 ließ der Hofkammerrat Bertoldi an den alten Turm der Burg ein neues klassizistisches Herrenhaus anfügen.
Die Anlage ist zweigeteilt und von einem Wassergraben umgeben. Der große Wirtschaftshof im Norden des Herrenhauses wird an allen vier Seiten von unterschiedlichen, ein- bis zweigeschossigen Bauten umgeben. Mit Ausnahme des zweigeschossigen, geweißten Pächterhauses vom Ende des 18. Jahrhunderts sind die Bauten backsteinsichtig. Direkt an das Pächterhaus stößt das alte Tor mit seinem Rundbogen an. Außen ist noch die rechteckige Blende mit Spuren der Zugbrücke zu erkennen. Die anderen Flügel waren ursprünglich einfache Stall- und Scheunenbauten. Durch eine Durchfahrt in einem von ihnen gelangt man zum Herrenhaus. Es setzt sich aus einem viergeschossigen Turm und einem dreigeschossigen Wohnbau zusammen. Das Haus steht auf einer Insel, die auch einen größeren

Park umfasst, und ist mit dem Wirtschaftshof über eine Brücke verbunden. Ein innerer Wassergraben ist heute verschüttet. Die Hauptbausubstanz des Turms mit Schweifhaube stammt aus dem 17. Jahrhundert. Sohlbankgesimse trennen die einzelnen Geschosse. Das rechteckige Herrenhaus mit Walmdach von drei zu fünf Achsen schließt direkt an den Turm an und ist verputzt. Der Eingang befindet sich in der Mitte der Längsseite.

oben links: Wirtschaftshof
oben rechts: Pächterhaus mit Tor
unten links: Gesamtanlage mit Wirtschaftsgebäude, Pächterhaus mit Tor und Herrenhaus
unten rechts: Turm und Herrenhaus

120. Köln, Dellbrück
Haus Mielenforst

Bereits 1196 werden ein Konrad von Mielenforst und sein Hof genannt. 1596 erhält der Ritter Johann von Heimbach gen. Horn das Gut als Schuldenpfand, später gelangt es an die von Steinen. 1711 wurde die Anlage grundlegend erneuert oder gar neu aufgeführt. 1774 löste die Bergische Hofkammer das Gut ein und verpachtete es als Domäne. 1822 erwarb es Friedrich Hohenschutz und 1882 der Mülheimer Seidenfabrikant Paul Andreae. Der neue Besitzer ließ sich nach Plänen des Berliner Architekten Kayser von Großheim 1894/95 ein neues Herrenhaus erbauen. Um 1900 folgten die Wirtschaftsbauten und Wohnhäuser für Mitarbeiter. 1909 erhielt Andreae den erblichen Adel. In den sechziger Jahren des 20. Jahrhunderts wurden die Bauten des inzwischen verpachteten Gutes größtenteils renoviert. 1999–2003 wurden die Wirtschaftsbauten und ehemalige Mitarbeiterwohnungen zu modernen Wohnanlagen umgebaut und neue Nebengebäude errichtet. Das Herrenhaus wird inzwischen gewerblich genutzt.

Die noch Ende des 19. Jahrhunderts den Kernbereich der Anlage umgebenden Wassergräben sind bis auf einen Teich im Westen der Anlage verschwunden. Der um 1900 angelegte Wirtschaftshof greift im Osten weit über den alten Graben hinaus. Das Herrenhaus wird nicht wie bei älteren Anlagen durch den Wirtschaftshof erreicht, sondern über eine gerade Zufahrtsachse von Süden. Das zweigeschossige, verputzte Herrenhaus ist im Stil der Spätrenaissance mit Gurtgesimsen, Giebeln und Erkern aus Werkstein dekoriert. An seiner Südwestecke erhebt sich ein hoher fünfgeschossiger Turm, der verschiedene mittelalterliche Versatzstücke wie romanisierende Säulenarkaden und Eckerker vereint. Er gibt dem Haus von Park aus mit dem vorgelagerten Teich ein malerisches Aussehen. Die Rückseite des Herrenhauses weist auf den Wirtschaftshof und ist schmucklos. In seiner Gesamtheit ist Gut Mielenforst mit Herrenhaus und Hofanlage ein für Köln einmaliges Ensemble aus der Zeit um 1900.

1196	*Hof genannt*
1711	*Herrenhaus neu errichtet*
1894/95	*neues Herrenhaus aufgeführt*
ca. 1900	*Nebengebäude neu errichet*
1999–2003	*Umbau der Nebengebäude*

Mielenforster Kirchenweg
Haus Mielenforst kann nicht besichtigt werden.

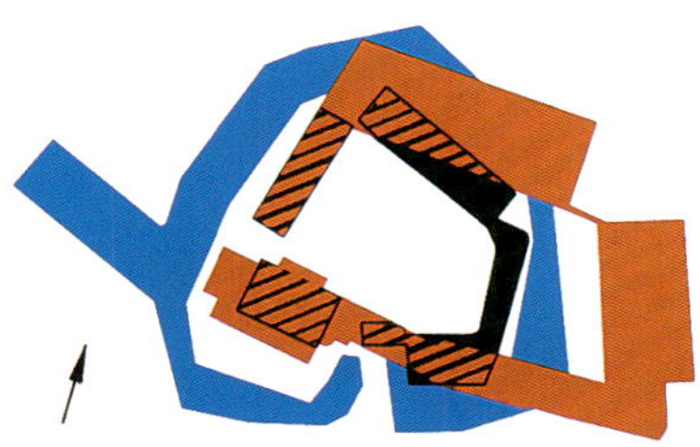

Gesamtanlage:
orange = Herrenhaus mit Wohnhäusern und Stallungen bis 1999
Schwarz = Wohngebäude um 1700
blau = Wassergraben vor 1887

121. Köln, Rath-Heumar
Rather Burg

15. Jh. genannt
1824 Renovierung
1870 abgebrannt

Lützerathstraße 70
Das Objekt ist nicht zu besichtigen.

Die Rather Wasserburg wurde erst im 15. Jahrhundert erwähnt. Im 17. oder 18. Jahrhundert erhielt sie ein neues Herrenhaus. Bis 1820 war das Anwesen im Besitz der von Lützerath und ging dann an den Freiherrn von Geyr. Dieser ließ 1824 das Herrenhaus instand setzen. 1870 brannte es jedoch ab, und der Freiherr verkauft die Anlage daraufhin. Sie ging an den Industriellen Gustav von Mevissen. Das Herrenhaus blieb Ruine.
An der Lützerather Straße steht am Eingang eine achteckige Backsteinkapelle von 1741–43. An ihr vorbei führt der gerade Weg zum Hofgelände. Die ein- bis zweigeschossigen Wirtschaftsbauten und das zweigeschossige Herrenhaus umstanden einen annähernd rechteckigen Hof. Er wird durch einen einfachen Torbogen zwischen zwei Gebäuden betreten. Das Herrenhaus selbst setzte sich aus zwei Flügeln zusammen und hatte an der freien Ecke einen dreigeschossigen Turmbau.

Von den Anfängen von **Röttgen** ist wenig bekannt. Das burgähnliche Anwesen war aber im 14. Jahrhundert im Besitz der Kreuwel von Gimborn. Noch im 14. Jahrhundert verkauften sie es an die Benediktinerabtei Siegburg. In den folgenden Jahrhunderten wechselten die Besitzer häufig. Unter den von Geyr von Schweppenburg wurde 1866 ein neues Herrenhaus errichtet, das die alte Anlage vernichtete. 1905 kam eine Hauskapelle hinzu. 1918 kaufte der Kölner Fabrikant Peter Mühlens das Anwesen. 1921–25 wurden für ein neugegründetes Gestüt die übrigen Gebäude und die Mauer um die Gesamtanlage aufgeführt (Mauspfad: Torhaus 1921; Eiler Str.: Mauer 1921; Eiler Str. Rentamt 1922; Stallgebäude 1922; Aussichtsturm 1924; Hengststall: 1933; Sommerstall: 1935). 1945–53 war das Haus Sitz des britischen Hohen Kommissars für Westdeutschland. Dann betrieben die Mühlens das erfolgreiche Gestüt weiter.
Rund um das Anwesen sind an seinen Grenzen verschiedene, teilweise burgartige Torbauten aufgeführt. Das Haupttor orientiert sich an der Architektur von Herrenhäusern und ist mit

oben und unten: Haus Röttgen

122. Köln, Eil
Haus Röttgen und Haus Leidenhausen

einem dreigeschossigen Torturm versehen. An Wirtschaftsbauten vorbei gelangt man zum verwinkelten Herrenhaus. Es setzt sich aus verschiedenen Gebäudeteilen zusammen. Direkt neben der Einfahrt in den hinter dem Hauptgebäude gelegenen Garten erhebt sich ein hoher, wohnturmartiger Bau von vier Geschossen, vor den die kleine Kapelle gestellt ist. Zum Garten präsentiert sich das Gebäude über hohem Sockelgeschoss und Terrasse mit Treppengiebel und Eckturm und soll zusammen mit dem großen Turmbau und verschiedenen Erkern einen burgartigen Eindruck hervorrufen. Dazu tragen auch die am Bau verwendeten, älteren Hausteinteile verschiedener Herkunft bei.

Leidenhausen ist erst für 1329 nachgewiesen, als ein Hermann von Deutz es den Herren von Leidenhausen übergab, von denen der Sitz seinen Namen erhielt. Seit dem 17. Jahrhundert befand er sich im Besitz der Freiherren von Weichs zu Rösberg, von denen 1749 der heutige Bau errichtet wurde. 1803 wurde die Hofanlage größtenteils erneuert.
Die vierseitige schmucklose Anlage war ehemals von einem Wassergraben umgeben und wird durch einen Torbau erschlossen. Das zweigeschossige Hauptgebäude über hohem Sockelgeschoss hat ein Krüppelwalmdach und wird über eine zweiläufige Treppe über einem Kellereingang erschlossen. Die Bauten sind aus Ziegeln errichtet und teilweise weiß geschlämmt. Über dem Eingang wurde das Allianzwappen der von Weichs und der von Steinen zu Scherffen angebracht. Die vierseitige Hofanlage stammt aus der Mitte des 18. Jahrhunderts. Größtenteils wurde sie 1803 erneuert. Auf dem Gelände befindet sich das Haus des Waldes.

14. Jh.	*Röttgen belegt*
14. Jh.	*Leidenhausen belegt*
1749	*Neubau in Leidenhausen*
1866	*neues Herrenhaus in Röttgen*
1921–25	*Nebengebäude in Röttgen*
1986	*Leidenhausen restauriert*

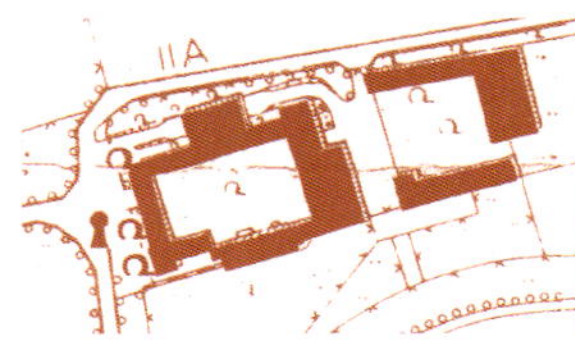

oben links: Haus Röttgen, Torbau
oben rechts: Leidenhausen, Grundriss
unten: Leidenhausen

Haus Röttgen:
Eiler Str. 10
Haus Röttgen ist nicht zu besichtigen.

Haus Leidenhausen:
Leidenhausener Straße (Zufahrt über Grengeler Mauspfad).
Öffnungszeiten Haus des Waldes an Sonn- und Feiertagen:
1.4.–30.9.:
10.00–18.00 Uhr.
1.10.–31.3.:
10.00–17.00 Uhr.

123. Köln, Wahn Herrenhaus

12. Jh. — *Name genannt*
1522 — *Objekt genannt*
1755–60 — *Neubau*
1964 — *Südflügel des Wirtschaftshofs entfernt*

Burgallee 2.
Theaterwissenschaftliche Sammlung
Öffnungszeiten:
Mo.–Fr. 10.00–16.30 Uhr.
Tel.: 02203/60092-0
www.schloss-wahn.de

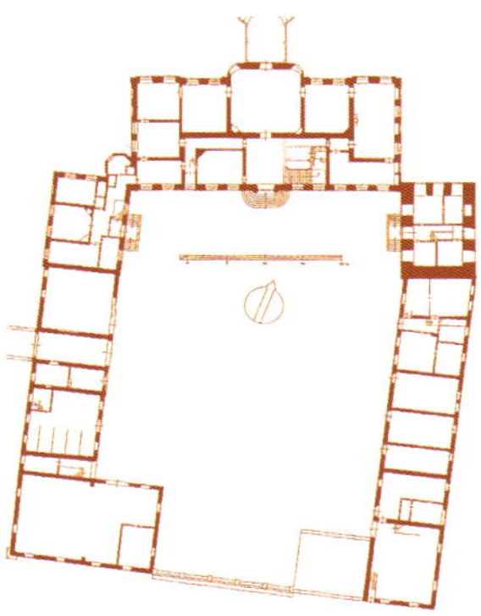

Die älteste Nennung von Wahn stammt aus dem Jahr 1100 und wird mit einem Ritter namens Wanda in Verbindung gebracht. Das Gebäude selbst wird erstmals 1522 genannt. Nach den Wahn saßen hier die Revelen, Loë, Zweiffel, Schall von Bell, Heremann-Zuydwyck und seit 1820 die Freiherren von Eltz-Rübenach. Die Burg wurde 1588 gebrandschatzt und im Dreißigjährigen Krieg 1632 geplündert. Das heutige Herrenhaus wurde 1755–1760 durch Johann Georg Leydel unter Einbeziehung älterer Bausubstanz für die Grafen von Schall errichtet. Die Treppentürme und die Kapelle stammen von 1910. 1955 fand die Theaterwissenschaftliche Sammlung der Universität Köln hier ihre Bleibe. 1964 wurde der südliche Quertrakt abgerissen.

Die Anlage wird von einem Wassergraben umgeben. Das Herrenhaus und die Bauten des Wirtschaftshofes stoßen direkt aneinander. Ehemals war die Burg vierflügelig, so dass ein geschlossener Hof entstand. Alle Bauten waren ursprünglich verputzt.

Der Hof wird durch den westlichen Wirtschaftsflügel betreten. Er ist wie sein östliches Pendant eingeschossig und hat ein Satteldach. Direkt am Herrenhaus im Norden befinden sich zwei dem Hauptbau angeglichene Bauten, die wie die Kopfbauten der Wirtschaftshöfe zweigeschossig sind. Der zweigeschossige Teil des Ostflügels ist im Gegensatz zu den anderen Bauten aus Tuffstein errichtet worden. Vermutlich handelt es sich um den Rest eines Wohnturms aus dem 13. Jahrhundert, der in den Neubau integriert wurde.

Das zweigeschossige Herrenhaus steht bis auf zwei Ecken gänzlich frei und hat ein Mansarddach. Ein reich ausgebildetes Portal in Werksteinen zur Hofseite betont seine Mitte. Die Gartenseite zählt wie die Eingangsseite elf Achsen und hat einen breit sich vorwölbenden dreiachsigen Mittelrisalit sowie leicht betonte Eckrisalite. An den Seiten befinden sich fünf Fensterachsen. Vor dem Mittelrisalit befindet sich eine Terrasse von der eine Freitreppe in den Garten überleitet.

Die Mittelachse des Hauses wird von einem Vestibül mit seitlichem Treppenhaus und dem Gartensaal eingenommen. An den Seiten erstrecken sich die Räume. Ein Appartement double kann jedoch aufgrund des geringen Raums nicht ausgebildet werden. Bemerkenswert sind die Stuckdecke und die Boiserie von Eichenholz im Gartensaal, in dessen Wände Ölgemälde auf Leinwand mit Seestücken, Jahrmarktsszenen und Gartenansichten eingelassen sind. Die Supraporten zeigen Darstellungen von Schäferspielen. Ebenfalls erhalten hat sich ein Raum mit Tapeten in chinesischer Art und ein so genanntes Pompejanisches Zimmer.

oben: Gartenseite
rechts: Eingangsseite mit Wohnturmrest

124. Köln, Zündorf Wehrturm

1380 Turm genannt.
1771 neues Herrenhaus.
1977 Wirtschaftshof niedergelegt

Hauptstraße 181
Museum Zündorfer Wehrturm:
Mi. und So. 15.00 bis 18.00 Uhr, So. 14.00 bis 18.00 Uhr.
Tel.: 02203/85250; 02203/1868980

Obwohl sich die Grafen von Berg 1286 verpflichteten, zwischen Zündorf und Rheindorf nie eine Befestigung am Rhein anzulegen, wurde dennoch der Wehrturm in Zündorf errichtet, der übrigens nie ein Zollturm war. Erstmals wird er 1380 genannt, als der Ritter Ludwig von Zündorf seiner Frau seinen Anteil am Turm überschreibt. Der Turm stammt wohl aus dem 13. Jahrhundert. Durch Heirat gelangte er mit dem so genannten Turmhof in den Besitz der Familie Metternich. 1771 ließ Johann Ignaz von Wolff-Metternich den alten Hof abreißen und ein neues Herrenhaus errichten. Nachdem der Turmhof in den Besitz der Stadt Porz gelangt war, wurde 1977 der ganze Turmhof abgerissen. Nur das Wohnhaus und der Turm blieben stehen. Letzterer wurde durch Gottfried Böhm zum Museum ausgebaut und dieses 1980 eröffnet.
Der fünfgeschossige Turm auf quadratischer Grundfläche ist aus Basalt 20 Meter hoch aufgeführt. Er trug ehemals Tourellen. Der alte Zugang befand sich an der Landseite im dritten Geschoss. Bei einer Mauerstärke von 1,20 Meter sind die lichten Maße 6,30 auf 6,30 Meter. Zum Rhein hin haben sich zwei Schießscharten erhalten. Das erhaltene Wohnhaus des Turmhofs hat zwei Geschosse. An der Rheinseite ist das Allianzwappen des Johann Ignaz von Wolff-Metternich und seiner Gemahlin Antoinette Franziska Freiin von Asseburg mit der Jahreszahl 1771 erhalten.
Zündorf hatte ehemals eine besondere Funktion, da hier viele Kaufleute ihre Waren abluden und über Land bis nach Mühlheim brachten, um das Kölner Stapelrecht zu umgehen.

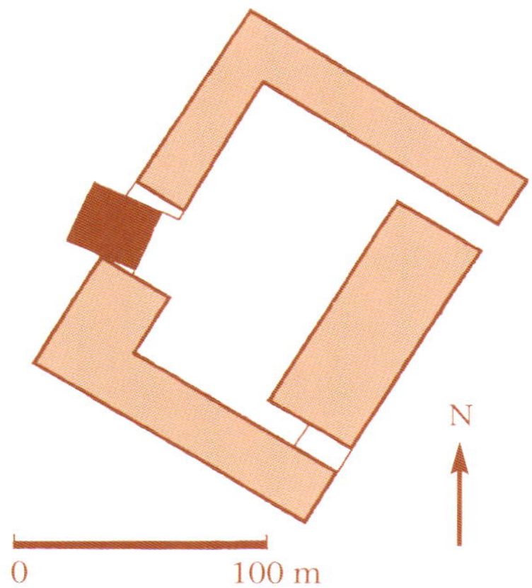

Grundriss der Gesamtanlage vor 1977

125. Troisdorf, Lülsdorf Burg

ca. 1250	*Turm und Wohnbau*
1583	*zerstört*
1632	*zerstört*
ca. 1645	*Ausbau*
1702	*endgültig zerstört*
1949	*zum Wohnhaus ausgebaut*

Burgstraße
Die Burg ist nicht zu besichtigen.

Lülsdorf war Stammsitz der Herren von Lülsdorf, die einen Hofesverband leiteten, der verstreut von Wahn bis Siegburg lag. Sie amtierten als Gerichtsherren und Richter im öffentlichen Gericht des Kirchspiels Lülsdorf. Um 1250 entstand die Burg mit Turm und Wohnbau. 1380 wurde die Vogtei herzoglich bergisches Eigentum. 1521–1609 war Lülsdorf Kammergut der Herzöge von Berg und Sitz des Amtes Löwenburg/Lülsdorf. Spätestens in dieser Zeit wurde die Burg ausgebaut, im Truchsessischen Krieg 1583 aber von truchsessischen Truppen zerstört. Nach dem Wiederaufbau war die Anlage 1609–1716 an den kaiserlichen Generalfeldmarschall Peter Melander von Holzappel verlehnt bzw. an seine Familie. Nachdem die Burg im Dreißigjährigen Krieg 1632 erneut zerstört worden war, ließ Holzappel sie zum Wohnsitz ausbauen und hatte hier von 1642–48 seinen Wohnsitz. 1702 wurde die Anlage durch französische Truppen endgültig zerstört. Nur der Turm behielt sein Dach, das aber 1885 durch Blitzschlag zerstört wurde. Die Ruine wurde erst 1949 durch Heinrich Olligs zum Wohnhaus ausgebaut.

Das Wohnhaus erhebt sich innerhalb eines annähernd quadratischen Grabens. Der heute viergeschossige Turm mit einem fünften, nach allen Seiten verglasten letzten Geschoss unter einem Zeltdach ist dem ehemaligen, heute zweigeschossigen Wohnbau durch einen Zwischenflügel verbunden. Der runde Turm wird seit dem Wiederaufbau als Wohnung genutzt. Unten fanden sich Verblendungen aus Basalt und Tuff, oben ein Ring aus Ziegelmauerwerk aus dem 17./18. Jahrhundert. Heute ist der Turm verputzt, und nur noch wenige vorstehende Basaltquader sowie die Fenster- und Türgewände sind zu sehen. Die alte Treppe befand sich in der Mauerstärke. Im Verbindungsflügel brachte Olligs den Eingang mit Windfang und Garderobe unter. Der alte Wohnbau nahm nun die notwendigen Wirtschafts- und Abstellräume auf. Er hatte vor den Baumaßnahmen noch einen tonnengewölbten Keller mit regelmäßigen Trachytquadern. Das Obergeschoss wies Licht- und Luftschlitze auf und hatte in einer Ecke eine Abortanlage.

Ansicht und Grundriss um 1905

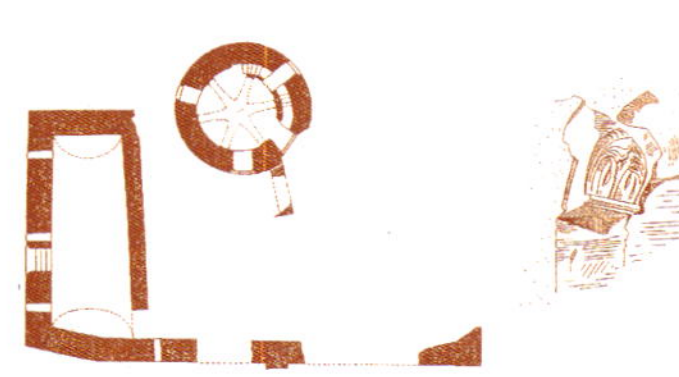

Fig. 76. Lülsdorf. Ansicht, Grundriss und Detail der Burgruine

126. Troisdorf, Spich
Haus Broich

Die Herren von Broich lassen sich seit dem 14. Jahrhundert in Spich nachweisen und ließen sich hier ein festes Haus errichten. Aus dieser Zeit stammen noch die ältesten Teile von Haus Broich wie ein gotisches Kellergewölbe, das bei einer Restaurierung 1973–76 freigelegt wurde. 1574 war Haus Broich bereits nicht mehr im Besitz der Namensträger. 1603 gelangte das Haus an die von Wolffen, die sich 1623 über den alten Mauern ein neues Haupthaus erbauen ließen. Zwei der Ecktürmchen wurden nach 1828 angefügt. Die Teiche um das Haus wurden erst 1973 zugeschüttet. In diesem Jahr musste das Haus aufgrund von Bauschäden fast bis auf die Grundmauern niedergelegt werden und wurde dann nach altem Vorbild wieder aufgebaut.

Haus Broich ist eine ehemals von Gräben umgebene, zweiflügelige Anlage. Die Ziegelbauten sind verputzt. Der dreigeschossige Hauptflügel hat steile Schweifgiebel. An der Südostseite befindet sich ein Allianzwappen des Augustin von Wolffen und der Caesilis von Vercken zu Vercken von 1623. Der 1867 fast gänzlich neu erbaute Wirtschaftshof im Nordosten des Hauses wurde bereits im 20. Jahrhundert wieder niedergelegt. Hier hat sich nichts erhalten.

14. Jh.	*errichtet*
1623	*weitgehender Neubau*
1973	*Sanierung als fast vollständiger Neubau*

Burgstraße 17
Das Haus ist nicht zu besichtigen, das Gelände aber frei zugänglich.

127. Troisdorf, Sieglar
Haus Rott

12./13. Jh.	*Motte und Wohnturm*
1416	*zerstört*

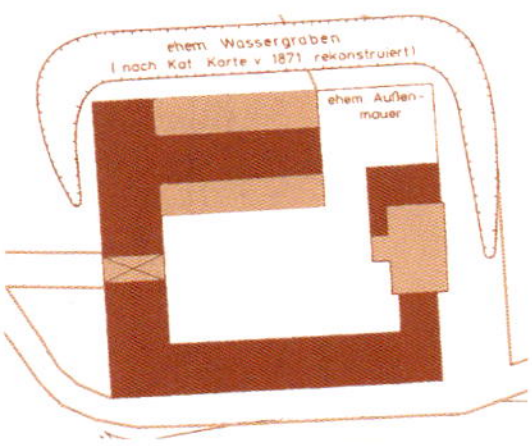

Kriegsdorfer Straße
Das Gelände ist weitgehend zugänglich.

Bereits im 12. und 13. Jahrhundert befand sich hier eine Motte. Später wurde innerhalb eines Grabens ein Wohnturm errichtet. Die Burg war im Besitz der Herren von Rott, die sich seit der zweiten Hälfte des 13. Jahrhunderts nachweisen lassen. Die Burg wurde 1416 von Stadtkölner Truppen während einer Fehde zerstört und diente danach als Steinbruch. Die Kölner waren mit Geschütz erschienen, und bereits der zweite Schuss durchschlug das Burghaus, so dass sich die Belagerten ergeben mussten. Rott wurde 1418 Stadtkölner Offenhaus. Dies muss sich auf die ehemalige Vorburg bezogen haben, die erhalten blieb und in der im 16./17. Jahrhundert ein Verwalterhaus entstand.

Die Familie Rott starb bereits im 16. Jahrhundert aus, und der Besitz gelangte über die Erbtochter an die Waldenburg gen. Schenkeren. Sie behielten Rott bis zum Beginn des 18. Jahrhunderts. Nach einem Erbstreit wurden die Spies von Büllesheim Besitzer von Rott bis 1932. Nun wechselten die Besitzer häufig. 1969 übernahm die Stadt Troisdorf das Haus und wandelte den Komplex in ein Sport- und Freizeitzentrum um.

Die Wallanlage liegt im Südwesten des gegenwärtigen Hauses. Hinter den im Süden noch erhaltenen Wällen erhebt sich der geringe Rest einer Motte. Im Osten von ihr haben sich in einer tiefen, von Wällen umgebenen Senke inmitten eines nahezu verlandeten Wassergrabens die Reste eines rechteckigen Wohnturms erhalten.

Das heutige Hofgelände befindet sich auf dem Platz der ehemaligen Vorburg und ist ein rechteckiger Wirtschaftshof. An seiner Ostseite steht das Verwalterhaus über einem älteren Keller. Es handelt sich um ein niedriges, zweigeschossiges Gebäude mit massivem Erdgeschoss aus dem 16./17. Jahrhundert und einem Fachwerkobergeschoss mit Walmdach wohl aus dem 18. Jahrhundert, dem in der Mitte ein Ziegelbau vorgestellt wurde. Sonst stammt die gegenwärtige Anlage aus dem 19. und 20. Jahrhundert.

links: Verwalterhaus
oben: Wohnturmrest

128. Troisdorf Burg Wissem

12. Jh.	*eventuell begründet*
1550	*„Palas“ erbaut*
1840	*neues Hauptgebäude*
nach 1945	*Abriss der Wirtschaftsbauten*

Burg Wissem war vermutlich der Stammsitz der seit dem 12. Jahrhundert auftretenden Edelherren von Troisdorf und der ritterbürgerlichen Familie gleichen Namens. Aus dem Besitz der Herren von Troisdorf gelangte Burg Wissem um 1530 an die Herren von Zweiffel, die 1550 einen zweigeschossigen Wohnbau an der Nordseite aufführen ließen. Die Besitzer wechselten in den folgenden Jahrhunderten einige Male, und die Anlage wurde beständig ausgebaut. 1741 kam die Toreinfahrt hinzu.

1840 wurde unter Verwendung älterer Bauteile ein neues Hauptgebäude errichtet. Mittlerweile in den Besitz der Stadt Troisdorf gelangt, wurde die Anlage nach dem Zweiten Weltkrieg einer tiefgreifenden Veränderung unterzogen, die mit einem gravierenden Verlust an Bausubstanz einherging. Alle Gebäude im Norden wurden abgerissen und durch einen modernen Verwaltungsbau ersetzt. Das Tor wurde in ein Torhaus eingebaut. Zwei Mauerstreifen mit Laternen sollen auf die ursprüngliche Funktion hinweisen. Der Renaissancebau jedoch, der bis 1954 noch Ruine war, erhielt in den sechziger Jahren ein Walmdach und wurde 1991/92 umgestaltet und gerettet. 1982 zog ein Bilderbuchmuseum in das Haupthaus.

Das Areal wird durch die alte Toreinfahrt von 1741 betreten. Bis zum Zweiten Weltkrieg war es in einen barocken Backsteinbau mit Mansarddach integriert. Vor dem Tor befand sich eine breite Allee. Der Bau nahm neben Pferdestallungen Wohnungen des Personals auf. U-förmig schloss dieser Bau die Anlage nach Norden ab. Im Osten stand hinter einem klei-

Burgallee 1
Burg Wissem, Museum der Stadt Troisdorf.
Öffnungszeiten Museum: Di.–So. 11.00–17.00 Uhr.
Tel.: 02241/8841-11
www.bilderbuchmuseum.de.

nen Durchgang ein Palas genannter Bau aus dem Jahre 1550. Er hatte drei Kamine. Der Mittelteil war risalitartig vorgezogen mit einen Schweifgiebel. Im Westen standen verschiedene Wirtschaftsbauten bis zum Tor. Die ganze Anlage war von einem Graben umgeben. Erhalten haben sich im Südosten das Haupthaus und an der Nordostseite der lange Flügel des so genannten Renaissancebaus.
Das Herrenhaus ist ein zweigeschossiger, barockisierender Putzbau über einem Sockelgeschoss mit abschließendem Mezzaningeschoss und Walmdach sowie zwei in der Diagonale korrespondierenden Ecktürmen. Der Eingang der fünfachsigen Fassade wird über eine Freitreppe erreicht und befindet sich nicht in der Mittelachse, sondern in der zweiten von rechts. Der hintere Eckturm ist rechteckig und zählt vier Geschosse, wohingegen der vordere Rundturm die Höhe und Gliederung mit Gurtgesimsen vom Hauptbau übernimmt.
Der zweigeschossige Renaissancebau an der Ostseite hat an der Hofseite eine rundbogige Türöffnung mit begleitenden Wappensteinen der Familien Lützerode (links), Cortenbach/Hatzfeld (Mitte) und Zweiffel (rechts), acht Rechteckfenster und zwei Zwillingsfenster. Die beiden Rundbogentüren im Obergeschoss verweisen auf eine ehemals vorhandene Galerie.

LITERATURAUSWAHL

Im Folgenden kann nur eine Auswahl präsentiert werden. Neben übergreifenden Darstellungen wurde dabei vor allem Wert auf weit verbreitete und aktuelle, noch zugängliche Literatur gelegt, damit der Interessierte tatsächlich weiterarbeiten kann. Werke, die mehrfach für die Objekte eines Rheinabschnitts herangezogen wurden, finden sich jeweils am Anfang. Manchmal sind sie sogar ergiebiger als die beim Objekt genannten Titel, oder für das Objekt können darüber hinaus gar keine weiteren genannt werden, da alle relevanten Informationen den übergreifenden Schriften zu entnehmen sind. Oft handelt es sich aber auch nur um Handbücher mit knappen einführenden Darstellungen. Wird eine Literatur öfter genannt, steht das erste Mal die vollständige Angabe und später nur ein Verweis auf diese Nennung.

Einige häufig genannte Reihen wurden abgekürzt:

BKW	Die Bau- und Kunstdenkmäler des Regierungsbezirks Wiesbaden
BuS	Burgen und Schlösser. Zeitschrift für Burgenkunde und Denkmalpflege
DBD	Denkmaltopographie Bundesrepublik Deutschland
DRP	Denkmalpflege in Rheinland-Pfalz
EBSA	Edition Burgen, Schlösser, Altertümer Rheinland-Pfalz
FvfD	Führer zu vor- und frühgeschichtlichen Denkmälern
HH	Hürther Heimat
HLMB	Heimatjahrbuch Landkreis Mainz-Bingen
KR	Die Kunstdenkmäler der Rheinprovinz
KT	Kröners Taschenausgabe
LR	Landeskonservator Rheinland
NA	Nassauische Annalen
RH	Rheinische Heimatpflege
RK	Rheinische Kunststätten
Veröff. DBV	Veröffentlichungen der Deutschen Burgenvereinigung e.V.
VuF	Vorträge und Forschungen

Kunst, Burgen und Schlösser am Mittelrhein und Grundlagenliteratur

Aubin, Hermann (Hg.): Geschichtlicher Handatlas der Rheinprovinz. Bearb. von Josef Niessen. Köln und Bonn 1926.
Baudenkmäler in Rheinland-Pfalz. [Zeitschrift] 2003 ff.
Biller, Thomas: Die Adelsburg in Deutschland. Entstehung, Form und Bedeutung. München und Berlin 1993.
Böhme, Horst Wolfgang (Hg.): Burgen der Salierzeit Teil 2 in den südlichen Landschaften des Reiches (Publikationen zur Ausstellung „Die Salier und ihr Reich" veranstaltet vom Land Rheinland-Pfalz in Speyer, zugl. Römisch-Germanisches Zentralmuseum. Forschungsinstitut für Vor- und Frühgeschichte, Monographien 26). Sigmaringen 1991.
Böhme, Horst Wolfgang, Reinhard Friedrich und Barbara Schock-Werner (Hg.): Wörterbuch der Burgen, Schlösser und Festungen. Stuttgart 2004.
Borger, Hugo, Johannes Bauermann, Friedrich Klocke und Walther Zimmermann: Handbuch der Historischen Stätten Deutschlands 3. Nordrhein-Westfalen (KT 273). Stuttgart 1963.
Bornheim gen. Schilling, Werner: Rheinische Höhenburgen. 3 Bde. Neuss 1964.
Burgen in Mitteleuropa. Ein Handbuch. 2 Bde. Stuttgart 1999.
BuS. [Zeitschrift] 1959 ff.
Dehio Georg: Handbuch der Deutschen Kunstdenkmäler. Nordrhein-Westfalen, Erster Band. Rheinland (Bearb. Ruth Schmitz-Ehmke). München und Berlin 1967.
Dehio, Georg: Handbuch der Deutschen Kunstdenkmäler. Hessen (Bearb. Magnus Backes). München und Berlin 1982.
Dehio, Georg: Handbuch der Deutschen Kunstdenkmäler. Rheinland-Pfalz und Saarland (Bearb. Hans Caspary u.a). München und Berlin ^{2}1984.
Der Geist der Romantik in der Architektur. Gebaute Träume am Mittelrhein. Regensburg 2002.
DRP. [Zeitschrift] 1949–2003.
Ebhardt, Bodo: Der Wehrbau Europas im Mittelalter. Versuch einer Gesamtdarstellung der europäischen Burgen. Frankfurt a. M. ^{2}1977.
Jahrbuch der rheinischen Denkmalpflege in Nord-Rheinland [Zeitschrift]. 1951–56.
Jahrbuch der Rheinischen Denkmalpflege. [Zeitschrift]. 1925 ff.
Kubach, Hans Erich und Albert Verbeek: Romanische Baukunst an Rhein und Maas. Katalog der vorromanischen und romanischen Denkmäler. 4 Bde. Berlin 1976–89.
Neumann, Hartwig: Festungsbaukunst und Festungsbautechnik. Deutsche Wehrarchitektur von XV. bis XX. Jahrhundert (Architectura militaris 1). Koblenz 1988.
Patze, Hans (Hg.): Die Burgen im deutschen Sprachraum. Ihre rechts- und verfassungsgeschichtliche Bedeutung (VuF 19). 2 Bde. Sigmaringen 1976.
Petry, Ludwig (Hg.): Handbuch der historischen Stätten Deutschlands 5. Rheinland-Pfalz und Saarland. (KT 275), Stuttgart ^{3}1998.
Richter, Wolfgang und Jürgen Zänker: Der Bürgertraum vom Adelsschloß. Reinbek 1988.
Schütte, Ulrich: Das Schloß als Wehranlage. Befestigte Schloßbauten der frühen Neuzeit im alten Reich. Darmstadt 1994.
Wagner-Rieger, Renate und Walter Krause (Hg.): Historismus und Schloßbau (Studien zur Kunst des 19. Jahrhunderts 28). München 1975.
Zeune, Joachim: Burgen, Symbole der Macht. Ein neues Bild der mittelalterlichen Burg. Regensburg 1996.
Zimmermann, Reinhard: Künstliche Ruinen. Studien zu ihrer Bedeutung und Form. Wiesbaden 1989.

I. MAINZ–RÜDESHEIM
Land unter dem Krummstab. Burgen und Adelssitze im Einflussbereich von Mainz

Claus, Paul und Josef Staab (red.): Burgen im Rheingau (Beiträge zur Weinkultur 1992). Oestrich-Winkel 1997.
Herchenröder, Max (bearb.): Der Rheingaukreis (Die Kunstdenkmäler des Landes Hessen). München und Berlin 1965.
Knappe, Rudolf: Mittelalterliche Burgen in Hessen. 800 Burgen, Burgruinen und Burgstätten. Gudensberg-Gleichen ^{2}1995.
Krupp, Ingrid: Burgen und Schlösser in Hessen-Nassau. Ein Handbuch mit 125 Aufnahmen und 8 Farbtafeln. Würzburg 1987.
Luthmer, Ferdinand (bearb.): Die Bau- und Kunstdenkmäler der Kreise Unter-Westerwald, St. Goarshausen, Untertaunus und Wiesbaden Stadt und Land (BKW 5). Frankfurt a. M. 1914.
Ders. (bearb.): Die Bau- und Kunstdenkmäler des Rheingaus (BKW 1). Frankfurt a. M. 1902.
Rauch, Christian: Die Kunstdenkmäler des Kreises Bingen (Die Kunstdenkmäler im Volksstaat Hessen, Provinz Rheinhessen, Kreis Bingen). Darmstadt 1934.

1. Mainz: Martinsburg und Residenzschloss

Frank, Lorenz: Ergebnisse der bauhistorischen Untersuchungen am ehemaligen Kurfürstlichen Schloß in Mainz. In: DRP 1992–1996. Worms 1999, S. 66–86.
Wegner, Ewald (bearb.): Stadt Mainz. Altstadt (DBD. Kulturdenkmäler Rheinland-Pfalz 2.2). Düsseldorf 1988.
Zahler, Ursula: Das kurfürstliche Schloß zu Mainz. Studien zur Bau- und Stilgeschichte (Saarbrücker Hochschulschriften 8, Kunstgeschichte). St. Ingbert 1988.

2. Wiesbaden, Biebrich: Schloss

Einsingbach, Wolfgang: Das Biebricher Schloß in den ersten Jahren seiner Entstehung (1700–1708). In: NA 73 (1962), S. 153–182.
Ders.: Johann Maximilian von Welsch. Neue Beiträge zu seinem Leben und zu seiner Tätigkeit für den Fürsten Georg August von Nassau-Idstein. In: NA 74 (1963), S. 79–170.
Ders.: Das Biebricher Schloß seit seinem Übergang an die Fürstinwitwe Charlotte Amalie von Nassau-Usingen (1728) bis zur Gegenwart. In: NA 86 (1975), S. 178–232.
Geurts, Sonja: Schloss und Schlosspark Biebrich. Landschaftspark nach Entwürfen von Friedrich Ludwig von Sckell mit Schloss und Mosburg (Edition der Verwaltung der Staatlichen Schlösser und Gärten Hessen 8). Regensburg 2000.

3. Wiesbaden, Biebrich: Mosburg

Fink, Otto: Biebrich am Rhein. Ortsgeschichte, Baudenkmäler, Erinnerungsstätten und Straßennamen. Biebrich 1970.
Geurts (➠ 2).
Hädler, Emil: Die Mosburg im Schloßpark Biebrich. Bauforschung und Untersuchungen zur Nutzungsverträglichkeit. Eine freie Diplomarbeit an der Fachhochschule Mainz. In: Froschkönige und Dornröschen 1 (1998), S. 162–166.

4. Wiesbaden: Stadtschloss

Gross, Johann Reinhard und Dietrich Schnellbach: Das Stadtschloß zu Wiesbaden. Hessischer Landtag (Große Baudenkmäler 354). München und Berlin 1990.
Renkhoff, Otto: Wiesbaden im Mittelalter (Geschichte der Stadt Wiesbaden 2). Wiesbaden 1980.
Struck, Wolf-Heino: Wiesbaden im Biedermeier (Geschichte der Stadt Wiesbaden 5). Wiesbaden 1981.
Vollmer, Eva-Christina: Das Schloß in Wiesbaden. Wiesbaden 1983.

5. Wiesbaden, Frauenstein: Burg

Sichart, Jochen von: Sicherung der Burg Frauenstein. In: Denkmalpflege & Kulturgeschichte 1–2004 (2004), S. 53 f.
Wunderer, Hartmann: Aufstieg und Niedergang eines Rittergeschlechts. Burg Frauenstein. In: Honekamp, Gerhard, Wolfgang Jung und Hartmann Wunderer (Hg.): Alltag zwischen Mächtigen und Müßiggang. Wiesbaden-Erbenheim 1994, S. 87–90.

6. Budenheim: Schloss Waldthausen

Glatz, Joachim: Budenheim, Schloß Waldthausen. In: DRP 1989–1991. Worms 1994, S. 115 f.
Schäfer, Heribert: Schloss Waldthausen in Budenheim. In: HLMB 2004, S. 90–94.

7. Walluf, Niederwalluf: Burg

Elbel, Michael: Die frühmittelalterliche Turmburg von Niederwalluf im Rheingau. In: NA 96 (1985), S. 77–93.
Vogt, Monika: Ruinen und die Aura der Geschichte. Begegnungen mit Ruinen in Hessen. Frankfurt a. M. 2001.

8. Eltville, Burg Craß

Kratz, Werner: Eltville. Baudenkmale und Geschichte. 2 Bde. Eltville 1961–62.
Schwartz, Frithjof: Burg Craß in Eltville. In: RH 30 (1993), S. 191–195.
Simon, Helga: Burg Crass – ein ehemaliger Freihof in Eltville. In: Rheingau Forum. Zeitschrift für Wein, Geschichte, Kultur 3/1999, S. 13–21; 4/1999, S. 3–11.

9. Eltville, Burg

Böhner, Kurt: Eltville. Hof, Burg, Stadt (39. Eltviller Druck). Eltville 1991.
Eichholz, P.: Die Burg der Erzbischöfe von Mainz zu Eltville. In: NA 33/1 (1902), S. 99–146.
Gassner, Edmund: Die Eltviller Burg, städtebauliches Denkmal am Rhein (33. Eltviller Druck). Eltville ^{2}1985.
Herrmann, Christofer: Wohntürme des späten Mittelalters auf Burgen im Rhein-Mosel-Gebiet (Veröff. DBV. Reihe A: Forschungen 2). Espelkamp 1995.
Kratz (➠ 8).
Milani, Alfons: Die Burg zu Eltville. Eine baugeschichtliche Studie. In: NA 56 (1936), S. 9–136.

10. Eltville, Kiedrich: Burg Scharfenstein

Kratz (➠ 8).
Roser, Wolfgang: Die Burgruine Scharfenstein bei Kiedrich. In: NA 104 (1993), S. 91–103.

11. Eltville, Erbach: Schloss Reinhardshausen und Mariannenaue

Becker, Gerhard: Schloss Reinhartshausen. In: Claus, Paul und Josef Staab (Red.): Schlösser, Landsitze und Wein im Rheingau (Beiträge zur Weinkultur 1999), S. 36–37.
Hauck, Karl: Tiergärten im Pfalzbereich. In: Deutsche Königspfalzen. Beiträge zu ihrer historischen und archäologischen Erforschung Bd. 1 (Veröff. des Max-Planck-Instituts für Geschichte 11/1). Göttingen 1963, S. 30–74.

12. Eltville, Hattenheim: Turmburg

Herrmann (➠ 9).
Kratz (➠ 8).

13. Heidesheim: Burg Windeck

Bronner, Karl: Wohntürme im Volksstaat Hessen, Teil 1: Rheinhessen. In: Mainzer Zeitschrift 28 (1933), S. 27–40.
Geisenhof, Willi: Burg Windeck in Heidesheim. In: HLMB 2004, S. 87–89.

14. Oestrich-Winkel, Winkel: Graues Haus

Grossmann, Horst: Karolingische Bauornamentik am Grauen Haus. In: Heimatforschung. Heimatliebe. Der Rheingau in Geschichte, Kunst und Kultur, Mainz 1983, S. 118–123.
Kiesow, Gottfried: Baukunst in Hessen. Von der Romanik zur Moderne. Stuttgart 2000.

15. Oestrich-Winkel, Winkel: Schloss Vollrads

Becker, Gerhard: Schloss Vollrads. In: Claus, Paul und Josef Staab (Red.): Schlösser, Landsitze und Wein im Rheingau (Beiträge zur Weinkultur 1999), S. 32–33.
Herrmann (➠ 9).

16. Oestrich-Winkel, Oestrich: Schloss Reichardshausen

Heinemann, Hartmut: Reichardshausen – ein Hof von Kloster Eberbach. In: Rheingau Forum. Zeitschrift für Wein, Geschichte, Kultur 4/2003, S. 25–33.

17. Ingelheim, Ingelheim Mitte: Königspfalz

Emmerling, Ernst: Ingelheim. Stadt Niederingelheim (RK 19/1970) Neuss 1970.
Grewe, Holger: Archäologische Ausgrabungen in der Königspfalz Ingelheim. Auch Grundlage für Konservierung, Restaurierung und verbesserte Repräsentation. In: DRP 1992–1996. Worms 1999, S. 488–490.
Ingelheim am Rhein. Forschungen und Studien zur Geschichte Ingelheims. Ingelheim 1964.
Lachenal, François und Harald T. Weise (Hg.): Ingelheim am Rhein 774–1974. Geschichte und Gegenwart. Ingelheim 1974.
Rauch, Christian: Die Ausgrabungen in der Königspfalz Ingelheim 1909–1914. Bearbeitet und herausgegeben von Hans Jörg Jacobi (Römisch-Germanisches Zentralmuseum. Forschungsinstitut für Vor- und Frühgeschichte. Monographien 2; Studien zur Königspfalz Ingelheim I). Mainz 1976.

18. Ingelheim, Ingelheim Süd: Wehrkirche

Dölling, Regine: Bau- und Kunstdenkmäler in Ingelheim. In: Lachenal, François und Harald T. Weise (Hg.): Ingelheim am Rhein 774–1974. Geschichte und Gegenwart. Ingelheim 1974, S. 102–117.
Ingelheim am Rhein (➠ 17)

19.Gau-Algesheim: Schloß Ardeck

Hinkel, Erich: Vom Amtsschloss zum Bürgerschloss. Schloss Ardeck in Gau-Algesheim vielfältig genutzt. In: HLMB 2004, S. 75–80.

20. Geisenheim, Johannisberg: Schloss Johannisberg

Struck, Wolf-Heino: Johannisberg im Rheingau. Eine Kloster-, Dorf-, Schloß- und Weinchronik. Frankfurt a. M. 1977.

21. Geisenheim, Johannisberg: Burg Schwarzenstein

Struck (➠ 20).

22. Geisenheim, Johannisberg: Haus Hansenberg

Struck (➠ 20).

24. Rüdesheim: Boosenburg (Oberburg)

Jung, Ursula: Die Boosenburg zu Rüdesheim am Rhein. In: Rheingau Forum. Zeitschrift für Wein, Geschichte, Kultur 4/1993, S. 2–11.

25. Rüdesheim: Brömserburg (Niederburg)

Biller, Thomas: Die Niederburg in Rüdesheim. Zisterziensischer Einfluß im Burgenbau um 1200. In: architectura 18 (1988), S. 14–48.
Roser, Wolfgang L.: Die Niederburg in Rüdesheim. Ein Befestigungsbau des Erzbistums Mainz im Rheingau. In: NA 101 (1990), S. 7–29.

26. Rüdesheim: Burg Ehrenfels

Sattler, Siegbert: Burg Ehrenfels bei Rüdesheim. Neue Erkenntnisse zur frühen Baugestalt. In: NA 103 (1992), S. 27–61.

27. Rüdesheim: Jagdschloss Niederwald und Kunstruine Rossel

Heinemann, Hartmut: Der Niederwald bei Rüdesheim – ein Wald und seine Geschichte. In: Rheingau Forum. Zeitschrift für Wein, Geschichte, Kultur 2/1997, S. 2–15.
Vogt, Monika: Ruinen und die Aura der Geschichte. Begegnungen mit Ruinen in Hessen. Frankfurt a. M. 2001.

28. Bingen: Mäuseturm

Emmerling, Ernst: Stadt Bingen (RK 2/1974). Neuss 1974
Otto, Rita: Kunstwerke vom frühen Mittelalter bis zur Gegenwart. In: Mathy, Helmut (Hg. im Auftrag der Stadt): Bingen, Geschichte einer Stadt am Mittelrhein. Vom frühen Mittelalter bis zum 19. Jahrhundert. Bingen 1989, S. 171–216.

29. Bingen: Burg Klopp

Otto (➠ 28).
Schmandt, Matthias: Die Geschichte der Burg Klopp in Bingen. Vom „unüberwindlichen Haus“ zur bürgernahen Stadtverwaltung. In: HLMB 2004, S. 67–71.

II. TRECHTINGSHAUSEN–LAHNSTEIN Alle 3000 Meter eine Burg im UNESCO-Welterbe Kulturlandschaft oberer Mittelrhein

Fuhr, Michael (bearb.): „Wer will des Stromes Hüter sein?“. Regensburg 2002.

LUTHMER, Ferdinand (bearb.): Die Bau- und Kunstdenkmäler der Kreise Unter-Westerwald, St. Goarshausen, Untertaunus und Wiesbaden Stadt und Land (BKW 5). Frankfurt a. M. 1914.

30. Trechtingshausen: Rheinstein

GLATZ, Joachim und Ulrike: Trechtingshausen. Burg Rheinstein (Schnell Kunstführer 2538). Regensburg 2003.
HERRMANN (➠ 9).
RATHKE, Ursula: Preußische Burgenromantik am Rhein. Studien zum Wiederaufbau von Rheinstein, Stolzenfels und Sooneck (1823–1860) (Studien zur Kunst des neunzehnten Jahrhunderts 42). München1979.
ZIMMERMANN, Ekkehard: Burg Rheinstein. Ein Symbol deutscher Rheinromantik (Der historische Ort 79). Berlin 1999.

31. Trechtingshausen: Reichenstein

Burgführer Burg Reichenstein. o. O., o. J.

32. Niederheimbach: Sooneck

RATHKE, Ursula: Burg Sooneck (Führer der Verwaltung der Staatlichen Schlösser Rheinland-Pfalz Heft 8). Mainz 1994.
DIES. (➠ 30).

34. Oberdiebach, Rheindiebach: Burg Fürstenberg

GONDORF, Bernhard: Wiederaufbaupläne für Burg Fürstenberg am Rhein. In: BuS 1991/I, S. 28–45.
STANZL, Günther: Bauforschung und Instandsetzung an der Burgruine Fürstenberg in Rheindiebach. In: DRP 1997–2001. Worms 2003, S. 56–76.

35. Lorch: Stadtturm Nollig

BAUER, Walter: Geschichte des Nollichs über Lorch (Rheingau). In: NA 84 (1973), S. 25–36.
HERCHENRÖDER, Max (bearb.): Der Rheingaukreis (Die Kunstdenkmäler des Landes Hessen). München und Berlin 1965.
HERRMANN (➠ 9).

36. Bacharach: Burg Stahleck und Burg Stahlberg

BODE, Gabriele Nina: Burgenporträt: Burg Stahleck, Stadt Bacharach/Rhein (Kreis Mainz-Bingen). In: BuS 2001/I, S. 2–11.
CASPARY, Hans: Stadt Bacharach (RK 11). Neuss [3]1991.

37. Kaub: Burg Gutenfels

BACKES, Magnus: Kaub am Rhein mit Burg Gutenfels und dem Pfalzgrafenstein (RK 43). Neuss [2]1976.
BILLER, Thomas: Die Entwicklung regelmäßiger Burgenformen in der Spätromanik und die Burg Kaub (Gutenfels). In: Burgenbau im 13. Jahrhundert (Forschungen zu Burgen und Schlössern 7). München und Berlin 2002, S. 23–43.
LIESSEM, Udo und Ulrich LÖBER: Ausgewählte Burgen an Rhein, Mosel und Lahn (Schriftenreihe der Bezirksregierung Koblenz 1). Koblenz 1980.

38. Kaub: Burg Pfalzgrafenstein

BACKES, Magnus: Burg Pfalzgrafenstein und der Rheinzoll (EBSA. Führungsheft 11). Regensburg 2003.
BACKES, Magnus: Kaub am Rhein mit Burg Gutenfels und dem Pfalzgrafenstein (RK 43). Neuss [2]1976.
LIESSEM/ LÖBER (➠ 37).

39. Oberwesel: Schönburg und Niederburg

SEBALD, Eduard (bearb.): Die Kunstdenkmäler des Rhein-Hunsrückkreises 2.2. Stadt Oberwesel (Die Kunstdenkmäler von Rheinland-Pfalz 9). München und Berlin 1997.

40. Dörscheid: Herzogenstein

LUTHMER, Ferdinand (bearb.): Die Bau- und Kunstdenkmäler des Regierungsbezirks Wiesbaden. Nachlese und Ergänzungen zu den Bänden I bis V. Frankfurt a. M. 1921.
SCHMIDT, F. A.: Herzogenstein, eine verschollene Burg am Rhein. In: Nassauische Heimatblätter 20. Jahrgang 1916/17, S. 52–59.

41. St. Goar: Burg, Schloss und Festung Rheinfels

DEMANDT, Karl E.: Rheinfels und andere Katzenelnbogener Burgen als Residenzen, Verwaltungszentren und Festungen 1350–1650 (Arbeiten der Hessischen Historischen Kommission N.F. 5), Darmstadt 1990.
FISCHER, Ludger: Burg und Festung Rheinfels über St. Goar (RK 390). Neuss 1993.
GROSSMANN, G. Ulrich: Burg und Festung Rheinfels (Burgen, Schlösser und Wehrbauten in Mitteleuropa 17). Regensburg 2002.
KUNZE, Rainer: Burgenpolitik und Burgenbau der Grafen von Katzenelnbogen bis zum Ausgang des 14. Jahrhunderts (Veröff. DBV 3). Braubach 1969.

42. St. Goarshausen: Burg Neukatzenelnbogen (Katz)

CUSTODIS, Paul-Georg und Kurt FREIN mit einem Beitrag von August CUSTODIS: St. Goarshausen mit Burg Katz und Patersberg (RK 258). Neuss 1981.
DEMANDT (➠ 41).
KUNZE (➠ 41).

43. St. Goarshausen, Wellmich: Deuernburg (Maus)

BACKES, Magnus: Wellmich am Mittelrhein mit Burg Maus und Kloster Ehrenthal (RK 162). Neuss [2]1977.
HERRMANN (➠ 9).
HERRMANN, Christofer: Die Deuernburg (Burg Maus) bei Wellmich nach einem Inventar von 1578. In: NA 104 (1993), S. 105–116.

44. Kamp-Bornhofen: Burg Sterrenberg

COHAUSEN, A. von: Burgen in Nassau. In: NA 24 (1892), S. 233–238.
MONSCHAUER, Winfried: Burg Sterrenberg (EBSA. Führungsheft 19). Regensburg 2003.

45. Kamp Bornhofen: Burg Liebenstein

COHAUSEN, A. von: Burgen in Nassau. In: NA 24 (1892), S. 233–238.
HERRMANN (➠ 9).

46. Boppard: Kurfürstliche Burg

HERRMANN (➠ 9).
LEDEBUR, Alkmar Freiherr von (bearb.): Die Kunstdenkmäler des Rhein-Hunsrück-Kreises Teil 2.1: Ehemaliger Kreis St. Goar. Stadt Boppard 1 (Die Kunstdenkmäler von Rheinland-Pfalz 8). München und Berlin 1988.
VOLK, Otto: Boppard im Mittelalter. In: Mißling, Hans-Helmut, Otto Volk und Franz Maier; Von der Frühzeit bis zum Ende der kurfürstlichen Herrschaft (Mißling, Hans-Helmut (Hg.): Boppard. Geschichte einer Stadt am Mittelrhein. Bd. 1). Boppard 1997, S. 61–412.

47. Osterspai: Schloss Liebeneck

FINK, Otto E.: Das Baujahr des einstigen Schlößchens Liebeneck (alt). In: BuS 1979/I, S. 64–65.
PREUSCHEN, Henriette Freiin von: Schloss Liebeneck. In: BuS 2003/II, S. 99–105.

48. Osterspai: Wohnturm

FRITZ, Markus: Aspekte der baulichen Entwicklung von Burg Osterspai. In: BuS 2003/II, S. 106–113.
HERRMANN (➠ 9).

49. Braubach: Marksburg und Alte Burg

BACKES, Magnus und Busso VON DER DOLLEN: Die Marksburg. Bau- und Kunstgeschichte einer rheinischen Burg. Restaurierungsmaßnahmen und Bauunternehmungen seit 1975 (Veröff. DBV). Braubach [2]1993.
GENSICKE, Hellmuth: Geschichte der Stadt Braubach. Braubach 1976.
LIESSEM/ LÖBER (➠ 37).
LIESSEM, Udo: Bemerkungen zu einigen Burgen der Salierzeit im Mittelrheingebiet. In: Böhme, Horst Wolfgang (Hg.): Burgen der Salierzeit Teil 2 in den südlichen Landschaften des Reiches (Publikationen zur Ausstellung „Die Salier und ihr Reich“ veranstaltet vom Land Rheinland-Pfalz in Speyer, zugl. Römisch-Germanisches Zentralmuseum. Forschungsinstitut für Vor- und Frühgeschichte, Monographien 26). Sigmaringen 1991, S. 81–111.

50. Braubach: Schloss Philippsburg

DEMANDT (➠ 41).
GENSICKE, Hellmuth: Geschichte der Stadt Braubach. Braubach 1976.

51. Lahnstein, Oberlahnstein: Burg Lahneck

LIESSEM/LÖBER (➠ 37).
MEDDING, Wolfgang, neu bearbeitet von Kurt FREIN: Burg Lahneck in Lahnstein (RK 68). Neuss [3]1987.
MICHEL, Fritz: Geschichte der Stadt Oberlahnstein. Oberlahnstein [2]1960.

52. Lahnstein, Oberlahnstein: Martinsburg

HERRMANN (➠ 9).
HERRMANN, Christofer: Räume und Einrichtung der Zollburg Oberlahnstein im 15. Jahrhundert. In: BuS 1994/I, S. 11–17.
LIESSEM/LÖBER (➠ 37).
MICHEL (➠ 51).
VOLK, Otto: Die Rechnungen der mainzischen Verwaltung in Oberlahnstein im Spätmittelalter (Veröffentlichungen der Historischen Kommission für Nassau XLVII). Wiesbaden 1990.

III. KOBLENZ UND DAS NEUWIEDER BECKEN
Burgen, Schlösser und Festungen der Superlative

BODSCH, Ingrid: Burg und Herrschaft. Zur Territorial- und Burgenpolitik der Erzbischöfe von Trier im Hochmittelalter bis zum Tod Dieters von Nassau († 1307) (Veröffentlichungen der Landeskundlichen Arbeitsgemeinschaft im Regierungsbezirk Koblenz e.V. 13). Boppard 1989.
GRÄNITZ, Frauke und Luise GRUNDMANN: Das Mittelrheinische Becken. Eine landeskundliche Bestandsaufnahme im Raum Andernach, Bendorf, Koblenz, Mayen, Mendig, Münstermaifeld und Neuwied (Landschaften in Deutschland. Werte Deutscher Heimat 65). Köln, Weimar und Wien 2003.

53. Koblenz, Kapellen: Schloss Stolzenfels
Bornheim gen. Schilling, Werner: Schloß Stolzenfels (Führer der Verwaltung der staatlichen Schlösser Rheinland-Pfalz 4). Mainz 1995.
Herrmann (➠ 9).
Kubach, Erich, Fritz Michel und Hermann Schnitzler (bearb.): Die Kunstdenkmäler des Landkreises Koblenz (KR 16). Düsseldorf 1944.
Liessem/Löber (➠ 37).
Meissner, Jan: „Ein kleines christliches Bijou". Ernst Degers Ausmalung der Kapelle von Schloß Stolzenfels. In: RH 1986, S. 241–249.
Rathke (➠ 30).

54. Koblenz: Burg
Dellwing, Herbert und Reinhard Kallenbach (bearb.): Stadt Koblenz. Innenstadt (DBD. Kulturdenkmäler in Rheinland-Pfalz 3.2). Worms 2004.
Michel, Fritz: Die kurfürstliche Burg zu Koblenz. Koblenz 1928.
Ders. (bearb.): Die Kunstdenkmäler der Stadt Koblenz (Die Kunstdenkmäler von Rheinland-Pfalz 1). München und Berlin 1954.

55. Koblenz: Residenzschloss
200 Jahre Residenz Koblenz. Katalog zur Ausstellung im Schloß zu Koblenz 6. August bis 2. November 1986. Koblenz 1986.
Dellwing/Kallenbach (➠ 54).
Frank, Lorenz und Anke Behmer: Das Koblenzer Schloss – Baugeschichte, historische Farbigkeit und Wiederaufbau nach dem Zweiten Weltkrieg. In: BuS 2000/IV, S. 181–185.
Michel, 1954 (➠ 54).

56. Koblenz, Ehrenbreitstein: Festung Ehrenbreitstein und Festung Koblenz
Böckling, Manfred: Festung Ehrenbreitstein (EBSA, Kurzführer 4 / Schnell Kunstführer 2490). Regensburg 2002.
Liessem/Löber (➠ 37).
Michel, 1954 (➠ 54).
Weber, Klaus T.: Die preußischen Festungsanlagen von Koblenz (1815–1834) (Kunst- und Kulturwissenschaftliche Forschungen 1). Weimar 2003.
Wischemann, Rüdiger: Die Festung Koblenz. Vom römischen Kastell zu Preußens stärkster Festung und zur größten Garnison der Bundeswehr. Koblenz 1978.

57. Koblenz, Ehrenbreitstein: Ehemaliges Residenzschloss Philippsburg
Michel, 1954 (➠ 54).
Schwickerath, Marianne: Wo stand eigentlich die Philippsburg? Die ehemalige kurfürstliche Residenz in Ehrenbreitstein. Koblenz o. J. [1992].
Talbot, Josef: Das Dikasterialgebäude in Koblenz-Ehrenbreitstein. Ein Verwaltungsbau von Balthasar Neumann (RK 408). Neuss 1995.

58. Koblenz, Rübenach: Burghaus
Kubach/Michel/Schnitzler (➠ 53).
Liessem, Udo: Beobachtungen zur Baugeschichte des Burghauses v. Eltz zu Koblenz-Rübenach. In: DRP 1976–78. Worms 1979, S. 65–71.

59. Vallendar: Marienburg
Kubach/Michel/Schnitzler (➠ 53).
Mertens, Gunnar und Rüdiger: Vallendar (RK 193). Neuss 1977.

60. Bendorf, Sayn: Burg und Burghäuser
Halbekann, Joachim J.: Die älteren Grafen von Sayn. Personen-, Verfassungs- und Besitzgeschichte eines rheinischen Grafengeschlechts 1139–1246/47 (Veröffentlichungen der Historischen Kommission für Nassau 61). Wiesbaden 1997.
Kemp, Franz Hermann und Udo Liessem: Bendorf-Sayn (RK 294). Neuss 1984.
Kubach/Michel/Schnitzler (➠ 53).
Liessem/Löber (➠ 37).
Liessem, Udo: Neue Aspekte zur Sayner Burgkapelle. In: Schock-Werner, Barbara (Hg.): Burg und Schloßkapellen (Veröff. DBV Reihe B: Schriften 3). Stuttgart 1995, S. 45–50.
Liessem, Udo: Zur Baugeschichte von Burg Sayn. In: Sayn, Ort und Fürstenhaus. Bendorf-Sayn 1979, S. 37–50.

61. Bendorf, Sayn: Schloss
Custodis, Paul-Georg: Das Schloss in Bendorf-Sayn. In: DRP 1997–2001. Worms 2003, S. 171–173.
Kemp/Liessem (➠ 60).
Liessem, Udo: Bemerkungen zur Bau-, Kunst- und Geistesgeschichte des Schlosses Sayn. In: Sayn, Ort und Fürstenhaus. Bendorf-Sayn 1979, S. 149–168.

62. Bendorf, Engers: Jagdschloss
Neu, Heinrich und Hans Weigert (bearb.): Die Kunstdenkmäler des Kreises Neuwied (KR 16,2). Düsseldorf 1940.
Restorff, Jörg und Jan Meissner: Schloss Engers (EBSA. Führungsheft 22). Regensburg 2003.

63. Neuwied, Residenzschloss
Backes, Magnus und Hans Merian: Neuwied. Schloß und Stadtkern (RK 310). Neuss 1986.
Backes, Magnus: Julius Ludwig Rothweil, ein rheinisch-hessischer Barockarchitekt (Studien zur deutschen Kunstgeschichte 317). Baden-Baden und Strasbourg 1959.
Neu/Weigert (➠ 62).

64. Weißenthurm: Turm
Herrmann (➠ 9).
Kubach/Michel/Schnitzler (➠ 53).
Liessem, Udo: Baubeobachtungen und Bemerkungen zur Geschichte des Weißen Turms zu Weißenthurm. In: DRP 1976–78. Worms 1979, S. 60–64.

65. Andernach: Burg
Busley, Josef und Heinrich Neu (bearb.): Die Kunstdenkmäler des Kreises Mayen (KR 12,2). Düsseldorf 1941.
Herrmann (➠ 9).
Wirtler, Ulrike: Baugeschichtliche Beobachtungen am Palas der kurkölnischen Burg in Andernach. In: BuS 1984/II, S. 101–110.

66. Andernach, Namedy: Herrenhaus
Busley/Neu (➠ 65).
Custodis, Paul-Georg und Jan Meissner: Burg Namedy in Andernach. Mit einem Exkurs zur Geschichte des Hauses Hohenzollern im Rheinland von Heide Prinzessin von Hohenzollern (RK 420). Köln 1996.

IV. HAMMERSTEIN–BONN
Rheinromantik, Residenz und Bürgervilla

Gondorf, Bernhard: Die Burgen der Eifel und ihrer Randgebiete. Ein Lexikon der „festen Häuser". Köln 1984.

67. Bad Hönningen, Hammerstein: Burg
Liessem, Udo: Baugeschichtliche Beobachtungen an einigen stauferzeitlichen Burgen in der Region Koblenz. In: BuS 1977/I, S. 29–47.
Neu/Weigert (➠ 62).
Schönhofen, Werner: Hammerstein am Rhein (RK 324). Neuss 1987.
Ders.: Leutesdorf am Rhein (RK 272). Neuss 1983.

68. Brohl-Lützing, Brohl: Augustaburg (Brohleck) und Schweppenburg
Busley/Neu (➠ 65).
Gerhardt, Joachim, Heinrich Neu, Edmund Renard und Albert Verbeek (bearb.): Die Kunstdenkmäler des Kreises Ahrweiler (KR 17.1). Düsseldorf 1938.
Hansmann, Wilfried und Gisbert Knopp (Hg.): Rheinlands Schlösser und Burgen. Herausgegeben von Alexander Duncker 1857.1883. Kommentarband (Publikationen der Gesellschaft für Rheinische Geschichtskunde 62). 2 Bde. Düsseldorf 1981.
Röcke, Matthias: Burgen und Schlösser zwischen Ahr und Brohlbach. Berühmte und unbekannte Anlagen im Kreis Ahrweiler. Köln 1984.

69. Bad Breisig: Burg Rheineck
Gerhardt/Neu/Renard/Verbeek (➠ 68).
Hansmann/Knopp (➠ 68).
Liessem (➠ 67).

70. Bad Hönningen: Schloss Arenfels
Custodis, Paul-Georg: Schloss Arenfels bei Bad Hönningen am Rhein. Skizzen zur Baugeschichte, zur Bedeutung und zu den jüngsten Restaurierungen. In: RH 1/2002, S. 1–11.
Hansmann/Knopp (➠ 68).
Kahmen, Hartmut: Herdringen, Arenfels, Moyland. Drei Schloßbauten Ernst Friedrich Zwirners. Diss. Frankfurt a. M. 1973.

71. Bad Hönningen, Ariendorf: Herrenhaus
Hansmann/Knopp (➠ 68).
Neu/Weigert (➠ 62).

72. Sinzig: Barbarossaschloss
Haffke, Jürgen und Bernhard Koll (Hg. im Auftrag der Stadt Sinzig): Sinzig und seine Stadtteile – gestern und heute. Sinzig 1983.
Losse, Michael: Das Schloß zu Sinzig. Zur Geschichte eines bürgerlichen Schloßbaus im Rheinland des 19. Jahrhunderts. In: RH 1992, S. 19–27.
Menacher, Agnes und Matthias Röcke: Das Sinziger Schloß (RK 470). Köln 2002.

73. Linz, Dattenberg: Burg und Burghaus in Leubsdorf
Liessem (➠ 67).
Neu/Weigert (➠ 62).

74. Linz: Burg und Burg zur Leyen in Ockenfels
Neu/Weigert (➠ 62).

75. Remagen: Villa Schloss Marienfels
Custodis, Engelbert: Schloß Marienfels in Remagen (RK 382). Köln 1993.
Röcke (➠ 68).

76. Remagen, Unkelbach: Villa Schloss Ernich
Röcke (➠ 68).

77. Unkel, Heister: Haus Vilzelt
Neu/Weigert (➠ 62).

78. Rheinbreitbach: Untere Burg und Obere Burg
Neu/Weigert (➠ 62).

79. Remagen, Rolandswerth: Burg Rolandseck
LAUPICHLER, Fritz: Burg Rolandseck und der Rolandsbogen. Die Geschichte einer Burg und die Rekonstruktion eines Relikts. In: Marburger Correspondenzblatt zur Burgenforschung 1 (1998), S. 59–65.
RULAND, Josef: Der Rolandsbogen in Remagen-Rolandseck. Zur Wiedererrichtung vor 150 Jahren (RK 359). Neuss 1990.

80. Bad Honnef Menzenberg: Gut Hagerhof
DARIUS, Veronika u. a.: Bad Honnef. Stadtentwicklung und Stadtstruktur (LR, Arbeitsheft 26). Köln 1979.
SPIEGELHAUER, Dieter: Menzenberg. In: Jahrbuch der Rheinischen Denkmalpflege 38 (1999), S. 145.

81. Bad Honnef: Burg Reitersdorf und „Haus im Turm"
DARIUS (➡ 80).
RENARD, Eduard (bearb.): Die Kunstdenkmäler des Siegkreises (KR 5,4). Düsseldorf 1907.

82. Bad Honnef: Löwenburg
DIE LÖWENBURG IM SIEBENGEBIRGE. Festschrift anläßlich der Fertigstellung der Konservierungsarbeiten im August 1985. Hg. von der Firma b + s Bau. Königswinter o. O., o. J.
RENARD (➡ 81).

83. Königswinter: Burg Drachenfels und Wolkenburg
BIESING, Winfried: Drachenfelser Chronik. Geschichte eines Berges, seiner Burg und seiner Burggrafen. Köln 1980.
RENARD (➡ 81).
REY, Manfred van: Königswinter im Mittelalter. In: Bonner Geschichtsblätter 34 (1982), S. 9–86.
SCHYMA, Angelika (bearb.): Stadt Königswinter (DBD. Denkmäler Rheinland 23.5). Köln 1992.

84. Königswinter: Drachenburg
BIESING, Winfried: Das Schloss Drachenburg und der Burghof im Wandel. Bonn 1997.
BIESING (➡ 83).
LEYDENECKER, Angelika: Schloß Drachenburg (LR, Arbeitsheft 36). Köln 1979.
SCHYMA, Angelika: Schloß Drachenburg in Königswinter (RK 357). Neuss [2]1998.
DIES. (➡ 83).
SPENGLER, Alicia: Die historischen Glasgemälde in der Kunsthalle von Schloss Drachenburg. In: RH 4/2002, S. 293–300.

85. Bonn, Muffendorf: Kommende
CLEMEN, Paul (bearb.): Die Kunstdenkmäler der Stadt und des Kreises Bonn (KR 5, III). Düsseldorf 1905.
HAENTJES, Walter: Bad Godesberg (RK 4/1971). Köln 1971.
HANSMANN/KNOPP (➡ 68).

86. Bonn, Bad Godesberg: Godesburg
CLEMEN (➡ 85).
DENGLER, Frank: Bauen in historischer Umgebung. Die Architekten Dieter Oesterlein, Gottfried Böhm und Karljosef Schattner (Studien zur Kunstgeschichte 151). Hildesheim, Zürich und New York 2003.
STRACK, Herbert: Bonn-Bad Godesberg. Vom kurfürstlichen Bad zur Diplomatenstadt (RK 134). Neuss [2]1990.
HAENTJES, Walter: Geschichte der Godesburg. Bonn 1960.

87. Bonn, Friesdorf: Wohnturm
CLEMEN (➡ 85).

88. Bonn, Oberkassel: Lippisches Landhaus
SCHWAB, Gerhard (red.): Das Lippische Landhaus Bonn-Oberkassel. Stuttgart 1982.
GROSS, Manfred, Klaus GREWE und Antonius JÜRGENS: Eine frühmittelalterliche Burganlage bei Bonn-Oberkassel. In: Ausgrabungen im Rheinland '77 (Das Rheinische Landesmuseum Bonn, Sonderheft August 1978), S. 249–253.
GROSS, Manfred und M. RECHT: Bonn. In: Bonner Jahrbücher 182 (1982), S. 514–517.

89. Bonn, Ramersdorf: Kommende
CLEMEN (➡ 85).
HANSMANN/KNOPP (➡ 68).
HERZOG, Harald: Rheinische Schloßbauten im 19. Jahrhundert (LR, Arbeitsheft 37). Bonn 1981.
NEU, Heinrich: Die Deutschordenskommende Ramersdorf. Geschichte eines rheinischen Hauses des Deutschen Ritter-Ordens. Bonn 1961.

90. Bonn, Villich: Burg Lede
CLEMEN (➡ 85).
HÖROLDT, Dietrich (Hg.): Bonn als kurkölnische Haupt- und Residenzstadt 1597–1794 (Geschichte der Stadt Bonn in vier Bänden 3). Bonn 1989.

91. Bonn, Schwarzrheindorf: Burgkapelle
BINDING, Günther und Albert VERBEEK: Die Doppelkapelle in Bonn-Schwarzrheindorf (RK 93). Neuss [12]1991.
CLEMEN (➡ 85).
VERBEEK, Albert: Schwarzrheindorf. Die Doppelkirche und ihre Wandgemälde. Düsseldorf 1953.

92. Bonn: Residenzschloss
CLEMEN (➡ 85).
HÖROLDT (➡ 90).
HEYER, Helmut: Die Schloßkirche in Bonn. Ein historischer Rückblick. In: Bonner Geschichtsblätter 43/44 (1996), S. 197–250.
LÜTZELER, Heinrich unter Mitarbeit von Eva Brües, Walter Holzhausen, Hans-Joachim Kunst und Dorothee Rondorf: Die Bonner Universität. Bauten und Bildwerke. Bonn 1968.

93. Bonn, Poppelsdorf: Schloss Clemensruhe
CLEMEN (➡ 85).
KALNEIN, Wend Graf: Das kurfürstliche Schloß Clemensruhe in Poppelsdorf. Ein Beitrag zu den deutsch-französischen Beziehungen im 18. Jahrhundert (Bonner Beiträge zur Kunstwissenschaft 4). Düsseldorf 1956.
LÜTZELER (➡ 92).

94. Bonn, Graurheindorf: Rheindorfer Burg
BENEDIX, Kristiane: Barocke Adelssitze im Umfeld der Bonner Reisdenz. In: Zehnder, Frank Günter (Hg.): Das Ideal der Schönheit. Rheinische Kunst in Barock und Rokoko (Der Riss im Himmel. Clemens August und seine Epoche 6). Köln 2000, S. 9–24.
CLEMEN (➡ 85).
HÖROLDT (➡ 90).

95. Bonn, Endenich: Herrenhaus
BENEDIX (➡ 94).
CLEMEN (➡ 85).
HANSMANN/KNOPP (➡ 68).

V. ALFTER – KÖLN
Zwischen Kurfürstlicher Residenz und Freier Reichsstadt. Burgen, Schlösser und Herrenhäuser unter dem Einfluss von Bonn und Köln

JANSSEN, Wilhelm: Burg und Territorium am Niederrhein im späten Mittelalter. In: Patze, Hans (Hg.): Die Burgen im deutschen Sprachraum. Ihre rechts- und verfassungsgeschichtliche Bedeutung (VuF 19). 2 Bde. Sigmaringen 1976, Bd. 1, S. 283–324.
MEYNEN, Henriette: Wasserburgen, Schlösser und Landsitze im Erftkreis. Köln [2]1980.
RENARD, Edmund: Rheinische Wasserburgen. Bonn 1922.
WILDEMANN, Theodor: Rheinische Wasserburgen und wasserumwehrte Schlossbauten. (Rheinischer Verein für Denkmalpflege und Heimatschutz 1954). Neuss 1954.

97. Alfter: Schloss
BENEDIX (➡ 94).
CLEMEN (➡ 85).
GONDORF, Bernhard: Die Burgen der Eifel und ihrer Randgebiete. Ein Lexikon der „festen Häuser". Köln 1984.

98. Bornheim, Roisdorf: Wolfsburg
CLEMEN (➡ 85).
HANSMANN/KNOPP (➡ 68).
ZERLETT, Norbert: Stadt Bornheim im Vorgebirge (RK 243). Köln 1981.

99. Bornheim: Herrenhaus
BENEDIX (➡ 94).
CLEMEN (➡ 85).
HANSMANN/KNOPP (➡ 68).
ZERLETT (➡ 98).

100. Bornheim, Dersdorf: Haus Rankenberg
ZERLETT (➡ 98).

101. Bornheim, Hemmerich: Herrenhaus
CLEMEN (➡ 85).
HANSMANN/KNOPP (➡ 68).
HERZOG (➡ 89).
ZERLETT (➡ 98).

102. Bornheim, Rösberg: Herrenhaus
BENEDIX (➡ 94).
CLEMEN (➡ 85).
HANSMANN/KNOPP (➡ 68).
HERZOG (➡ 89).
ZERLETT (➡ 98).

103. Bornheim, Sechtem: Weiße Burg und Graue Burg
CLEMEN (➡ 85).
GONDORF (➡ 97).
HERZOG (➡ 89).
ZERLETT (➡ 98).

104. Borheim, Walberberg: Kitzburg, Hexenturm und Rheindorfer Burg
CLEMEN (➡ 85).
HANSMANN/KNOPP (➡ 68).
HANSMANN, Wilfried: Gärten des Barock und Rokoko im Umkreis der Bonner Residenz. In: Zehnder, Frank Günter (Hg.): Das Ideal der Schönheit. Rheinische Kunst in Barock und Rokoko (Der Riss im Himmel. Clemens August und seine Epoche 6). Köln 2000, S. 25–44.
HERZOG (➡ 89).
ZERLETT (➡ 98).

105. Brühl, Schwadorf: Schallenburg
CLEMEN, Paul (bearb.): Die Kunstdenkmäler des Landkreises Köln (KR 4,1). Düsseldorf 1897.

Kisky, Hans: Wasserburgen und Schlösser im Landkreis Köln. Versuch eines Kataloges. In: Köllen, Johann, Hans Kisky und Robert Steimel: Siegel und Wappen, Burgen und Schlösser im Landkreis Köln. Köln-Zollstock o. J. [1966], S. 39–104.
Prasuhn, Wilhelm: Rund um Schloß Brühl. Eine kleine Heimatkunde. Brühl o. J. [1956].

106. Brühl: Schloss Augustusburg
Clemen (→ 105).
Dohms, Peter (bearb.): Die Inventare der Schlösser und Gärten zu Brühl. Düsseldorf 1978.
Hansmann, Wilfried: Schloß Augustusburg zu Brühl (RK 23). Neuss [6]1990.
Ders.: Schloss Augustusburg in Brühl (Beiträge zu den Bau- und Kunstdenkmälern im Rheinland 36, 1). Worms 2002.

107. Brühl, Jagdschloss Falkenlust
Clemen (→ 105).
Hansmann, Wilfried: Schloß Falkenlust. Köln 1973.
Ders.: Jagdschloß Falkenlust zu Brühl (RK 149). Neuss [6]1990.
Ders.: Schloss Falkenlust in Brühl (Beiträge zu den Bau- und Kunstdenkmälern im Rheinland 36, Tl.2). Worms 2002.

108. Wessling, Berzdorf: Jagdschloss Entenfang und Godorfer Burg
Clemen (→ 105).
Dietz, Josef: Wesseling. Ein Heimatbuch. Wesseling 1962.
Herzog (→ 89).

109. Hürth, Fischenich: Burg
Faust, Manfred: Stadt Hürth (RK 36). Neuss [3]1993.
Jürgens, A. und W. M. Koch. Hürth. In: Bonner Jahrbücher186 (1986), S. 650 f.
Dies.: Archäologische Untersuchungen im Bereich der Burg Fischenich. In: HH 51/52 (1984), S. 41–42.
Kisky (→ 105).
Klug, Clemens: Hürth, wie es war, wie es wurde. Köln o. J. [1961].
Ders.: Hürth – Kunstschätze und Denkmäler. Hürth 1978.

110. Hürth, Kendenich: Herrenhaus
Faust (→ 109).
Hansmann/Knopp (→ 68).
Klug, 1961 (→ 109).
Ders. 1878 (→ 109).
Ders.: Die restaurierte Burg Kendenich – Schmuckstück in der Landschaft. In: HH 51/52 (1984), S. 7–24.

111. Hürth, Efferen: Herrenhaus
Clemen (→ 105).
Faust (→ 109).
Kisky (→ 105).
Klug, 1961 (→ 109).
Ders., 1978 (→ 109).

112. Hürth, Stotzheim: Schleebuschhof
Faust (→ 109).
Kisky (→ 105).
Klug 1978 (→ 109).
Schorn, Jakob: Die Orts- und Siedlungsgeschichte Stotzheims. In: HH 2 (1964), S. 2–8.

113. Hürth, Gleuel: Herrenhaus
Ahlert, Marlis und Ulrich: Die Wasserburg Gleuel. Anmerkungen zur Geschichte und Beschreibung des heutigen Zustandes April 1989. In: HH 63/64 (1989), S. 40–42.
Benedix (→ 94).
Faust (→ 109).
Kisky (→ 105).
Klug, Clemens: Die schillernde Historie der Burg Schallmauer. In: HH 47/48 (1982), S. 3–14.

114. Frechen, Bachem: Herrenhaus
Clemen (→ 105).
Herzog (→ 89).
Kisky (→ 105).
Rose, Gerd: Wiederherstellung der Burg Bachem in Frechen. In: RH 1975, S. 98–100.

115. Köln, Junkersdorf: Haus Horbell
Clemen (→ 105).
Griep, Uwe: Köln: Lövenich, Weisen und Junckersdorf. Siedlungsgeschichte bis 1950 (Stadtspuren. Denkmäler in Köln 27). Köln 2003.
Kisky (→ 105).
Klug, 1961 (→ 109).

116. Köln, Sülz: Schloss Weißhaus
Herzog (→ 89).
Kier, Hiltrud und Celia Körber-Leupold: Köln. Ein DKV Bildhandbuch. München und Berlin 1988.

117. Köln: Torburgen
Mainzer, Udo: Stadttore im Rheinland. Neuss 1976. (S. 241–253)
FvfD 39. Mainz 1980.
Vogts, Hans (bearb.): Die Kunstdenkmäler der Stadt Köln 2. IV. Abteilung. Die Profanen Denkmäler (KR 7,4). Düsseldorf 1930.

118. Köln, Buchheim: Haus Herl
Clemen, Paul (bearb.): Die Kunstdenkmäler des Kreises Mülheim am Rhein (KR 5). Düsseldorf 1901.
FvfD 39. Mainz 1980.
Kier, Hiltrud (bearb. und Mitwirkung von Fried Mühlberg): Bestandsliste der erhaltenswerten Bauten im Stadtbezirk 9 (Mülheim) mit den Stadtteilen Buchforst, Buchheim, Dellbrück, Dünnwald, Flittard, Höhenhaus, Holweide, Mülheim, Stammheim (LR, Denkmälerverzeichnis 12.7, Köln Stadtbezirk 9 (Mülheim). Köln 1979.
Pohl, Stefan und Georg Mölich: Das rechtsrheinische Köln. Seine Geschichte von der Antike bis zur Gegenwart. Köln 1994.

119. Köln, Holweide: Haus Isenburg
Clemen (→ 118).
Herzog (→ 89).
FvfD 39. Mainz 1980.
Kier (→ 118).
Pohl/Mölich (→ 118).

120. Köln, Delbrück: Haus Mielenforst
FvfD 39. Mainz 1980.
Kier (→ 118).
Pohl/Mölich (→ 118).

121. Köln, Rath-Heumar: Rather Burg
Clemen (→ 118).
Kier, Hiltrud, Henriette Meynen und Ulrich Krings (bearb.): Bestandsliste der erhaltenswerten Bauten im Stadtbereich 7 (Porz) mit den Stadtteilen Eil, Elsdorf, Ensen, Gremberghoven, Langel, Libur, Poll, Porz, Urbach, Wahn, Westhoven, Zündorf (LR, Denkmälerverzeichnis 12.6, Köln Stadtbezirk 7 und 8 (Porz und Kalk). Köln 1980.
Pohl/Mölich (→ 118).

122. Köln, Eil: Haus Röttgen und Haus Leidenhausen
Clemen (→ 118).
Herzog (→ 89).
FvfD 39. Mainz 1980.
Kier/Meynen/Krings (→ 121).
Künstler-Brandstädter, Karen: Schloß Röttgen in Köln. In: Köln. 85 Jahre Denkmalschutz und Denkmalpflege 1912–1997. Texte von 1908–1997 (Stadtspuren – Denkmale in Köln 9.II). Köln 1998, S. 206–211.
Panofsky-Soergel, Gerda: Olpe – Wipperfürth (Die Denkmäler des Rheinlandes, Rheinisch-Bergischer Kreis 3). Düsseldorf 1974.
Pohl/Mölich (→ 118).

123. Köln, Wahn: Herrenhaus
Benedix, Kristiane und Elmar Buck: Schloß Wahn und die Theaterwissenschaftliche Sammlung (RK 438). Neuss 1999.
Clemen (→ 118).
Hansmann/Knopp (→ 68).
Kier/Meynen/Krings (→ 121).
Panofsky-Soergel (→ 122).
Pohl/Mölich (→ 118).

124. Köln, Zündorf: Wehrturm
Clemen (→ 118).
FvfD 39. Mainz 1980.
Kier/Meynen/Krings (→ 121).
Panofsky-Soergel (→ 122).
Pohl/Mölich (→ 118).

125. Troisdorf, Lülsdorf: Burg
Burg Lülsdorf am Rhein lebt. In: BuS 1984/II, S. 132.
Olligs, H. (Hg.): Lülsdorf am Rhein. Burg, Dorf und Landschaft. Lülsdorf 1952.
Renard (→ 81).
Schnabel, Josef: Stadt Niederkassel bei Bonn (RK 247). Köln 1980.

126. Troisdorf, Spich: Haus Broich
Schulte, Helmut: Stadt Troisdorf. Zehn Dörfer – eine Stadt (RK 273). Köln 1983.
Renard (→ 81).

127. Troisdorf, Sieglar: Haus Rott
Janssen, Walter: Haus Rott in Troisdorf, ein neuerschlossenes Baudenkmal. In: Rheinische Ausgrabungen '76 (Das Rheinische Landesmuseum Bonn, Sonderheft Januar 1977), S. 148–153.
Renard (→ 81).
Schulte (→ 126).

128. Troisdorf: Haus Wissem
Renard (→ 81).
Schulte (→ 126).
Ders.: Neue baugeschichtliche Erkenntnisse aus der Umgestaltung des Renaissanceflügels von Haus Wissem in Troisdorf. In: RH 1994, S. 287–293.

GLOSSAR

Abschnittsburg: Burganlage mit mehreren selbstständig befestigten Bereichen, die durch Gräben voneinander getrennt sind.

Abschnittswall: Variante einer Wallbefestigung, vornehmlich der Vor- und Frühgeschichte, bei der meist ein Bergsporn an seiner zugänglichen Seite gegen das Hinterland mit einem Wall oder einer Mauer geschützt wird.

Achse: gedachte Linie durch ein Gebäude, meist als Symmetrie-Achse. Im Aufriss ist ein Fassadenelement gemeint, dessen gleichartige vertikale Reihung den Fassaden-Aufriss ergibt.

Allod(ium): lehnfreier Eigenbesitz einer adligen Familie

Altan: balkonartiger Austritt mit Stützen- oder Mauerverbindung zum Erdboden.

Amtshof: Haupthof (Oberhof) einer größeren Grundherrschaft, von dem aus eine Gruppe von Unterhöfen verwaltet wurde; Sitz eines Amtsmeiers, Schulten oder Vogtes.

Appartement: Folge von Räumen, die einen gemeinsamen Zweck haben wie etwa Wohnung, Gesellschafts- oder Empfangsräume.

Apsis: Abschluss des Chores, meist halbkreisförmig oder polygonal gebrochen.

Arkade: auf Pfeilern oder Säulen ruhender Bogen.

Attika: eine Wand, die über dem Abschlussgesims eines Gebäudes steht, selten ein Halbgeschoss, oft nur zur optischen Verdeckung eines dahinter befindlichen Daches dienend.

Barbakane: Außentor einer mehrteiligen Torbefestigung.

Bastion: aus der Umfassungslinie einer Festung hervorstehendes, aus vier Linien bestehendes, hinten offenes Werk.

Batterie: dauernde oder zeitweise Zusammenstellung mehrerer Geschütze. Die Stellung kann in Erde oder Stein aufgeführt sein und wird ebenfalls Batterie genannt.

Bergfried: meist höchster Turm einer Burg, der Verteidigungszwecken und nicht Wohnzwecken diente.
Hauptturm einer Burg, der nicht Wohnturm ist. Nur selten wurde er als letzte Zuflucht genutzt.

Blendbogen, Blendarkade: Bogen oder Arkade, die keine Öffnung überdeckt, sondern einer Wand als Gliederungselement vorgelegt ist.

Bosse: Werksteinquader mit scheinbar unbearbeiteter Sichtseite.

Burggraf: Befehlshaber einer größeren landesherrlichen Burg, der auch die Gerichtsbarkeit im zugehörigen Gebiet wahrnimmt.

Butterfassturm: Turm mit einem kleinen aufgesetzten Turm, sodass die Silhouette eines Butterfasses entsteht.

Chor: Ehemals den Geistlichen vorbehaltener Raum einer Kirche.

Contrescarpe: die äußere Grabenböschung oder auch die Gesamtheit der Werke des Grabens, die jenseits des inneren Randes des Grabens auf der Angriffsseite liegen.

Dendrochronologie: beruht auf der Erkenntnis, dass Bäume in Jahresringen wachsen, die sich alle voneinander unterscheiden, bei den Bäumen einer Art und Region aber für dasselbe Jahr gleich breit oder schmal sind. Es entsteht eine charakteristische Abfolge, anhand derer es möglich ist, von der Gegenwart ausgehend eine Kurve zu entwickeln, mit der eine genaue Datierung der Fällung des Baumes möglich ist. Da Bäume im Allgemeinen frisch verarbeitet wurden, kann man mit einem Holzrest in einer Mauer oder in einem Dachwerk oft das ganze Gebäude datieren.

Enfilade: Zimmerflucht, bei der die Verbindungstüren in einer Achse liegen.

Fassung: ein- oder mehrfarbige Oberflächenbehandlung, etwa ein Fassadenanstrich oder die Bemalung einer Skulptur.

Fresko: Bild, das ohne Bindemittel auf den noch feuchten Putz aufgetragen wird und sich so mit diesem beim Trocknen dauerhaft verbindet.

Ganerben: An- oder Miterben. Eine Art Erbengemeinschaft einer Burg, die zum Beispiel gemeinsam eine Burg bewohnten oder doch Besitzanteile an ihr hatten.

Gebälk: Gesamteinheit der über Säulen, Pfeilern oder Pilastern der Säulenordnungen durchlaufenden Steinlagen.

Gekuppelt: gedoppelt, unmittelbar nebeneinander stehende oder zusammengehörende Bauelemente wie etwa Fenster oder vor allem Säulen.

Gesims: Architekturglied zur horizontalen Unterteilung einer Fassade. Es gibt Fuß- (Sockel-), Gurt-(Geschoß-), Sohlbank- und Dachgesimse.

Glacis: Erdaufschüttung vor Festungsgräben.

Halsgraben: besonders tiefer und steiler Graben, der die auf einem Bergsporn errichtete Burg vom Hauptberg wie ein Hals den Kopf von Korpus abtrennt.

Haus: befestigter Landsitz eines Ritters oder rittermäßigen Patriziers.

Heimatstil: kurz nach 1900 aufkommende Architekturbewegung, die im Gegenzug zum Historismus und seinem Stilpluralismus mit reformerischem Anspruch für eine schlichte, handwerkliche und vor allem landschaftstypische Architektur eintrat.

Heimfall: Einzug des Lehnsbesitzes durch den Lehnsherrn nach Aussterben der Familie der Lehnsnehmer.

Joch: Grundeinheit eines durch Säulen oder Pfeiler gegliederten Raumes.

Kasematte: Gewölbe in Wällen und Bollwerken, in denen Geschütze aufgestellt und Bereitschaftsräume untergebracht werden.

Kernburg: innerer Bereich einer Burg, oft mit Bergfried und Palas oder Wohnturm

Kolossalordnung: Säulen oder Pilaster, die über mehrere Geschosse einer Fassade reichen.

Kommende: Sitz der untersten Verwaltungseinheit bei den Ritterorden, genannt auch Komturei.

Kragen, vorkragen: aus der Mauer vorstehende waagerechte Stützen, etwa Balken oder Konsolen, die einen vorstehenden Bauteil tragen.

Krenelierung: mit Schießscharten versehene Mauer.
Kurtine: Wall oder Mauer zwischen den Bastionen einer Befestigung

Laibung: innere Mauerfläche bei Wandöffnungen.

Landwehr: aus Wällen und Gräben bestehende Befestigung größerer räumlicher Bezirke (Kirchspiele, Gerichte, städtische Feldmark, Territorium).

Laterne: runder oder mehreckiger Aufbau in der Mitte oder der höchsten Stelle auf einem Dach oder einer Kuppel.

Mansarddach: nach dem französischen Baumeister J. H. Mansart (1645–1707) benanntes, geknicktes Dach mit steiler Neigung im unteren Teil und dadurch gut auszunutzendem Dachraum.

Marstall: Stall für Pferde

Mezzanin: Zwischen- oder Halbgeschoss.

Mine: Minengänge waren Stollen, die unter einer Festung verliefen, um diese im Notfall sprengen zu können.

Ministeriale: Unfreier im höheren Hof- und Kriegsdienst, die sich in Macht, Einfluss und Ansehen von den niederen Dienstleuten abhoben. Im 12. Jahrhundert gewinnen die Ministerialen sprunghaft an Gewicht und Bedeutung. Im 13. Jahrhundert schließen sie zum Adel auf und gehören später zum niederen Adel. Teilweise scheinen sich Adlige sogar in den Rang eines Ministerialen begeben zu haben.

Motte: Burganlage mit einem bewohnbaren Turm, der auf einem künstlichen Hügel steht und von einem Graben umgeben ist.

Öffnungsrecht: vertraglich gesicherter Zugang des Lehnsherren zu einer verlehnten Burg im Kriegsfall. Konnte auch bei nicht eigenen Burgen erworben werden, etwa durch Anteilskauf oder Gewalt.

Patronat: Recht auf die Besetzung eines Altars oder einer Pfarrei und auf deren Einkünfte, verbunden mit einer Bauerhaltungs- und Besoldungspflicht

Pfalz: Herrschaftssitz des deutschen Königs und anfänglich nicht befestigt.

polygonal: mehreckig

Portikus: von Säulen getragener Vorbau eines Bauwerkes

Ravelin: vorgeschobenes Werk zur Sicherung einer Kurtine.

Rheinischer (Städte-) Bund: Zusammenschluss der rheinischen Städte von Zürich bis Duisburg, erweitert durch andere Städte und einige Fürsten und Ritter. Gegründet 1254 zur Wahrung des Landfriedens sowie wirtschaftlicher Interessen und zur Einflussnahme auf die deutsche Königswahl. Bereits nach 1257 Niedergang.

Rheinischer Zollkrieg: Krieg um die Rheinzölle 1301/02 zwischen König Albrecht von Österreich und den Kurfürsten von Köln, Mainz und Trier sowie den Pfalzgrafen. König Albrecht wurde von den Städten unterstützt und siegte.

Risalit: aus der Fluchtlinie hervortretender Teil eines Gebäudes, der dessen volle Höhe erreicht oder auch höher ist mit einer eigenen Verdachung. Meist als Mittel- oder Eckrisalit ausgebildet.

Rittergut, Rittersitz: Mit einem Rittergut waren bestimmte Herrschaftsrechte verbunden, etwa die niedere Gerichtsbarkeit, Polizeigewalt, Kreisstandschaft und Landratswahl. Auch Dienstpflichten der Untertanen, Steuerprivlilegien oder Jagdrechte konnten dazugehören, um nur einige zu nennen. Unter Napoleon wurden diese Vorrechte im Rheinland aufgehoben, von Preußen nach 1815 aber Stück für Stück wieder eingeführt. Auch die Revolution von 1848 konnte nur kurzfristig etwas daran ändern. Die Rittersitzqualität war immer mit dem Gebäude verbunden.

Satteldach: Giebeldach, bei dem zwei geneigte Dachflächen gegen einen gemeinsamen First stoßen.

Schalenturm: Turm im Verlauf einer Mauer, der zur Innenseite hin geöffnet ist, dort also keine Mauer hat.

Schildmauer: Mauer, die besonders hoch und kräftig vor einer Burg gleich einem Schild steht.

Segmentbogen: Flachbogen, da nur aus dem Teil (Segment) eines Kreise gebildet.

Segmentgiebel: im Gegensatz zum Dreiecksgiebel nicht mit einem Dreieck verdacht, sondern mit dem Segment eines Kreises.

Spolien: wiederverwendete ältere Bauteile.

Truchsessischer Krieg: Erzbischof Gebhard Truchsess von Waldenburg heiratete 1583 Gräfin Agnes von Mansfeld und trat 1582 offiziell zum Protestantismus über. Seine geistlichen Würden legte er jedoch nicht nieder, sondern suchte das Erzbistum Köln zu säkularisieren. Gebhard wurde abgesetzt und gebannt. Zum neuen Erzbischof wurde Herzog Ernst von Bayern gewählt, der sich jedoch erst nach einem langjährigen Krieg, eben dem Truchsessischen oder Kölner Krieg, 1584/85 durchsetzen konnte.

Vogtei: 1. Schutzvogtei über ein Bistum, ein Stift oder Kloster. 2. Unterbezirk eines landesherrlichen Amtes.

Vorburg: vor der Hauptburg (oft tiefer) gelegener, befestigter Bereich, der vornehmlich Wirtschaftsbauten aufnimmt. Am Niederrhein als Begriff oft auch für unbefestigte Anlagen synonym für den Wirtschaftshof verwendet

Walmdach: im Gegensatz zum Satteldach sind hier an den Seiten keine Giebel, sondern das Dach ist hier ebenfalls abgeschrägt.

Wohnturm: turmartiges Burghaus.

Zwerchhaus: Querhaus an Dächern, das sich am Dachansatz erhebt und nicht zurückgesetzt ist.

Zwinger: Bereich zwischen der Ringmauer und einer weiteren, äußeren Mauer oder einem weiteren äußeren Wall.

OBJEKTREGISTER

Burgen